新时代师范教育系列教材

教育学基础

傅建明 主编

季旭峰 蒋洁蕾 王燕红 副主编

清华大学出版社

北京

内 容 简 介

本书将教育学知识与国家教师资格证考试相融合,围绕《教师教育课程标准(试行)》《教师专业标准(试行)》(小学)及《全国教师资格证考试大纲》(小学),吸收现有教育学教材的精髓,并结合编者多年的教师资格考试辅导经验,梳理出编写的逻辑体系和知识结构框架,意图在教育学的学术体系中涵盖教师资格考试大纲的知识要点,旨在帮助小学教育专业的学生在获得毕业证的同时能够考取教师资格证。

本书内容包括教育・教育学、学校・学制、教育・社会・人、教育目的・培养目标、课程原理・课程改革、教学原理・教学设计、德育原理・德育模式、教师・学生、班主任・班级管理。本书由学习目标、学习重点、学习导引、正文、本章小结和知识结构六个模块构成,同时提供了练习题的答案与解题思路,以提高学生的应试能力。

本书可作为师范生教育学教材,也可作为教师资格考试备考教材以及在职教师自我提升的学习用书。

本书封面贴有清华大学出版社防伪标签,无标签者不得销售。
版权所有,侵权必究。举报:010-62782989,beiqinquan@tup.tsinghua.edu.cn。

图书在版编目(CIP)数据

教育学基础 / 傅建明主编. -- 北京:清华大学出版社,2025.1.
(新时代师范教育系列教材). -- ISBN 978-7-302-67894-6
Ⅰ.G40
中国国家版本馆 CIP 数据核字第 2025DN8905 号

责任编辑:张 弛
封面设计:刘 键
责任校对:李 梅
责任印制:杨 艳

出版发行:清华大学出版社
网　　址:https://www.tup.com.cn,https://www.wqxuetang.com
地　　址:北京清华大学学研大厦 A 座　　邮　　编:100084
社 总 机:010-83470000　　邮　　购:010-62786544
投稿与读者服务:010-62776969,c-service@tup.tsinghua.edu.cn
质量反馈:010-62772015,zhiliang@tup.tsinghua.edu.cn
课件下载:https://www.tup.com.cn,010-83470410

印 装 者:天津安泰印刷有限公司
经　　销:全国新华书店
开　　本:185mm×260mm　　印　　张:20.5　　字　　数:524 千字
版　　次:2025 年 1 月第 1 版　　印　　次:2025 年 1 月第 1 次印刷
定　　价:59.00 元

产品编号:102875-01

前 言

2022年10月16日,中国共产党第二十次全国代表大会隆重召开,习近平同志作了题为《高举中国特色社会主义伟大旗帜 为全面建设社会主义现代化国家而团结奋斗》的报告。报告指出:"实践没有止境,理论创新也没有止境。"教育理论与教育实践原本是一对同生共长的孪生姐妹,但现实往往是教育理论侧重理性探讨,而教育实践侧重现实问题的解决,两者之间缺乏一个兼容共通的平台。如何联接教育理论与教育实践,使教育学教材既有理论的严谨逻辑,又具有实践的操作可能,是教育学教材编写时必须考虑的问题。追求教育学理论知识与教育实践操作之间的联结,是本书编写时的指导思想。

教师是专业技术人员,世界发达国家大多实行教师资格考试制度。我国在2011年开始试行教师资格国家统一考试制度,并于2013年8月15日发布《中小学教师资格考试暂行办法》《中小学教师资格定期注册暂行办法》,明确规定"教师资格考试实行全国统一考试""试点工作启动后入学的师范类专业学生,申请中小学教师资格应参加教师资格考试"。如此看来,从事教师职业者必须同时获得毕业证书和教师资格证书。此外,大部分师范毕业生都有报考硕士研究生进一步深造的需求。因此,教育学教材如何保证师范生的教育理论达到毕业标准,如何为教师资格证考试和研究生招生考试奠定基础,是教育学教材编写时必须面对的现实问题。

本书就是解决上述问题的一种努力:既涵盖小学教育学的理论体系,又兼容国家教师资格考试和研究生入学考试的考纲要点。从上述目标出发,本书基于《教师教育课程标准(试行)》《教师专业标准(试行)》(小学)、《全国教师资格证考试大纲》(小学)、全国硕士研究生招生考试《教育综合考试大纲》的相关规定,同时系统地整理了现有教育学教材的知识要点与逻辑构架,并结合编者多年的本科生小学教育学教学经验和教师资格考试辅导的经验,制定出本书编写的逻辑结构和知识体系,在教育学的理论体系中涵盖了教师资格考试和研究生招生考试大纲的知识要点,让小学教育专业的学生在获得毕业证的同时能够考取教师资格证,在拥有小学教育专业知识与技能的同时获得从事小学教师职业的资格,并为进一步深造奠定相应的知识基础。

党的二十大报告指出理论创新必须坚持人民至上、必须坚持自信自立、必须坚持守正创新、必须坚持胸怀天下。因此,在内容选择上本书遵循以下四个原则:一是国家政策文件,如《教师教育课程标准(试行)》《全国教师资格证考试大纲》(小学)等;二是习近平同志关于教育、教师的指示,如"立德树人""四有好教师"等;三是公认而无争议的知识点,即在我国师范院校普遍使用的教育学教材中出现的知识点;四是历年教师资格考试和研究生考试中出现的知识点。组织和呈现这些知识点时,特别注意教育学思维的培养,强调教育基本逻辑与基本范式的学习,达到运用教育学的思维阐释教育现实问题,进而形成自己的教育思想。具体操作时,既注意学科知识与原理的系统介绍,也重视资格考试知识点的梳理与解释,更关注教育学能力的培养与问题解决能力的形成,使本套教材既能用于常规的课堂教学,又适用于学生应对国家教师资格证考试和全国研究生招生考试。

党的二十大报告指出，继续推进实践基础上的理论创新，必须坚持问题导向、必须坚持系统观念。在编写体例上，本书由学习目标、学习重点、学习导引、正文、本章小结和知识结构六个模块组成。学习目标可让师生明确教与学的方向与内容；学习重点明确了该专题学习的核心知识点；学习导引给出了相应的编写思路与学习方法；正文系统地呈现了相关知识；本章小结对本章的核心内容与思路作了一个简单的概括；知识结构简明地呈现出本章的知识要点与逻辑构成，帮助学生对本章知识有一个整体的认知，并领会教育学的思维。

正文部分是本书的主体。由引子、知识体系、资料夹、问题思考、练习、提示六部分构成。引子提供一个实践案例，从中导出本章的学习主题，引导学生从现实问题出发思考教育原理，实现理论与实践的联结；知识体系系统地呈现相关知识的逻辑体系，培养学生的教育学思维；资料夹提供对某知识点的不同观点，拓宽学生的视野；练习提供了不同命题形式、解题思路和技巧、答题模式与要求，帮助学生加深对相关知识点的理解、巩固与运用，将专业理论知识的学习与应试技能的培养融为一体；提示概括重要知识点与内在逻辑，并提供一些理解与记忆的方法，侧重方法论的训练，达到"授人以渔"的目的。

本书是团队合作的结果，首先由傅建明提出写作意图、体例与结构框架，再与三位副主编讨论完善，然后分工完成。各章编写分工如下：第1章由傅建明和柳钰洁编写；第2章由傅建明和金婷编写；第3章由傅建明和柳钰洁编写；第4章由杨晨曦和蒋洁蕾编写；第5章由柳钰洁和季旭峰编写；第6章由杨晨曦和王燕红编写；第7章由傅建明和杨晨曦编写；第8章由傅建明和张晶晶编写；第9章由傅建明和顾窗含编写。

本书的出版要感谢清华大学出版社的信任与理解，还要感谢我的研究生们在材料收集、资料整理、初稿撰写和书稿校对等方面的辛勤工作。

本书是针对小学教育专业的师范生而编写，可以供相关院校正常的课堂教学使用，也可以供参加国家教师资格证考试和全国研究生招生考试的学员参考。在使用过程中如发现有不足之处或有其他合理建议，请联系作者，以便使本书更符合学生实际。

傅建明
2024 年 8 月

教育学教学课件

目 录

第1章 教育·教育学 ··· 1
   第一节 教育的起源与发展 ··· 2
      一、教育的概念 ··· 2
      二、教育的起源 ··· 6
      三、教育的发展 ··· 7
   第二节 教育学的产生与发展 ··· 11
      一、西方教育学的发展 ·· 11
      二、中国教育学的发展 ·· 15
      三、教育学的理论流派 ·· 20

第2章 学校·学制 ·· 24
   第一节 学校的产生与发展 ··· 25
      一、学校的产生 ··· 25
      二、学校的发展 ··· 33
   第二节 学制及其制约因素 ··· 41
      一、学制的概念与类型 ·· 41
      二、我国学制的演变 ··· 45
      三、制约学制的主要因素 ··· 49

第3章 教育·社会·人 ·· 51
   第一节 教育与社会发展 ·· 52
      一、教育与社会发展的理论 ·· 52
      二、社会发展对教育的制约 ·· 56
      三、教育对社会发展的促进 ·· 60
   第二节 教育与人的发展 ·· 63
      一、人的发展及其规律 ·· 63
      二、影响人发展的因素 ·· 67
      三、学校教育在人的发展中的作用 ··· 71

第4章 教育目的·培养目标 ··· 74
   第一节 教育目的概述 ··· 75
      一、教育目的的内涵 ··· 75
      二、教育目的的意义 ··· 78
      三、教育目的的制定 ··· 79

第二节 教育目的的理论 …………………………………………………… 80
    一、个人本位论与社会本位论 ………………………………………… 80
    二、内在目的论与外在目的论 ………………………………………… 82
    三、教育准备生活说与教育适应生活说 ……………………………… 84
  第三节 我国的教育目的 ……………………………………………………… 85
    一、我国教育目的制定的理论基础 …………………………………… 85
    二、我国现阶段的教育目的 …………………………………………… 87
    三、我国教育目的的实现 ……………………………………………… 90
  第四节 我国小学教育的培养目标 …………………………………………… 98
    一、义务教育的培养目标 ……………………………………………… 99
    二、小学阶段的培养目标 ……………………………………………… 100

第5章 课程原理·课程改革 …………………………………………………… 103

  第一节 课程诠释 ……………………………………………………………… 104
    一、课程的概念 ………………………………………………………… 104
    二、课程的结构要素 …………………………………………………… 107
    三、课程的文本表达 …………………………………………………… 109
  第二节 课程流派 ……………………………………………………………… 112
    一、学科中心课程理论 ………………………………………………… 112
    二、社会中心课程理论 ………………………………………………… 115
    三、学习者中心课程理论 ……………………………………………… 118
    四、后现代主义课程理论 ……………………………………………… 121
  第三节 课程开发 ……………………………………………………………… 123
    一、课程开发的影响因素 ……………………………………………… 123
    二、课程开发的基本模式 ……………………………………………… 125
  第四节 课程类型 ……………………………………………………………… 130
    一、分科课程、活动课程与综合课程 ………………………………… 130
    二、国家课程、地方课程与校本课程 ………………………………… 131
    三、显性课程与隐性课程 ……………………………………………… 132
    四、必修课程与选修课程 ……………………………………………… 133
  第五节 课程改革 ……………………………………………………………… 134
    一、课程改革的主要影响因素 ………………………………………… 134
    二、我国基础教育课程改革 …………………………………………… 135

第6章 教学原理·教学设计 …………………………………………………… 141

  第一节 教学的概念与流派 ………………………………………………… 142
    一、教学的概念诠释 …………………………………………………… 142
    二、教学理论流派 ……………………………………………………… 146
  第二节 教学过程与教学规律 ……………………………………………… 150
    一、教学过程 …………………………………………………………… 150

二、教学规律 …………………………………………………………… 152
　第三节　教学原则与教学方法 …………………………………………… 158
　　一、教学原则 …………………………………………………………… 158
　　二、教学方法 …………………………………………………………… 166
　第四节　教学组织与教学评价 …………………………………………… 171
　　一、教学组织形式 ……………………………………………………… 171
　　二、教学工作的基本环节 ……………………………………………… 176
　　三、教学评价 …………………………………………………………… 180
　第五节　教学设计技术与实务 …………………………………………… 183
　　一、教学各要素设计 …………………………………………………… 183
　　二、教案设计 …………………………………………………………… 199

第7章　德育原理·德育模式 …………………………………………… 203
　第一节　道德、品德与德育 ……………………………………………… 204
　　一、道德 ………………………………………………………………… 204
　　二、品德 ………………………………………………………………… 210
　　三、德育 ………………………………………………………………… 212
　第二节　德育目标与内容 ………………………………………………… 214
　　一、德育目标 …………………………………………………………… 214
　　二、德育内容 …………………………………………………………… 217
　第三节　德育规律与原则 ………………………………………………… 219
　　一、德育规律 …………………………………………………………… 219
　　二、德育原则 …………………………………………………………… 221
　第四节　德育途径与方法 ………………………………………………… 227
　　一、德育途径 …………………………………………………………… 227
　　二、德育方法 …………………………………………………………… 231
　第五节　当代德育模式 …………………………………………………… 236
　　一、认知发展模式 ……………………………………………………… 236
　　二、体谅模式 …………………………………………………………… 238
　　三、价值澄清模式 ……………………………………………………… 240
　　四、社会学习模式 ……………………………………………………… 242
　　五、集体教育模式 ……………………………………………………… 244

第8章　教师·学生 ………………………………………………………… 247
　第一节　教师 ……………………………………………………………… 248
　　一、教师职业的产生与演变 …………………………………………… 248
　　二、教师的角色与劳动特点 …………………………………………… 251
　　三、教师的职业素养 …………………………………………………… 256
　　四、教师的资格、权利和义务 ………………………………………… 262
　　五、教师的专业发展 …………………………………………………… 266

第二节　学生 …………………………………………………………………… 270
　　　　一、学生与学生群体 ………………………………………………………… 271
　　　　二、学生的权利与义务 ……………………………………………………… 273
　　第三节　师生关系 ……………………………………………………………… 275
　　　　一、师生关系的类型 ………………………………………………………… 276
　　　　二、良好师生关系的标准与建立 …………………………………………… 277

第9章　班主任·班级管理 …………………………………………………… 281

　　第一节　班集体与班主任 ……………………………………………………… 282
　　　　一、班集体 …………………………………………………………………… 283
　　　　二、班主任 …………………………………………………………………… 286
　　第二节　班级管理 ……………………………………………………………… 295
　　　　一、班级与班级管理 ………………………………………………………… 296
　　　　二、班级管理目标、内容与资源 …………………………………………… 297
　　　　三、班级管理的模式与方法 ………………………………………………… 299
　　　　四、班级管理原则 …………………………………………………………… 302
　　第三节　课堂管理 ……………………………………………………………… 303
　　　　一、课堂管理的类型与功能 ………………………………………………… 304
　　　　二、课堂气氛与课堂纪律 …………………………………………………… 305
　　　　三、课堂问题行为与偶发事件处理 ………………………………………… 309

参考文献 ………………………………………………………………………… 315

第 1 章
教育・教育学

学习目标

◎ 了解教育的内涵,能够区分教育的不同功能;
◎ 了解并熟记教育起源理论的代表人物、观点及优缺点;
◎ 识记不同阶段教育特征,熟悉各阶段我国小学教育发展概况;
◎ 了解中西方教育学的发展阶段,熟记中西方著名教育家的教育思想;
◎ 识记 20 世纪以来教育学的流派并能简单评析。

学习重点

本章学习重点是理解并区分教育的不同功能,识记四大教育起源理论和各个教育发展阶段的特征。同时,了解中西方教育学的发展演变,熟记古今中外著名教育家的教育思想以及 20 世纪以来主要的教育学流派。

学习导引

在学习本章内容时应注意把握"教育"和"教育学"两条线索,先有"教育"再有"教育学",因此要注意梳理教育发展演变的历史,从教育的概念出发认识教育是如何产生的以及千百年来教育是怎样发展的,进而了解我国小学教育的发展历史。教育学是对教育的一种理论解释,可以从西方教育学和中国教育学两个维度展开,学习时应重点把握各个教育发展阶段的代表教育家的思想及其历史地位。

引子

教育是发现生命的意义

孟加拉国经济学家穆罕默德·尤努斯是 2006 年诺贝尔和平奖获

得者,他曾对"教育是什么、教育的意义"等问题提出了自己的观点。

"教育,就是对人生的准备……教育的目的不是培养准备好工作的年轻人,而应是培养准备好人生的年轻人,要对自己的人生做好准备。当你面对的是整个世界的时候,你可以决定你想成为怎样的人。就像在跳入大海前,你要知道大海是怎么样的,要选择怎样的方向,才能最终到达你想抵达的彼岸。这,才应该是教育的目的。

通过书本告诉你应该做什么,这不是教育。教育是发现我是谁,发现生命的意义,我可以在我的生命中做什么,我希望创造一个怎样的世界。如果我们相互认同想要创造的世界的面貌,就能成为一股力量,并且实现它。想象力是一种力量,如果我们想象,就会发生;如果我们不想象,就不会发生。我不介意去读书,但我希望去想象,而书本不能替我去想象。我不需要跟随其他人的步伐。每个人都是独一无二的存在。教育允许我成为独一无二的人。这是一种教育的本质。"①

每个人对教育的看法都不同,尤努斯教授将教育看作探寻生命意义和生命独特性的途径。那么,在你眼中教育是什么呢?古往今来,中西方许多教育家都针对这一问题发表了自己的看法,本章会择要介绍对世界、对中国教育事业发展作出卓越贡献的教育家们的观点。同时,将探讨教育是如何产生与发展的,教育学又是怎样产生与发展的,进而介绍20世纪以来的教育学流派及其观点。

第一节 教育的起源与发展

教育是什么?数千年来人们一直在寻求这个问题的答案。杜威认为教育即生长,蔡元培认为"教育者,养成人格之事业也"。②叶圣陶则认为教育是认识自己、革新自己、成就自己的工具。那么,教育究竟是什么?本节将从教育的概念、教育的起源以及教育的发展三方面来探究这个问题。

一、教育的概念

教育一词最早出现于什么时候,其语义又经历了哪些变化?在明确这些之后,方能对教育概念作出界定。

(一)词源

据文献记载,"教""育"二字最早出现于甲骨文中。"教"最早的甲骨文写作"𡥈",左部是表音的声旁"爻",右部是"攴",像手拿一根小木棍或一条鞭子,表示手持木棍或鞭子施教。后来逐渐在"攴"的下方加了一个"子",写作"𡥉",表示教导、引导孩子学习。《说文解字》对"教"的解释是"教,上所施,下所效也",意为(教师)在上面施教,(学生)在下面效仿。"教"字出现后,其字义也在不断扩大,有教诲、告诫、传授等意。譬如,《左传·襄公三十一年》中"教其不知",《论语·述而》中"子以四教,文、行、忠、信",这两个"教"都带有教授或传授知识的含义。《吕氏春秋》中"愿仲父之教寡人也"和《孟子·梁惠王上》中"寡人愿安承教"的"教"就有训诫、告诫之意。由此可以看出,"教"字逐渐演变为今天的多重含义。今天

---

① 穆罕默德·尤努斯.教育是改变人生,改变世界[EB/OL].(2021-11-29)[2023-07-07].https://new.qq.com/rain/a/20211129A01OL300.

② 高平叔.蔡元培全集(第2卷)[M].北京:中华书局,1984.

的"教"有 jiāo 和 jiào 两个读音,读作 jiāo 时多指传授知识和技能,读作 jiào 时,又有教导启发的含义。

"育"的甲骨文写作"㱃",左边是一个人,右边是一个头朝下的孩子,合起来可以看作一位正在分娩的母亲。《广雅》中说道"育,生也","育"的本义是生养,抚育。后来逐渐衍生出教育的含义。《说文解字》中说"育,养子使作善也",意为养育孩子使其向善。《诗经·大雅·生民》中提到"载生载育,时维后稷"。基于此,"教""育"二字结合的含义是成人对孩子的教导、抚育和培养,使孩子身心都能够得到发展。

"教育"的英文是 education,由希腊语 εκπαδευσŋ 演变为拉丁语 educare 后分化而来。educare 又来源于 educere,e 作为前缀表示"出",ducare 和 ducere 表示"引导",合起来意思是"把……引出;使其发挥出"等。可以看出,在英语中"教育"的内涵是引发个体内在的某些潜质。在这一点上中西方存在差异,中国的"教育"更强调上对下的教导、灌输,是外铄的,人才培养依靠外在的塑造。西方的"教育"更注重个体内在潜能的发挥,是内发的、自然的。

(二)语义

在中国,"教育"一词最早出现于《孟子》中:"君子有三乐,而王天下不与存焉。父母俱存,兄弟无故,一乐也;仰不愧于天,俯不怍于人,二乐也;得天下英才而教育之,三乐也。"①此后"教育"就经常出现在许多大家的著作中,如宋代理学家程颢曾言:"师道不立,儒者之学几乎废熄,惟朝廷崇尚教育之……"②北宋思想家范仲淹:"如得齐诚,愿预教育,然后天下之道可得而明,阿衡之心可得而传。"③明末清初思想家王夫之则认为:"善教育者必有善学者,然后其教之益大。"④"教育"一词虽然早早出现,但在古代很少将其看作一个整体,而是分别使用"教"和"育"的意思,且谈论教育问题时多用"教"和"学"二字。

练习

【1-1】 教育史上,最早将"教育"两字合起来使用的教育家是(　　)。
A. 孔子　　　　B. 孟子　　　　C. 老子　　　　D. 荀子

直到 20 世纪初,"教育"才成为一个常用词。1901 年 5 月,罗振玉在上海创办《教育世界》杂志,王国维担任主编,这是我国最早的教育刊物,也是最早以"教育"命名的专业杂志。王国维在这本杂志中分享了"教育学"这门学科,使得"教育"一词成为一个理论术语,此后诸多学者翻译了大量欧美国家和日本的教育学著作,为中国教育事业的发展打下了一定理论基础。逐渐地,"教育"一词有了现代的含义。

在西方,"教育"在不同的语言中有不同的意义。在德语和俄语中,"教育"指传授和接受知识技能的过程,更倾向于一种教养活动。而在英语和法语中,"教育"含有文化知识和技能授受的意思,也有道德教育的意蕴,教育和教养不作区分。

综上,"教育"一词的含义在中西方语境中有很大差别。中文的"教育"有外铄的意向,西文的"教育"则有内发的旨趣。"教育"的内涵丰富,无法用一句话概括,但不论在什么语境中,"教育"都有一个共同含义,即培养人的活动。

---

① 陈戍国.孟子·尽心上[M].长沙:岳麓书社,2002.
② 程颢,程颐.二程集[M].北京:中华书局,1981.
③ 范仲淹.范文正集:卷八·上张右丞书[M].景印文渊阁四库全书:第 1089 卷.台北:台湾商务印书馆,1978.
④ 王夫之.四书训义:卷五[M].王炳照.中国教育思想通史.长沙:湖南教育出版社,1994.

资料夹 1-1

彼得斯论教育的标准

英国分析教育哲学家彼得斯认为:"它(指教育)并不指一个特定的过程,而是包含了一些标准。"这些标准是教育过程中的任何一项活动都必须服从的,缺掉任何一个标准,都不能称作教育活动。

1. 价值标准

教育意味着以一种道德上可接受的方式,把受教育者引入有价值的活动中。有意识地使受教育者的心灵状态产生一种变化。这种变化必须是朝着更好的目标或所希望的方向发展。彼得斯称为"欲求条件"。

2. 知识标准

教育必须包括知识和理解。知识既要具备广度,又要具备深度;而没有理解,就谈不上掌握真正的知识。

3. 过程标准

包括教学在内的各种过程和活动必须与其要达到的目的相一致。让学习者意识到自己所学的是有价值的,使他们以自觉的和自愿的方式来学习。同时,有效的教育活动必须适合受教育者的理解能力和智力水平。

资料来源:Peters R S. Education and Educated Man[J]. Journal of Philosophy of Education,1970. 4(1): 5-20.

(三)定义

教育是有目的培养人的社会活动,这是教育的本质属性,也是教育区别于其他活动的基本特征。一般而言,教育有广义、狭义和特指三层含义。

练习

【1-2】 教育的本质特点是( )。

A. 影响人的身心发展　　　　　　B. 促进社会发展

C. 有目的地培养人　　　　　　　D. 完善人的自身生产

1. 广义的教育

"从广义上讲,教育指的是对一个人的身心和性格产生塑造性的影响的任何行动或经验。"①因此,并非所有对人有影响的活动都是教育,而是要以促进人的身心发展为目的的活动才能称为教育。教育是人类社会特有的社会活动,是发生在人与人之间的,所以,广义教育是指凡是有目的、有意识增长人的知识技能,影响人的思想品德,增强人的体质的活动都是教育。具体包括学校教育、社会教育和家庭教育。

2. 狭义的教育

狭义的教育一般指学校教育,这种活动发生在学校之中,教育者根据一定的社会要求,有目的、有计划、有组织地对受教育者的身心发展实施积极影响,把受教育者培养成社会所需要的人的活动。

---

① 陈友松. 当代西方教育哲学[M]. 北京:教育科学出版社,1982.

3. 特指的教育

比狭义的教育范围更窄的是特指的教育,有时在学校中为了表示对德育的重视,增强学校的德育功能,会把教育限定为思想品德教育,包括思想教育、品德教育和政治教育。

不管是哪一种层面的教育定义,从其本质属性而言,教育是一种有目的地培养人的社会活动,这是教育活动与其他社会活动最根本的区别。从教育的社会属性上看,教育具有永恒性、历史性和相对独立性。教育具有永恒性,是指只要人类社会存在,教育就永远存在。教育是新生一代成长的必要条件,是人类社会存在和发展的重要前提。教育具有历史性,是指教育是一种历史现象,在不同的社会或同一社会的不同历史时期,教育的性质、目的、内容等都各不相同。教育在遵循社会发展规律的同时,也有其自身运动的内在规律,具有相对独立性。这种相对独立性主要表现为教育自身的继承性、教育与社会发展的不平衡性、教育与其他社会意识形态的平行性。但教育的这种独立性不是绝对的,而是相对的。

练习

【1-3】 教育活动与其他社会活动最根本的区别在于( )。
A. 是否有目的地培养人 B. 是否促进人的发展
C. 是否促进社会发展 D. 是否具有组织性和系统性

【1-4】 人类的教育活动与动物的学习活动存在本质区别,这主要表现为人类的教育具有( )。
A. 延续性 B. 模仿性 C. 社会性 D. 永恒性

【1-5】 辨析题:教育具有自身的发展规律,不受社会发展的制约。

资料夹 1-2

谢弗勒的教育分类

美国分析教育哲学家谢弗勒在《教育的语言》中对教育进行了分类。根据教育语言陈述的方式,他将教育分为"教育的定义""教育的口号""教育的隐喻"三种。其中"教育的定义"(有时也称教育术语)又分为三种,即"描述性定义""规定性定义"和"纲领性定义"。

(1) 描述性定义。对被定义对象的适当描述和如何使用定义对象的适当说明,是实然性的解释说明,说明对象实际是什么。比如,"教育是一种人类社会特有的活动"。

(2) 规定性定义。作者自己规定、创造的定义,该定义在作者文中贯穿始终。比如,某作者在其文章中将教育定义为"创造和更新文化的基本途径"。

(3) 纲领性定义。对定义对象应该是什么的界定,是一种应然性的。比如,"教育是增进个体知识技能,使个体追求幸福生活的活动。"

资料来源:瞿葆奎.教育与教育学[M].北京:人民教育出版社,1993.

练习

【1-6】 根据谢弗勒的分类,下列三个定义依次分别属于( )。
(1) 有人在自己的论著中将"教学相长"界定为教师的教与学的相互促进。
(2) 在日常语言中,"灌输"通常是指不容学生质疑的单项传递。
(3) "教育"是教育者根据一定的社会或阶级的要求,有目的、有计划、有组织地对受教育者的身心施加影响,把他们培养成一定社会或阶级所需要的人的活动。
A. 描述性定义、纲领性定义、规定性定义 B. 描述性定义、规定性定义、纲领性定义
C. 规定性定义、纲领性定义、描述性定义 D. 规定性定义、描述性定义、纲领性定义

提示:"教育"一词最早由孟子使用,基本含义是"上所施,下所效"。王国维最早将"教育"一词当作术语使用。教育包括广义的教育、狭义的教育以及特指的教育三个层次。学习时要牢记教育三个层次的含义,着重理解教育的基本特征(目的性、阶级性、发展性、历史性、永恒性、模仿性、社会性等),注意与其他影响活动的区别。同时注意教育定义的三种方式。此部分内容大多出选择题和简答题,要着重记忆。

(四) 要素

教育的基本要素包括教育者、受教育者(学习者)和教育影响。

1. 教育者

广义的教育者,是指对受教育者在知识、技能、思想、品德等方面起到教育影响作用的人;狭义的教育者,是指从事学校教育活动的人,其中,教师是学校教育者的主体,是直接的教育者。一般而言,教育者主要是指在各级各类学校中具有一定资格的从事专门教育教学活动的专职教师。

2. 受教育者(学习者)

受教育者是指在各种教育活动中接受影响、从事学习活动的人。受教育者(学习者)是教育实践活动的对象,也是学习活动的主体。

3. 教育影响

教育影响是介于教育者和受教育者之间的一切中介的总和,包括作用于受教育者的影响物及运用这种影响物的活动方式和方法,是教育实践活动的工具。具体而言,教育影响主要包括:教育目的、教育内容、教育手段、教育组织形式、教育环境等。

二、教育的起源

教育源于人类生存与发展的需要,与人类社会共始终。古往今来关于教育的起源,不同学者有不同的见解,总体而言主要有四种观点,分别是:神话起源论、生物起源论、心理起源论和劳动起源论。

(一) 神话起源论

神话起源论是最古老的观点,它认为教育起源于神,与世界上其他事物一样,都是由神创造的。教育的目的是呈现上天或神的意志,使人能够顺从神的意志。这种观点受当时认知水平限制,显然是错误的。

(二) 生物起源论

生物起源论的代表人物有法国社会学家、哲学家利托尔诺(Charles Létourneau,1831—1902,又译勒图尔诺)、英国教育学家沛西·能(Thomas Percy Nunn,1870—1944)。生物起源论认为,教育完全来自动物本能,是种族延续的本能需要。沛西·能在其《教育原理》一书中提出:"教育是天生的而不是获得的表现形式,是扎根于本能的不可避免的行为。"[①] 该理论是第一个正式提出的科学的教育起源论,标志着在教育起源问题的研究上开始从神学走向科学。但是,该理论的不足之处在于没能分辨动物和人的教育行为,将二者等同起来,混淆了人类和动物的本质区别,忽视了人类教育活动特有的目的性和社会性。

---

① 沛西·能.教育原理[M].王承绪,译.北京:人民教育出版社,1992.

练习

【1-7】 英国教育家沛西·能认为,教育是天生的而不是获得的表现形式,是本能的不可避免的行为。这一观点属于(　　)。

  A. 神话起源说 B. 生物起源说 C. 心理起源说 D. 劳动起源说

【1-8】 教育学史上第一个正式提出的有关教育起源的学说是(　　)

  A. 神话起源说 B. 生物起源说 C. 心理起源说 D. 劳动起源说

(三) 心理起源论

  心理起源论的代表人物是美国教育学家、心理学家孟禄(Paul Monroe,1869—1947)。该理论是在批判生物起源论的基础上产生的,它认为教育源于儿童在日常生活中对成人的无意识模仿。孟禄主要从心理学角度来阐释这一问题,他在《教育史教科书》中谈到原始教育:"原始人从来没有达到过有意识的教育过程,绝大部分纯粹是无意识的模仿。儿童仅仅是通过观察和使用'尝试-成功'的方法学习……"①并且,他认为原始社会的教育形式就是模仿,儿童通过模仿获得所需要的知识技能,而这个模仿是无意识发生的。心理起源论是对生物起源论的进一步发展,虽然看到了人与动物心理上的差异,但仍然没有区分二者的本质,反而夸大了无意识模仿在教育中的作用,忽视了人的有意识性、创造性和能动性以及教育的社会性和目的性。

练习

【1-9】 美国学者孟禄根据原始社会没有学校、没有教师的史实,断定教育起源于儿童对成人的无意识模仿。这种观点被称为(　　)。

  A. 交往起源论 B. 生物起源论 C. 心理起源论 D. 劳动起源论

(四) 劳动起源论

  劳动起源论,也称社会起源论,代表人物有苏联的一些教育学家如米丁斯基、康斯坦丁诺夫、凯洛夫等和我国的教育学家如杨贤江、曹孚等。劳动起源论认为教育是在劳动过程中产生出来的,起源于该过程中的各种需要。并且,教育是人类社会特有的一种社会活动,旨在把劳动过程中产生和积累的生产生活经验有目的、有意识地传授给下一代,使人类自身和社会不断延续和发展下去。

  除了上述四种教育起源论以外,还有交往起源说、生活起源说等观点。

  提示:在背诵每个理论的人物和观点时,可以提取其中的关键字组成一句话方便记忆。例如,"本能(教育源于动物本能)生(生物起源论)利(利托尔诺)西(沛西·能)""心理(心理起源论)仿(教育源于无意识模仿)孟禄""米(米丁斯基)夫(凯洛夫)需(教育源于生产劳动需要)劳动(劳动起源论)"。

三、教育的发展

  自从有了人类,教育活动就开始了。根据历史发展的脉络,教育的发展大致经历了古代、近代和现代三个阶段,每个阶段的教育发展都具有各自的特点。本节在梳理各阶段教育特征

---

① Monnoe P. A Textbook in the History of Education[M]. London:Macmillan and Co,1905.

的基础上,重点分析小学教育的发展史。

(一) 古代教育

古代教育主要指奴隶社会和封建社会时期的教育,主要表现出以下特征:①有专门的教育机构和教育人员。②具有阶级性和等级性。阶级性指只有统治阶级的子女才有资格进入专门机构接受教育;等级性指在统治阶级内部划分等级,不同等级的人接受不同等级的教育。③教育与生产劳动相脱离。④具有象征性、道统性、刻板性和保守性。

小学教育在我国夏商周时期就已经出现。根据已有文献推测,夏朝的校、商朝的序以及周朝的庠都是当时的小学。以"小学"作为名称出现的教育机构最早见于西周时期。周天子将小学设于王宫之内,根据等级身份来决定入学年龄,等级越高则入学越早,主要学习奴隶主道德行为准则和基本的生活技能。春秋战国时期私学兴起,后来的各朝各代不但有官办小学还有私办小学。在小学教材方面,我国古代对蒙学教育以至蒙学教材的编纂都十分重视。著名的有王应麟的《三字经》《百家姓》,周兴嗣的《千字文》《千家诗》,朱熹的《童蒙须知》,王守仁的《训蒙大意》,王筠的《教童子法》等。

练习

【1-10】 我国唐代中央官学设有"六学二馆",其入学条件中明文规定不同级别官员的子孙进入不同的学校。这主要体现了我国封建社会教育制度的哪一特征?(　　)
A. 继承性　　　　　B. 等级性　　　　　C. 历史性　　　　　D. 民族性

【1-11】 中国最早的学校教育形态出现在(　　)。
A. 西周　　　　　　B. 春秋战国　　　　C. 夏朝　　　　　　D. 殷商

(二) 近代教育

随着新航路开辟和资本主义兴起,16世纪后近代社会开启,教育表现出新特征:①教育逐渐与宗教相脱离,逐渐世俗化;②国家开始重视教育,公立教育崛起;③各国相继推行义务教育制度,西方国家普遍实行初等义务教育制度;④重视教育立法;⑤教育内容逐渐增加自然科学比重,与生产生活相结合。

1840年鸦片战争后,我国开始进入近代社会,小学教育也相应得到一些发展。1878年,张焕纶所创办的上海正蒙书院内附设的小班被视为我国近代小学的开端。1897年盛宣怀创办南洋公学,其四院中的"外院"是我国最早的公立小学堂。自此以后全国小学数量增多,以北京的八旗奉直小学堂和天津的蒙养东塾为代表。1899年5月,清政府决定推行现代小学,下令让各省府州县设学堂,并将各州县的书院改名为小学堂。1904年,清政府颁布《奏定学堂章程》(即"癸卯学制"),以法律形式确定小学教育地位。学制规定初等小学教育为义务教育,设立初等小学堂,儿童7岁入学,学业年限5年,"以启其人生应有之知识,立其明伦理爱国家之根基,并调护儿童身体,令其发育为宗旨;以识字之民日多为成效"。在癸卯学制中,初等教育包含今天的幼儿园和初中阶段,时间为蒙养院4年(3~7岁),初等小学堂5年(7~12岁),高等小学堂4年(12~16岁),初等小学堂即为小学教育。

直到1912年中华民国成立后,小学教育才和学前教育、中等教育分开。1912—1913年,政府颁布壬子癸丑学制,规定初等教育分两级,即初等小学和高等小学,初等小学4年属于义务教育,高等小学3年。1912年9月教育部颁布小学校令辅助壬子癸丑学制实施,规定小学教育宗旨是"留意儿童身心之发育,培养国民道德之基础,并授以生活必需之知识技能",提出在乡镇设立初等小学,县设立高等小学。儿童6~14岁属学龄期,凡满足学龄要求的都可以进入初等小学学习。

1922年壬戌学制发布,该学制修改了各级教育年限。其中初等教育改为6年,分为初级小学和高级小学。初级小学4年,属于义务教育,可以单独设立,高级小学2年。这一学制一直延续到新中国成立。

总的来说,我国近代小学教育发展表现出以下特征:①逐渐确定小学教育作为义务教育、普通教育的性质;②修业年限逐渐缩短,向世界其他国家靠近;③明确小学教育的培养目标是为培养合格公民打基础;④小学学校设置由公立和私立构成。

练习

【1-12】 我国最早的公立小学是(　　　)。
A. 上海正蒙书院　　　　　　　　B. 北京八旗奉直小学堂
C. 上海南洋公学　　　　　　　　D. 天津蒙养东塾

(三)现代教育

现代社会的教育包含当代社会主义和资本主义的教育,其特征主要表现如下:①教育的民主化。学生享有越来越平等的受教育权利,包括教育机会均等、师生关系民主化和教育的自由化;②教育的终身化,教育贯穿人的一生;③教育的全民化,人人享有受教育的权利,要满足所有人基本学习的需要;④教育的创新性,教育是培养创新人才的摇篮,培养创新精神是教育的重要目标;⑤教育的主体性,现代教育要明确学生是自身生活、学习的主体,发挥学生作为学习主体的能动作用。

中华人民共和国成立后,我国小学教育发展呈现出普及率上升、素质教育推进、师资队伍日益完善、办学体制多样化以及课程改革不断实施等特征。具体表现如下。

1951年政府颁布《关于改革学制的决定》,规定实行五年一贯制小学教育,取消初、高两级的分段制。1953年9月通过的《小学教学计划(草案)》规定小学设语文、算术、自然、历史等8科,并通过教学、晨夕会、课外活动、班主任和少先队工作进行思想品德教育。1953年后,小学教育照搬苏联的12年教学计划,翻译和采用苏联教材,在校内推广苏联的教学方法和苏联课堂教学环节。1980年政府颁布《关于普及小学教育若干问题的决定》,要求在全国基本实现普及小学教育的历史任务。1981年后适龄儿童入学率基本达到91%。1986年《中华人民共和国义务教育法》公布,提出实行九年义务教育,该法律的颁布标志着我国确立普及义务教育制度。据统计,直到1999年年底,全国小学共计58.23万所,在校生1.35亿人,学龄儿童入学率为99.09%。

1993年《中国教育改革和发展纲要》提出由应试教育转向素质教育,1999年《中共中央国务院关于深化教育改革全面推进素质教育的决定》再次强调在小学阶段必须实施并全面推进素质教育。2001年,实施第八次基础教育课程改革,全国基本普及了九年一贯制的义务教育。此次课程改革注重内容现代化,以综合课程为主,且重视地方课程和学校课程,改革课程过于集中的现状,倡导自主、合作、探究相结合的学习方式,并促进了多媒体技术在学校教育中的普遍运用。2006年9月1日施行的《义务教育法》规定:义务教育由多渠道筹措经费、依靠人民办教育,向主要依靠政府财政投入办教育转变;由收费义务教育向免费义务教育转变等。

(四) 中国特色社会主义教育的发展

1．发展成就

2012年党的十八大召开，中国特色社会主义教育事业发生了新变化。秉持教育优先发展的战略，我国着力推进教育现代化，树立新发展理念，使人民能够享有质量更高的教育机会。总体而言，中国特色社会主义教育发展与改革已经取得了部分成就，具体表现如下。

（1）确立教育优先发展战略。习近平总书记一直强调教育事关民生大计和民族未来，召开党的十六大时我国就已经把教育摆在了优先发展的战略地位且保持至今，这说明我国很早就认识到教育事业是国家的根本，是民族的印记。教育是国家富强、民族振兴的重要保障，因此教育需要优先发展，也必须优先发展。

（2）坚持中国特色社会主义办学方向和马克思关于人的全面发展学说。坚持党的领导和以人民为中心，办好人民满意的教育。马克思关于人的全面发展学说为我国教育目的的确立提供了理论依据和来源，指出了人的全面发展的历史必然性，保证了教育发展的科学性。

（3）努力实现公平而有质量的教育。中国式教育现代化的标准之一是教育公平。多年来我国为教育公平做出了巨大努力，比如不断提高普及教育水平、缩减教育贫富差距、打赢教育脱贫攻坚战、采取公民同招，确保招生公开公平公正、实施"双减"政策等。此外，为提升教育质量，我国正进行新一轮课程改革，改变以往重知识轻能力的考试制度，实施普职分流制度等。

2．小学教育的特点

小学教育是一项规模宏大的教育奠基工程，除具有一般教育的特点外，我国的小学教育还有其独特的基本特征。

（1）基础性。我国学校的教育体系，由初等教育、中等教育和高等教育三个阶段构成，其中小学教育属于初等教育，它是各级各类学校教育的基础。它的基础性主要表现为：为提高国民素质奠定基础；为各级各类人才的培养奠定基础；为儿童、少年一生的发展奠定基础。

（2）全民性。小学教育的全民性，从广义上说，是指小学教育必须面向全体人民。这样才能从根本上彻底扫除文盲，从整体上提高全民族的文化素质。从狭义上讲，小学教育的全民性是指小学教育必须面向全体适龄儿童。我国小学教育的全民性是社会主义现代化建设、提高整个中华民族的素质、使全国各族的所有儿童都接受社会主义教育的需要。

（3）义务性。小学教育面向全体适龄儿童，任何未成年的公民，不论其种族、民族、性别、肤色、语言、社会经济地位的差异，只要达到一定的年龄（6～7岁），都必须接受小学教育。因此，小学教育在整个教育中具有义务教育的性质，对于每个公民来说，教育机会是均等的，是应当享有的权利。同时，"义务教育是国家统一实施的所有适龄儿童、少年必须接受的教育，是国家必须予以保障的公益性事业。实施义务教育，不收学费、杂费。""适龄儿童、少年的父母或者其他法定监护人应当依法保证其按时入学接受并完成义务教育。"因此，小学教育是依国家法律而实施的基础教育，具有强制性和普及性。

（4）全面性。小学教育是向儿童实施德、智、体、美等全面发展的教育。小学教育既不是就业定向的职业技术教育，也不是培养高层次专门人才的专业教育。它是面对全体儿童实施普通的基础知识和基本技能的教育。在此基础上发展他们的能力，培养他们高尚的思想道德品质，提高他们的身体心理素质，使他们具备国民应有的一些基本素质，为他们进一步深造创造条件。

练习

【1-13】 简答题：简述小学教育的基本特点。

资料夹 1-3

教育发展的"四阶段说"

关于教育的发展,学界还有"四阶段说",即非形式化教育阶段、形式化教育阶段、制度化教育阶段和未来教育阶段。

（1）非形式化教育阶段。该阶段主要指原始社会时期的教育,此时教育尚未与生产生活分离,专门的教育者和教育机构也尚未产生,教育对象也不固定。教育形式以口头传授和身体示范为主,教育只是为了满足生产生活的需要,如劳动技能。

（2）形式化教育阶段。随着社会生产力的发展,脑力劳动和体力劳动的分离,文字的产生为教育提供了便利条件,使得一部分人脱离生产劳动开始办教育。此阶段教育的特征是出现了专门的教育机构和教育人员,教育对象稳定,教育主体确定,教育成为独立的社会活动形态。

（3）制度化教育阶段。班级授课制的出现是制度化教育和非制度化教育分化的标志,学校教育制度（即学制）的建立是制度化教育的典型特征。此阶段教育的主要特征是学校化、制度化、封闭化和标准化。

（4）未来教育阶段。制度化教育有其长处,如提高教育效率。但也存在很多不足,且随着时间的流逝,这些弊端显露得越来越明显。因此,许多学者对制度化教育发出质疑并提出新的教育形式,其中比较著名的是英国教育家伊里奇。他提出了学校消亡论,认为应当废除学校,建立一个非学校化社会。此外,联合国教科文组织发布的《学会生存——教育世界的今天和明天》一书中提出"未来的学校必须把教育的对象变成自己教育自己的主体。受教育的人必须成为教育他自己的人；别人的教育必须成为这个人自己的教育。"在未来,教育不仅仅是教育者的主场,更是受教育者的主场。未来是一个学习化社会,是一个终身学习的社会,要把教育贯穿人一生始终,打破学校围墙,实现学校社会家庭的融会贯通、制度化教育和非制度化教育的相互补充,达到共同繁荣的局面。

资料来源：傅建明.教育学基础[M].北京：高等教育出版社,2011.

第二节　教育学的产生与发展

教育学是一门关于"教育"的学问,是以有价值的、能引起人们关注的教育现象和教育问题为研究对象,探索教育规律,指导教育实践的社会科学。对教育的探讨已持续了上千年,但对教育学的科学研究却只有 200 多年的历史。

一、西方教育学的发展

教育学源于西方,pedagogy 可以说是最初的对应词,该词派生于希腊语 pedagogue,意思是照看、管理儿童的方法,后逐渐衍生出"教育"意义。西方教育学的发展大致可以分为孕育期、诞生期、发展期和分化期四个时期。

（一）孕育期（17 世纪以前）

在 17 世纪之前,人们对教育的认识还停留在经验习俗水平,教育学尚未成为一门独立的学科,但古代的先哲们对教育的认识和见解为教育学的诞生提供了坚实的理论基础。譬如,古希腊三哲苏格拉底、柏拉图和亚里士多德。苏格拉底（Socrates,公元前 469—公元前 399）的产婆术是西方最早的启发式教学法,柏拉图(Plato,约公元前427—公元前347)的《理想国》被誉为教育学三大里程碑式著作,亚里士多德(Aristotle,公元前384—公元前322)的《政治学》提出了分段教育和教育遵循自然原则。古罗马时期著名教育家昆体良(M. F. Quintilianus,35—95)的《雄辩术原理》被看作西方最早的教育学专著,奥古斯丁(A. Augustinus,354—430)的《忏悔录》对基督教哲学进行了阐释。文艺复兴时期人文主义思想家伊拉斯谟(D. Erasmas,1469—1536)的《基督教王子的教育》和《愚人颂》主张基督教与人文主义并重,倡导个性自由、和谐发展的世俗教育;法国人文主义教育家拉伯雷(F. Rabelais,1494—1553)的《巨人传》提倡尊重儿童人格,激发儿童兴趣,转变教学方法,他的著名论断"没有经过理解的知识等于灵魂的废物"影响至今。这个时期的教育家们从不同方面提出了对教育问题的理解,他们的思想推动了教育学的诞生和发展。

> **资料夹 1-4**
>
> 产 婆 术
>
> 产婆术又称"苏格拉底法""问答法",是西方最早的启发式教学法,由四步构成。
> (1) 讥讽,即对对方发言提出追问,使对方自陷矛盾后承认自己的无知。
> (2) 助产术,即帮助对方得到问题的答案。
> (3) 归纳,即从各个具体的事物中找出它们的共性,通过对它们的比较寻求事物的"一般"。
> (4) 定义,即把具体事物归入一般概念,从而得到关于事物的普遍概念。
> 资料来源:吴式颖.外国教育史教程[M].北京:人民教育出版社,1999.

练习

【1-14】下列反映柏拉图教育思想的著作是(　　)。
A.《雄辩术原理》　　　B.《巨人传》　　　C.《理想国》　　　D.《教育论》

(二) 诞生期(17世纪至19世纪)

随着资本主义社会政治经济的发展,17世纪后西方各国出现了大批教育家,他们进一步发展了前人的教育思想,出版了一系列经典教育著作。

英国哲学家培根(F. Bacon,1561—1626),被誉为"近代实验科学的鼻祖""科学教育创始人",他在批判亚里士多德经院哲学的基础上提出了实验的归纳法,为教育学理论体系的建设提供了方法论基础。1623年,培根在《论科学的价值和发展》中首次提出把教育学当作一门独立学科。此外,他还提出建立一所教学科研机构——所罗门之宫,这也体现出培根对科学的崇拜和对未来社会的设想。

捷克教育家夸美纽斯(J. A. Comenius,1592—1670)于1632年完成的《大教学论》被看作近代最早的教育学著作,《大教学论》的出版标志着教育学开始成为一门独立学科,在这本书中他提出了"把一切事物教给一切人""一切男女青年都应该进学校""一切儿童都可以教育成人"的泛智教育思想、教育适应自然思想、班级授课制思想和直观性、系统性、量力性、巩固性、自觉性等教学原则,影响了后世一代代教育者们。

练习

【1-15】标志着教育学成为一门独立的学科的著作是(　　)。
A.《雄辩术原理》　　　　　　　　　　B.《康德论教育》
C.《大教学论》　　　　　　　　　　　D.《论科学的价值和发展》

> **资料夹 1-5**
>
> **夸美纽斯教育阶段划分**
>
> 夸美纽斯共划分了四个教育阶段,每个阶段都有对应的学校,具体内容如下。
> (1) 婴儿期,1～6岁,在每个家庭的母育学校,对应春季。
> (2) 儿童期,6～12岁,在每个村落的国语学校,对应夏季。
> (3) 少年期,12～18岁,在每个城市的拉丁语学校,对应秋季。
> (4) 青年期,18～24岁,在每个王国的大学,对应冬季。
> 资料来源:吴式颖.外国教育史教程[M].北京:人民教育出版社,1999.

自夸美纽斯之后,西方教育学界开启了独立探索时期。法国思想家卢梭(J. J. Rousseau,1712—1778)在《爱弥儿》(1762)中提出了自然主义教育思想,他认为自然教育的核心是回归自然,教育的目的是培养"自然人"。同时,他还提出了儿童本位的教育观,要求正确看待儿童,遵循儿童的自然天性,给予儿童充分自由。此外,卢梭还提出了消极教育法和自然后果法。

练习

【1-16】 在西方近现代教育史上,被认为最先"发现了儿童"的教育家是(   )。
A. 杜威　　　　B. 卢梭　　　　C. 康德　　　　D. 洛克

【1-17】 主张让儿童顺其自然地发展,甚至摆脱社会影响的法国教育家是(   )。
A. 裴斯泰洛齐　　B. 洛克　　　　C. 卢梭　　　　D. 杜威

英国哲学家洛克(J. Locke,1632—1704)的代表作是《教育漫话》(1693),他提出了白板说和完整的绅士教育体系。洛克的白板说认为人的心灵如同一块白板,一切知识都是建立在后天感官经验基础上的。他非常肯定教育的作用,认为人的发展十分之九都是由教育决定的。教育的目的是培养绅士,而绅士的培养需要依靠家庭教育。

瑞士教育家裴斯泰洛齐(J. H. Pestalozzi,1746—1872)代表作有《林哈德与葛笃德》《隐士的黄昏》《天鹅之歌》,他在教育史上首次提出"教育心理学化"主张,即将教育学建立在人的心理活动规律基础之上。此外,他还提出了要素教育理论、初等学校各科教学法等相关内容。

进入18世纪中后期,德国哲学家康德(I. Kant,1724—1804)在哥尼斯堡大学前后四次讲授教育学,这也是教育学走进大学课程的开端,之后他的学生将他的讲稿汇编成《康德论教育》(1803)一书并出版。关于教育,康德认为"教育的方法必须成为一种科学。"[①]

继康德之后,德国教育家赫尔巴特(J. F. Herbat,1776—1841)在1806年出版了《普通教育学》,这是一部具有划时代意义的教育学著作,也是第一本现代教育学著作,被认为是教育学科学化之路的奠基石,影响了19世纪以后西方教育的研究方向。赫尔巴特更是被视为"现代教育学之父""科学教育学的奠基人""传统教育的代表"。他创造性地将伦理学和心理学作为教育学的理论基础,提出五种道德观念、统觉论和兴趣论,为科学教育学打造了基石。赫尔巴特将教育目的分为可能目的和必要目的,可能目的是与儿童未来从事职业相关的目的,要培养儿童多方面兴趣,必要目的也是最高目的和最基本目的,即培养儿童五种道德观念,使儿童成为具备高尚道德品质的人。在教育原则上,他首次提出了"教育性教学原则"。在教育阶段上,他提出了著名的四阶段论,后来他的学生将其扩展成为五阶段论。

---

① 康德.康德教育论[M].瞿菊农,译.上海:商务印书馆,1926.

练习

【1-18】 一般认为教育学成为一门独立学科的标志是（　　）。
A. 卢梭的《爱弥儿》　　　　　　　　B. 斯宾塞的《教育论》
C. 赫尔巴特的《普通教育学》　　　　D. 夸美纽斯的《大教学论》

资料夹 1-6

赫尔巴特的教育观

(1) 五种道德观念即内心自由、完善、仁慈、公平、正义。

(2) 统觉论指当新的刺激出现时，感觉表象会通过感官进入意识阈，如果新刺激有足够强的力量唤起意识阈下的已有相似观念，就会与之相结合形成新的观念即统觉团，并成为新的意识中心。如果意识阈上已有与新刺激相似的观念，那么二者的结合就会进一步巩固其地位。

(3) "教育性教学原则"指教育（道德教育）只能通过教学进行，教学不仅要传授给学生知识技能，还要培养学生的道德品质。赫尔巴特认为，不存在无教育的教学和无教学的教育。

(4) 四阶段论。该理论又称为教学形式阶段论，赫尔巴特基于学生心理活动规律和兴趣阶段完整规划了一个教学过程，这个过程包括四个阶段，分别是明了、联想、系统和方法。

资料来源：赫尔巴特.普通教育学[M].李其龙,译.北京：人民教育出版社.2015.

（三）发展期（19 世纪至 20 世纪初）

随着以赫尔巴特为代表的传统教育派在全球影响越来越深，人们逐渐发现了传统教育的弊端。因此，在批判继承传统教育思想的基础上，不少研究者们提出了新的教育理论。譬如，德国教育家梅伊曼和拉伊采用自然科学的方法来研究儿童发展与教育的关系；狄尔泰、斯普朗格等人用理解解释的方式进行教育研究，即以精神科学或文化科学的方式；杜威等人强调教育要与生活相联系，重视儿童的经验；鲍尔斯、阿普尔等人用实践批判的方式研究教育；马克思主义教育家则把唯物辩证法和历史唯物主义当作教育研究的方法论基础。

资料夹 1-7

杜威的教育观

杜威是美国教育家、哲学家，他一生著作颇丰，代表作《民主主义与教育》与卢梭的《爱弥儿》、柏拉图的《理想国》并称为教育学三大里程碑式著作。他的教育思想对全世界范围内的教育发展影响极深。他的主要教育思想如下。

(1) 教育的本质。①教育即生活。教育是生活的过程，要为儿童当下生活做准备。②教育即生长。教育要促进儿童内在本能的生长，要尊重儿童的生长，但不能放纵儿童。③教育即经验的改组与改造。教育要重视儿童的直接经验，发挥儿童主动性。

(2) 教育无目的论。教育在它自身以外没有目的，它就是它自己的目的，即教育要促进个体内在生长。

(3) 课程论与教材论。①批判传统教育以教师、教材为中心，与学生生活相脱离。②做中学，即从经验中学，以活动性、经验性的主动作业代替传统书本式教材的统治地位。③教材心理学化，即以学生直接经验为起点，按照学生心理发展规律来编制教材。

(4) 教学方法。五步教学法（反省思维教学法），分别是真实经验情景、提出真实问题、提出假设、推断假设、验证假设。

资料来源：杜威.民主主义与教育[M].王承绪,译.北京：人民教育出版社,2001；杜威.我们怎样思维：经验与教育[M].姜文闵,译.北京：人民教育出版社,2005.

练习

【1-19】 "现在,我们教育中将引起的改变是重心的转移……在这里,儿童变成了太阳,教育的一切措施要围绕他们而组织起来。"这理念出自教育家(　　)。

　　A. 洛克　　　　　B. 康德　　　　　C. 杜威　　　　　D. 培根

【1-20】 教育史上传统教育派与现代教育派的代表人物分别是(　　)。

　　A. 夸美纽斯和布鲁纳　　　　　B. 夸美纽斯和杜威

　　C. 赫尔巴特和布鲁纳　　　　　D. 赫尔巴特和杜威

(四) 分化期(20世纪中期以来)

20世纪中期以来,随着对教育问题认识的加深,教育学的研究范围逐渐扩大。一方面,教育学分化为多个子学科,如课程论、教学论、德育论等;另一方面,教育学与其他相关学科融合成一门新学科,如教育社会学、教育心理学、教育法学等。这些新学科的出现丰富完善了教育学的学科体系,使得教育学研究范围更广且更深。不仅如此,还出现了以教育学本身为研究对象的元教育学,旨在反思教育研究活动本身的目的、性质、价值,等等,推动教育学理论研究的不断深化。

提示:西方教育学的发展大致经历了孕育期、诞生期、发展期、分化期四个阶段,学习时可以根据"姓名—代表作—主要思想—历史地位"这个逻辑进行梳理与记忆。应特别注意一些"最早"的人物与事件。这部分内容多以选择题形式出现。

二、中国教育学的发展

中国教育学学科体系建立在吸收中国传统教育思想和西方现代教育思想精华基础之上,集百家之精华,显中国之特色。同西方教育学的发展一样,中国教育学也经历了从"教育"到"教育学"的学科建立过程,下面主要介绍中国古代和近代著名教育家的教育思想以及近代以来中国教育学的发展状况。

(一) 古代教育思想

我国古代教育思想繁多,自夏商周始,每个时期都有代表性的教育家和教育思想,譬如先秦诸子、董仲舒、韩愈、朱熹等,他们的思想影响了一代代学子和普通百姓并流传至今。下面将主要介绍对中国教育发展具有奠基意义的先秦诸子的教育思想。

1. 孔子的教育思想

孔子是中国古代伟大的教育家、思想家,儒家创始人,他的教育思想主要集中在《论语》中。孔子的主要观点如下。

(1) 教育目的上,孔子主张"学而优则仕",教育要培养德才兼备的从政君子。

(2) 教育作用上,孔子探讨了社会和个人两个方面。教育对社会的作用是"庶富教",庶指充足的劳动力;富指人民生活富裕;教指教化人民,使人民受到伦理道德教育。顺序是先庶后富再教,孔子认为只有满足庶和富才能有效实施教育。教育对个人的作用是"性相近,习相远",即人先天具有相似的纯真本性,之所以会出现人与人之间的差距是因为后天习染的结果。

(3) 教育对象上,他提出"有教无类",即不论富贵贫穷和等级高低,除了奴隶和女子,所有人都可以受教育。

(4) 教育方法上,他提出了因材施教、启发诱导和学思行并重的方法,孔子也是世界上最早提出启发式教学法的人。

（5）教育内容上，孔子以六经为主要教材，尤其注重《诗》《礼》《乐》，他曾说"兴于《诗》，立于《礼》，成于《乐》"。

提示：孔子编订了六经，保留了我国古代文化典籍，有人将这六经称为"六艺"。但要与西周时期的六艺教育区分。西周的六艺指礼、乐、射、御、书、数，其中礼乐是六艺的核心。

练习

【1-21】"学而不思则罔，思而不学则殆。"这句话出自（　　）。
　　A.《学记》　　　　B.《论语》　　　　C.《大学》　　　　D.《师说》

【1-22】下列主张属于儒家教育思想的是（　　）。
　　A. 有教无类　　　B. 道法自然　　　C. 绝圣弃智　　　D. 以吏为师

【1-23】我国最早记载和阐释孔子"不愤不启，不悱不发"教学思想的著作是（　　）。
　　A.《学记》　　　　B.《论语》　　　　C.《大学》　　　　D.《孟子》

2. 孟子的教育思想

孟子是儒家代表人物之一，他和孔子之孙子思有着相同的见解，因而形成了思孟学派，阐述孟子思想的书籍是《孟子》。孟子的主要观点是：①教育目的为"明人伦"；②教育作用上，孟子主张"性善论"，教育能帮助人扩充善端；③教育方法上，"深造自得""盈科而进""教亦多术""专心致志"；④"大丈夫"理想人格，即"富贵不能淫，贫贱不能移，威武不能屈"，途径是持志养气、动心忍性、存心养性、反求诸己。

资料夹1-8

孟子的教育观

（1）性善论。孟子的性善论强调"人皆可以为尧舜"，在人性基础上人人平等，并且在人性中有恻隐之心、羞恶之心、恭敬之心和是非之心，它们分别对应仁、义、礼、智四种品德，教育既要"存心养性"，发扬人的善端，又要引导人们"求放心"，寻找失落的良心。孟子是内省说的代表人物。

（2）教育方法。①"深造自得"：在学习中要主动求知，要有自己的独立思考和见解，这样才能获得更深刻的理解；②"盈科而进"：学习要循序渐进，打好基础；③"教亦多术"：教学方法种类很多，要选择合适的方式进行；④"专心致志"：学习要专心，一心一意，这样才能有所领悟。

资料来源：孙培青.中国教育史[M].上海：华东师范大学出版社，2009.

---

3. 荀子的教育思想

荀子是先秦最后一位儒家大师，他的思想主要集中在《荀子》一书中，主要观点如下：①教育目的上，要培养"大儒"；②教育作用上，荀子主张"性恶论"，教育要"化性起伪"，转变人性中的恶，使人向善；③教育方法上，荀子提出闻见、知、行的方法，指出"不闻不若闻之，闻之不若见之，见之不若知之，知之不若行之。学至于行而止矣"；④对教师，荀子极为尊重，他将教师看作治国之本，提出"天地君亲师"的观点。

关于性恶论，荀子提出了三点，分别是"性伪之分""性伪之和""化性起伪"。"性伪之分"指在人性中没有道德和理智，如果听任本能而不加节制的话就会导向恶，因此，善是后天习得的。

性即本性,伪指一切努力使人发生的变化。"性伪之和"指性与伪可以通过后天学习结合在一起,引导人向善。与孟子一样,荀子在此意义上也认为人人平等,还提出了"人人可以为禹"。"化性起伪"指改变先天本性,通过后天行为来变恶为善。①

4. 墨子的教育思想

墨子是墨家创始人,其思想见于《墨子》一书。与其他学派不同,墨子非常关注下层人民利益,他自认为代表"农与工肆之人"的利益,他的思想以兼爱、非攻为核心,以尚贤、节用为基本。墨子的主要观点是:①教育目的上,培养"博乎道术""辩乎言谈""厚乎德行"的"兼士"或"贤士";②教育作用上,提出"素丝说",强调环境与教育对人的影响,认为"染于苍则苍,染于黄则黄,所入者变,其色亦变,固染不可不慎也";③教育方法上,墨子提出主动、创造、量力和实践的方法;④教育内容包括政治与道德教育、文史教育、科学技术教育和培养思维能力。

> **资料夹 1-9**
>
> ### 三 表 法
>
> 三表法是墨子提出的判断言论是否准确的三条标准。第一表为"有本之者",即"上本之于古者圣王之事",要根据历史和前人的经验教训判断。第二表为"有原之者",即"下原察百姓耳目之实",根据民众的经历来拓宽自己的眼界,寻找立论根据。第三表为"有用之者",即"发以为刑政,观其中国家百姓人民之利",在具体实践中检验言论是否正确。
>
> 资料来源:墨子[M].方勇,译注.北京:中华书局.2022;孙培青.中国教育史[M].上海:华东师范大学出版社,2009.

5. 道家的教育思想

道家代表人物是老子和庄子,其主要教育观点是:①教育作用上,"法自然""绝学无忧",教育要效法自然,听从自然;②"逍遥"的理想人格;③学习方法上,提倡怀疑,反对盲目遵从圣人和书本。

6. 法家的教育思想

法家的代表人物是李悝,代表作是《法经》,法家的主要教育观点是绝对的性恶论、"以法为教""以吏为师"。

7.《学记》的教育思想

《学记》是世界上最早论述教育教学问题的专著,其作者一般认为是孟子的学生乐正克。《学记》全文共 1229 个字,较为全面地阐述了先秦儒家的教育经验,囊括了教育目的与作用、教育制度与学校管理、教育教学原则与方法等。《学记》的主要观点是:①教育作用和目的上,对社会而言,教育能够"化民成俗",对个人而言,教育要使人具备良好的道德修养,即"玉不琢,不成器,人不学,不知道";②教育制度上,要求建立从中央到地方的学制系统,采用两段、五级、九年制;③教学原则上,预防性原则、及时施教原则、循序渐进原则、学习观摩原则、长善救失原则、启发诱导原则、藏息相辅原则和教学相长原则;④教学方法上,有讲解法、问答法和练习法。

练习

【1-24】 在下列选自《学记》的语句中,体现教学语言应简单明了的是( )

A. 学不躐等　　B. 开而弗达　　C. 禁于未发　　D. 罕譬而喻

---

① 孙培青.中国教育史[M].上海:华东师范大学出版社,2009.

【1-25】《学记》中"君子之教,喻也"所蕴含的教学原则是( )
A. 直观性原则   B. 因材施教原则   C. 启发性原则   D. 循序渐进原则

> **资料夹 1-10**
>
> **《大学》与《中庸》**
>
> (1)《大学》是"四书"之一,是儒家学者论述大学之道的书籍。《大学》的教育思想主要体现在"三纲领""八条目"中。"三纲领"指"大学之道,在明明德,在亲民,在止于至善"。"八条目"指格物、致知、诚意、正心、修身、齐家、治国、平天下。
>
> (2)《中庸》也是"四书"之一,是儒家学者论述人生哲学的著作。其教育思想有:①"天命之谓性,率性之谓道,修道之谓教",人性要得到发展需要通过教育;②个人完善的途径:"自诚明""尊德行"和"自明诚""道问学",前者指向内发掘人的天性,后者指向外部求知;③学习过程:"博学之,审问之,慎思之,明辨之,笃行之"。
>
> 资料来源:孙培青.中国教育史[M].上海:华东师范大学出版社,2009.

(二)近代教育思想

受西方教育思想的影响,我国近代出现了许多见解精深的教育家,他们从不同角度对我国教育问题进行了深刻剖析,为我国近现代教育学的发展做出了巨大贡献。

1. 蔡元培的教育思想

蔡元培是我国近代著名的民主主义教育家,曾担任民国第一任教育总长。上任北大校长后,开始对北大进行改革,为我国高等教育的发展开辟了新的道路。他的主要教育思想如下。①"五育并举"教育方针,"五育"即军国民教育、实利主义教育、公民道德教育、世界观教育和美感教育。②北大改革措施:抱定宗旨,改变校风;"思想自由,兼容并包"的办学原则;教授治校,民主管理的管理方式;进行学科和教学体制改革。③教育独立思想,即教育经费独立、教育行政独立、教育学术和内容独立、教育脱离宗教而独立。

练习

【1-26】我国最早主张"以美育代宗教"的教育家是( )。
A. 陶行知   B. 徐特立   C. 杨贤江   D. 蔡元培

【1-27】被毛泽东称为"学界泰斗,人世楷模"的教育家是( )。
A. 杨贤江   B. 徐特立   C. 陶行知   D. 蔡元培

2. 黄炎培的教育思想

黄炎培是我国近现代职业教育的开创者,被誉为我国"职业教育之父",其代表作有《学校教育采用实用主义之商榷》,该文章发表后引起教育界一阵讨论,形成了我国早期实用主义教育思潮。其教育思想主要有:①职业教育作用在于"谋个性之发展、为个人谋生之准备、为个人服务社会之准备、为国家及世界增进生产力之准备";②职业教育地位是一贯的、整个的、正统的;③职业教育的目的是"使无业者有业,使有业者乐业";④职业教育的方针是社会化、科学化;⑤职业教育的教学原则是"手脑并用""做学合一""理论与实际并行""知识与技能并重";⑥职业道德教育是敬业乐群。

3. 晏阳初的教育思想

晏阳初是我国平民教育家和乡村建设家,被誉为"国际平民教育之父"。他将中国的问题归结为"愚、穷、弱、私"四项,为解决这些问题,晏阳初提出了四大教育和三大方式。具体内容是:①四大教育,即文艺教育、生计教育、卫生教育、公民教育;②三大方式,即学校式教育、社会式教育、家庭式教育;③乡村建设的目的是"化农民",途径是"农民化"。

4. 梁漱溟的教育思想

梁漱溟和晏阳初一样致力于乡村建设运动,他被誉为"中国最后一位大儒"。梁漱溟认为中国问题的根源在于文化失调,西方文化的入侵打乱了中国文化的秩序,而解决这一问题需要从乡村建设入手。其教育思想主要是:①建立乡农学校,以"政、教、养、卫合一""以教统政""学校式教育和社会式教育融合"为组织原则;②教育内容要符合乡村建设、生产生活需要。

5. 陶行知的教育思想

陶行知是我国杰出的人民教育家,其生活教育思想对我国教育事业的改革和发展产生了重要影响。其教育思想主要包括:①"生活即教育"指生活含有教育的意义,实际生活就是教育的中心,生活决定教育,教育改造生活;②"社会即学校"强调社会含有学校的意味,学校也含有社会的意味;③"教学做合一"的教学方法,要在"劳力上劳心""有教先学""有学有教"。除此之外,在教育实践上,陶行知还创办了山海工学团、晓庄学校和育才学校,提出了小先生制和艺友制。

练习

【1-28】 被毛泽东称为"伟大的人民教育家"的陶行知提出的教育主张是( )。

A. 因材施教　　　B. 遵循自然　　　C. 教学做合一　　　D. 官能训练

6. 杨贤江的教育思想

杨贤江是我国最早的马克思主义教育家,其代表作有《教育史ABC》(第一部运用历史唯物主义分析世界教育史的著作)和《新教育大纲》(第一部运用马克思主义理论论述教育原理的著作)。其教育思想主要包括:①揭示教育本质,批判教育万能论、教育救国论等;②提出"全人生指导"的青年教育观,强调要帮助青年树立正确的人生观,使青年成为一个"完成的人";③对青年生活提出要求,包括四种青年生活,即健康生活、劳动生活、公民生活和文化生活。

(三)现代中国教育学的发展

"教育学"在中国是一个舶来品,20世纪初才引入中国,相较于西方国家起步较晚。经过不断地学习继承、创造发展,才形成了今天的中国教育学。

1. 译介与引入阶段(1901—1915)

1901年王国维翻译了日本学者立花铣三郎的《教育学》,这是我国近代教育学的开端。这一阶段我国教育学的发展以日文为媒介,以介绍赫尔巴特教育理论为主。此期间引进的教育作品中有讲义类12种,报刊连载类14种,出版社出版物21种,国人据日文原本译编、改编或自编的16种。[①] 此时为了应开办师范教育的需要,采用了全盘引进的方式[②],因此在一定程度上造成了与我国传统教育思想、方式的断代。

2. 积累和建设阶段(1915—1949)

1915年新文化运动开始,民主和科学思想使中国知识分子觉醒,中国教育学开始转换学

---

① 周谷平. 近代西方教育学在中国的传播及其影响[J]. 华东师范大学学报(教育科学版),1991,(3):77-96;瞿葆奎. 教育与教育学[M]. 北京:人民教育出版社,1993.

② 刘燕楠,涂艳国. 中国教育学学科的历史演进与价值选择[J]. 教育理论与实践,2016,36(7):3-7.

习对象,由日本转为欧美。欧美国家的实用主义教育思想、科学教育思想、马克思主义思想等影响了我国一大批教育家,据不完全统计,在此期间我国作者出版发行的教育学著作共有78种,译著15种。① 中国教育学的发展有了质的提升,不再是盲目全盘引进,而是结合中国实际,选择符合中国国情的理论书籍。这些作品中以美国为取向的较多,如庄泽宣的《教育概论》、吴俊升与王西征的《教育概论》、余家菊的《教育原理》等;以德国为取向的有石联星的《教育学概论》;以苏联为取向的有钱亦石的《现代教育原理》和杨贤江的《新教育大纲》。

3. 改造与探索阶段(1949—1966)

新中国成立后受意识形态影响,我国开启了向苏联学习的道路。首先是对我国旧有的教育学进行改造。中华人民共和国成立初期,教育学界开始批判杜威、批判中华人民共和国成立前国内"资产阶级教育思潮",在改造的同时向苏联学习,教育学界着手以马列主义为指导建构新的教育学体系,其中胡守棻的《新教育概论:马列主义教育原理》和程今吾的《新教育体系》最为典型。随后,有大量苏联教育学著作引入进来,包括凯洛夫的《教育学》、叶希波夫和冈查洛夫的《教育学》、奥戈罗德尼科夫和史姆比辽夫的《教育学》、申比廖夫和奥哥洛德尼柯夫的《教育学》等。直到1956年,中苏关系发生变化,国内社会主义改造基本完成,我国学者们开始探讨"教育学中国化"问题。1958年教育大革命开始,受"大跃进"思想的影响,教育学研究出现了"左"的倾向,一定程度上影响了教育学中国化发展。1961—1966年上半年,我国教育工作方向有所调整,教育学发展迎来了一段小高潮。

4. 灾难与语录化阶段(1966—1976)

"文化大革命"中,教育学遭到严重破坏,甚至被诬蔑为"封、资、修的大杂烩"等②,教育学内容也充斥着对孔子、凯洛夫等人的批判,教育学教材也留存不多,主要有上海师范大学教育系的《凯洛夫修正主义教育思想批判》(讲稿,1972)、广西师范学院教育革命理论教研组的《教育学讲义》(代用稿,1973)、广东师范学院教育学教研组的《教育学讲义》(讨论稿,1974)。

5. 恢复与发展阶段(1977年至今)

自党的十一届三中全会后,我国明确了发展路线,教育学也在逐渐恢复与发展。这一时期我国教育学有了更加多元的学术观点,日益开阔的学术视野,逐渐频繁的国际交流合作以及完善的学科体系。同时,关于教育学的研究也逐渐步入正轨,教育学研究与教育改革实践的关系越来越密切,中国教育学的发展呈现出欣欣向荣之势。

提示: 我国古代教育学思想萌芽主要散落在古代教育家的思想及其著作中,要牢记各个教育家的教育思想主张及其代表作。该块内容是考试的重点,多以选择题形式出现,记忆时应梳理出关键词。

三、教育学的理论流派

20世纪以来,教育学迅速发展,不仅研究领域扩大了,还出现了不同流派,每个教育学流派都有各自的代表人物、著作和主要观点,它们也都各有利弊。主要的教育学流派有实验教育学、文化教育学、实用主义教育学、马克思主义教育学、批判教育学和元教育学。

(一) 实验教育学

实验教育学反对以赫尔巴特为代表的思辨教育学,是在实验生理学与实验心理学的基础

---

① 瞿葆奎.教育与教育学[M].北京:人民教育出版社,1993.
② 侯怀银.新中国成立以来教育学学科体系建设的回顾与展望[J].西北师范大学学报(社会科学版),2022,59(4):30-38.

上形成的一种以教育实验为标志的教育思潮,代表人物是德国教育家梅伊曼(E. Meuman, 1862—1915)和拉伊(W. A. Lay,1862—1926),代表著作是梅伊曼的《实验教育学纲要》(1901年)和拉伊的《实验教育学》(1907年)。实验教育学于19世纪末20世纪初在欧美兴起,梅伊曼率先提出"实验教育学"的名称,倡导将心理实验的成果和方法运用到教育研究中。随后,拉伊将教育实验分为三个阶段进行:成立假设、制订并执行实验计划、在实际中验证结论,强调实验教育学的目标是"根据生物学、社会学以及道德学的定律和规范,用实验、统计和系统的观察,来解决教学上和教育上的问题"。① 在实验场地选择上,该流派主张在真实教育情境中进行;在实验方法上主要采用实验、统计和比较的方法。

实验教育学的优点在于科学性,极大推进了教育科学的发展。但缺点也是因为科学性,过于追求科学化而忽视了教育的人文性特征,导致教育走入了唯科学主义的迷局。

(二) 文化教育学

文化教育学即精神科学教育学,19世纪末兴起于德国。代表人物是狄尔泰(W. Dilthey, 1833—1911)、斯普朗格(E. Spranger,1882—1963)、利特(T. Litt,1880—1962),代表著作有狄尔泰的《关于普遍妥当的教育学的可能》、斯普朗格的《教育与文化》、利特的《职业陶冶、专业教育、人的陶冶》。该学说主张教育是一个文化的过程,教育目的是培养完整人格,狄尔泰提出:"要把人当作人,不是把人当作物……完整的人……具有喜怒哀乐和七情六欲的活生生的社会历史现实"。② 要实现教育目的,就要通过"陶冶""唤醒"的方法,即文化科学的方法来唤醒人的精神与生命力,调动师生积极性和主动性来培养完整人格。

文化教育学的出现引发了人们对教育本质问题的思考,但其思辨性太强而科学性不足,实践起来有些困难,并且夸大了社会文化现象的价值相对性,忽视客观规律,缺乏彻底性。

(三) 实用主义教育学

19世纪末20世纪初在美国兴起了一场新的教育思潮——实用主义教育学。该学说的主要著作是杜威(J. Dewey,1859—1952)的《民主主义与教育》、克伯屈(W. H. Kilpatrick,1871—1965)的《设计教学法》。其主要观点是:①教育即生活,教育要与实际生活相联系,要为当下生活做准备而非为未来生活做准备;②教育即生长,教育的目的在它本身之内,教育要促进学生本身的生长;③教育即经验的改组与改造,要重视学生的经验;学校即社会,学校就是一个经过净化的雏形社会,学生要在学校中学习社会所需要的基本知识、技能和态度;④教师要转变自己的身份观念,教师只是学生的帮助者而非领导者,尊重学生的独立发现、表现和体验,尊重学生的差异性。

实用主义教育学看到了学生在教育中的作用,重视学生的兴趣经验,强调与学生实际生活相结合,是对赫尔巴特教育学的批判,也是对美国文化精神的反映,但实用主义教育学忽视了教师在教育过程中的指导地位以及对系统知识的学习。在实验后期,实用主义教育学遭到了美国民众的强烈抵制。

练习

【1-29】 下列说法中不是杜威实用主义教育学的论点的是( )。

A. 教育即生活　　B. 学校即社会　　C. 做中学　　D. 生活即教育

---

① 拉伊.实验教育学[M].上海:商务印书馆.1935.
② 李超杰.理解生命:狄尔泰哲学引论[M].北京:中央编译出版社,1994.

(四)马克思主义教育学

马克思主义教育学同样产生于19世纪末,代表作是克鲁普斯卡娅的《国民教育和民主主义》,这是第一部用马克思主义观点阐述教育学和教育史的专著,还有凯洛夫的《教育学》等。该学派认为,教育是一种社会历史现象,在阶级社会中具有阶级性;教育起源于生产劳动,教育形式和内容会随着劳动方式和性质的变化而变化;教育的根本目的是促进学生全面发展,为实现这一目的,唯一的途径和方法就是教育与生产劳动相结合;教育作为社会结构的子系统,不仅受社会政治、经济、文化制约,还会反过来影响社会政治、经济和文化,具备相对独立性;受马克思主义影响,该学派将唯物辩证法和历史唯物主义作为教育科学研究的方法论基础。

马克思主义教育学为教育学研究提供了科学的方法论基础,尤其对我国教育学的发展产生了很大影响。但是,在实践过程中很多人无法真正理解其内涵,容易造成机械化、简单化倾向。

练习

【1-30】马克思关于人的全面发展学说指出,造就全面发展的人的唯一路径是( )。
A. 脑力劳动与体力劳动相结合　　　B. 智育与体育相结合
C. 知识分子与工人农民相结合　　　D. 教育与生产劳动相结合

(五)批判教育学

批判教育学兴起于20世纪60年代,巴西教育家保罗·弗莱雷被看作直接起源,他的代表作是《被压迫者教育学》。弗莱雷认为,教育要培养学生的批判意识,采用提问的方式使学生学会思考,从而获得解放。除弗莱雷以外,批判教育学的代表人物还有美国的鲍尔斯和金蒂斯(《资本主义美国的学校教育》)、阿普尔(《教育与权力》)、吉鲁(《批判教育学、国家与文化斗争》)和法国的布迪厄(《教育、社会和文化的再生产》)。该学派的主要观点是:①当代资本主义的学校教育阻碍了社会公平公正的实现,是造成社会不公平不公正的工具,是导致社会歧视和社会对立的根源;②社会大众对这种不公平不公正已经丧失了"意识";③批判教育学的目的在于揭示这些看似自然事实背后的利益关系,"启蒙"师生的思想,实现意识"解放";④为实现意识"解放"目的,在真实的教育活动中应采用实践批判的态度和方法。

批判教育学具有很强的批判性和解放性,致力于将人们从压抑、束缚中解放出来,但过强的批判性也会导致他们陷入空洞的话语之中,缺乏实践性。

(六)元教育学

元教育学概念最早由德国教育家布雷岑卡提出,其代表作是《从教育学到教育科学:元教育学理论导论》。元教育学是研究教育学本身的学问,经过多年发展已经成为一个颇具影响力的教育学流派,且包含许多分支,如分析教育哲学、元课程论、教育的元分析和布雷岑卡的元教育理论。

布雷岑卡元教育学以教育学知识的分析——批判哲学为核心,旨在澄清各种教育理论的认识论基础,具体内容有:关于教育学基本概念的语言分析、逻辑分析、经验分析和意识形态分析;关于教育学的学科性质以及教育理论或教育知识的基本成分的分析。布雷岑卡为厘清各教育理论的认识论基础和缓解不同教育学观之间的分歧,试图建立一种元教育理论框架。因此,他将教育学命题体系分为三类:描述性命题体系——教育科学;规范性命题体系——教育哲学;规范性-描述性命题体系——实践教育学。

练习

【1-31】 20世纪后期我国兴起元教育学研究推动教育理论的反思与建设,下列选项中属于元教育学论题的是(   )。

A. 教育学的逻辑起点　　　　　　　　B. 教育的本质

C. 教育的起源　　　　　　　　　　　D. 教育史

【1-32】 下列选项中,教育学流派、代表人物、核心概念对应正确的是(   )。

A. 实验教育学、狄尔泰、分析与批判　　B. 马克思主义教育学、杨贤江、实验与观察

C. 文化教育学、布雷岑卡、理解与唤醒　D. 批判教育学、弗莱雷、批判与解放

提示：教育学流派部分的学习可按"流派名称—代表人物—基本观点—影响评价"这条逻辑主线进行梳理。特别注意每个流派所提及的理论的关键词的寻找,如文化教育学中的"理解"与"唤醒"等,然后通过这些关键词理解每种理论流派。

本章小结

教育既是一项日常活动,也是一项专业活动。杨贤江曾说"自有人生,便有教育",教育一步步从原始社会简单传授技能的日常活动演变发展为现代社会有专门机构和人员的专业活动,其不同的发展阶段也呈现出不同的特征。人们对教育问题的研究热情和兴趣催生了教育学,经过数代教育家、思想家的积累沉淀,教育学有了现今完整的学科体系,专门的研究领域、研究机构和研究方法。尽管不同的研究目的和研究范式催生了不同的教育学流派,但也正是因为这样才使教育学研究更加多元和深化,教育学的发展才更加繁荣。

知识结构

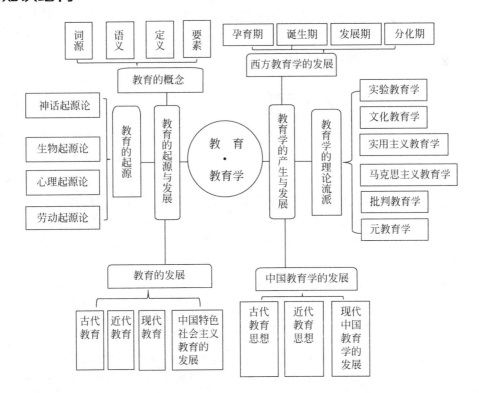

第 2 章
学校·学制

学习目标

◎ 理解学校的概念,能够区分学校教育与其他教育机构的异同;
◎ 了解学校的基本标准和学校产生的条件;
◎ 熟记中西方教育史上一些代表性学校的名称、特点与历史地位;
◎ 理解学制的概念与类型,熟知我国学制的发展历史;
◎ 理解影响学制建立的主要因素。

学习重点

本章的学习重点是明确学校与学制的概念,知道学校和学制是社会发展到一定历史阶段的产物,熟知中西方教育史上有代表性的学校及其特点,掌握我国四大学制的发展历史及特点。

学习导引

在学习本章的内容时要牢牢把握"学校"和"学制"两个关键词。可根据以下两个逻辑进行梳理:学校的含义—学校的标准与本质属性—学校产生的条件—中外典型的学校;学制的概念—学制的类型—西方学制—中国学制—影响学制的因素。在学习时可以这两条逻辑主线串联起相关的知识点,形成自己的逻辑系统,并结合相关的背景资料,加深理解,方便记忆。

引子

开放大学让人享受终身教育

作为改革开放的前沿地,广州吸引了大量的农民工进城成为产业工人。2010年受广州市总工会委托,广州开放大学起步开展企业工会干部培训、班组长培训及广大一线职工的学历提升工程。随着2014年

《服务产业工人继续教育工作实施方案》正式实施,"求学圆梦行动计划"由广州市逐步向广东省全面铺开。多年来,"求学圆梦行动"计划培养项目助力广汽、富士康等2600多家企业超16万名产业工人提升学历和职业技能,为企业培养了大量留得住、用得上的高素质劳动者。

广州开放大学不仅开展师资培训,还开展家庭教育、新市民融合教育、缺陷群体教育等。以送公益讲座、互联网学习等形式常年服务儿童和青少年、老年人、缺陷群体、新市民(失地农民)、乡村教师、来穗人员等。依靠分布在各区的学院,广州开放大学将课堂开到群众之中。基于区域民俗文化,天河学院开设了"乞巧手工""客家山歌"等教育课程;为实现本地外乡共和谐,番禺学院承担了番禺来穗人员融合行动计划中的融入教育;花都区老年开放大学开办了梯面镇红山村、炭步镇塱头村两个村级教学点,结合乡村振兴开展游学点建设……

得益于信息技术的发展,人们能够戴上眼镜沉浸式体验支持两地"双师课堂"的师训元宇宙教研场景,通过智慧书法绘画室实现实时同屏互动。在面对疫情时,广州开放大学在3天内协调阿里云、天翼云网络平台,实现课程上线;7天内,实现广州范围内6000所学校和教育机构、22万教职员工全覆盖。如今,广州老年人过上精"智"生活,在学习中养老逐渐成为广州老年人的新时尚。一群"老"学生走进黄埔区,走进全国先进的科技研发中心、实验室和制造工厂,与企业家、科学家团队深入交流,亲身感受最前沿的科学技术。①

信息技术的发展加速了社会变革,为了适应这种快速的变革,人们对高质量的、多样化的教育的需求越来越迫切,人们意识到学习不仅仅是年轻时的事,也应当是中年时、老年时的事,是一辈子的事。各种层级的学校办得越来越多姿多彩,人们接受学习的形式也越来越灵活多样,人们可以按照自己的兴趣和需要选择何时学习、在哪学习、学习什么。而在社会选拔人才时,多种多样的文凭能够得到承认。那么,上文中的各类教育机构能不能称为学校?怎样的场所才能称为学校?学校又是如何产生与发展的?学制指的是什么,它有哪些类型?接下来的内容将试图回答这些问题。

第一节 学校的产生与发展

学校是固定的进行专门教育活动的场所。在人类社会早期,教育活动一般在生产劳动与日常生活中进行,因而生产和生活的场所就是教育场所。随着生产力的发展和社会分工的扩大,教育与生产劳动逐渐分离而成为一种专门的活动,学校也应运而生。

一、学校的产生

(一)学校的词义

中国古代的教育场所称谓繁多,不同朝代有不同的称谓,如"庠、序、学、校、塾、瞽宗、成均、明堂、辟雍、泮宫、灵台"等。"庠、序、学、校"四字,通常认为是不同时代的"学校"用语。其主要依据是《孟子·滕文公·上》的说法:"设为庠、序、学、校以教之。庠者,养也;校者,教也;序者,射也。夏曰校,殷曰序,周曰庠,学则三代共之,皆所以明人伦也。""庠"为养老兼教育的场所,"序"为习射的场所,后成为军事教育机构,"校"和"序"相似,是具有军事教育性质的教育机构。

---

① 冯艳丹.让城市居民"享受"终身教育[N].南方日报,2022-10-09.

"学"在甲骨文中就已出现,字形为"斅",本作"壆",上半部分像双手摆弄算筹的样子,表示记数或学习记数,下半部分表示房屋的样子。后加"子"为义符。子,孩子。小孩子是学习的主体,因此"学"的本意为学习、接受教育。《广雅·释诂》:"学,效也。"《玉篇·子部》:"学,受教也。"《礼记·中庸》:"好学近乎知。"《礼记·文王世子》:"念终始典于学。"由学习引申为学习知识的地方,即学校,故《广雅·释室》云:"学,宫也。"王念孙疏云:"谓宫舍也。"在商朝,学和瞽宗都是一种礼乐教育的机构。《礼记·明堂位》:"殷人设右学为大学,左学为小学,而作乐于瞽宗。"郑玄注:"右学,大学,在西郊;左学,小学,在国中王宫之东。"经考证,右学和瞽宗同属大学性质,实为同一机构的不同名称。

"校"字的形状为"校",东汉许慎的《说文·木部》云:"木囚也。从木交声。"段注云:"囚,系也;木囚者,以木羁之也。"有人认为"校"原是用木作栏杆养马的地方,后来演变成为角斗、校猎、考校等意义①。孟子虽然说过"夏曰校"这句话,但在商代的甲骨文中还没有出现"校"字,金文中也未见"校"字;此外,《礼记·王制》中论述古代的教育机构时只说到了"庠""序""学",并未论及"校"。因此,不少学者对孟子的说法持怀疑态度。但《周礼·夏官·司马》中已有"校人"一职,为马官之长。有人认为《周礼》的"校人"之"校"是"教"的借字,这样,"校"在夏代就有了"教学"之义。②《左传》中已正式出现了"校"字,《左传·襄公三十一年》"郑人游于乡校,以论执政。"杜预注:"校,乡之学校。"《集韵》云:"校,教学之宫。"可见,"校"是地方学校的一种。

在古汉语中,一个字就可以表示一个词语的意思。我国古代,"学"与"校"都可以用来指专门的教育场所。汉代扬雄《百官箴·博士箴》:"国有学校,侯有泮宫。"《三国志·吴·薛综传》:建立学校,导之经义。宋代欧阳修《议学状》:"夫建学校以养贤,论材德而取士,此皆有国之本务。"《孟子·滕文公上》:"设为庠、序、学、校以教之。"这里的学、校分别表示不同类别的学校。

练习

【2-1】"谨庠序之教,申之以孝悌之义",其中的"庠序"是指( )。

A. 学校 B. 全国的最高学府
C. 私塾 D. 教育管理机构

资料夹 2-1

远古中国的教育场所

中国古代教育场所,名称各异,有"庠、序、学、校、塾、成均、明堂、辟雍、泮宫、灵台"等多种称谓。除前述庠、学、校外,其他教育场所如下。

1. 成均

古代文献中所记载的"成均",被认为是传说中五帝时代的"大学"。相传先王在"成均"用酒款待地位低贱的"郊人",并宣讲教令,举行一些集体性的祭祀活动。"成均"的本意是指平坦、宽阔的场地,并且是经过人工加工的,很可能是指原始氏族部落居住区内的广场。

2. 序

《说文》云:"序,从广,予声。"从字形看,与房屋有关。本意为东西墙。《尔雅·释宫》:

---

① 毛礼锐.虞夏商周学校传说初释[J].北京师范大学学报,1961(4):71-85.
② 申屠炉明.夏商学制的几个问题考辨[J].江海学刊,2001(5):117-123.

"东西墙谓之序。""序"在最初是指堂前的东西墙,后引申为正屋两侧东、西厢房。顾树森《中国历代教育制度》一书,参考古文字研究成果,认为金文中的"序"是习射学武、从事军事教育的场所,附设于宗庙之内,后常用来表示地方学校。

3. 塾

《尔雅·释宫》:"门侧之堂谓之塾。"《广韵·屋第一》:"塾,门侧堂。"东面的称为东塾,西面的称为西塾。《仪礼·士冠礼》:"摈者玄端负东塾。"郑注:"东塾,门内东堂,西塾,门外西堂也。"与"序"由东、西厢房引申为教学场所一样,"塾"也引申为教学之地。

4. 辟雍

辟雍之名,首见于西周青铜器《麦尊》铭文。西周时期的辟雍是天子所设大学,是天子重要的活动场所,校址圆形,围以水池,前门外有便桥。东汉以后,历代皆有辟雍,除北宋末年为太学之预备学校(亦称"外学")外,均为行乡饮、大射或祭祀之礼的地方。

5. 泮宫

泮宫,一般认为是西周诸侯所设大学。自古以来,有"天子曰辟雍,诸侯曰泮宫"的说法,后泛指学宫。也存在着另一种说法,认为泮宫为春秋鲁禧公筑于泮水边的宫室,是禧公饮酒作乐、演武庆功之所,汉代始以之为诸侯的学宫。

资料来源:俞允海.中国古代校名考释[J].湖州师范学院学报,2004(5):24-27.

"学校"成为常用词,是20世纪初的事。民国时期,西风东渐,国人放眼看世界,引进西方课程,开始教育改良,建立近代学制,因而用语系统也开始变化。辛亥革命后,官方颁布《壬子癸丑学制》,统一将"学堂"称谓改为"学校","学校"一词逐渐成为中国人口头上与书面上的一个常用语。

在西方,"学校"(school)表示教师和学生的聚会场所,也指探讨学问的谈话、辩论、演讲,或是教师的弟子、追随者团体、教派。school源于拉丁语schola,又源于古希腊语schole,意为"闲暇""休息"。在古希腊,思想家们和他们的学生信徒在进行自由讨论时就曾使用这个词语来表示学习的地方。后来凡是对年轻一代进行有组织的教育和教学活动的机构就都被称为学校。[1]

资料夹 2-2

古希腊的著名学校

1. 伊索克拉底的修辞学校

公元前392年,他在雅典吕克昂附近创设第一所修辞学校,这是古希腊最著名的学校之一。在他的指导下,许多学生成为演说家、政治家。在全希腊的重大演讲比赛中,他的学生多次获胜。

2. 柏拉图的阿卡德米

公元前386年,柏拉图在雅典城郊创办了一所学园,名叫阿卡德米(Academy)。他在这所学园里从事学术研究、著述和教学活动达40年,直到去世。

3. 亚里士多德的吕克昂

亚里士多德生于公元前384年,公元前335年仿效他的老师柏拉图所办的学园在雅典

---

[1] 毛礼锐.我国学校是怎样产生的[M]//瞿葆奎.教育学文集·教育与教育学.北京:人民教育出版社,1993.

创办哲学学校吕克昂(Lykeion),或称逍遥派学校(Peripatetic School)。吕克昂是"古代第一所具有大学性质的学校。在这所学校中建立起的教学与研究之间的联系立即证明了它的效率,很快成为其他地方此类机构的榜样"。

4. 伊壁鸠鲁的花园

公元前306年,伊壁鸠鲁买了一座花园,建立了一所哲学学校。由于学校是在一座花园里,故学校又称作"伊壁鸠鲁花园"。花园的大门上刻着:"客人,你在这里将会生活得很好,这里将给予你幸福、最高的善。"黑格尔说:"没有一个教师像伊壁鸠鲁那样,受到他的学生们那么多的爱戴和尊敬……他死后一直受到他的学生们的高度尊敬和怀念。"

5. 芝诺的画廊

在雅典,塞浦路斯的芝诺在某一画廊讲学,因此人们称这个学派为画廊学派。芝诺与伊壁鸠鲁同为当时著名的教师。他做人严肃,生活简朴,主要饮食是水、面包、无花果、蜂蜜。他的德行使他受到人们的尊敬。

6. 亚历山大大学

亚历山大大学是托勒密王朝建于亚历山大城的博物馆和图书馆,它是第一个由国家所设立以促进研究与教学的高等教育机构。其中有一间大餐厅,供学者们用餐,另设有大讲堂、植物园、动物园、观象台、文化游乐场和文化沙龙,治学环境幽雅。其中众多研究人员由王室供应优裕的生活物资,享受钻研自由。不但世界学者荟萃于此,各国渴望受到高等教育的青年也来到这里学习。

资料来源:李立国. 古代希腊教育[M]. 北京:教育科学出版社,2010.

练习

【2-2】 在西方国家,"学校"(school)一词的含义是( )。
A. 闲暇、休息 B. 闲暇、学习
C. 讨论、研究 D. 学习、训练

提示:"学校"一词源远流长,学习时要注意历史上的学校的不同称谓,注意东西方"学校"在词源上所体现的文化背景差异,明确学校是固定的进行专门教育活动的场所。

(二)学校的本质属性

学校是特殊的培养人的场所,其本质是一个规范性、公益性和伦理性的组织。

1. 学校是一个规范性组织

作为社会文化传承创新的场所,学校组织建立在一种固有的社会文化规范之上。处在该组织中的成员需要形成一致的伦理道德和价值观念。对教师从精神层面提出原则要求,对学习者进行说服教化,使全体成员遵循某种规范。对于学校的内部管理来说,也需要一定的规章制度和规范,以统筹学校内部的各种力量,使其有序地运行。科层制在学校管理体制中的确立明确了教育行政后勤人员的职责,对组织内各成员的利益进行了约束分配,形成了高效的运营模式。学校的规范性表现在它的课程设置、教学活动、人员管理等方面都按照一定的标准、要求、制度进行。

2. 学校是一个公益性组织

公益性组织是指"其所提供的产品和服务不具有排他性,即投资者并不能独占投资所形成的产品和服务,整个社会和所有人都可以获得和享有公益组织所提供的产品和服务"[①]。学校的公益性主要体现在:第一,任何组织和个人都不得以营利为目的举办学校及其他教育机构;第二,教育必须与宗教相分离。《中华人民共和国教育法》规定:"以财政性经费、捐赠资产举办或者参与举办的学校及其他教育机构不得设立为营利性组织。"义务教育下的学校是一个比较典型的公益组织,其目的是为社会培养合格公民。同时,国家对于困难学生有补助政策,对于品学兼优的学生有奖励政策,这都是学校公益性的体现。学习个体在教育投资上会获得一定的回报,而作为大系统的社会则因此会得到相应的发展,从中取得更大的收益。学校所拥有的物质文化条件能为当地的物质文化发展提供便利,如学校的图书馆、礼堂等可免费对外开放。

3. 学校是一个伦理性组织

学校是一个负有重大社会道德义务的伦理组织,它不是脱离社会存在的,而是社会的重要组成部分,负有推进社会公平、维护社会正义的责任。学校存在的理由,除了通过知识技能的传递来培养统治者、培养劳动者的工具性目的之外,还有一个更为高远的价值追求,即昭示并实践人类社会的美好生活。在学校开展各种各样的教学活动时,要注重社会影响,要关注活动内容是否有益于人性中的善与美的发扬。正因为学校是一个伦理性的组织,它需要在处理种种事务时选择适切的手段,考虑选择何种道德标准才有益于学生的幸福,考虑公正、美德、自由等主题。

(三)学校的标准

学校是有计划、有组织、有系统地进行教育教学活动的专门场所。但是,有教育教学活动的场所不一定就是学校,作为专门的教育场所的学校有其特定的标准。

1. 作为一所学校的基本标准

(1) 有专门的规格要求,如建筑规格。
(2) 有专门的人员从事教育、教学和管理活动,如教师、教育管理人员、教育辅助人员等。
(3) 有相应的教育媒介、教育手段、教育活动的组织形式与活动方式等。
(4) 基本功能是利用一定的教育教学设施和选定的环境实施教育教学活动,传授知识,培养社会所需要的合格人才。
(5) 有明确的教育目的和规章制度。教育目的是对培养什么人的规定,而规章制度则是达成这些目的的保障。

2. 我国对学校标准的规定

我国对学校的具体标准在2021年修订的《中华人民共和国教育法》第二十七条做出了明确的规定,具体如下。
(1) 有组织机构和章程;
(2) 有合格的教师;
(3) 有符合规定标准的教学场所及设施、设备等;
(4) 有必备的办学资金和稳定的经费来源。

3. 胡森的学校标准

瑞典学者胡森曾提出衡量学校的几条标准,具体如下。
(1) 是一种全日制学习的机构;
(2) 对入学和毕业有一定的年龄规定;

---

① 范国睿.多元与融合:多维视野中的学校发展[M].北京:教育科学出版社,2002.

(3) 教学采用教师面对学生的讲授方式；
(4) 课程分年级；
(5) 儿童的学习年限在逐渐延长；
(6) 学校管理日趋严密等。①

练习

【2-3】 与学校教育相比，家庭教育的特点主要表现在（　　）。
　A. 生活性　　　　B. 计划性　　　　C. 组织性　　　　D. 系统性

（四）学校产生的条件

学校的产生是历史的必然，它是教育发展到一定阶段的产物。具体而言，学校的产生须具备下列条件。

1. 社会生产力的发展

学校的产生首先是因为生产力提高使物质财富有了剩余，部分人有了闲暇时间。在人类社会早期，人们忙于生产活动，生产效率低，没有开展专门教育活动的物质和时间保障。在原始社会，石器是人类的主要劳动工具。到了奴隶社会，出现了青铜工具。青铜工具的使用，极大地提高了劳动生产力，使得人类从极其繁重的劳动中得到了部分解放，剩余产品逐渐增多，使得一部分人能够从体力劳动中脱离出来，在别人劳动产品的供养下专门从事脑力劳动，这是学校出现的前提条件。同时生产力的发展丰富了教育内容，更多的生产生活知识和技能需要得到有组织的、系统的传授，因此专门进行教育教学活动的场所成为必要。

2. 脑力劳动和体力劳动的分离

在社会发展早期，人类劳动的分工仅限于两性之间。由于体质和生理的差异，往往女性负责照料孩子，而男性负责打猎。当"社会变得比较复杂时，出现了一些专业化团体，他们从事一些氏族和部落延续下去所必需的专门职业。这些专门职业需要一种和公社一般成员所受教育不同的教育，以便传授这些专门职业的技术、技巧和秘诀。这就开始使每一个专业部门的成员像个智者，从群众中分离出来，成为社会中的重要人物。这种分离使一部分人逐渐地获得了超越于一般人之上的特权"②。而传授"专门职业的技术、技巧和秘诀"的"智者"则是最早脱离体力劳动的知识分子。例如原始社会宗教中的巫师，就是其中的典型。在古希腊公元前480年左右出现第一批职业教师——智者学派，代表人物有普罗太戈拉、高尔吉亚、伊索格拉底等。他们游走于希腊各地，广招门徒，收取高额学费，向年轻人传授文法、修辞、辩证法，这三门课程是雄辩教育的核心，被称为"前三艺"。除此之外，智者还教授数学、自然科学以及音乐等。随着脑力劳动和体力劳动的分离，有了能够专门从事脑力活动、传授间接经验的教师，这使学校的出现成为可能。

练习

【2-4】 在西方国家，最早出现的一批职业教师是（　　）。
　A. 巫师　　　　　B. 牧师　　　　　C. 占卜者　　　　D. 智者派

---

① 托斯顿·胡森. 教育的目前趋势[C]//中央教育科学研究所. 世界教育展望(1). 北京：教育科学出版社，1983.
② S. E. 弗罗斯特. 西方教育的历史和哲学基础[M]. 吴元训，等译. 北京：华夏出版社，1987.

3. 文字的创造与知识的积累

文字是社会发展到一定历史阶段的产物,它是记录以及传递知识和经验的工具。当人的社会关系和生活内容较为简单时,口头语言就能够满足人们交流和传递知识经验的需要,但是人口的增长和生产力的发展使得更大量范围内的交流成为需要。而文字能够突破时间和空间上的限制,使经验的传递变得更加有效而丰富。文字记录相较口耳相传或结绳记事的方法更能长期地保存有效信息,有利于知识的记录和积累。当人类的文化知识积累到一定的程度以后,必然要求专门的机构来从事文化知识的整理和传递工作。但是文字的掌握却并非易事,需要进行文字教学,需要有从事教育活动的专门人员和专门的场所。因此,文字的出现促进了学校的产生。另外,与文字的出现相联系的就是人类知识的增长,文字的出现本就能够促进人类思维的发展,人们创造、传播、记录大量的知识,也迫使人在一生中必须有专门的时间用于系统地学习先人的经验。

4. 国家机器的产生

原始社会末期,生产力有了一定的发展,出现了剩余产品,而私有制也有了萌芽,出现了贫富差距和阶级分化。这样一来,"一部分人逐渐获得超越其他一般人之上的特权,从而导致公社被少数特权阶层所掌握。在这些特权阶层中有医生、牧师以及在占卜方面有经验的人"①。国家出现后,社会政治生活日益复杂,需要大批管理人才,这是学校产生的客观要求。最主要的是奴隶主为了维护他们的利益,需要不断强化国家机器,实行武功文治,培养有能力的官吏和军队,对付奴隶的反抗。在这种情况下,居于统治地位的奴隶主阶级需要建立专门传授政治统治、军事技术、宗教祭礼等文化知识和经验的机构,让他们的子弟学习武,这就需要建立学校。需要着重指出的是,学校是阶级社会的产物,学校教育是统治阶级的特权。

练习

【2-5】 简答题:简述学校产生的条件。

提示:学校的产生条件可以按照"三基础、一分离"的口诀记忆:物质基础(生产力发展)、文化基础(文字的创造)、政治基础(国家机器的产生),以及体脑劳动的分离。

(五)学校的萌芽

学校的出现是一个长期的演变过程。在正式学校出现之前,教育活动贯穿于原始社会的生产和生活过程中,年长者随时随地将生产生活技能传授给本部落的年幼者。在奴隶制初期,巴比伦、亚述、埃及、中国和印度等东方文明古国就已经出现了学校。20世纪30年代,法国考古学家安德烈·帕罗特在两河流域上游的名城马里发掘出了一所房舍,被认为是现今发掘的、较早有较丰富文字记载的世界上最早的学校——苏美尔学校(Sumerian School)。苏美尔学校也称"埃杜巴",意思是"泥版书屋",又可称书吏学校。在我国,文献可考的最早的学校出现在上古时期舜时,设库为教,分下库、上库,七岁入下库,庶老为师,十五岁入上库,国老为师。

在学校发展的历史上,有三种形式的原始教育机构较为引人注目,可视为学校的萌芽。

1. 青年之家

菲得利岛上的原始居民中,未成年的男孩住在单独的房舍里;一些部落的少年达到一定年龄(通常为7~9岁)就与成年人分开居住。人们称此机构为"青年之家"。

---

① S. E. 弗罗斯特. 西方教育的历史和哲学基础[M]. 吴元训,等译. 北京:华夏出版社,1987.

青年之家的生活包括礼仪、劳动和生产技能的训练等,且训练对象一般为男子。只有通过严格的考试程序或仪式(如割礼、让蚂蚁咬、禁止笑等)才能成为部落成员。随着原始社会末期分裂为对立的阶级,"青年之家"也分化为两种:一种为普通人设立;另一种为特权者设立。后者成为学校的萌芽,发展为阶级社会的学校。

苏联教育家沙巴也娃认为"人类历史上最早的儿童公共教育机构并不是学校(像教育史教程中通常所断言的那样),而是'青年之家'——原始社会全体成员都在里面受教育的一种原始社会制度的特殊机构,它们是学校的胚胎形式"。① 在我国现存的少数民族的原始教育中也存在类似的原始教育机构,如独龙族的"皆木玛"和"皆木巴"。②

练习

【2-6】 苏联教育家沙巴也娃认为人类历史上最早的儿童公共教育机构是( )。
 A. 宣教广场　　　B. 青年之家　　　C. 稷下学宫　　　D. 养老机构

2. 宣教广场

在陕西西安半坡村,考古学家们在布局合理、规划整齐的四五十间氏族成员住房的中央,发现了一座160多平方米的"大房子"。这是距今约5000年前氏族举行典礼活动的广场。教育史专家毛礼锐认为这座"大房子"便是氏族老人对年轻的后代进行教育的场所。

这类广场在适于耕稼的农居部落地区较为普遍,在夏秋收获季节用于打场或堆积收获物。同时,也是全体氏族成员聚会、娱乐、举行某种规模较大的宗教祭祖活动,或向氏族成员宣告氏族首领教令及决定的场所。

"宣教广场"成为建筑,就是"明堂",即为了教化臣民、"明正教"而修建的礼堂。有学者认为,明堂起源于西周,是"由单一的氏族男子居所逐步演变为一座集议事、祭天、祀祖于一体的多功能建筑"。进入阶级社会后,明堂成为统治阶级祭祀和布政施教之处,具有祭祀、议事、处理公共事务、青年教育和训练、守卫、养老、招待宾客及明确各种人社会身份等功能。③

3. 养老机构

氏族社会的养老机构中往往由掌教化的长老对年轻人进行教育。《礼记·明堂位》云:"米廪,有虞氏之庠也;序,夏后氏之序也;瞽宗,殷学也;泮宫,周学也。"郑玄注以米廪为"藏养人之物"。这是氏族储存公共粮食之所,由老者看管,所以也是老人聚集活动的场所。

《礼记·内则》云:"凡养老,有虞氏以燕礼,夏后氏以飨礼,殷人以食礼,周人修而兼用之。凡五十养于乡,六十养于国,七十养于学,达于诸侯。"这表明国家在地方和中央设置不同的机构为不同年龄的人养老。

《礼记·王制》云:"有虞氏养国老于上庠,养庶老于下庠。"《说文解字》中认为,"庠,从广羊音","广"就是房舍,有时也指饲养家畜的地方。《孟子·滕文公·上》云:"庠者,养也。"可见,"庠"是供养老人的地方,这里的老人是指有知识和身份之人,由他们对贵族子弟进行文化和礼仪教学。养老的目的是对青年人进行教学,故"庠"即庶老教学之宫。后来用"庠"表示学校,特指乡学。

---

① 沙巴也娃. 论教育起源和学校产生的问题[M]//瞿葆奎. 教育学文集·教育与教育学. 北京:人民教育出版社,1993.
② 陶天麟. 独龙族的原始教育与学校的产生[J]. 云南民族学院学报,1997(3):27-29.
③ 俞允海. 中国古代校名考释[J]. 湖州师范学院学报,2004(10):24-27.

综上所述,原始教育机构的主要任务为训练、祭祀、教化、养老,只是同时兼有教育的任务,可以把它们视为学校的萌芽。

提示:学校的萌芽主要以选择题的方式进行考查,要熟记东西方最早的学校名称和三种形式的原始教育机构。

二、学校的发展

学校的发展经历了非形式化—形式化—制度化的过程。下面从中国和西方两个维度梳理学校的发展情况。

(一)中国学校的发展

中国古代学校教育按其性质可分为官学、私学和书院三大类。它们互相补充,构成多元化的学校教育网络,共同承担了人才培养的任务。早在周代就有了比较定型的学校,具有官学性质,有小学、大学的学习阶段划分。春秋战国时期,官学衰微,私学兴起,百家争鸣,各个流派都积极办学,推崇自己的教育主张。汉唐宋时期,官学与私学并存且发达,相得益彰,书院作为高级形态的私学蓬勃发展。元明清时期,官学和书院渐趋衰落,启蒙教育的任务主要由私学承担。

1. 学在官府

奴隶制经历了夏、商、西周、春秋时期,奴隶主阶级为将子弟培养成统治人才设立了教育机构和学校制度。西周时期,学校的发展已较为完善。在西周时期,学校由官府开办,学校教师由贵族官僚担任,学校招收的学生是贵族子弟,奴隶主贵族垄断教育,庶民子弟没有接受教育的权利,这就是所谓的学在官府。学在官府的两大表现可以概括为官师合一和政教结合:官师合一即学校的教师往往由官吏担任;政教结合即学校同时是教育和政治活动的场所。办学目的是培养奴隶主贵族的青年一代,使其成为有文化教养、有道德威仪、有政治军事技能的统治者。

西周官学分国学和乡学两类,国学为中央开办,乡学为地方开办。西周将官学划分为中央官学和地方官学两种类型,影响深远,中国古代一直沿袭这种办学格局。国学在办学规格上分小学与大学两级,乡学因规模较小,只设一级。修业年限小学为7年,大学为9年。课程设置主要为礼、乐、射、御、书、数等,合称"六艺"。大学教育以礼乐为重点,小学教育则以书、数为重点。这是一种文武结合、知能兼备的教育。

2. 私学兴起

春秋战国时期,奴隶制生产关系逐步解体,"学在官府"的状况变成了"学在四夷",四方候国和边远地区的教育逐渐发展,而不是由中央垄断。中国历代由私人开设的各类学校统称"私学"。春秋时,孔子首开私人讲学。孔子倡导"有教无类",招收了不少出身低贱的学生,这一创举,有利于学术文化的下移和平民教育的普及。战国时私学大盛,一些诸侯国适应新的时代需求,以公室养士为官办教育。由于养士之风的盛行和百家争鸣,私学蓬勃发展,可以说有多少家学派就有多少家私学。儒家、墨家、道家、法家是其中的代表。

在私学当中,属战国时齐国设于稷下的高等学府"稷下学宫"最为著名,稷下学宫对中国古代的学术文化和教育产生了深刻的影响。稷下学宫是一所由官家举办、私家主持的学校,有较强的教育教学自主性。教师择优聘请,教学内容不受官方限制,学者以其专长讲学。在学生管理方面,出现了第一个学生守则——《弟子职》。稷下学宫是当时百家争鸣的中心园地,促进了诸子学派的形成。稷下学宫也是世界上第一所由官方举办、私家主持的特殊形式的高等学府。

资料夹 2-3

弟子职(节选)

先生施教,弟子是则。温恭自虚,所受是极。见善从之,闻义则服。温柔孝悌,毋骄恃力。志毋虚邪,行必正直。游居有常,必就有德。颜色整齐,中心必式。夙兴夜寐,衣带必饰;朝益暮习,小心翼翼。一此不解,是谓学则。

少者之事,夜寐早作,既拚盥漱,执事有恪。摄衣共盥,先生乃作。沃盥彻盥,汎拚正席,先生乃坐。出入恭敬,如见宾客。危坐乡师,颜色毋怍。

受业之纪,必由长始;一周则然,其余则否。始诵必作,其次则已。凡言与行,思中以为纪。古之将兴者,必由此始。后至就席,狭坐则起。若有宾客,弟子骏作。对客无让,应且遂行,趋进受命。所求虽不在,必以反命。反坐复业。若有所疑,拱手问之。师出皆起。

至于食时,先生将食,弟子馔馈。摄衽盥漱,跪坐而馈。置酱错食,陈膳毋悖。凡置彼食:鸟兽鱼鳖,必先菜羹。羹胾中别,胾在酱前,其设要方。饭是为卒,左酒右酱。告具而退,奉手而立。三饭二斗,左执虚豆,右执挟匕,周还而贰,唯嗛之视。同嗛以齿,周则有始,柄尺不跪,是谓贰纪。先生已食,弟子乃彻。趋走进漱,拚前敛祭。

资料来源:《管子·卷第十九》。

练习

【2-7】 世界上最早的由官方举办、私人主持的高等学府是( )。
A. 萨莱诺大学　　　　B. 牛津大学　　　　C. 稷下学宫　　　　D. 京师大学堂

【2-8】 在我国历史上第一个较完备的用于学生管理的学生守则是( )。
A.《弟子规》　　　　　　　　　　　　B.《弟子职》
C.《岳麓书院学规》　　　　　　　　　D.《白鹿洞书院揭示》

3. 官私学并存

汉唐宋时期,官学和私学并存,且都较发达,各种类型的学校多样且各有特色。汉朝为我国的封建学校教育制度奠定了基础,唐朝的学校在教学和管理上都形成了较为完善的系统,宋朝则发动了三次兴学运动,学校教育有诸多的创新和发展。

汉代官学分中央官学和地方官学两类。中央官学包括具有国立大学性质的太学、专门学习书画辞赋的具有艺术专科性质的鸿都门学,以及专为外戚所设的四姓小侯学。地方官学按行政区划设置。汉平帝时规定:"郡国曰学,县、道、邑、侯国曰校⋯⋯乡曰庠,聚(村)曰序。"① 这里的"学"与"校"相当于中学程度,"庠"与"序"相当于小学程度。地方官学的教学内容除儒学外,还包括识字教育。

汉代私学按学生程度和学习内容,大致可分为三个阶段:一是启蒙阶段,当时称为"蒙学"或"书馆",所收儿童以识字、写字为主;二是专经的预备阶段,使用教材为《孝经》和《论语》;三是专经的研修阶段,学生从经师专研某一种儒家经典,其程度已相当于太学。汉代不少名师巨儒从事私人讲学,吸引了大批学生,如马融、郑玄等经学大师,门下学生多达数千,私学之兴

---

① 《汉书·平帝纪》。

盛可见一斑。

隋文帝时期特别设立了国子监,专门监管学校教育事业,这是中国设立专门教育行政管理机构的开端。唐代保留了国子监教育行政管理的职能,同时国子监也成为级别最高的国立大学。唐代的地方官学继承隋制实现了进一步发展,府、州、县都设立了各种学校。唐朝官学在吸收官员子弟的同时还接收了一定数量的庶民子弟,同时还接收新罗、日本等许多外国来唐的留学生。唐代的官学制度已相当完备,堪称中国封建社会官学制度的典范。

宋朝以"兴文教,抑武事"为国策,先后发动了三次兴学运动,建立了中央和地方官学体系,设立了武学、画学、道学等新型学校,创立了分斋教学制度、学田制度和地方教育行政管理机构。这三次兴学运动分别是由范仲淹在宋仁宗庆历四年主持的"庆历兴学",由王安石在宋神宗熙宁年间主持的"熙宁兴学",由蔡京在宋徽宗崇宁年间主持的"崇宁兴学"。

资料夹2-4

三 舍 法

三舍法是王安石在主持熙宁兴学时创立的考试制度,全称"太学三舍选察升补之法"。《宋史·神宗本纪》记载:熙宁四年(1071年)十月,"立太学生内、外、上舍法"。在元丰二年(1079年),经御史中丞李定等的修订,"三舍法"更为完备。其主要内容为:将太学分为外舍、内舍和上舍三个程度不同、依次递升的等级,太学生相应分为三部分,初入太学者,"验所隶州公据",经考试合格入外舍肄业,为外舍生,初不限员,后定额700人,元丰二年增至2000人。外舍每月考试一次,每年举行一次公试(升舍考试),成绩获得第一、二者,再参酌平时行艺,升入内舍肄业,为内舍生。内舍初定学额200人,元丰二年增为300人,每两年举行一次升舍考试,成绩为优、平两等者,再参酌平时行艺,升入上舍肄业,为上舍生。上舍学额100人,亦每两年举行一次考试,考试方式与科举考试"省试法"相同,由朝廷另委考官主持。成绩评定分为三等:平时行艺与所试学业俱优为上等,优平为中等,全平或一优一否为下等。上等者免殿试,直接授官;中等者免礼部试,直接参加殿试;下等者免贡举,直接参加礼部试。三舍法在太学内部建立起严格的升舍考试制度,对学生的考察和选拔力求做到将平时行艺与考试成绩相结合,将学行优劣与对他们的任职使用相结合,这有利于调动学生学习的积极性,提高太学教学质量。

资料来源:孙培青.中国教育史[M].4版.上海:华东师范大学出版社,2019.

唐宋私学也很发达,许多乡里之学多为民间自发形成,国家也"许百姓任立私学"。① 唐代经学家孔颖达、颜师古,文学家韩愈等均私人授徒讲学,这类学者型官员热衷于为人师,以"传道授业解惑"为己任,教学层次和质量都达到了相当高的水平。例如宋初胡安定在私学教学实践中创立苏湖教法,其教学方法以经义与时务相结合为特点,在当时影响很大。

书院是中国古代社会特有的教育机构,是封建教育制度下与官学并存的高级形态的私学。书院之名始于唐代,原为官方藏书、校书之所。五代战乱时官学衰废,书院在此消彼长中发展为学者私人讲学的学校。书院多建于山林僻静、风景清幽之处,较少受到社会的扰乱,为学者们潜心研究学术提供了条件。宋初天下初定,理学研究逐渐兴起。理学内部展开"重心"与"重道"的学术争鸣,书院作为专事讲学、研究学问、不以科举为目的的教学与研究园地,迎合了学者自由讲学、士子学习修身的需要,加之政府倡导文治,鼓励兴办书院,宋代书院在此背景下蓬

---

① 《唐会要》.

勃地发展起来。书院萌芽于唐朝,但作为一种教育制度形成和兴盛在宋朝。宋朝最著名的书院有:白鹿洞书院(江西庐山)、岳麓书院(湖南长沙)、应天府书院(河南商丘)、嵩阳书院(河南登封)、石鼓书院(湖南衡阳)、茅山书院(江苏江宁)。

练习

【2-9】"书院"的名称出现于(　　)。
A. 隋朝　　　　　　B. 唐朝　　　　　　C. 宋朝　　　　　　D. 元朝

资料夹 2-5

《白鹿洞书院揭示》(部分)

父子有亲,君臣有义,夫妇有别,长幼有序,朋友有信。

右五教之目。尧、舜使契为司徒,敬敷五教,即此是也。学者学此而已,而其所以学之之序,亦有五焉,其别如左:

博学之,审问之,慎思之,明辨之,笃行之。

右为学之序。学、问、思、辨,四者所以穷理也。若夫笃行之事,则自修身以至于处事接物,亦各有要,其别如左:

言忠信,行笃敬,惩忿窒欲,迁善改过。

右修身之要。

正其义不谋其利,明其道不计其功。

右处事之要。

己所不欲,勿施于人。行有不得,反求诸己。

---

4. 官学衰落

元明清三代的官学和书院逐渐衰落,这与科举制的衰落有关。科举制自隋朝创立后于唐宋得到大力发展,在明清时期逐渐僵化。在科举制发展的后期,中央利用科举制这一人才选拔制度控制、禁锢读书人的思想,学校沦为科举制的附庸,教学内容空疏无用,教学管理松弛,官学名存实亡。

官学衰落后,民间的启蒙教育主要依靠私学。明清私学分三类:一是私塾,由教师在家设馆授徒;二是义学,由官员富商出资,聘教师为乡村贫寒子弟授课;三是专馆,富裕人家聘教师上门教授本家子女。

私学作为中国古代社会民间的主要办学形式,其贡献和特色主要有三个方面:第一,私学是官方办学力量的补充,在普及平民教育、开发民智方面有其历史功绩。古代社会的启蒙教育实际上是由私学承担的,因此,私学又称"蒙学"。儿童则通过识字、读书、习礼而接受基础教育,包括洒扫、应对等道德教育。第二,办学层次较高的私学提供了自由研讨、专精学术的场域。私学授课较自由,既可不囿于成说,又可开展学术争鸣。而且私学教学不限于儒家经学,有的传授道学,有的传授佛学,有的传授医学、算学、文艺等,教学内容较为灵活。第三,私学满足了人们自由择师受业的需要。例如西汉私学兴盛,不少学生远道寻师,以接受符合个性需求的教育。在私学兴盛的过程中,教育过程与政治活动有所分离,教育内容与社会生活更紧密地联系起来,教育方式上也有了许多创新,扩大了教育对象并对教育经验的积累和教育理论的发展有推动作用。

资料夹 2-6

蒙　学

儒家经典《周易·蒙卦》有"蒙以养正,圣之功世"之说,因此,在中国封建社会时期,一般将8~15岁儿童的"小学"教育阶段称为"蒙养"教育阶段,对儿童进行启蒙教育的学校称为"蒙学",所用的教材称为"蒙养书"或"小儿书"。我国古代历来关心儿童的启蒙教育。早在殷、周时期,就已经为贵族子弟设立了小学。春秋战国时期,随着私学的产生,民间也开始出现了对儿童进行启蒙教育的机构。汉代时,这种机构已渐趋成熟,称作"书馆",教师称"书师",规模也较大。宋元时期,统治者重视蒙学教育,曾多次下令在中央和地方设立小学,称为贵胄小学和庶民小学,地方上有许多"蒙馆""冬学"等也作启蒙小学。宋元时期是我国古代蒙学发展的一个重要阶段,不仅在数量上得到了进一步的发展,而且在教育内容、方法以及教材等方面,也都形成了自己的特点,对后来明清时期的蒙学教育产生了重要影响。

宋元时期的蒙学教材,按其内容的侧重点分,大致可以分为五类。

第一类是识字教学的教材,如《三字经》《百家姓》等。其主要目的是教儿童识字,掌握文字工具,同时也综合介绍一些基础知识。

第二类是伦理道德教材,如吕本中的《童蒙训》、吕祖谦的《少仪外传》、程端蒙的《性理字训》等,侧重于向儿童传授伦理道德知识以及为人处世待人接物的准则。

第三类是历史教学的教材,如宋王令作《十七史蒙求》、胡寅作《叙古千文》、黄继善作《史学提要》等。这类教材,有的是简述历史的发展,有的选辑历史故事或历史人物的嘉言善行,既向儿童传授历史知识,又对他们进行思想教育。

第四类是诗歌教学的教材,如朱熹的《训蒙诗》、陈淳的《小学诗礼》,对儿童进行文辞和美感教育。

第五类是名物制度和自然常识教学的教材,以宋方逢辰的《名物蒙求》为代表,内容涉及天文、地理、人事、鸟兽、草木、衣服、建筑、器具等。

上述各类蒙学教材中,以《三字经》《百家姓》《千字文》的流传最为广泛,一般合称为"三、百、千",这些蒙学典籍也流传至今。

资料来源:孙培青.中国教育史[M].4版.上海:华东师范大学出版社,2019.

5. 近代学校

我国近代学校的诞生以1862年京师同文馆的设立为标志。这是我国政府自行创立的第一所新式学堂,从创立到并入京师大学堂前后历时40年,最早采用班级授课制,是中国近代新教育的开端。在京师同文馆设立后,洋务派创立了大批的新式学堂,如1863年李鸿章设立的上海广方言馆,1864年的广州同文馆,1866年左宗棠设立的中国近代最早的海军学校——福州船政学堂等。洋务学堂的创办动摇和瓦解了旧的教育体制,启动了近代中国教育改革的进程。

1898年创办的京师大学堂,是中国近代第一所国立大学,其成立标志着中国近代国立高等教育的开端。京师大学堂是当时国家的最高学府,也是国家最高的教育行政机关,行使教育部职能,统管全国教育。1912年5月4日,京师大学堂更名为北京大学,旋即冠"国立",是中国历史上第一所冠名"国立"的大学。

近代兴办的学堂在办学观念、类型与规格、招生对象、教学内容、教学方法上都呈现出新气息,如开设西方哲学、万国史学、地理学、政治原理学、群学等学科的万木草堂,宣传新思想、倡导民权的湖南时务学堂,近代第一所国人自办的正规女子学校经正女学等。

练习

【2-10】 中国最早采用班级组织形式的是（　　）。

A. 京师大学堂　　B. 福建船政学堂　　C. 京师同文馆　　D. 南洋公学

【2-11】 我国政府自行创立的第一所新式学堂，标志着我国近代学校诞生的学校是（　　）。

A. 京师同文馆　　B. 广州同文馆　　C. 上海广方言馆　　D. 福州船政学堂

6. 现代学校

我国现代学校，依据学历的不同层次，可以将学校分为学前、小学、中学、大学；依据学校运行管理方式的不同，可以将学校分为义务教育学校和非义务教育学校；依据培养人才规格的不同，可以将学校分为普通教育学校和职业教育学校；依据办学主体的不同，可以将学校分为公立学校、民办学校和转制学校。

多种多样的学校各有其特点又形成体系，为受教育者提供全面多样的选择。学前教育与初等教育以普通文化教育为主。进入中等教育阶段后，职业教育开始为教育者所考虑。到高等教育阶段，义务教育的任务已经完成，公立学校、民办学校和转制学校各显神通。在师范大学、综合大学和理工大学中，高等教育引导受教育者发现自然、社会以及人类自身的一些规律，进一步培养人的批判性思维和专业的研究能力；职业教育使受教育者将科学原理转化为能够更好地服务于社会的实践能力；自由教育注重激发受教育者的精神力量，引导受教育者创造精神产品，追求和谐完满的发展，实现自己的人生价值。

提示：我国古代的学校大致分为官学、私学、书院三大类。近现代学校根据不同的标准有不同的分类。学习时应特别注意对"最早"的相关内容的记忆。例如，稷下学宫（世界上最早的高等学府）、鸿都门学（世界上最早的文学艺术高等专科学校）、京师同文馆（最早的新式学堂，最早运用班级授课制）、京师大学堂（近代最早的国立大学）等，理解它们在中国学校史中的地位。留意学校史中的一些制度，如《弟子职》、"三舍法"等。

（二）西方学校的发展

自公元前8世纪的古希腊到十八九世纪的工业革命期间，是西方学校发展、成熟和完备的时期。下面将纵向梳理西方学校的发展与特点。

1. 斯巴达的军事化学校

公元前8世纪，希腊进入奴隶制社会，出现城邦制国家。雅典和斯巴达两个城邦的地理位置和文化背景不同，都形成了各自特色鲜明的教育。斯巴达人高度重视教育，教育完全由国家控制，建立了以培养勇猛善战的军人为目的的教育制度。斯巴达人十分重视新生儿的体质状况，儿童出生后由长老进行体格检查，身体残疾或孱弱的新生儿将被弃于荒野。也是出于对新生儿的重视，斯巴达对女子也进行严格的军事训练，使其体格强壮能够生养健康的子女。在7岁以前，公民子弟在家中接受教育，7岁后便被送入国家教育机构，接受严酷的身体和道德训练。从18岁起，公民子弟进入青年军事训练团接受正规的军事训练，年满20岁的公民子弟开始接受实战训练，到30岁正式获得公民资格。在这种长期、严格有序的军事化训练中，儿童的生活十分艰苦，其目的是使年轻人成为坚强刚毅、忠于祖国、勇敢善战、对奴隶残暴的军人。

练习

【2-12】 古希腊斯巴达教育目的是培养（　　）。

A. 演说家　　B. 智者　　C. 军人和武士　　D. 全面和谐发展的人

2. 雅典的人性化学校

雅典的教育关注儿童多方面的发展,在身体、道德、智力、审美等多方面均有关注,旨在培养多才多艺、能言善辩、善于处理工商业事务的政治家和商人。雅典的孩子出生后由父亲负责体格检查。0~7岁,雅典的儿童在家中接受教育。7岁后,女儿在家中继续由父母进行教育,学习纺织、缝纫等技能,男孩则进入学校接受学校教育,可供儿童选择的有文法学校、音乐学校、体操学校。文法学校主要传授给儿童简单的读、写、算的知识以及文学知识;音乐学校又叫弦琴学校,传授儿童歌唱的技能;体操学校又叫角力学校,实际上只是一大块空旷的场地而已,以体育操练为主要内容,项目有赛跑、跳跃、角力、掷铁饼、投标枪五项竞技。这三种学校中都有道德教育的内容。16岁时,大部分学生毕业,走向社会,少数贵族子弟可进入国家办的体育馆学习,接受高一级的体育训练,兼学一些文化知识,参加一定的社会活动。18岁时,儿童成为青丁,可自愿进入青年军事训练团接受专门的军事训练。20岁时,经过一定的仪式,被授予公民称号。雅典的教育机构以私立为主,学生需要缴费上学,且有"教仆"护送。教仆多由有文化的奴隶来担任,负责孩子上学的有关事宜,帮助提拿学习用具,辅导孩子的学习,还要负责孩子的道德培养。在雅典社会中,教师的地位极其低下,收入菲薄,不受社会的尊重。

练习

【2-13】 雅典教育的特点是( )。
   A. 技能教育   B. 宗教教育   C. 军事教育   D. 和谐教育

3. 基督教学校

欧洲自476年西罗马帝国灭亡至1500年的一千年间被称为中世纪,西欧封建制度在这一时期发生发展直至14世纪文艺复兴走向衰落。中世纪的教育权由僧侣垄断,教育带有强烈的宗教性,教会是封建意识的权威代表。神学家们宣布:"科学是宗教的奴仆""肉体是灵魂的监狱"。教会学校几乎就是这个时期唯一的教育机构,僧侣是主要的教育者。

教会学校的教育有强烈的宗教色彩,它十分关注对人情感、精神、灵魂方面的影响。教会学校一般有三类:修道院学校、大教堂学校、堂区学校。在这三类学校中,修道院学校因其藏书丰富、管理严格等特点而成为最重要的教会学校。教学内容以"七艺"为主,但都是为神学服务的,神学是所有学科的"王冠"。教会学校对学生的管教极其严格,棍棒鞭打等惩罚方式十分常见。这种教育目的是培养对上帝虔诚、忠于教权的教士。

一般的世俗封建主对文化学习和道德品质的陶冶不甚重视,仅注重武艺与社交活动的训练,是一种典型的武夫教育。世俗封建主的这种教育在教育史上通称为"骑士教育"。骑士教育是一种特殊形式的家庭教育,旨在培养勇猛善战、忠君敬主,能够维护封建主利益的强悍军人。骑士们则在宫廷和贵族家里接受军事战术和上流社会礼仪的"骑士七技"(包括骑马、击剑、打猎、游泳、唱歌、吟诗、弈棋)的训练和礼法教育。骑士十诫也是骑士教育的重要内容,具体包括:祈祷、摆脱罪恶、保卫教会、保护孤寡与儿童、行游四方、参战、捍卫正义、热爱上帝、服从主人。

练习

【2-14】 下面不属于中世纪教会学校的是( )。
   A. 修道院学校   B. 僧侣学校   C. 主教学校   D. 教区学校

【2-15】 修道院学校的教学方法不包括(　　)。
A. 教义问答　　　B. 抄写　　　C. 背诵圣经　　　D. 辩论

4. 城市学校

十二三世纪,欧洲经济的发展和工商业的兴旺促进了城市的繁荣,城市人口迅速增加,市民阶层逐渐扩大,原有的教会学校和封建主所把持的学校都无法满足手工业和商业发展的实际需要,于是城市学校便应运而生了。城市学校是新兴市民阶级开办的学校的总称,其中包括不同种类、不同规模的学校。手工业者开办的学校被称作行会学校,商人联合会设立的叫作基尔特学校。手工业者和商人联合会担负校舍建筑和学校经费,教师的工资则源于学生缴纳的学费。校长和教师由基尔特委任。尽管城市学校仍与教会有着千丝万缕的联系,但他本质上是世俗性质的学校。在学习内容方面,注重实际应用知识的学习,尤其是与商业和手工业活动有关的知识,除读、写、算外,有些学校也教文法、修辞和几何学。为了适应商业贸易的需要,城市学校还包括拉丁文法学校,使用各国本民族语言,教授自由民在商业生活中所需要的读和写的读写学校,以及有别于女子修道院的女子学校。后来,手工业者和商人基尔特学校逐渐发展成城市初等学校,由市政机关管理,校长和教师改由城市自治机关选派。

5. 中世纪大学

中世纪大学诞生于西欧中世纪后期,为近代高等教育之滥觞,它首先出现在工商业和城市发展较快的一些区域。中世纪大学的性质是自治教授和学习中心,它的基本目的是进行职业训练,培养社会所需要的专业人才。1137年,意大利南部在原来医学校的基础上创立了萨莱诺大学,学校以医学见长。1158年,意大利的北部创立了波隆那大学,这所大学以研究法学为主。除了12世纪上半叶意大利创立的萨莱诺大学、波隆那大学外,英国、法国等地也先后建立起了大学,如英国于1168年设立牛津大学,1209年从牛津大学分出的部分师生又设立了剑桥大学。法国以巴黎大学开办最早,它始创于1108年,是所神学院。到13世纪末,欧洲的大学已增加到20多所。中世纪大学的教育往往分为文、法、神、医四个专业学院。其中,神学院地位最高,文学院为预科性质,讲授"七艺",修业年限一般为5~7年。修完文科"七艺"中的"三艺",获得学士学位;修完全部文科"七艺",获得硕士学位;修完其余三科任意一科,获得博士学位。现代学位制度便源于此。受教会控制的中世纪大学,尽管宗教气氛浓厚,烦琐哲学盛行,阻碍了学术思想的自由发展,但它对当时欧洲文化的普及,确实起了推进作用。

资料夹 2-7

"大学"之"名"

在中世纪拉丁语里与大学有关的词是 studium 和 uizersitas。前者指进行教育的场所(学舍、建筑),后者指对该场所之活动进行管理的自律性团体。studium 体现了大学的外在特征:探讨学问和真理的人们聚集之场所。universitas 体现了大学的内在特征:将大家聚集在一起并依照某些规则有效开展学术探究活动之组织。

在十二三世纪,几乎所有的大学都被称为 stadium。需要注意的是,universitas 一词还没有专指后世人们常说的大学,当时教会方面把那些获得了某种特权的机构或组织称为 studia generalia。被称为 studium generale 者,一般具有三个特征:①师生来自欧洲各地;②拥有神学、法学、医学等高层次专业;③有权授予在全欧洲通用的学位(即教师资格)。

资料来源:张磊.欧洲中世纪大学[M].北京:商务印书馆,2010.

练习

【2-16】 以下（　　）大学不属于中世纪大学。

A. 波隆那大学　　　B. 巴黎大学　　　C. 牛津大学　　　D. 哈佛大学

6. 人文主义学校

14世纪至16世纪，人文主义学校伴随着文艺复兴而发展起来。其主要贡献在于中等教育，如意大利的宫廷学校和贵族学校、德国的王子学校、英国的公学等。这些学校往往环境优美，重视人身心的陶冶。人文主义学校的教育注重儿童的个性发展，在课程设置上具有古典性质且包含古为今用、托古改制的内涵。在教学方法上，往往反对死记硬背和体罚，尊重儿童身心特征和个性差别，采取启发式教学，重视学生主动性的发挥。从其教育目的看，仍然是培养君主、侍臣、绅士等上层人物。随着宗教改革的发展和其后的国家学校教育体系的建立，人文主义学校逐渐地归中央政府控制，但是各国的人文主义学校始终是各自国家的中等学校的主要类型，成为后世普通中学的源头。

7. 文科中学和实科中学

文艺复兴前后，欧洲出现了中学的雏形。16世纪中期，德国教育家梅兰克吞（P. Melanchton）和斯图谟（J. sturm）分别创立了拉丁中学和文法中学，以讲授古典课程为主，承担着普通教育的任务。18世纪，文科中学发展到了鼎盛时期。但是文科中学中的浓厚的古典色彩以及它的贵族化性质，已经不再能够适应和满足当时社会工商业的发展对于教育的需要和要求。这样，在社会发展的推动下，就出现了一种既具有普通教育的性质，又具有职业教育性质的讲授实科知识的中等学校，即实科中学。实科中学既为升学青年服务，也为就业青年服务，代表了近代中等教育的发展方向，受到社会的欢迎并逐渐流行，它的出现是现代中等教育发展史上的里程碑。1708年，德国人席姆勒（Zemmler）在哈勒创立了世界上第一所实科中学，此后，德国的许多城镇也随之成立许多类似的学校。1747年，德国人赫克（Hecker）在柏林创立了一所"经济学、数学实科学校"，开创了行会之外由学校进行中等职业技术教育的先河。从此，职业技术学校在现代学制中占有了一席之地。

提示：西方学校的发展可根据历史发展的顺序阶段进行记忆。特别要注意各个阶段的学校类型与特点。此外，要特别对教会学校与世俗学校、文科中学与实科中学加以概念上的区分。

第二节　学制及其制约因素

学校教育制度（简称学制）是学校发展到一定历史阶段的产物，学制的诞生标志着教育进入制度化阶段。学制是由国家政权机关制定并颁布实施的，任何一种学制都要受到一定因素的制约。

一、学制的概念与类型

（一）学制的概念

制度往往有两层意思：一是机构或组织的系统；二是机构或组织系统运行的规则。学制指一个国家各级各类教育组织（主要是学校）的总体系统，它规定了各级各类教育组织的性质、任务、入学条件、学习年限以及它们之间的衔接与关系。学制包含学校层级与类别制度，学校入学以及修业年限制度,办学制度以及内外部管理制度等。

学制通过系列的规范把大量独立存在的学校整合成学校系统。"学校教育系统则是国家对年轻一代进行教育的最严密、最有效的组织,它集中体现了整个教育制度的精神实质。学校教育制度制定得是否正确与完善,直接关系到教育目的的实现、教育和教学工作的进行以及教育事业的发展,从而也对政治经济制度的巩固、生产力的提高、青少年儿童身心的发展产生重要的影响。"①

练习

【2-17】 通常把一个国家各级分类学校的总体系统称为(　　)。
A. 国民教育制度　　B. 学校教育制度　　C. 教育管理体制　　D. 学校教育结构

【2-18】 下列属于学校教育制度内容的是(　　)。
A. 修业年限　　B. 教学大纲　　C. 课程标准　　D. 课程设置

教育制度的形成包括各级教育系统的发生和各类教育系统的发生两个方面。在古代,东西方学校都没有严格的大、中、小学校之分,也没有普通、职业等类别的区分。而随着近代经济社会的发展,教育系统需要适应新兴阶级的需要,需要满足人们对受教育的更高的需求,因此逐步生发了各级各类的教育系统。

1. 各级教育系统的发生

近代世界各国各级学校的发展主要循着两条路线:一条是从高级学校向低级学校下延而发生的系统;一条是从低级学校向高级学校上升而发生的系统。前者称为下延型学校系统,后者为上伸型学校系统。这是就学校的系统发生而言,而非指单个学校的发生。

下延型学校系统在欧洲国家居多。中世纪大学产生以后,其存在的客观需要连锁式地带动其他层级学校的发展,也就开始了学校系统的下延过程。首先是产生了作为大学预备科的古典文科中学,同时为了适应教育的世俗化和平民化的要求,学校系统又下延到作为中学预备的小学。而上伸型学校系统则是自下而上,先普及小学,而后出现中学,最后到大学。欧洲以外的国家,现代学校系统的建立,基本上属于这种形式。

在学校的层级系统中,还有一个层次,即承担学前教育任务的幼儿教育机构。1873 年,美国的圣路易斯州首次把幼儿园的教育作为公立学校教育的一个组成部分。这样幼儿教育才成为美国教育制度中的第一阶段。在学校形式上,公立学校与幼儿园并存。以后世界各国纷纷效仿美国的做法,由于美国的教育系统是"上伸型学校系统",所以,也可以把学前教育机构的出现看作是"上伸型学校系统"下延的结果。

2. 各类教育系统的发生

各类教育系统的发生是指各类学校的逐步分化,即学校与学校之间的分工愈加明确,教育在类别上更加多样化,在横向上更加注重联系,从而使近代学制更为丰富、清晰和系统。

就教育系统的类别形成而言,西方中等教育的分化最能代表这一过程。其发展的基本过程是:先出现由文艺复兴时期兴起的人文主义学校和城市学校中的拉丁文法学校演变而来的古典文科中学,它们承担着普通教育的任务。后出现讲授实科知识的实科中学,也属于普通教育的范畴,到了后期,又经历了从普通教育到职业教育的发展。这一发展伴随着西方工业革命的开展以及世界大战的发生。工业革命促使发达资本主义国家普及并延长义务教育,世界大

---
① 南京师范大学教育系.教育学[M].北京:人民教育出版社,1984.

战推动了传统学徒制的变革以及职业教育的发展。

我国的高等教育自晚清发端以来已经形成了研究型大学、民办高校、高职院校等构成的多样化的高等教育系统,能够培养学术型、应用型、技术型、综合型等多种类型的人才。

在教育的类型系统中,还有一个重要的部分,即师范教育。它的出现提高了教师素质,提高了教育质量,推动了教育教学研究,是国家教育事业中基础性的部分。

练习

【2-19】 通常把一个国家各级各类学校的总体系称为(　　)。
A. 国民制度学制　　B. 学校教育制度　　C. 教育管理体制　　D. 学校教育结构

(二) 学制的类型

根据不同的划分标准,学制可以分成不同的类型。一般而言,学制类型大致有两个依据:根据权力支配主体和选拔分层功能来划分。

1. 根据权力支配主体划分

根据学校教育制度权力支配主体的不同,可以将学制划分为中央集权型学制、地方分权型学制(有些国家叫学区性分权)和中央与地方合作型学制三种类型。不同类型的学制也是不同国家政体的表现。

(1) 中央集权型学制

中央集权型学制的典型代表为法国。自拿破仑建立"帝国大学"以来,法国在教育管理上施行中央集权制,实行自上而下的垂直领导。对学校的管理采取从中央教育部到大学区到省,从教育部部长到学区总长到学区督学的线形的指令领导。教学和行政人员的编制、学校规章的制定、教材教法的选用、教育经费的使用、办学方针的确定、学校的发展规划、对大学图书馆进行检查等都要受到国家的全方位的管理监督。这种教育管理方式有利于国家将学校纳入社会总体的发展进程中进行规划,集中全国的力量进行教育问题的解决,在面对普适性或是重大问题时具有较高的行政效率。但这样可能会造成全国学校的办学模式单一,脱离具体实际;中央管得过多,压得太死,影响地方办学的创造性和积极性;自上而下使得上层较难对下层的变化作出及时准确的反应;普通的地方事务也需要由遥远的中央政府决定则会耗费更多的时间和费用。

(2) 地方分权型学制

地方分权型学制的典型代表为美国。根据美国宪法第十修正案的有关规定,宪法不授予联邦而又不禁止给州的权利属于州。在美国,教育作为地方性的公共事业来管理,联邦政府没有直接领导各州教育的权力,只是通过制定教育法规和控制经费来影响各州教育。州教育行政机关一方面协助学校完成教育资源的分配,为学校提出一些指导意见;另一方面就有关的法规作必要的咨询与解释,对学校的办学资格与条件进行审核。在学校的人事管理、学校教育计划、课程设置、教学方法和教科书的选用等方面,处于主导地位的是学区内居民选举出的教育委员会,中央则更多处于辅助地位。这种学校管理方式能充分地调动地方办学的积极性和主动性,有利于学校因地制宜地制定发展规划,同时能够增加学校办学的资金来源,扩大经费筹备的渠道。这种学制的缺陷在于:由于没有全国统一的领导,教育质量与教学水平缺少统一的评价和标准;如果存在地区经济水平相差悬殊的情况,势必导致教育事业发展的不平衡。

(3) 中央与地方合作型学制

中央与地方合作型学制的典型代表为英国。英国的教育行政由中央政府、地方教育当局和民间团体共同管理。1995年7月,英国最高的教育行政机构——英国教育与就业部由以前的教育部和就业部合并而成,其职责是对学校进行教育财政援助和视察督导工作,负责制定英格兰地区教育与培训政策的中央政府部门。学校的许多权力为中央与地方协商分享。作为中央教育行政部门,其职权主要是为学校制定一些法令法规,控制学校建筑的分配和质量,对教师进行培训,分拨教育经费和监测教育质量。地方主要负责学校的发展,本地区教育领导的推选等。这种学校教育制度的管理格局力图通过上下的协调沟通,确保制度的合理性。然而中央和地方的权力分配在科层社会中一直是一个难以完满解决的问题,各自的职责及权力范围界定得是否清晰都可能对学校教育制度产生影响。

2．根据选拔分层功能划分

根据学制的选拔分层功能,可以将学制分为单轨制、双轨制和分支型学制。

（1）单轨制——美国

单轨制是指以普及初等教育为起点,推动中等教育的发展,最终与高等教育相衔接的学校教育系统。实行单轨制的典型国家是美国。

北美地区最初沿用欧洲双轨学制,但与欧洲的特权传统和文化背景不同,美国原来双轨制中的学术性一轨没有充分的发展,而初等教育却受不同国家地区的移民扩张和教会组织的影响得到较为普遍的发展。独立后,美国在国内施行教育机会均等的政策,普及初等教育,发展中高等教育。美国于1825年颁布了第一部普及义务教育法,在1861年至1864年通过南北战争实现了第二次资产阶级革命。此后美国大力发展教育,"各级各类学校都获得了重大的发展,质量方面也有所提高。它建立了以公立学校为主的学校系统,形成了新的学制,并且把各个相互分离的初等、中等及高等学校整合成了上下衔接的教育阶梯"①。在实行单轨制的国家,所有的学生在同样的学校系统中学习,从小学、中学到大学,各级各类学校相互衔接。单轨制的优点是有利于教育的普及,对现代生产和现代科技具有更强的适应能力,缺点是教育水平参差不齐。

练习

【2-20】 在学校教育制度的发展变革历程中,义务教育制度产生于(　　)。
A．原始社会　　B．奴隶社会　　C．封建社会　　D．资本主义社会

（2）双轨制——英国

双轨制中的双轨,一轨为"大学—中学系统",可称为学术轨,即学术性大学向下发展延伸出一些预备性学校,这种自上而下的学校教育系统反映了处在阶级社会上层贵族的利益要求;一轨是"小学—初等职业学校系统",可称为职业轨,即面向普通劳动者而设的初等教育学校向上伸展,设立初等(与小学相衔接)和中等(与中学相衔接)职业教育学校,这种自下而上的学校教育体系是国民教育发展的必然要求。这两轨平行互不相连,前者培养社会统治者及社会上层人物,带有古代学校演变而来的等级特权痕迹;后者为社会培养劳动大军,具有明显的群众性。双轨制形成于19世纪末20世纪初的欧洲,英、法、联邦德国等欧洲国家的学制多属此类型,双轨制的优点是它的学术性一轨具有较高的水平,缺点是不利于教育的普及。双轨制与几次工业革命带来的普及初中教育甚至高中教育的趋势相矛盾,在后来的发展中进行了相应的变革。

练习

【2-21】 英国政府1870年颁布的《初等教育法》中,一方面保持原有的专为资产阶级子女服务的学校系统,另一方面为劳动人民的子女设立国民小学、职业学校。这种学制属于(　　)。

---

① 戴本博.外国教育史(下)[M].北京:人民教育出版社,1990.

A. 双轨学制　　　　B. 单轨学制　　　　C. 中间型学制　　　　D. 分支型学制

【2-22】 在现代学制发展过程中,西欧19世纪形成了"双轨"的学制。这里的"双轨"(　　)。

A. 衔接并且对应　　B. 衔接但不对应　　C. 不衔接也不对应　　D. 不衔接但对应

(3) 分支型——苏联

苏联的学制是比较有代表性的分支学校教育制度。俄罗斯的学制包括四年制小学,基本的七年制学校和普通教育学校高年级阶段(第九、十年级)。它们相互衔接,又分别作为初等职业教育、中等职业技术学校和高等学校的基础。此后,农村青年学校、七年制工厂学校、工厂艺徒学校和工农速成中学等新型学校不断地涌现和发展起来。

分支型学制上通高等学校,下达初等学校,左连中等专业学校,右接中等职业技术学校,学制灵活,适应不同民众的需要。其中,普通教育承担着为高等学校输送人才,为师范和技术学校输送人才,进行职业训练,为参加实际工作做准备的多重任务,因此这种学制尤为注重普通教育的教学质量,在实际中职业教育的质量不高。这种学制既保留了学术轨的高水平,又有利于教育普及,缺点是学生负担较重,存在对学生统得过严、管得过死的弊端。

在世界范围内,学制改革的趋势是双轨制向分支型学制和单轨制方向发展,且往往从双轨学制转向分支型学制,再通过高中综合化向单轨学制的方向发展。从学校教育阶段看,学前教育不断得到重视,义务教育年限不断延长,高中阶段教育多样化发展,普通教育与职业教育综合发展,高等教育的开放性和创新性增强,趋向构建终身教育体系。

资料夹 2-8

《中国教育现代化 2035》与终身教育

《中国教育现代化 2035》提出了推进教育现代化的八大基本理念:更加注重以德为先,更加注重全面发展,更加注重面向人人,更加注重终身学习,更加注重因材施教,更加注重知行合一,更加注重融合发展,更加注重共建共享。

构建服务全民的终身学习体系是推进中国教育现代化的战略任务之一。具体内容包括,构建更加开放畅通的人才成长通道,完善招生入学、弹性学习及继续教育制度,畅通转换渠道。建立全民终身学习的制度环境,建立国家资历框架,建立跨部门跨行业的工作机制和专业化支持体系。建立健全国家学分银行制度和学习成果认证制度。强化职业学校和高等学校的继续教育与社会培训服务功能,开展多类型多形式的职工继续教育。扩大社区教育资源供给,加快发展城乡社区老年教育,推动各类学习型组织建设。

练习

【2-23】 "二战"前世界各国普遍推行的学制是(　　)。

A. 单轨制　　　　B. 双轨制　　　　C. 分支型学制　　　　D. 交叉型学制

【2-24】 简答题:简述现代学校教育制度的类型。

提示:不同分类标准可以分成不同的学制类型,学习这部分时要注意根据不同标准去理解和记忆不同的学制类型,同时加以区分和辨别。重点记忆六种学制类型以应对选择题和简答题。

二、我国学制的演变

我国现代学制发端于清末,历经多次改革,逐渐形成了现在的学制。学制的制定与变更与特定历史时期的政治、经济、文化因素有关。

（一）壬寅学制

1902年,清政府制定并颁布了由张百熙拟定的我国第一个比较系统的法定学制——《钦定学堂章程》,由于1902年为农历壬寅年,所以又称其为"壬寅学制"。学制主系列分为三段七级,第一阶段为初等教育,分别是蒙学堂、寻常小学堂、高等小学堂,共10年;第二阶段为中等教育,设中学堂4年;第三阶段为高等教育,分别为高等学堂或大学预科,大学堂共6年。学制主系列之外,与高等小学堂平行的有简易实业学堂;与中学堂平行的有中等实业学堂、师范学堂;与高等学堂(或大学预科)平行的有高等实业学堂、师范馆、仕学馆等。这是中国近代教育史上最早由国家正式颁布的学制系统,具体规定了各级各类学堂的性质、培养目标、入学条件、在学年限、课程设置和相互衔接关系等。该学制最早规定了义务教育阶段,标志着我国师范教育的开始,但由于种种原因未付诸实施。

（二）癸卯学制

1904年,清政府公布了由张百熙、张之洞、荣庆重新拟定的《奏定学堂章程》,该学制以"壬寅学制"为蓝本,较"壬寅学制"更为系统详备。与学制一同颁布的还有各类文件,包括《学务纲要》《各学堂管理通则》《蒙养院章程及家庭教育法章程》《初等小学堂章程》《高等小学堂章程》《优级师范学堂章程》《任用教员章程》《初等农工商实业学堂章程》等。由于1904年为农历癸卯年,所以又称其为"癸卯学制"。该学制的指导思想是"中学为体,西学为用",保留了尊孔读经等封建教育遗迹,具有半资本半封建主义性质。这个学制将学校教育从纵的方面分为三段七级,教育时限较长(初等教育9年,中等教育8年,高等教育8年);从横的方面分为普通学堂、师范学堂、实业学堂,分别实施普通教育、师范教育和职业教育。癸卯学制是中国近代教育史上第一部由国家颁布的并在全国实行的学制,成为中国近代教育走向制度化、法制化阶段的标志。

练习

【2-25】 1904年,清政府颁布了由张之洞、张百熙等人制定的《奏定学堂章程》,史称(　　)。
A. 六三三学制　　B. 五四学制　　C. 壬寅学制　　D. 癸卯学制

【2-26】 在我国教育史上,首次被纳入师范教育并实施的学制是(　　)。
A. 癸卯学制　　B. 五四学制　　C. 壬寅学制　　D. 六三三学制

【2-27】 在我国历史上,以"中学为体,西学为用"为指导思想,以读经尊孔为教育宗旨,第一次以法令形式颁布并实施的学制是(　　)。
A. 壬寅学制　　B. 癸卯学制　　C. 壬子癸丑学制　　D. 壬戌学制

（三）壬子癸丑学制

1912年中华民国成立,孙中山为临时大总统,任蔡元培为首任教育总长。在蔡元培的主持下创办了中国第一个资产阶级最高教育行政机构——中华民国临时政府教育部。蔡元培任教育总长后进行了一系列改革。1912年7月至8月召开全国临时教育会议,邀请国内著名的教育专家开会讨论,最后于同年9月由教育部向全国颁布《学校系统令》,即为"壬子学制"。1913年,又陆续颁布各级各类学校令,补充《学校系统令》,合称"壬子癸丑学制"。

该学制整个学程为18年,分为三段四级、三个系统。第一阶段是初等教育,分为两级:初等小学4年,高等小学3年,共7年。第二阶段是中等教育,只设一级,共4年。第三阶段是高等教育,也是一级,但分预科和本科。除了有小学、中学、大学组成的学校系统外,还有师范教育和实业教育两个系统。另外,该学制将小学教育缩短为7年,中学教育缩短为7年,废除了小学与师范学校的读经课程,实行男女教育平等,允许初等小学男女同校,设置了专门学校,培养专科实用人才等。

练习

【2-28】 在我国近现代改革中,明确规定将学堂改为学校,实行男女平等,允许初等小学男女同校的学制是( )。

　　A. 壬寅学制　　　　B. 癸卯学制　　　　C. 壬子癸丑学制　　D. 壬戌学制

(四) 壬戌学制

壬戌学制原名"学校系统改革方案",因颁布之年 1922 年是旧历壬戌年,故称为壬戌学制或 1922 年学制。该学制是实施时间最长,影响最大,最为成熟的学制。

壬戌学制首次规定中小学六三三分段(六三三制),是一个较为成熟的现代学制。整个学制系统分为三段:初等教育、中等教育、高等教育。缩短了小学年限,设三年制初中,取消了大学预科,设三年制高中,提高了师范教育的水平,职业教育单成系统,课程的设置无男女校之别。此外,该学制有两条"附则":一是注重天才教育,可变通修业年限及课程,使优异之智能尽量发展;二是注意特种教育。

壬戌学制比较彻底地摆脱了封建传统教育的束缚,表现了教育重心下移、适应社会和个人需要等时代特点。其后该学制得到多次修补,总体框架一直延续,基本沿用到全国解放。

练习

【2-29】 在我国近代教育史上,以美国学制为蓝本,强调适应社会发展需要的学制是( )。

　　A. 壬寅学制　　　　B. 癸卯学制　　　　C. 壬戌学制　　　　D. 壬子癸丑学制

(五) 我国现行学制

新中国成立后,中央人民政府在 1951 年颁布了《关于改革学制的决定》,废止旧学制,订立新学制以适应社会的变革和新要求。新学制将整个教育系统划分为幼儿教育、初等教育、高等教育以及各级政治学校、政治训练班等。随着国民经济的发展与教育结构的调整,我国逐步建立了从幼儿教育到研究生教育的比较完整的学校系统,即我国现行学制系统。它是由单轨制发展而来的分支型学制。

《中华人民共和国教育法》第十七条规定:"国家实行学前教育、初等教育、中等教育、高等教育的学校教育制度。"在我国现行学制中,从纵向来看,划分了四个阶段:学前教育(3年)、初等教育(6年)、中等教育(3年)、高等教育(3~5年)。其中,初等教育阶段与初级中等教育阶段合称为义务教育阶段,义务教育具有普遍性、基础性、义务性(强制性和免费性)、公共性等特点。从横向来看,到了中等教育阶段后,开始出现了类的区分。根据性质与目标的不同,可以把我国的教育分为普通教育系统与职业教育系统。基础教育体系包括学前教育和普通中小学教育,职业教育体系包括各种技工学校、职业中学、中等专业学校和专业技术学校。职业教育系统需要以普通教育系统为基础,初等教育阶段实施的是普通教育,中等教育阶段以上实施的既有普通教育也有职业教育。根据教育对象可以划分为:学龄期教育系统与成人教育系统;根据教育的普及程度以及强制性可以分为:义务教育系统(普及教育系统)与非义务教育系统(非普及教育系统)。成人继续教育体系包括独立设置的职工大学、农民大学、干部管理学院、行政干部学院,也包括普通高校中设立的继续教育学院、成人教育学院等。

资料夹 2-9

《中华人民共和国教育法》中规定的教育基本制度

第十七条 国家实行学前教育、初等教育、中等教育、高等教育的学校教育制度。

国家建立科学的学制系统。学制系统内的学校和其他教育机构的设置、教育形式、修业年限、招生对象、培养目标等,由国务院或者由国务院授权教育行政部门规定。

第十八条 国家制定学前教育标准,加快普及学前教育,构建覆盖城乡,特别是农村的学前教育公共服务体系。

各级人民政府应当采取措施,为适龄儿童接受学前教育提供条件和支持。

第十九条 国家实行九年制义务教育制度。

各级人民政府采取各种措施保障适龄儿童、少年就学。

适龄儿童、少年的父母或者其他监护人以及有关社会组织和个人有义务使适龄儿童、少年接受并完成规定年限的义务教育。

第二十条 国家实行职业教育制度和继续教育制度。

各级人民政府、有关行政部门和行业组织以及企业事业组织应当采取措施,发展并保障公民接受职业学校教育或者各种形式的职业培训。

国家鼓励发展多种形式的继续教育,使公民接受适当形式的政治、经济、文化、科学、技术、业务等方面的教育,促进不同类型学习成果的互认和衔接,推动全民终身学习。

第二十一条 国家实行国家教育考试制度。

国家教育考试由国务院教育行政部门确定种类,并由国家批准的实施教育考试的机构承办。

第二十二条 国家实行学业证书制度。

经国家批准设立或者认可的学校及其他教育机构按照国家有关规定,颁发学历证书或者其他学业证书。

第二十三条 国家实行学位制度。

学位授予单位依法对达到一定学术水平或者专业技术水平的人员授予相应的学位,颁发学位证书。

第二十四条 各级人民政府、基层群众性自治组织和企业事业组织应当采取各种措施,开展扫除文盲的教育工作。按照国家规定具有接受扫除文盲教育能力的公民,应当接受扫除文盲的教育。

第二十五条 国家实行教育督导制度和学校及其他教育机构教育评估制度。

练习

【2-30】 当前我国九年制义务教育学制年限划分采用的是( )。

A. "六三"制 B. "五四"制 C. 九年一贯制 D. 多种形式并存

【2-31】 在我国现代学制中,根据培养目标的不同,一般把中学区分为( )。

A. 普通中学、职业中学、综合中学 B. 文科中学、理科中学、实科中学
C. 文科中学、实科中学、职业中学 D. 普通中学、重点中学、特色中学

【2-32】 辨析题:目前我国普通高中不属于基础教育。

提示:我国学制的演变主要以选择题的方式考查,学习时需要清楚区分不同学制的名称及其特点,把握不同学制在历史发展中的不同地位。

三、制约学制的主要因素

学制是由国家政权机关制定并颁布实施的,是特定社会历史阶段的产物,任何一种学制,都要受一定社会的政治、经济、文化传统和人的身心发展规律等因素的制约。具体而言,制约学制的因素有如下几个方面。

(一) 社会政治、经济制度

不同的学制,受不同社会政治经济性质的制约,反映不同社会的政治经济要求。学校教育是统治阶级的特权,统治阶级在制定学制时,必然要考虑其政治经济利益。无论是在阶级社会还是封建社会,资本主义社会或是社会主义社会,学制都有阶级性。阶级社会的教育具有阶级性,因此,学制也必然具有阶级性。在封建社会,人们按照各自的社会地位进入不同等级的学校,这种等级学制,完全反映了封建地主阶级的政治经济利益的要求。在资本主义社会,虽规定凡属公民只要交纳学费都可入学,但一些好学校却收费很高,这实则是将一些贫穷人家的子弟排除在外,这种学制反映了资产阶级的政治经济利益要求。社会主义社会学制理所当然地要反映整个国家和全民族的政治经济利益的要求,为巩固社会主义政治经济制度服务。因此,教育能为政治经济培养所需要的人才;可以促进政治民主;通过传播思想、形成舆论作用于一定的政治和经济。

(二) 生产力与科学技术的发展水平

生产力与科学技术的发展会对人才的规格及教育的物质条件产生制约,从而影响学制的制定。生产力的发展直接影响学校教育的物质条件、规模大小、发展速度、普及程度、课程结构、专业设置等,影响学制年限的设置,使得人才培养的年限缩短或延长。社会生产力的发展使得大规模的、专业化的、多样的学校得以产生。而科学技术的发展会对人才提出新的要求,进而影响学制改革。古代社会生产力水平低下,劳动力并不需要很高的知识水平。随着近代科学技术的发展,人们的生产力水平有了提高,社会分工越来越细,需要更多的不同领域的专门人才。近代社会,各国的竞争加剧,对国民素质和文化软实力的要求越来越高,义务教育的普及和延长成为重要议题。这些都反映了生产力与科学技术对学制的影响。

(三) 人的身心发展规律

教育的功能是通过人的培养来实现的,只有顺应人的身心发展规律的学制才能促进人的健康成长。不同文化背景、不同地域的国家在制定学制时都要考虑到人的身心发展规律。心理学的研究证明了人在发展过程中具有阶段性。人的一生会经历幼儿期、童年期、少年期、青年期等不同年龄的发展阶段。在不同的发展阶段,有侧重的发展方面,而同一发展方面,在不同年龄段的发展特点各异。例如青少年的身高生长高峰期在出生后的第一年和青春期;1~3岁是儿童语言发展的关键期。这些相互联结的阶段各有其身心发展的特点,教育需符合人的身心发展规律和特点,不陵节而施,在确定入学时间、学校分段和衔接时都要适合年轻一代的智力和体力发展水平。

(四) 民族文化传统

一个民族或国家的文化传统对于学校教育制度的制定会产生潜在的影响。例如文艺复兴和启蒙运动对欧洲国家教育的个性与民主产生了深远的影响;多元包容的传统给美国的学校教育制度打上了深刻的烙印。世界上许多国家在制定学制时都会借鉴其他国家的学制,然而本国的文化对学制的影响是最深刻的,学制只有在根本上符合本民族的文化气质才能被更好地推广和接受。

我国在制定癸卯学制和壬子癸丑学制时借鉴了他国学制的设置,然而其中却有着封建科举制度的深刻影响,学制中将各级学堂卒业者分别授予附生、贡生、举人、进士等出身即是我国文化的独特体现。1922年学制在一定程度上借鉴了美国的六三三学制,受到国际上实用主义思潮的影响,但其中提出要发挥平民教育精神、谋个性之发展等符合我国国情,体现了我国的民族文化特色。

练习

【2-33】 简答题:请简述影响学制的因素。

提示:影响学制的因素主要以简答题的方式进行考察,记忆时可抓住关键词并进行串联:政治经济与文化,生产力科技与人本身。

本章小结

教育是随着人类社会产生而产生的活动,但学校却是在教育活动发展到一定程度后才出现的。学校作为一个有目的、有组织、有计划地专门培养人才的场所,有其特定的标准与要求,其产生与发展也受多种因素的影响与制约。从中西方学校的发展演变过程中可以发现,学校的发展经历了非形式化、形式化到制度化的一个漫长的过程,至今仍在不断完善之中。学制是教育制度的主体和现代教育制度的核心内容,学校的制度化发展意味着教育制度的完善。现代学校和学制正在发生着各种各样的变化,这也意味着学校的功能发生着悄无声息的变化,但学校作为专门培养人的场所在教育活动不消失的前提下会是一个长久的、持续的存在。

知识结构

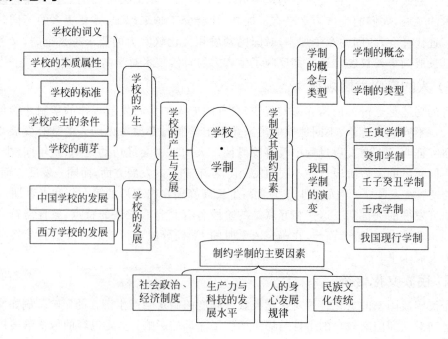

第 3 章
教育·社会·人

学习目标

◎ 了解教育与社会发展的相关理论;
◎ 了解社会对教育制约作用的具体表现;
◎ 理解教育的社会功能及其具体内容;
◎ 识记并理解人发展的一般规律;
◎ 理解影响人发展的因素并能结合实际进行分析;
◎ 理解学校教育在人发展过程中的作用,并能分析现实案例。

学习重点

本章学习重点是理解教育与社会发展的相关理论、教育的社会功能和教育对个体发展的作用。具体而言,侧重了解教育与社会发展的 6 大理论,教育社会功能的具体表现;理解人的发展的 6 大规律,影响人发展的 4 个因素及其作用,特别注意学校教育在人发展中的主导作用与具体表现。

学习导引

本章内容按教育与社会、教育与人的发展两个主线展开。前者的学习,可以按"理论名称—代表人物—主要观点—评价"的逻辑来完成;然后聚焦"制约"与"促进"这两个关键词,完成教育与社会发展关系的学习。后者的学习,可以按"规律—影响因素—教育适应"的思路进行。应特别注意学校教育在人的发展中的作用。

引子

家门口的夏令营

暑假,某小学六年级一班的班主任蒋老师和该班家长一起为学生们打造了一个"家门口的夏令营",夏令营的主题是"108 劳动体验",鼓励学生用双手创造价值。

这个夏令营由每位家长出资 108 元作为"启动资金",蒋老师为每位学生准备了一本"记账本"和一张白纸,"记账本"用来记录每笔收支,白纸用来设计"经营计划"。学生们先用 3 天时间开展"微调查"。他们走进超市、菜场、水果店等调查"平日生活中 100 元可以买些什么、做什么?假如有机会,你打算通过什么方式赚 100 元?现在给你 108 元项目启动资金,你将通过什么方式让它变得更多?"又去了解电费、话费等具体开销。随着调查的深入,他们的"经营计划"也逐步成型。

暑假刚开始,学生小李、小邹就把"经营计划"付诸实践。他们投入夏日解暑饮品的制作中,采购了木莲冻籽、一次性碗、小喇叭、小桌子等,向家长学习制作"木莲冻"。从晚上 6 点半到 9 点半的 3 个多小时,他们卖空了一桶木莲冻,总共售出 70 多碗,"营业额"达 188 元。首次成功的经历让他们信心满满,两个孩子准备连续出摊一周。除此以外,还有不少学生选择组团或自行开展"夏令营"活动:有的帮邻居婆婆出摊卖蔬菜;有的开始了线上、线下出售二手闲置书籍、物品;有的则跟着妈妈进工厂帮忙……①

"家门口的夏令营"是学校主导、家庭辅助、社会参与的一项教育活动。这项社会实践活动,让学生深入社会,体验劳动生活,收获自己动手创造价值的幸福感与成就感。这次夏令营活动,不仅使学生体验到许多学校中无法接触到的劳动知识,而且使学生亲身体会到通过自己的劳动来创造价值的快乐,完成了教育与社会、人的发展的融合。那么,教育与社会的关系如何?教育对人的发展起什么作用?这是本章试图回答的问题。

第一节 教育与社会发展

教育作为社会结构的子系统,不仅受社会中其他系统如政治、经济、文化等的制约,还会反作用于社会政治、经济、文化等系统,改善社会政治制度,提高社会生产力水平,促进文化繁荣,由此看出教育和社会是相辅相成的关系。那么,教育和社会之间的关系如何?社会怎样制约教育?教育又怎样影响社会?下面将分别进行介绍。

一、教育与社会发展的理论

为探索教育与社会之间的关系,学者们基于不同理论提出了不同的观点,主要有教育独立论、教育万能论、人力资本论、筛选假设理论、劳动力市场理论和再生产理论。

(一)教育独立论

教育独立论是 1922 年蔡元培在《教育独立议》一文中阐述的关于教育独立的观点,主要包括:①教育经费独立,即教育经费应独立于其他经费之外,专供教育事业,不作他用;②教育行政独立,即教育行政机构应独立出来,不下设于任何一个政府部门,并且由懂得教育的人来管理;③教育内容独立,即教育内容能自由编辑出版,自由选择教科书;④教育脱离宗教而独立,宗教教人盲从、保守,而教育则追求个性、前进,因此教育要独立于宗教;

---

① 中国教育新闻网."家门口的夏令营"让学生用双手创造价值[EB/OL].(2023-07-10)[2023-07-16]. http://www.jyb.cn/rmtzcg/xwy/wzxw/202307/t20230710_2111067462.html.略有修改。

⑤教育独立于政党,即学生要专心于学业,不参与政治运动,教育要独立于政党之外,不受政党干涉。

教育独立论在当时那个年代具有一定的进步性,有利于摆脱帝国主义文化侵略和军阀政党对教育的控制,一定程度上利于维持教育的正常运转。但是,教育不可能也不应该完全独立,教育具有的是相对独立性。

练习

【3-1】 在中国教育史上最早提出"以美育代宗教"的教育家是(　　)。
A. 陶行知　　　　B. 徐特立　　　　C. 杨贤江　　　　D. 蔡元培

资料夹 3-1

胡适的教育独立论

教育独立论的另一个代表人物是胡适,他的基本观点如下:①独立的教育经费来源。胡适注重独立的经费来源在教育发展中的重要作用,强烈呼吁有钱人多投资兴办教育事业。②教育相对独立于政治和宗教。胡适极力主张教育相对独立于政治,认为学校应置身政争之外,努力向学问的路上走,为国家留一个研究学术的机关。③教育应有独立自由的学术研究之风。教育如要有高价值的创造,必须在其自身内部营造出一种独立自由的学术研究氛围。独立自由的学术研究可谓胡适的教育独立思想的真正意义所在。

资料来源:欧阳哲生.胡适与北京大学[J].北京大学学报(哲学社会科学版),1997,(03):48-55+159;胡适.胡适全集(第20卷)[M].合肥:安徽教育出版社,2003.

(二) 教育万能论

教育万能论的观点由来已久,最早可以追溯到古希腊时期。柏拉图说:"假如国家建设合宜……必定有好的教育,好教育一定产生好国民,好国民得到教育一定更好。所以教育是增进国家福利的唯一方法,教育是国家的基础。"①他将教育视为建立理想国的唯一方法,而且不仅国家如此,人也一样。柏拉图认为人只有通过教育才能成为人,他是这样描述的:"人若受过真正的教育,他就是个温良、最神圣的生物;但是他若没有受教育,或受了错误的教育,他就是一个世间最难驾驭的东西。"②

文艺复兴时期,英国思想家洛克提出著名的白板说,将其教育万能论建立在感觉主义的认识论基础上,他认为人心是一张白纸,后天的环境和教育能给这张白纸画上美丽的图案,人的发展十分之九都是由教育决定的,"人类之所以千差万别,便是由于教育之故。"③到了18世纪,法国教育家爱尔维修对教育万能论提出了系统且简洁的论述,从而产生了更为广泛的影响。他认为人是教育的产物,教育在人的成长过程中起决定作用,人们"自己手里掌握着强大和幸福的工具,要使自己幸福和强大,问题只在于改善教育的科学"。④ 除此之外,社会发展也依赖教育,教育是社会改造的重要手段。

教育万能论高度肯定了教育的作用,但把教育视为唯一手段也存在夸大性。

---

①② 柏拉图.柏拉图论教育[M].郑晓沧,译.北京:人民教育出版社,1958.
③ 洛克.教育漫话[M].傅任敢,译.北京:教育科学出版社,1999.
④ 任钟印.西方近代教育论著选[M].北京:人民教育出版社,2001.

练习

【3-2】 对教育万能论作出系统简述,并对后世产生广泛影响的思想家是( )。

A. 柏拉图　　　　B. 洛克　　　　C. 爱尔维修　　　　D. 康德

(三) 人力资本理论

人力资本概念最早出现于1906年,由费雪在其著作《资本的性质和收入》中提出,但并未引起重视。真正将这一概念纳入经济理论分析的是沃尔什,然后20世纪60年代舒尔茨总结概括前人经验,系统提出了人力资本理论。该理论主要观点如下。

(1) 人力资本是对人力的投资而形成的资本,是投资的结果,是凝结在劳动者身上的知识、技能以及表现出来的能力,在这些要素既定的情况下,人力资本还表现为从事工作的总人数及劳动市场上的总的工作时间。

(2) 人力资本能够提高生产效率,是个人劳动收入增长的根本原因,同时也是一种生产要素资本,能够促进经济增长。在经济增长中,人力资本的作用大于物质资本的作用。① 人力资源是一切资源中最主要的资源,人力资本理论是经济学的核心问题。

(3) 教育既是消费活动,也是投资活动,教育可以提高一个人的认知技能,相应地劳动生产率随之上升,因此要重视教育投资对人力资本的作用,教育投资是人力资本的核心。教育投资应以市场供求关系为依据,以人力价格的浮动为衡量符号。

人力资本理论刷新了人们对教育与经济之间关系的认知,打破传统物质资本的束缚,为更好地促进教育与经济发展提供了新思路。但是,该理论忽视了劳动力市场中的其他因素,无法解释后期出现的文凭膨胀、过分教育、高失业率等现象。

练习

【3-3】 对人力资本理论作出详细解释,并使其成为一种有影响的学术的学者是( )。

A. 费雪　　　　B. 沃尔什　　　　C. 舒尔茨　　　　D. 丹尼逊

(四) 筛选假设理论

筛选假设理论又称文凭理论,代表人物有迈克尔·斯宾塞和罗伯特·索洛等。他们对人力资本理论提出质疑,认为教育并不能提高人的能力,只能表征人的能力,对具有不同能力的人进行筛选,区分不同能力的人。该理论的主要观点如下。

(1) 雇主在聘用劳动者之前只能了解到劳动者的片面信息,这对雇主来说是一种风险投资,但雇主可以通过信号和标识来进一步了解劳动者的生产能力。

(2) 信号和标识都属于求职者的个人属性。信号是可观察到的、非先天的、可以改变的属性,如学历、婚姻状况等。标识是可观察到的、先天的、不可改变的属性,如性别、年龄等。

(3) 教育具有表征功能,能力是每个人固定且不同的,教育无法提高能力但可以反映能力。教育成本与能力成反比,当教育成本保持一致时,能力越高则其教育水平越高,反之越低。

(4) 教育与工资成正比。能力较高的人在职训练成本较低,劳动生产力较高,因而雇主给他们较高的工资,而教育水平反映了求职者的能力,因而雇主给高学历的人高工资。但这个工资等级会通过现场的工作经历而不断调整,雇主会根据雇员表现适当调整"教育程度—工资等级表",并根据新的"教育程度—工资表"进行下一轮的选聘工作。

---

① 舒尔茨.报酬递增的源泉[M].姚志勇,刘群艺,译.北京:北京大学出版社,2001.

筛选假设理论解释说明了20世纪70年代以来世界各国出现的教育文凭膨胀问题，重视教育与工资的关系，在世界各地引起了广泛影响。但是，该理论过于强调教育的信号筛选作用而无视教育能够提高人的能力是错误的。

练习

【3-4】 强调教育的信号本质，认为教育水平是反映个人能力的有效信号，因而雇主给高学历的人高工资。持这种观点的理论是（　　）。

A. 教育万能论　　　　　　　　B. 人力资本理论
C. 筛选假设理论　　　　　　　D. 劳动力市场划分理论

（五）劳动力市场理论

劳动力市场理论于20世纪70年代出现，代表人物有皮奥里、多林格、戈登、爱德华兹、卡诺伊等。该理论主要观点如下。

(1) 劳动力市场分为主要劳动力市场和次要劳动力市场，主要劳动力市场的特征是工资高、福利待遇好、工作环境和培训活动优越、就业稳定、管理有序、升职机会多等，次要劳动力市场的特征是工资低、福利待遇差、工作流动性强、就业不稳定、管理混乱、升职机会少等。

(2) 两个劳动力市场之间相对封闭，人员很少流动。

(3) 在主要劳动力市场中，教育水平与工资呈正相关，水平越高则工资越高，因为该市场重视通过教育提升员工能力，从而减少人员流动带来的损失。在次要劳动力市场中，教育水平的显著提高并不能带来工资的增加，因为该市场人员流动量大，很少有在职教育行为的发生。

劳动力市场理论批驳了人力资本理论和筛选假设理论关于教育与工资成正比的观点，工资高低取决于在哪个市场中工作，与教育无关，教育只是影响一个人在哪个劳动力市场工作的因素之一。

（六）再生产理论

再生产理论的概念最早由布尔迪厄提出，后逐渐发展成一个完整的体系。该理论主要观点如下。

(1) 文化资本、惯习、符号暴力。文化资本指借助不同教育行动传递的文化物品；惯习指一种感知方式、思考、欣赏和行为方式系统；符号暴力指统治阶级利用特权使其文化资本通过教育手段不断复制，从而使文化资本的不平衡符合社会阶层的不平等。

(2) 学校教育行为是一种符号暴力，教育内容是统治阶级文化，这种教育内容通过武断的方式传授给学生的同时复制了再生产权力的关系。

(3) 学校通过文化再生产实现社会再生产，当文化资本被制度认可后就变成了一种资格，然后通过学术差距转换为社会等级，从而实现文化再生产到社会再生产的转变。

(4) 社会再生产过程是通过对社会等级的划分实现的，社会等级划分建立在学术等级划分之上，并将等级划分的标准似乎定性为天赋和努力，从而使这一过程合法化。

该理论批判了教育对加剧阶层固化的影响，为人们分析教育制度提供了新的视角。但布尔迪厄却忽视了正规学校教育的正向作用，有一定的局限性。

提示： 识记上述理论可以重点关注关键词，按照名称—人物—观点—优缺点的顺序来用自己的语言串联关键词。比如教育独立论的关键词是"五独立"，涉及经费、行政、内容、宗教和政党；筛选假设理论的关键词是"信号、标识、表征、工资"；劳动力市场理论的关键词是"主要劳动力市场和次要劳动力市场"等。

二、社会发展对教育的制约

作为社会结构的子系统,教育的发展变化以社会的发展变化为条件,教育的发展受到社会政治、经济、文化、科技、人口、媒介等因素制约。

(一)政治对教育的制约

在阶级社会中,统治阶级通过政治组织机构、法律形式和意识形态的影响等来对教育进行控制。具体表现在以下方面。

1. 制约教育目的

教育目的是统治阶级利益的集中体现,不论哪一种社会形态,居于统治地位的阶级都会通过教育法律法规、政策、规章制度等形式来制约教育目的的制定。比如,在美国公民教育中就存在资本主义制度优越性教育。① 在实施过程中,统治阶级利用其拥有的组织人事权控制教育工作者的教育行为,使之符合教育目的要求。有时还利用经济手段、政策引导等来控制教育的方向。

2. 制约教育的领导权和教育制度

教育领导权是国家政权的有机组成部分,统治阶级利用国家政权的力量通过组织手段和体制对教育部门直接行使领导职能,通过任免教育部门的领导者和教育者来实施控制,通过方针、政策、法规的制定来实现对教育领导权的控制。教育制度反映着一国或一地区的政治意识形态,有什么样的政治制度就会有什么样的教育制度,政治制度还制约着教育改革的发展方向。

3. 制约受教育权

受教育权由社会政治经济制度决定,什么人有受教育的权利,什么人没有受教育的权利,什么人有什么样教育的权利,都由政治制度决定。在奴隶社会,受教育权是奴隶主弟子专有的;在封建社会,不同等级的人享有不同的教育;在现代社会,人人都有受教育的权利,但在不同性质的政治制度下受教育权也有所不同。在资本主义社会,普通平民百姓和贵族子弟接受着不一样的教育。在阶级社会中,统治阶级总是要采取种种直接或间接的手段,决定和影响受教育权在社会中的分配,决定谁享有受学校教育的权利、受怎样的学校教育的权利等问题。因此,国家的政治制度和政治开明程度直接影响是否有平等的受教育机会以及平等的程度如何。

4. 制约教育内容、教育结构以及教育管理体制

教育内容,尤其是思想品德教育的内容是统治阶级意识形态的化身,"任何社会,为了能存在下去……必须紧密围绕保持其制度完整这个中心,成功地把思想方式灌输进每个社会成员的脑子里。"② 统治阶级为了巩固统治,需要将主流意识形态、政治理念、伦理道德等方面的内容传递给下一代。为达到这一目的,统治阶级会利用手中特权将政治内容和要求渗入学校课程,学生通过课程学习而形成国家认可的政治思想品德。在教育结构上,有什么样的社会政治经济结构就会有什么样的教育结构。教育管理体制也和社会政治制度挂钩。

练习

【3-5】"君子如欲化民成俗,其必由学乎。"《学记》中这句话反映了( )。

A. 教育与经济的关系 B. 教育与科技的关系
C. 教育与政治的关系 D. 教育与人口的关系

---

① 苏崇德. 比较思想政治教育学[M]. 北京:高等教育出版社,1995.
② 安东尼·奥罗姆. 政治社会学[M]. 张华青,孙嘉明,等译. 上海:上海人民出版社,1989.

【3-6】 决定着教育领导权和受教育权的主要因素是（　　）。
A．社会生产力和科技发展水平　　　B．社会人口数量和结果
C．社会文化传统　　　　　　　　　D．社会政治经济制度

【3-7】 决定教育性质的根本因素是（　　）。
A．生产力　　B．政治经济制度　　C．上层建筑　　D．科学技术

（二）经济对教育的制约

经济发展水平制约着教育发展水平和速度，具体表现如下。

1．制约人才培养规格

教育是培养人的活动，那么，培养什么样的人是受经济发展水平影响的。不同的经济结构对人才的需求不同。在农业社会，以手工劳动为主，对人才技术能力要求低。在工业社会，各种机器出现，生产率提高，相应地对人才技术能力要求就高，需要掌握一定科学技术的人来进行生产。在现代知识经济社会，需要的人才应具备一定的创新能力、文化素质和实践能力。

2．制约教育发展的速度和规模

随着经济发展水平的提高，其所能提供的物质条件就越好，就越能充分提供教育发展所需要的人力、物力和财力，教育发展的速度就越快，教育规模越大，受教育的人越多，受教育的时间越长。

3．制约教育结构

教育结构是指各级各类学校的比例关系和衔接方式，以及不同性质专业之间的比例构成。社会生产力的发展必然会影响社会对人才的需求，从而影响教育结构。比如，我国高等教育结构已经发生了重大变化。社会经济水平提高，人才需求增加，且需要的不再是单一型人才，而是复合型、综合型人才。因此，目前我国高等教育在数量上，已经从精英教育步入大众化教育阶段，并正向普及化阶段迈进；在层次上，学术类大专层次的学校基本消失，而研究生层次的教育迅速扩展；在结构上，高职高专类应用型专业得到长足发展。

4．制约教育内容与手段

教育内容跟随社会生产力的发展变化而变化，在现代背景下，外语、计算机等已成为基本的教育内容。教育手段也是如此，随着科技的进步，网络已经成为教学必不可少的手段，线上线下融合的教学模式十分常见，幻灯片、音乐影像等也早已成为课堂中的老熟人。

练习

【3-8】 决定教育事业发展的规模与速度的最根本的因素是（　　）。
A．政治因素　　B．经济因素　　C．人口因素　　D．文化因素

【3-9】 以前的师范生培养强调"三字一话"，而现在的师范生培养更加强调现代技术媒体的运用。这种变化说明教育受制于（　　）。
A．政治决策　　B．经济发展　　C．人口变化　　D．文化传统

（三）文化对教育的制约

文化的概念极为广泛，有广义和狭义之分。广义的文化指人类在社会生产实践过程中创造的物质财富和精神财富的总和，包括价值观规范准则、意义与符号、物质文化。狭义的文化主要指社会的精神文化，即社会的思想道德、科技、教育、文学、艺术、宗教、社会习俗及制度规章等的复合体。此处文化主要指狭义的文化，文化对教育的影响广泛而深刻。

1. 文化观念制约教育观念

文化观念是指在特定的文化环境中逐步形成的对自然、社会和人本身的比较一致的观点和信念。教育观念是对教育现象、教育问题的认识、观点和看法。一个国家的文化观念会影响该国的教育观念和行为。比如,日本和德国具有大工业意识,因而对教育十分重视,教育经费占国民生产总值的比例比较高;我国读书入仕的观念自古有之,因此"读书是唯一的出路"这个说法在我国很常见。

2. 文化知识制约教育内容

教育内容特别是学校教育的内容,一般都是从特定的文化中精选而来的。文化知识始终是教育内容的主要来源,文化知识越丰富则教育内容就越丰富。此外,不同的民族文化也会影响教育内容,如我国少数民族地区在教育内容选择上除了既定内容以外会偏向于本民族的文化。

3. 文化类型制约教育目标

社会主流文化会影响教育目标的制定,比如我国封建社会时期以儒家文化为核心,则当时的教育目标倾向于培养德才兼备的君子;在我国社会主义社会,教育目标则是培养符合时代要求的社会主义建设者和接班人。

4. 文化传统制约教育活动方式和教育变革

文化传统大体由价值体系、知识经验、思维方式、语言符号四个部分组成。这四个部分的协调、配合,造就了不同的教育体系,而"教育体系又是每个民族的民族意识、文化与传统的最高体系",它"重复地把上一代从祖先那里继承下来的知识传给下一代"[①]。所以,不同的文化传统有不同的教育活动方式。但文化传统中的消极因素有时也会阻碍教育变革,因此需要正确看待文化传统与教育的关系。

练习

【3-10】 我国的中小学生家长比较认可"万般皆下品,唯有读书高",因而热衷于将孩子送到各类课外班提前学习或补习学校中的各种科目。这些家长的行为主要是受(　　)。

A. 政治因素的影响　　　　　　　　B. 经济因素的影响
C. 人口因素的影响　　　　　　　　D. 文化因素的影响

(四) 人口对教育的制约

教育是延续人类的基本活动,而人口是构成人类社会的基本要素,所以人口的变化会直接制约教育的发展。人口对教育的制约体现在以下方面。

1. 人口数量对教育的制约

人口数量的变化直接影响学龄儿童数量,从而进一步影响教育经费投入、师资安排、校舍建设等。此外,人口数量还会影响教学组织形式和教学方法的选择,我国学生数量庞大,即使现在逐渐缩小班额,但仍有不少地区因班额过大而无法做到因材施教,在教学方法上也以讲授法为主,更有利于提高教学效率。而在欧美发达国家,多采取小班教学,上课也多以讨论为主。

2. 人口结构制约教育结构

人口结构分为自然结构和社会结构,自然结构指年龄、性别等,社会结构指职业、文化、地

---

① 联合国教科文组织国际教育发展委员会.学会生存:教育世界的今天和明天[M].华东师范大学比较教育研究所,译.北京:教育科学出版社,1996.

域等。人口结构的变化也会影响教育结构的变化,比如年龄结构的变化影响着各级各类教育的发展规模,职业结构的变化趋势指示着教育结构的调整方向等。

3．人口波动对教育的制约

当迎来生育高峰期,教育会面临入学难、激烈竞争、就业难等问题。为了保障每个孩子都能接受教育,学校不得不扩大班额,但教育质量就难以保证。而且高峰期一旦形成,会呈现出波浪起伏的运动状态,类似困难将重复出现。

4．人口分布对教育的影响

人口分布会影响学校的布局和办学形式,且人口分布过密、过疏都会对教育发展产生不良影响。人口过密会出现教育拥挤、资源紧张等问题,人口过疏会出现学生上学路远、上学难等问题。

5．人口流动对教育的制约

人口流动会影响教育政策、教育制度等,比如城乡人口流动问题。乡村人口大量进城会带来流动人口本身的教育问题和流动人口子女(学龄期子女)的教育问题,由于流动人口的不稳定性,其子女可能会出现入学难、失学率高等现象。

(五) 科技对教育的制约

在现代科学技术日益发达的情况下,教育与科技的联系越来越紧密,具体体现在以下几个方面。

1．科学技术影响教育者的教育观念

科学技术的发展为教育提供了便利,许多新兴的教学设备和工具促使教育者更新教育观念。

2．科学技术影响教育对象

科技的发展使人们能够更加科学合理地认识人的身心发展规律,从而使教育更顺应这种规律,提高教育对象受教育能力。同时,还为教育对象提供了更广阔的学习平台,便于教育对象拓展视野。

(六) 媒介对教育的制约

媒介是联系人与人、人与物、物与物的物质,包括携带信息的容器和传播信息的设备、组织形式或社会机制。媒介对教育的制约如下。

1．媒介影响教育发展规模

在文字产生以前,教育以口耳相传的形式进行,因此教育对象数量少且教育效率低,以至于教育发展规模小。文字产生以后,人们可以书写、记录教育内容,向更多人传授知识,教育规模逐渐变大。现在,网络技术越来越发达,有更多的方式传播知识且知识容量变大,教育发生的时空界限被打破,可以实现一名教师同时面对不同地区的学生,教育规模因而越来越大。

2．媒介影响教师教学方式

二十年前,教师教学多以黑板粉笔字为主,现在教师教学多以多媒体互动教学为主。随着科学技术的发展,教师可用的技术设备越来越多,能在课堂上给学生带来一场视听盛宴,为学生营造沉浸式的学习氛围。教师还可以用各种网络资源来辅助教学,采用线上线下混合教学模式,提高教学效率和质量。

3．媒介丰富学生的学习体验

现代媒介的发展使学生能够轻而易举"走"出课堂、学校,去与全国各地甚至世界各地的同学教师交流讨论,获得不一样的学习感受。学生还可以在课堂上获取自己想要的知识,提高自主学习能力和合作学习能力。

练习

【3-11】 下列选项中,可以说明社会发展对教育发展起制约作用的是( )。
A. 乡村学校规模日益缩小,而城市学校范围不断扩大
B. 新冠疫情促使世界各地的学校纷纷采取混合式教学
C. 教育公平与教育质量良性互助
D. 学业竞争中学生关系日益紧张

三、教育对社会发展的促进

教育不仅受制于社会,还会反作用于社会的发展,但不是所有的教育投资都能产生良好的社会经济效益。因此,教育只在特定条件下才能发挥其社会功能,具体功能有政治功能、经济功能、文化功能、人口功能、科技功能和生态功能。

(一) 教育的政治功能

教育的政治功能是指教育具有维系国家和社会政治稳定、促进社会政治发展的功能。具体表现如下。

1. 通过培养政治人才和有政治素质的社会公民来维系社会政治稳定

维系社会政治稳定需要靠教育,这主要包括两个途径:一是培养政治人才;二是培养有一定政治素质的公民,即完成政治社会化。政治社会化是人的社会化的重要方面,指引导个体接受一定的政治意识形态,通过学习政治文化,形成和发展"政治自我",培养政治认同感和参与、监督政治的能力的过程。

2. 能够促进政治体制的变革与完善

教育能够培养符合社会政治发展需要的政治管理人才,政治管理人才水平越高,则越有利于政治体制的变革与完善。

3. 提高国民文化素质,推动国家政治民主化建设

国家政体直接决定国家的民主程度,国民文化素质和教育发展程度也间接决定国家的民主程度。一个国家普及教育的程度越高,公民意识越强,就越能认识到民主的价值,越能更好地行使民主权利。

4. 传播先进思想,形成舆论,影响政治时局

一直以来知识分子都是形成社会舆论的重要力量,因此必须利用好这股力量。通过教育传播先进思想,弘扬优良道德,形成正确的舆论,产生进步的政治观念,从而影响群众,为推进社会政治的先进化服务。

练习

【3-12】 简答题:简述教育的政治功能。

(二) 教育的经济功能

教育具有一定的经济价值,亚当·斯密曾在《国富论》中把"有用才能"看成一种"固定资本"①,教育的经济功能具体表现如下。

1. 完成劳动力的社会再生产的功能

教育是将潜在劳动力转换为现实劳动力的基本途径,教育能够提升劳动者的文化素质,使

---

① 方展画.高等教育学[M].杭州:浙江大学出版社,2000.

之获得一定劳动部门认可的技能和技巧,为经济发展提供人才;能够转变劳动力的形态,使其由体力劳动者变为脑力劳动者,提高生产效率并创新技术;能够促进劳动者的全面发展,提高劳动转换能力,摆脱现代分工对每个人造成的片面性。

2. 知识再生产的功能

教育可以通过传播科学文化知识实现科学文化知识的再生产,使原来为少数人所掌握的科学文化知识在较短的时间内为更多的人所掌握。同时,教育也会生产出新的科学文化知识,尤其是在高校。

3. 更新知识与社会生产技术的功能

在现代,教育与科研、生产的关系日益密切,教育成为科技更新的重要因素。教育能够培养创新人才和科技人才,促进科技的发展。

练习

【3-13】 在当代,教育被人们视为一种投资,一种人力资本,这是因为教育具有(　　)。
A. 政治功能　　　B. 经济功能　　　C. 文化功能　　　D. 人口功能

【3-14】 马克思认为,复杂劳动等于倍加的简单劳动,这主要说明教育具有(　　)。
A. 经济功能　　　B. 政治功能　　　C. 文化功能　　　D. 人口功能

(三) 教育的文化功能

教育与文化相互促进,具体表现如下。

1. 传递、保存文化

教育是文化传递和保存最为基本和最为有效的手段。教育传递着文化,将前人所积累的生产生活经验、伦理道德规范、科学技术知识有计划地传递给年轻一代,它使年轻一代能迅捷、经济、高效地占有前人所创造的精神文化的精华,迅速成长为具有摄取、鉴赏、创造文化能力的"文化人"。同时,教育在传递文化的过程中能将人类精神文化财富的精华内化为个体精神财富,从而具有保存文化的功能。

2. 传播、交流与丰富文化

传播一般只有单向含义,交流却是双向的、相互的,教育让人学会了如何更好更有效地交流。因此,教育既是一种文化向另一种文化单向传输的过程,也是两种文化互相交流的过程,是向双方自身灌注生命力和新鲜血液的过程。在这一过程中,教育也就有了丰富文化的功能。于是,文化补足了教育,教育也丰富了文化。

练习

【3-15】 我国在世界各地开办孔子学院,向各国人民介绍中国文化。这说明教育文化具有(　　)。
A. 传递功能　　　B. 创造功能　　　C. 更新功能　　　D. 传播功能

【3-16】 近年来,越来越多的"一带一路"沿线国家留学生来我国学习,并把中国文化带回自己的祖国。这反映了教育具有(　　)。
A. 文化传承功能　B. 文化创造功能　C. 文化更新功能　D. 文化传播功能

3. 选择、提升文化

文化是教育内容的主要来源,但并不是所有文化都能成为教育内容,这其中就涉及了教育对文化的选择。教育对文化的选择是按照一定的社会需求及教育本身的特性进行的,合理选择文化能够使受教育者更加快速有效吸收知识并内化,反之则会造成不良影响。教育对文化进行选择的过程也是对不良文化进行筛选的过程,同样有利于文化的提升。

练习

【3-17】 小学开展经典诵读活动时,对传统文化要取其精华,去其糟粕。这说明教育对文化具有(　　)。

　　A. 继承功能　　　　B. 传递功能　　　　C. 选择功能　　　　D. 创造功能

【3-18】 教育可以"简化"文化,吸取其基本内容;教育可以"净化文化",消除其不良因素。这体现了教育对文化具有(　　)。

　　A. 选择功能　　　　B. 发展功能　　　　C. 传递功能　　　　D. 保护功能

4. 创造和更新文化

文化需要创造和更新,创新是文化长远发展的良策,而教育则是文化创新的最佳途径。通过教育,能够创造新的思想观念,发展科学技术,从而实现社会文化的创造与更新。

(四) 教育的人口功能

人口一般是指居住在一定区域内的人的群体。教育的人口功能是指教育对诸如控制人口数量、提高人口质量等方面的积极作用。具体表现如下。

1. 控制人口增长

调查数据显示,教育程度与生育率直接相关,教育程度越高生育率则越低。

2. 提高人口素质

人口素质由人口的身体素质、科学文化素质和思想品德素质三个方面构成。身体素质可以通过体育锻炼来提高,科学文化素质可以通过智育训练提高,思想品德素质可以通过道德教育来培养等,因此接受教育能够明显提高人口素质。并且,人口素质也可以通过量化指标来判断,比如普及教育程度、青壮年文盲率、每万人中的大学生数等。

3. 改善人口结构

如前所述,人口结构包括自然结构和社会结构。教育有利于平衡社会生产和人口之间的关系,可以通过改变"重男轻女"的思想来减少女胎儿的流产率,从而平衡性别结构,还可以通过普及农村教育,提高农村人口素质,从而为农业人口就地完成城镇化提供了可能。此外,教育还能帮助人们实现职业变动从而改善职业结构。

4. 影响人口迁移,促进人口流动

人口流动一般有三种类型:一是城乡之间的流动,二是国内贫困地区向发达地区的流动,三是不发达国家向发达国家流动。据研究,受过教育的人更容易流动,原因在于教育水平越高,他们的专业知识和能力水平就越高,迁入地越容易接纳他们,并且他们的思想观念开放,更愿意去适合自己的地区发展生活。此外,经济发达、科技先进向来都是吸引人才流入的主要原因,所以文化教育发达的城市和地区更吸引迁移人口。

练习

【3-19】 衡量一个国家文明程度和人口素质高低的重要标志是(　　)。

　　A. 经济发展水平　　B. 科技发展水平　　C. 人口结构状况　　D. 基础教育水平

(五) 教育的科技功能

教育能够促进科技的发展,具体表现如下。

1. 促进科学技术发展

高等教育中有很多科研机构和专家研究者,他们从事的尖端研究能促进科技的创新,促进科学技术不断更新。

2. 再生产科学技术知识

科学技术需要通过教育才能转化为现实生产力,因此教育在传播科学技术知识,培养科技人才的过程中也是对科学技术知识的再生产。

(六)教育的生态功能

教育具有生态功能,具体表现如下。

1. 树立建设生态文明的理念

学校是生态文明教育的主阵地,通过学校教育可以自小培养学生尊重自然、热爱自然、保护自然的生态意识,引导学生建立正确的生态观,从而实现建设生态文明社会的目标。

2. 普及生态文明知识

学校教育能够有计划、有组织地向学生传授生态文明知识,让学生认识到人类活动与生态安全的关系,提高学生保护环境的意识和能力,懂得节约资源和珍爱生命,使生态文明知识得到更为广泛的传播。

3. 引导建设生态文明的社会活动

教育不仅发生在学校内部,社会和家庭也是教育的主要场所,所以生态文明教育应扩展到社会这些更广阔的空间。教育可以引导学生主动参加社会志愿活动,如社区生态宣传活动、垃圾分类活动等,让学生通过实践加深对生态保护的认识和理解。在家庭中,可以让学生带领家人们一起践行生态保护,以小家成大家,共同建设生态文明。

提示:教育要与社会发展相适应是教育的基本规律之一。一方面,教育受到社会经济、政治、文化、生产力等的制约;另一方面,教育又会反作用于社会经济、政治、文化、人口、科技等的发展,即教育的社会功能。学习时注意利用关键词去理解与记忆,如"经济对教育的制约"关键词是"规模与速度""教育结构""培养规格""内容与方法";"教育的人口功能"只要找到"数量—质量—结构—流动"这个逻辑与关键词,理解与记忆就会容易得多。

第二节 教育与人的发展

教育是一项培养人的活动,必然与"人"的关系紧密。那么,人的发展是否有规律可循?人的发展受哪些因素影响?教育,特别是学校教育在人的发展中起什么作用?作为教育工作者如何运用这些规律促进人的最优化发展?

一、人的发展及其规律

发展是指事物连续不断地由低级向高级、由旧质到新质的有规律的变化运动过程。人也是如此,从生命开始到生命结束,一直处于发展过程中,人的身心都得到了积极变化。

(一)人的发展的基本含义

人的发展包括身体发展和心理发展两方面。身体发展包括身体的各种组织系统,如骨骼、肌肉、心脏、神经系统、呼吸系统的正常发育及体质的增强,即人的生理方面的发展;心理发展指感觉、知觉、注意、记忆、思维、想象、情感、意志、性格等方面的发展,即人的精神方面的发展。

生理发展和心理发展互相影响,互相制约,缺一不可。生理发展会影响心理发展,如青春期孩子的生理发育会在一定程度上影响他们的心理状态,可能会引起焦虑情绪;大脑神经系统有缺损,那么可能会影响到人的认知、思维能力等。反过来,心理发展也会制约生理发展,如许多疾病都是由于人长期处于焦虑、紧张状态导致的。

人的发展是一个过程,这个过程具有社会性、能动性、动态性和活动性特征。首先,社会性,人是一种"社会性动物",是一切社会关系的总和,个体发展离不开社会。其次,能动性,人和动物最大的区别是人具有理性,能够发挥自己的主观能动性来发展自己。再次,动态性,人在发展中是不断变化着的。最后,活动性,人的发展是在活动中实现的,通过活动才能把人的潜在素质变成现实素质。

人的"发展"与"生长""成长""成熟"等概念既有一定的联系,又有各自的侧重。"生长"主要指身体方面的发展,如身高、体重、骨骼构造等人的发展机体方面的发育过程;"成长"主要指身体和心理的共同的动态变化;"成熟"则是指身体和心理发展的一种状态和程度。

(二) 人的发展的基本规律

人的身心发展具有顺序性、阶段性、不平衡性、个别差异性、互补性及稳定性和可变性。

1. 身心发展的顺序性

人的身心发展是一个有顺序、持续不断的发展过程,不论是整体过程还是个别过程都是如此。比如,人的身体发展具有头尾律和中心四周律,即由头部、躯干向四肢发展,由身体的中心部位向边缘方向发展;人的思维是由具体形象思维到抽象逻辑思维,人的记忆则是从机械记忆逐渐发展到意义记忆。正如卢梭所言:"儿童有他特有的认识、思考和感情方式;再也没有比用我们的方式去代替他们的方式更为愚蠢的事情了"[①],教育要根据人身心发展的顺序性量力而行,循序渐进地促进人的发展。

> **练习**
>
> 【3-20】 在教育教学中"拔苗助长""陵节而施"违背了人的身心发展规律中的( )。
> A. 顺序性　　　　B. 阶段性　　　　C. 不平衡性　　　　D. 个体差异性
>
> **提示**:在单项选择题中,顺序性与阶段性是最容易混淆的两个概念。前者的特点是天生或者自然存在的,后者则是人为划分的。在答题时只要判断出题干中给出的现象是否人为即可以准确作出判断。如果是天生的或自然的,那么肯定是"顺序性";如果是人为的,那么肯定是"阶段性"。例如"拔苗助长",禾苗的生长有自己的规律,是天生的或者说是自然的,不是人为的。所以,可以判断是"顺序性"。
>
> 【3-21】 人的发展具有两条规律:中心四周律和头尾律。这说明人的身心发展具有( )。
> A. 顺序性　　　　B. 阶段性　　　　C. 差异性　　　　D. 不平衡性

2. 身心发展的阶段性

美国心理学家格塞尔(A. Gesell,1880—1961)指出:"发展的逻辑存在于发展的序列之中。"[②]一般认为,人的发展阶段可分为:婴儿期(出生至3岁);幼儿期(3岁至6～7岁);童年期(6～7岁至11～12岁);少年期(11～12岁至14～15岁);青年期(14～15岁至30～35岁);中

---

① 卢梭. 爱弥儿[M]. 彭正梅,译. 上海:上海人民出版社,2010.
② 瞿葆奎. 教育与人的发展[M]. 北京:人民教育出版社,1989.

年期(30～35岁至55～60岁);老年期(55～60岁至死亡)。这里年龄阶段的上下限只是大致的规定,没有绝对的意义,尤其是随着社会经济的发展,营养水平的提高,年龄阶段的划分有后移的趋势。

人的成长是一个持续不断的发展过程,在这个总的发展过程中,不同年龄阶段表现出一些不同的特征,面临着不同的任务,这就是身心发展的阶段性。教育就要根据各个阶段的特征展开,针对不同年龄特点的学生,提出不同的具体任务,采用不同的教育内容和方法,从而更好地发挥教育的主导作用。例如,对童年期的学生,在教学内容上应该多讲些比较具体的知识和浅显的道理,在教学方法上应多采用直观教具;对少年期的学生,在教学上要特别注意理论与实际的结合;对青年期的学生,要注意培养学生辩证逻辑思维的能力。所以,针对不同阶段的学生,我们应展开不同的教育和教学,千万不要违反教育工作的阶段性特点,把小学生当作中学生进行教育,把初中生作为高中生进行教育,最终学生不但难以掌握正在学习的知识技能,而且还会产生不愉快的心理体验,进而害怕和逃避学习。

资料夹 3-2

皮亚杰认知发展阶段

近代心理学家皮亚杰将人的认知发展划分为以下四个阶段。

(1) 感知运动阶段(0～2岁):通过感知觉和运动之间的关系来获得动作经验,无法用语言和抽象符号来命名事物。

(2) 前运算阶段(2～7岁):此时儿童一切以自我为中心,认为一切物体都是有生命的(泛灵论),思维集中化、不可逆,能用语言或抽象符号来命名事物。

(3) 具体运算阶段(7～11岁):达到去自我中心,思维可逆,能进行简单的逻辑运算,但离不开具体事物的支持。

(4) 形式运算阶段(11岁至成年):是认知发展的最高阶段,个体形成了完整的认知结构系统,能根据假设来进行逻辑推理,智力发展趋于成熟。

资料来源:陈琦,刘儒德.教育心理学[M].2版.北京:高等教育出版社,2011.

练习

【3-22】 人的身心发展有不同的阶段,"心理断乳期"一般发生在(　　)。

　　A. 幼儿阶段　　　　B. 青少年阶段　　　　C. 成年阶段　　　　D. 老年阶段

【3-23】 儿童发展是一个持续不断的过程,不同年龄阶段所表现出的特征不同。儿童发展的阶段性特点决定了教育工作要(　　)。

　　A. 循序渐进　　　　B. 有针对性　　　　C. 因材施教　　　　D. 抓关键期

3. 身心发展的不平衡性

人在不同年龄阶段的身心发展的速度、质量是不同的,在同一年龄阶段身心各个方面发展的速度、质量也是不同的。比如,大脑发展最快的时间是在出生后的一个月,五六岁时会出现第一个加速期,十三四岁时是第二个加速期;两三岁是儿童学习口头语的关键时期,四五岁是开始学习书面语言的关键时期;处于青春期的孩子身高、体重、性特征开始明显发育,但是很多孩子的心理发展仍未达到与生理发展相适应的程度。因此,教育要抓住关键期,抓住学习的最佳时期,及时采取有效的教育措施,使学生得到更好的发展。

资料夹 3-3

专家对智能发展的"关键期"的研究

专家认为孩子有六种潜在智能,这些潜在智能都只存在于其生命过程的某一特定时期,此时施以教育和训练,才能获得最佳发展,甚至形成特殊能力。若错过了特定时期,相应的能力就很难获得,给智能发展造成不可弥补的损失。这种特定时期就是潜在智能发展的"关键期"。

(1)语言智能发展期(0~3岁),是掌握口语的最佳期。0~1岁,可用言语和声音来刺激孩子,用简单的语言同孩子说话,孩子便能理解词与动作、实物的关系。

(2)数学(逻辑)智能发展期。孩子4岁已能数到100,这时他们对带有数概念特征的事物有浓厚兴趣,已经能领会数字与物体概念的关系,并从口头数数发展到按物点数,能分辨物体的大小、多少、前后顺序,按数目取出物体,用实物进行数的组成和分解。

(3)身体动作智能发展期(2~3岁),儿童神经传导功能迅速发展,动作开始表现成熟。家长应鼓励他们自己穿衣、吃饭、洗手帕、帮妈妈递东西,并引导孩子翻筋斗、游泳、观看体育比赛和舞蹈表演。

(4)音乐智能发展期。2~3周的婴儿,已有明显听觉,能对声音做出反应;2~3个月,能倾听周围的音乐声和成人的说话声,且能分辨不同的声音;3~4个月,能寻找声音,视觉和听觉开始建立联系;5个月能辨别母亲的声音;1岁以后爱听音乐;3岁能分辨熟悉的音调及不同乐器的声音;5岁是音乐智能发展的关键期,父母应让孩子多参加音乐活动。

(5)想象智能发展期。3岁左右,幼儿的想象已很活跃。首先,父母要创造机会发展他们的有意想象,如讲故事讲到关键地方停下来,以下情节让他去想象;让幼儿看图讲故事。其次,让幼儿自由地想象,不要干涉。最后,要扩大幼儿的知识面,应让幼儿多观察、多参观、多看电影电视,多听童话和科幻故事,多做游戏,多画画。

(6)人际智能发展期。首先需帮助幼儿认识五官及其功能。其次,给孩子提供用多种感官参与认识活动的机会,如帮他识别电影里的人物,要求他讲述人物的特征;帮他掌握观察方法,从多角度观察事物。

资料来源:蔡澄主编.当代教育学[M].苏州:江苏人民出版社,2003.

练习

【3-24】 "禁于未发之谓豫;当其可之谓时;不陵节而施之谓孙(xùn);相观而善之谓摩。此四者,教之所由兴也。发然后禁,则扞(hàn)格而不胜;时过然后学,则勤苦而难成;杂施而不孙,则坏乱而不修。"《学记》中的这段话表明儿童的身心发展具有( )。

A. 差异性   B. 可变性   C. 稳定性   D. 不平衡性

【3-25】 个体身心发展的不均衡性要求( )。

A. 教育教学工作要抓关键期   B. 教育工作要循序渐进
C. 因材施教、有的放矢   D. 教育工作要根据不同年龄分阶段进行

【3-26】 "当其可之谓时;不陵节而施之谓孙;相观而善之谓摩。此四者,教之所由兴也。发然后禁,则扞格而不胜;时过然后学,则勤苦而难成。"《学记》中的这句话表明儿童的身心发展具有( )。

A. 差异性   B. 可变性   C. 稳定性   D. 不平衡性

4. 身心发展的个别差异性

人在成长发展过程中,会受到教育、环境、遗传等因素的影响,因而不同个体身心发展的速

度、质量不同。首先,不同个体在同一方面发展的速度不同,如有的孩子说话早,有的孩子说话晚;其次,不同个体在同一方面发展的质量不同,如有的孩子擅长数学,但语文很差,有的孩子擅长语文,但数学很差。因此,教育要充分注意学生的个体差异性,因材施教,有的放矢,从实际出发,让每一个学生都能充分自由发展,最大限度地发挥他们的潜能,使他们成为一个学有专长、富有个性的人。

练习

【3-27】 人们常说"聪明早慧""大器晚成"。这说明个体身心发展具有( )。
A. 阶段性　　　B. 互补性　　　C. 不平衡性　　　D. 差异性

【3-28】 高一(2)班班主任王老师在班级教育教学过程中,从来不采取"一刀切"的办法,因为他深刻地认识到人的身心发展具有( )。
A. 阶段性　　　B. 连续性　　　C. 差异性　　　D. 顺序性

【3-29】 "因材施教"遵循了人的身心发展的( )。
A. 差异性　　　B. 不均衡性　　　C. 阶段性　　　D. 顺序性

【3-30】 简答题:儿童身心发展的个别差异性表现在哪些方面?

5. 身心发展的互补性

互补性体现了人身心各方面的相互关系。首先,当人的某一方面机能损伤时,可以通过其他方面的超常发挥来补偿。比如失明的人往往听觉比常人更厉害,失去双臂的人往往双脚更加灵活等。其次,生理和心理之间存在互补关系,比如患有重病的人若有乐观开朗的心态会延缓疾病恶化,通过适当运动可以疏解焦虑情绪等。因此,人身心发展的互补性要求教育平等看待有生理或心理缺陷的学生,挖掘他们身上的闪光点,长善救失。

6. 身心发展的稳定性和可变性

人的身心发展在一定的社会条件和教育环境下是稳定的,主要表现为年龄阶段的顺序大体稳定、同一年龄阶段的各方面发展也整体稳定。但这并非一成不变,在不同年龄阶段的交界点会发生一些改变,并且随着条件变化,某些年龄特征会在一定条件变化的范围内发生变化。比如现代社会信息化、全球化进程加快,人们生活条件变好,与20世纪相比,青少年更加早熟。因此,面对这种情况,教育要着重把握每个年龄阶段中的稳定特征,确定适合的教育教学内容和方法。同时更加注意学生身心的变化,及时改进调整教育内容和方法,以适应学生的发展。

练习

【3-31】 简答题:简述个体身心发展的一般规律。

提示:人的发展包括生理和心理两方面,其中生理发展包括身体的正常发育和体质的不断增强,心理发展包括心理活动内容和活动形式两方面。学习时要注意"发展"的两维度四类目。人的身心发展的6大规律,可以用"顺序(顺序性)不可变(稳定性和可变性),个别(个别差异性)阶段(阶段性)须互补(互补性)。"进行记忆。应特别注意各规律的特点,结合实例进行理解与判断。

二、影响人发展的因素

一个人的成长与发展是一个复杂的过程,这个过程会受到各种因素的影响。对影响人的发展的因素及其作用的探讨,是教育学领域的一个重要的研究课题。根据已有研究,现主要存在单因素论、二层次三因素论、三因素论、多因素论等不同的认识。本节在简述各种影响因素理论的基础上,着重介绍遗传、环境、教育、个体因素在人的身心发展中的作用。

(一)影响人的发展的因素的相关理论

1. 根据影响因素的多少划分为单因素论和多因素论

单因素论主张在众多影响人身心发展的因素中只有一个因素起着决定作用,代表观点有遗传决定论、环境决定论、教育决定论等。二因素论或双因素论有两种观点:一种是认为生物因素和社会因素影响人的发展;另一种是认为成熟因素与学习因素影响人的发展。三因素论则强调遗传、环境、教育对人的影响。四因素论强调遗传、环境、教育和人的主观能动性。

2. 根据影响因素的来源划分为内发论和外铄论

内发论主张影响人发展的因素来源于身体内部,源于人自身的内在需要,代表观点有孟子的性善论等。

外铄论主张影响人发展的因素来源于身体外部,人的发展主要依靠外在力量,代表观点有荀子的性恶论、洛克的白板说等。

除了上述两种分类方式,还有一种理论是多因素相互作用论,强调内因和外因的交互作用。该理论认为遗传和环境对人的影响是相互制约和影响的,并且二者的影响可以相互转化。遗传和环境的作用不是固定不变的,而是动态变化的,在主客体之间存在一种作用与反作用的动力关系,人就是在内部遗传和外部环境的相互作用的过程中发展起来的。

(二)遗传因素在人的发展中的作用

遗传是指从亲代继承下来的生理解剖上的特点,如机体的结构、形态、感官和神经系统等特点,也称遗传素质。遗传或遗传素质是人发展的生物学前提。

1. 遗传素质为人的身心发展提供了可能性

人的发展以有生命的生理组织为基础,而遗传是人的发展的物质基础和生理前提,缺少了这个前提基础人就无法发展。比如一个先天的盲人是无法成为一名画家的,一个先天的聋哑人是无法成为一名主持人的。正是有了遗传作基础,人们才能在后天的环境和教育中获得持续发展,因此遗传为人的发展提供了可能性。

练习

【3-32】 遗传素质是人身心发展的(   )。

A. 主导因素　　　B. 决定因素　　　C. 物质前提　　　D. 内部动力

2. 遗传素质的成熟程度制约人的发展阶段和过程

人的身心发展具有顺序性,因而人的生理机制是逐渐成熟发展的。研究表明,人的思维发展与脑的重量密切相联,新生儿的大脑一般为390克,后逐渐发展至十二三岁的1400克左右,此时少年儿童大脑的平均重量接近成人,且他们的思维能力也在逐渐完善。由此可见,遗传素质的成熟程度影响人的发展阶段和过程,只有当生理条件达到一定水平时才具备学习一定知识的能力。

练习

【3-33】 如果让六个月婴儿学走路,不但徒劳而且无益;同理,让四岁的儿童学高等数学,也难以成功。这说明(   )。

A. 遗传素质的成熟程度制约着人的发展过程及其阶段

B. 遗传素质的差异性对人的发展有一定影响

C. 遗传素质具有可塑性

D. 遗传素质决定了人发展的最终结果

3. 遗传素质的差异性影响人的身心发展

遗传素质具有显著差异，生理上明显的差异如身高、肤色、面貌等，心理上的差异如性格活泼还是安静、智力发展快还是慢等。这些差异都会影响人的发展，现代科学研究发现在基因中存在一种存储遗传信息或密码的单位——脱氧核糖核酸（DNA），它通过一定的过程控制着蛋白质的合成，从而决定生物和人千差万别的性状。因此，人的个性差异在一定程度上受先天遗传素质的影响。

练习

【3-34】 生活在不同环境中的同卵双胞胎的智商测试分数很接近，这说明（　　）。

A. 遗传和后天环境对儿童的影响是平行的

B. 后天环境对智商的影响较大

C. 遗传对智商的影响较大

D. 遗传和后天环境对智商的影响相当

4. 遗传素质具有可塑性

遗传素质不是一成不变的，随着外在条件的变化，遗传素质也会发生相应的改变。比如，现在生活条件改善，儿童的饮食结构相较于之前有了很大变化，更加合理科学的饮食结构使得现在的儿童身高、体重都有所增加；长期对大脑进行思维训练会使其反应能力大大提高等。恰如遗传学所说："在基因组中的DNA决定了个体在生理上的、结构上的和行为上的潜在性能，但并非所有的潜在性能都必定可以在那个正在发育着的个体中获得实现。"[①]

练习

【3-35】 辨析题：《伤仲永》的故事说明遗传素质具有可塑性。

（三）环境因素在人的发展中的作用

环境指个体存在于其中的，围绕在个体周围，在个体活动交往过程中影响个体发展的外部条件或外部世界，包括自然环境和社会环境。自然环境指直接或间接影响人类生存与发展的自然界，是人类生存的基本条件，比如山川湖海、草木农田等自然生态；社会环境指人类在自然环境的基础上创造和积累的，比如人际交往活动、社会政治经济生活等。相对来说，社会环境对人的影响超过自然环境。

1. 环境为人的发展提供了条件

遗传素质为人的发展提供了可能性，但如果只依赖遗传素质而忽略外部环境，人的发展会大大受限。后天环境对人的发展有很大影响，比如著名的狼孩事件，长期生活在狼群中使这个孩子养成了狼的各种习性，而丧失了作为人的最基本的能力。还有"蓬生麻中，不扶自直；白沙在涅，与之俱黑""染于苍则苍，染于黄则黄，所入者变，其色亦变"等古语都显示出环境对人发展的影响。

2. 环境影响人的发展的差异

后天生长环境的差异是影响人发展差异的主要因素之一，不同国家、地区、民族的人，由于

---

① 加德纳. 遗传学原理[M]. 杨纪珂，汪安琦，译. 北京：科学出版社，1987.

生活在不同的自然环境和社会环境中,他们的发展不论是身体上还是心理上都会有显著差异。即使是同卵双胞胎,如果一个生活条件优越,一个生活条件恶劣,他们长大后不管是生理还是心理都会有所不同。

3. 环境对人的影响取决于人的主观能动性

环境对人的影响有积极和消极之分。积极的影响可以促进人获得健康的、向上的、向善的发展;消极的影响可以制约或抑制人的正常的、积极的发展。环境对人的身心发展所起的作用,往往取决于人的态度、意向和行为。个体不是被动接受环境的影响,而是有选择的接受那些积极影响。如果一个人完全受环境"控制",那么他就是一个丧失了自主性的人。

4. 环境影响人的发展方向与水平

生活在不同环境中的人因其发展条件不一样,从而会产生不同的发展方向和水平。比如在物质资源相对匮乏、生产力相对低下的社会中,人的发展水平相对较低,而生活在物质资源丰富、文化生活发达的社会中,人的发展水平会大大提高。

练习

【3-36】 "蓬生麻中,不扶自直""近朱者赤,近墨者黑""孟母三迁"等反映了影响人的发展因素的哪一理论(　　)。

A. 环境决定论　　　B. 遗传决定论　　　C. 教育万能论　　　D. 儿童学理论

(四) 个体因素在人的发展中的作用

个体先天的遗传因素和外部的环境因素都是影响个体身心发展的重要因素,为身心的发展提供着支撑。但遗传因素和环境因素说到底仅是个体发展的外部条件,真正起作用的是个体因素,外因只有通过内因才能起作用。所以,个体因素才是人的身心发展的决定因素。教育学中的个体因素主要是指人的主观能动性和实践活动。个体因素对人的发展的影响主要体现在以下几个方面。

1. 个体主观能动性在人的发展中起着动力和决定作用

根据唯物辩证法原理,事物的发展是内因和外因共同起作用的结果,内因和外因在事物发展过程中的地位和作用是不同的。内因是事物变化发展的根据,是事物发展的根本原因,但不是唯一原因;内因是事物发展的根本动力,但不是唯一动力。外因是事物变化发展的条件,对于事物变化发展能够起到加速或延缓的作用;外因的作用再大,也是第二位的原因,外因通过内因起作用。遗传、环境、教育等外在因素,只有通过个体的主观能动性才起作用。比如,在同一个家庭环境成长起来的兄弟姐妹,其生活环境和教育条件基本相同,但是由于个体主观能动性的大小不同,其后来的发展水平也大不相同。

2. 个体主观能动性影响个体的自我设计和自我奋斗

主观能动性是指人的主观意识和实践活动对于客观世界的能动作用,它包含两层意思:一是人们能主动地认识客观世界;二是在意识的指导下能主动地改造客观世界。两者在实践的基础上得到统一。人们在实践活动的过程中,逐渐形成自我认知,明确自己是怎样的人,希望自己成为怎样的人,而后根据自己所处的环境确定自己的目标与追求,并在意识中理智地复现以往的已有自我、调控今日的现实自我、筹划未来的理想自我,进而有目的、有计划、自觉地为之奋斗。这种自我设计和自我奋斗的过程受制于个体对世界的认知和改造世界的实践。

3. 个体主观能动性决定人的发展从潜在的可能状态转向现实状态

个体的人有着无限的发展可能,但这仅是一种可能,而不是现实。从发展的可能转化成发展的现实,个体的实践活动是唯一的路径。人们只有在认识世界和改造世界的实践活动中才能发现自己的潜能,并在实践过程中使这些潜能得到最大限度的挖掘,由此实现从可能状态到现实状态的转变。

练习

【3-37】 简答题:简述主观能动性在个体发展中的作用。

【3-38】 关于影响人的发展因素问题,曾出现过"生而知之"的"天才论"。这种理论属于(　　)。

A. 教育万能论　　　B. 环境决定论　　　C. 遗传决定论　　　D. 主观能动性决定论

提示:影响人的发展的因素的记忆与理解可以从内外因两个角度展开:外因包括遗传素质、环境因素(学校教育是特殊的环境),内因指个体因素或个体的主观能动性,外因只有通过内因才能起作用。特别注意各个因素的特殊地位:遗传是生物学前提或基础,环境起重要作用,个体因素起决定作用。

三、学校教育在人的发展中的作用

遗传因素是人的发展的生物学基础,环境因素是人的发展的前提条件,个体因素是人的发展的决定因素,那么学校教育在人的发展中处于什么位置?学校教育在个体的个性化和社会化过程中起什么作用?

(一) 学校教育对人的身心发展起主导作用的原因

学校教育为什么在人的身心发展中起主导作用?这是由学校教育的特点所决定的。

1. 学校教育具有目的性

学校教育是根据一定社会的需要和人的发展规律,有目的、有组织、有计划地培养人的活动。为达到预期教育目的,学校会精心选择适合学生的教育内容,使其既满足学生对知识的需要,又满足社会的规范;会对校园环境、班级环境等进行规划,使学生能够沉浸在良好的学习环境中,向着预定目标前进;会开展各式各样的教育活动,配合实现教育目的等。总之,学校教育通过有计划、有组织的引导,从而使受教育者朝着特定的方向发展。

2. 学校教育具有专业性

学校是专门培养人的场所,因而学校教育在培养人的过程中具有专门性。在学校中有专门负责教育工作的教师,他们受过专业的资格训练并执有教师资格证,具有稳固的专业知识基础和较高的专业素养与专业技术能力,能够根据学生身心发展的规律特点和社会发展需求,有系统地进行教学。此外,学校教育内容都是经过严格筛选的,兼具科学性、系统性、逻辑性和完整性,使学生能够获得完整系统的科学理论知识,且教育内容的安排循序渐进、由简入繁、由浅到深,利于学生更好地掌握知识。

3. 学校教育具有系统性

学校教育上至教育目标的制定,下到具体教育实践,都是全方位、系统而深刻的。学校教育是一个系统工程,既要统筹各部门的教育工作以保障学校的正常运行,又要细抓具体的教育细节以确保学生的健康发展;既要发展学生的社会性,又要发展学生的自然性;既要考虑学生的共性,又要考虑学生的个性等。因此,学校教育对学生的影响深刻而广泛、全面而系统。

4. 学校教育具有协调性

学校教育能够协调影响人的发展的各项因素,使这些因素相互配合达到最佳状态,从而促进个体全面和谐发展。比如,对于展现出运动天赋的学生,学校可以为其提供特定的体育设施、配置专门的老师,为学生创造一个良好环境,使其能最大限度地发挥潜能。

总之,正是因为学校教育具有目的性、专业性、系统性和协调性,所以它在人的发展过程中起主导作用。但是,不能片面夸大学校教育的作用,而否定遗传、环境等的作用,更不能将人的发展中出现的各种问题推诿给学校教育,教育不是万能的,个体的发展是遗传、环境、教育和个体的主观能动性的综合作用的结果。

练习

【3-39】 简答题:为什么说学校教育对人的发展起主导作用?

(二) 学校教育对人的身心发展起主导作用的具体表现

学校教育对人的身心发展起主导作用具体表现在以下四个方面。

1. 定向与指导作用

学校教育是有目的、有计划、有组织的活动,为人的发展指明方向,并提供指导与引导。学校教育对受教育者发展的主导作用主要应表现在帮助受教育者选择合适的发展方向上。具体表现为对发展方向的引导,帮助个体对发展的多种可能性作出判断和价值选择[①]。学校教育是由受过专业训练的教师来进行的,教师根据明确的教育目的,选择科学的教育内容,采用恰当的教育方式,遵循学生身心发展的客观规律,有针对性地给予学生指导与帮助,自觉地促进学生按照正确的方向发展。

2. 促进与加速作用

教育不是顺其自然的过程,不是一种跟在人的自然发展后面亦步亦趋的活动,而是以一种科学有效的方式使人获得更好、更快的发展,正是由于教育对个体的发展具有加速作用,所以在现实生活中,人们才深刻体会到教育对个体而言所具有的巨大价值[②]。教育对个体的发展具有促进与加速作用,主要体现在促进个体个性化与社会化的发展。

3. 协调与整合作用

个体发展离不开遗传素质、环境影响、教育影响、个体因素组成的复杂、系统、整体、相互联系的综合因素的影响。其中,教育,尤其是学校教育,按照人的发展目标与培养目标,有的放矢地协调影响人发展的各种因素,整合各类因素的系统功能,以便更有效地促进人的身心发展。学校教育对各类影响因素的协调与整合作用,是其他因素所不具备的价值和作用。

4. 奠基与开发作用

学校教育为人的终身发展奠定坚实的基础,为离开学校后个体得以继续发展创造条件。学校教育只有立足于每个人一生的发展,才可能对人的发展起主导作用。未来社会是一个学习化社会,在学习化社会中,每个人必须终身不断地进行学习,而学校教育是在人的一生中非常有限的时空范围内,着眼于充分开发人的潜能,教会个体各种学习技能,为人的终身学习奠定基础。

练习

【3-40】 影响人的身心发展的因素有很多,教育尤其是学校教育在人的身心发展中

---

① 叶澜.教育概论[M].北京:人民教育出版社,1999.
② 王北生.当代教育基本理论论纲[M].北京:人民教育出版社,2012.

起（　　）。

　　A. 决定作用　　　　B. 动力作用　　　　C. 主导作用　　　　D. 基础作用

提示：本节的学习可以根据"为什么—具体表现—前提条件"这个逻辑去理解与记忆。为什么学校教育在人的发展中起主导作用，可以从教育的概念（目的性、系统性）、学校的本质（专门性）、影响人发展的因素（协调性）几个角度去理解与把握；至于学校教育起主导作用的具体表现，则可以从"导方向（定向与指导）—加速度（促进与加速）—供资源（协调与整合）—奠基础（奠基与开发）"这个逻辑去记忆。

本章小结

　　教育、社会、人三者之间的关系是教育学探讨的重要命题：教育发展受制于社会发展，又反过来促进社会发展；教育受制于人的身心发展规律，又促进人的个性化与社会化。教育通过培养的人来实现社会价值，但这个过程需要特定的条件，如何协调教育与社会的关系是一个永远的命题。从具体实践而言，教育的对象是人，没有人教育就失去了存在的根基。教育在人的发展中起主导作用，但这种主导作用的发挥必须基于个体主观能动性的发挥。所以，作为教育工作者，我们必须对影响人发展的因素作动态的、理性的分析，从而使教育真正成为人的事业，使人成为教育的出发点和最终目的。

知识结构

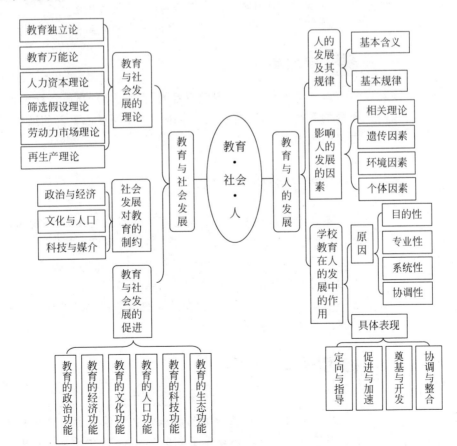

第4章
教育目的·培养目标

学习目标

◎ 明晰教育目的、教育方针、培养目标的区别与联系；
◎ 了解教育目的的意义与影响教育目的制定的因素；
◎ 理解不同教育目的论的核心观点以及马克思主义的全面发展学说；
◎ 熟悉《中国学生发展核心素养》的基本内容；
◎ 了解我国现阶段的教育目的与小学教育的培养目标。

学习重点

本章学习重点是区分教育目的、教育方针、培养目标的关系，理解不同的教育目的论，特别注意中国学生发展核心素养的结构与马克思主义的全面发展学说。

学习导引

本章内容按照教育目的与培养目标两条主线展开，前者是理论解释，后者是实践运用。学习时根据"内涵—意义—制定"的逻辑梳理教育目的理论的基本内容，进而理解历史上出现的几种教育目的理论；然后，根据"理论基础—具体内容—实现路径"这个逻辑展开，把握我国的教育目的；最后，熟记我国义务教育阶段的总体培养目标与小学阶段的具体培养要求。

引子

农村教育为了谁

农村教育就是城市教育的翻版？农村学校留不住好教师？评价农村教育的标准就是看培养了多少个北大、清华学生？对于这些教育的深层次问题,阜南给出了另一种答案。

"我向校长提出来,不要跟我汇报你的学生考上了多少985、211高校,我需要的指标是学校的辍学率是多少,青少年犯罪率是多少。我们需要的是提高在阜南生活工作这些人的素质。"

"一些贫困地区总是在等政策、等资源、等别人做出来了再去效仿。但等是等不起的,任何教育改革必须要有自上而下和自下而上有效的对接。"阜南的农村教育恰恰突破了"农村教育为了谁"的悖论,农村教育的目标不是让学生走出农村,而是培养本乡本土经济社会发展建设的核心力量。①

一种教育行为的背后,必然隐含着一定的教育目的和教育理念。上述案例中,我们看到了阜南政府对教育目的,尤其是"农村教育为了谁"的全新思考——农村教育的目的不仅仅是让学生考取北大和清华,而是培养本乡本土经济社会发展建设的核心力量。那么,教育到底要培养什么样的人?为谁培养人?这是教育的核心问题。明确了这个问题,其他的问题也就迎刃而解了。

第一节　教育目的概述

"一切技术、一切规划以及一切实践和抉择,都以某种善为目标……由于实践是多种多样的,技术和科学是多种多样的,所以目的也多种多样。"②人的全部活动所表现出来的本质特征就是目的性,这是人类有意识的自觉活动不同于动物的本能活动的重要表现。教育作为人类的一种有意识培养人的社会实践活动,自然有其目的性。"教育目的是教育理论和实践中的核心问题,任何教育改革,都是从教育目的的思考开始的,都是从对培养什么样的受教育者的定位和构想开始的,并以此为指向和归宿。"③

一、教育目的的内涵

正确认识教育目的是教育的首要问题。出于不同的哲学观点,人类教育发展史上各教育家关于教育目的的阐述可谓精彩纷呈。依照苏格拉底的观点,教育的目的便是通过对智慧的追寻来建构理性的灵魂,使人成为有智慧的人和道德完善的人。卢梭立足于人的"自然发展",提出教育"要把他(指爱弥儿)培养成一个自然人,但不会因此让他去做一个野蛮人,非要打发他到森林里去不可。使儿童的本性潜能在排除人为干扰的环境下得到发挥,让儿童自然地成长"④。从"教育者要为儿童的未来着想"这一出发点考虑,赫尔巴特认为人的追求是多方面的,因而"统一的教育目的是不可能产生的",教育目的同样具有多方面性:兴趣是教育的直接目的,而品性或道德是教育的间接目的与最高目的⑤。裴斯泰洛齐着眼于受教育者的发展,倡导教育目的应是人的德、智、体的和谐发展以及它们各自内部的和谐发展。受实证主义哲学观的影响,斯宾塞认为生活应当是教育价值的核心,"为我们的完满生活作准备是教育应尽的职

---

① 康丽.农村教育为了谁[N].中国教师报,2018-11-14(015).
② 亚里士多德.尼各马科伦理学[M].苗力田,译.北京:中国人民大学出版社,2003.
③ 扈中平.教育目的应定位于培养"人"[J].北京大学教育评论,2004(3):24.
④ 卢梭.爱弥儿:论教育[M].李兴业,熊剑秋,译.北京:人民教育出版社,2017.
⑤ 赫尔巴特.普通教育学·教育学讲授纲要[M].李其龙,译.杭州:浙江教育出版社,2002.

责"[①]，且最好的准备来自科学知识。面对社会的不断变迁，教育家们在思索这个时代的教育问题时，无法回避对教育目的这个核心问题的考量。

（一）教育目的

教育目的(aims of education)是指教育对所培养的人的质量和规格的总的预期，反映了教育主体对教育活动希望达成的结果的设定与一定社会对受教育者质量规格的要求。教育目的是一个涉及教育理念、教育目标和教育方法的重要问题，其内涵具有广义和狭义之分。广义的教育目的存在于一切教育活动之中，泛指人们通过教育活动希望达到的预期结果，主要体现在受教育者通过教育在身心诸方面发生的变化。这种形式的教育目的往往对教育活动的影响更广泛、更直接。狭义的教育目的则是国家对各级各类学校人才培养的质量和规格提出的总要求，是教育活动的具体目标。它是根据一定社会的政治、经济、文化、科学技术发展的要求和受教育者身心发展的状况确定的，体现着特定国家和社会的教育价值观，对所有学校教育工作具有普遍的指导意义。

在现代社会中，国家及教育行政部门通常会从宏观角度制定法律法规或政策形式的具有权威性的教育目的，即国家教育目的，它是受教育者在全面发展方面的总体指导。此外，在教育实践中，除了国家制定的成文的教育目的，往往也存在着参与和关心教育活动的主体，如教育者、家长、哲学家、政治家、科学家、企业家等，他们对于把受教育者培养成什么样的人，都会有各自的期望。甚至作为受教育者的学生，随着年龄的增长、自我意识的发展，也有对于教育目的的诉求。因此，在制定和实现教育目的的过程中，需要兼顾各类型的教育主体对教育目的的考虑，使其相互补充、相互促进，以达到最佳的教育效果。

资料夹 4-1

20 世纪以来有代表性的教育目的观

1. 永恒主义的教育目的观

"教育的一个目的是要引出我们人类天性中共同的要素。这些要素在任何时间或任何地方都是相同的。所以，教育一个人在任何特殊的时间或特殊的地方生活，使他适应任何特殊的环境，这种意见同真正的教育概念是格格不入的。"

资料来源：华东师范大学教育系，杭州大学教育系.现代西方资产阶级教育思想流派论著选[M].北京：人民教育出版社，1980.

2. 实用主义的教育目的观

实用主义教育强调个人的地位和发展，并以此作为教育的出发点。"在实用主义者看来，自我实现乃是一切人的最高目的。社会要注意务必使人们通过教育去达到这一目的。"

资料来源：乔治·F.奈勒.教育哲学导论[A].陈友松.当代西方教育哲学[C].北京：教育科学出版社，1982.

3. 存在主义的教育目的观

存在主义教育以主观性为第一原理，认为人的存在先于人的本质。由此出发，坚持认为教育应以个人的"自我完成"为目的，个人是"教育的主体"，宣扬把"在发现自我的境遇中进行个人的自由发展"作为教育的基本目标。

资料来源：扈中平，刘朝晖.挑战与应答：20 世纪的教育目的观[M].济南：山东教育出版社，1995.

---

① 斯宾塞.斯宾塞教育论著选[M].胡毅，王承绪，译.北京：人民教育出版社，1997.

（二）教育目的与教育方针、培养目标

为了准确地理解教育目的这个概念，必须理清教育目的与教育方针、教育目标的关系。

1. 教育目的与教育方针

教育方针(guiding principle for education)是国家或政党在一定历史阶段根据社会政治、经济发展的要求提出的教育工作发展的总方向和总目标。它包括三个方面的内容：规定教育工作的总任务；规定国家培养人才的总目标；规定实现教育目的的基本途径。1978年2月，教育方针首次写进《中华人民共和国宪法》，表述为"教育必须为无产阶级政治服务，同生产劳动相结合，使受教育者在德智体几方面得到发展，成为有社会主义觉悟的有文化的劳动者。"其中"教育必须为无产阶级政治服务"、培养"有社会主义觉悟的有文化的劳动者"规定着一定历史时期教育工作的总任务；"在德智体几方面得到发展"规定着国家培养人才的总目标；教育必须"同生产劳动相结合"规定着实现教育目的的基本途径。

"从理论上讲，教育方针是一种导向，是国家或执政当局在特定历史时期根据社会发展的实际在教育工作中要突出什么强调什么的一种导向；教育目的是指国家或社会对教育所要造就的个体质量规格的总的设想或规定，它规定着把受教育者培养成什么样的人，是教育实践活动的出发点和归宿。"①从两者的联系来看，教育目的与教育方针在对教育社会性质的规定上具有内在的一致性，都是一定社会(国家或地区)各级各类教育在其性质和方向上不得违背的根本指导原则。但同时，教育方针与教育目的又有区别。一方面，教育目的是教育理论研究者研究的对象，是学术性概念，因而属于教育基本理论范畴；而教育方针则是教育学、教育政治学、教育管理学、教育政策学等学科交叉研究的对象，是教育政策的总概括，是政治性概念，因而属于教育政策范畴；另一方面，教育目的一般包含"为谁培养人""培养什么样的人"的问题，着眼于人才培养的质量规格；而教育方针除此之外，还含有"怎样培养人"的问题和教育事业发展的基本原则，其内涵更加丰富，更具有明显的阶级性、政治性和政策规定性，对国家教育事业的发展起着宏观指导作用。

2. 教育目的与培养目标

培养目标(training objective)是指根据教育目的和学校的性质任务制定的，各级各类学校或不同专业培养人才的具体质量规格，是教育目的的具体化。教育目的和培养目标之间存在一般与个别的关系。教育目的是对所有受教育者而言的，是各级各类学校人才培养需遵循的共同的质量标准；而培养目标则是针对各级各类学校与专业的培养任务与培养对象身心发展的特点提出来的，不同层次、类型学校或专业的培养目标各不相同，如义务教育全日制小学、初中规定的培养目标就是教育目的在义务教育阶段的具体化。

"历史地看，在一个社会中，人才培养的总体规格往往是比较稳定的，但是人才培养的素质结构却是不断变动的，因为它反映了社会和人发展的新需求"②。面对时代发展的新需求，《义务教育课程方案(2022版)》对义务教育阶段培养目标的总体表述是："义务教育要在坚定理想信念，厚植爱国主义情怀，加强品德修养，增长知识见识，培养奋斗精神，增强综合素质上下功夫，使学生有理想、有本领、有担当，培养德智体美劳全面发展的社会主义建设者和接班人。"其中，受到教育目的和教育方针的指引和规范，我国义务教育培养目标坚持培养"社会主义建设者和接班人"的根本教育目的与"全面发展"的根本教育方针不变。"有理想、有本领、有担当"

---

① 杨天平. 中国教育方针论稿[M]. 北京：中国社会科学出版社, 2020.
② 邱芳婷. 新中国小学阶段培养目标的历史变迁及其启示[J]. 教育探索, 2016(12): 22-26.

三个要素则是考虑到义务教育性质及课程定位而确定的培养目标,也是我国各级各类教育"三有"新人培养目标的有机组成部分。"所有的培养目标都要根据总的教育目的而制定并符合总的教育目的;总的教育目的又必须通过各级各类教育的培养目标来实现。"①因此,在实际教育工作中,各学校、各专业培养目标的制定不能脱离教育目的,但同时也需兼顾自身不同的教育任务,以便使"应然的"目的转化为"实然的"目的。

练习

【4-1】 中华人民共和国的教育目的有一以贯之的基本价值取向,在表述上又因应形势需要而有所变化。新时代下我国教育目的在于培养(   )。
A. 德智体几方面都得到发展的有社会主义觉悟的有文化的劳动者
B. 德智体等方面全面发展的社会主义事业建设者和接班人
C. 德智体美等全面发展的社会主义事业建设者和接班人
D. 德智体美劳全面发展的社会主义事业建设者和接班人

【4-2】 下列选项中,属于全部教育活动的主题和灵魂,是教育的最高理想的是(   )。
A. 教育方针   B. 教育政策   C. 教育目的   D. 教育目标

【4-3】 辨析题:教育目的和培养目标是同一概念。

提示:教育目的与培养目标、教育方针既有联系又有区别。培养目标是教育目的在各级各类学校教育机构的具体化;教育目的是对所有受教育者而言的,而培养目标则是针对各级各类学校与专业的培养任务与培养对象的身心发展的特点提出来的。教育方针是指导教育目的制定的总纲,而教育目的是在教育方针指导下的具体细化和落实。教育方针不仅包括教育目的,还包括教育目的的性质与实现途径。学习时要注意这三者的特点与关联。

二、教育目的的意义

教育目的对一切教育活动都有指导意义,是教育工作的出发点和依据,也是教育工作期望的理想归宿,是落实教育任务、确定教育内容、选择教育方法和手段、检查和评价教育效果的依据。具体来说,教育目的的意义主要表现在以下几个方面。

(一) 定向作用

教育目的是根据社会发展和受教育者身心发展需要而制定的对教育活动的总要求,对受教育者预定的发展方向和教育过程进行了设计或规定,指明了受教育者的发展方向,引导受教育者的发展过程,保证学校、家庭、社会等各方面和学校各部门达成共识,以有效地促进受教育者的发展。现时代的教育强调"立育人之德,树有德之人",指明受教育者的发展方向,有效促进受教育者的全面发展。党的十七大报告首次提出了"育人为本、德育为先"。党的十八大报告则进一步强调把立德树人作为教育的根本任务,培养造就中国特色社会主义事业的建设者和接班人。

(二) 指导作用

教育目的是教育活动的出发点和依据,为教育活动预定理想的结果,指导和支配教育工作的始终,是一切教育活动的出发点和落脚点,对教育活动具有指导和统领作用。教育目的对教

---

① 潘懋元.高等教育学讲座[M].北京:人民教育出版社,1983.

育活动的指导主要以下列方式进行：一是通过确定价值的方式,这一点主要体现在对教育价值取向的把握上；二是通过目标的方式；三是通过标准的方式,教育目的总是含有培养什么样的人的标准要求,教育者根据这一标准调节和控制自身对教育内容或教学方式的选择等。

（三）评价作用

教育目的是国家或阶级、政党人才利益的集中体现,能全方位地规范教育活动的方方面面,是教育行政机关和学校管理部门确定教育内容和指导、检查、评估学校教育教学工作的依据和标准。评价学校的办学方向、办学水平和办学效益,检查教育教学工作的质量,评价教师的教学质量和工作效果,检查学生的学习质量和发展程度,都必须以教育目的为根本标准和依据。

（四）激励作用

教育目的为教师的教育和教学工作提供了努力的方向,能规范教师的教育教学活动,理想的预期结果还能对教育者和受教育者产生强大的激励作用,有助于提高教育工作的效果和效率。

（五）变革作用

教育目的有利于教育行政机关、学校管理部门和教育工作者端正教育思想,促进教育改革。教育目的是教育理论和教育实践的核心内容。学习和研究教育目的,有利于教育工作者端正教育思想,自觉投入教育改革,从而促进教育改革和发展。

三、教育目的的制定

教育目的是由教育主体确定的,体现着人的主观意志,但它并不是一个超社会、超历史的范畴。一定社会的生产力和科学技术发展水平,社会生产关系、政治观点、政治制度,受教育者身心发展状况,理论和研究水平是确定教育目的的重要依据。

（一）生产力和科技发展

生产力是社会发展中最活跃的因素,对社会发展起着最终的决定作用,从而也是制约教育目的的最终决定因素。不同社会发展阶段、不同时代,由于生产力和科学技术发展水平不同,对人才规格、类型和具体的素质要求也不相同,教育目的的具体内容自然也就有所不同。

（二）社会政治经济制度

教育目的属社会意识形态范畴,与社会政治经济有着直接的制约关系。社会的生产关系、政治和经济制度直接决定着教育目的的社会性质。不同社会、不同阶级、不同政党的人才标准不同,教育目的便会有所不同。在阶级社会里,统治阶级的教育目的取决于统治阶级的政治利益和经济利益。因此,教育目的具有鲜明的阶级性。

（三）学生身心发展规律

教育是培养人的专门活动,教育目的作为一种发展指向,必须考虑各具特色、差异巨大的不同受教育者能够实现的可能性,否则就无法促进人的身心发展。如果教育目的不符合人的身心发展的需要和特点,教育效用就很难发挥,教育为社会需要服务的愿望也就会落空。

（四）理论和研究水平

是否具有切实可行、科学的理论基础,以及人们对社会发展和人自身发展的认识、研究水平等是影响教育目的确立的重要因素。例如,马克思主义关于人的全面发展的学说就为我国社会主义教育目的的确立奠定了坚实的理论基础。

练习

【4-4】 马克思主义经典作家关于人的全面发展的基本含义是指(　　)。
A. 德智体美劳全面发展　　　　B. 人的身心全面发展
C. 人的劳动能力全面发展　　　D. 人的独立个性全面发展

【4-5】 简答题：简述确立小学教育目的的基本依据。

【4-6】 伴随封建庄园经济的退潮,机器大工业取代了手工业。在机器操作中,工人由"使用工具"变成了"服侍机器",虽然操作机器也要一定的经验和技巧,但整体而言,操作技术太简化了,为了避免人被机器奴役,马克思主义主张要实施(　　)。
A. 技术教育　　　　　　　　　B. 职业教育
C. 全面发展的教育　　　　　　D. 劳动技术教育

【4-7】 辨析题：因为教育是培养人的活动,所以教育目的只能按照人的发展特点与需求来确定。

第二节　教育目的的理论

教育目的对整个教育系统的发展轨迹和前进方向起着导航的作用。历史上曾经出现过诸多不同的教育目的理论,主要有个人本位论与社会本位论、内在目的论与外在目的论、教育准备生活说与教育适应生活说。

一、个人本位论与社会本位论

个人本位论与社会本位论是围绕个人发展和社会发展在教育中孰轻孰重、孰先孰后而形成的两种对立的价值选择和思想倾向——个人本位的教育目的观和社会本位的教育目的观。

(一) 个人本位论

个人本位论主张教育目的应以个人自身完善和发展的需求为出发点来制定教育目的和构建教育活动。这种教育目的观可以追溯到古希腊时期的智者学派,在18世纪和19世纪初广泛盛行于西方资本主义世界,主要代表人物有法国的卢梭、瑞士的裴斯泰洛齐、德国的康德、福禄贝尔等。卢梭把人的天性的发展作为教育的最高目的,主张隔离社会来培养"自然人"。个人本位论的基本观点如下。

(1) 人从出生就有不断完善自身的"本能",教育就要致力于维护这种本能,使它不受外部环境和社会因素的影响。卢梭就认为,凡是出自造物主之手的东西都是好的,一转移到人的手里就全变坏了。也就是说,人与生俱来的自然倾向都是好的,教育应当以人的天性为前提,通过教育激发人通过遗传获得的各种积极的内在可能性和主观能动性。

(2) 个人的利益和价值高于社会的利益和价值,社会只在它有助于人的发展时才有价值。教育应该注重促进个体价值和发展,使其得到满足。

(3) 教育目的应当根据个人的需要和个人价值来确定,反对社会对个人的束缚,强调个人自由权利的至高无上。这就意味着每个人都有其独特的教育需求和发展路径,教育的首要目的就是发展人的理性和个性,使人成为真正的人。

资料夹 4-2

个人本位论在不同历史时期的不同特征

个人本位论教育目的观萌芽于古希腊时期智者学派,主张教育的目的不在于国家利益和社会发展,而在于发展人的个性和理性,使人成为真正的人。

文艺复兴时期,人文主义者强调人的解放,重视人的价值与自由,把摆脱宗教神学束缚、求得人的解放和个体自我意识的觉醒、培养独立个人作为教育的根本目的。

卢梭的"自然教育说"在近代教育目的观上开了"个人本位"的先河。他把个人与社会对立起来,把人的天性的发展作为最高目的。后来康德、裴斯泰洛齐、赫尔巴特、福禄贝尔在"自然人"中注入了人的精神发展成分和社会的成分,他们不再仅仅强调人的自然性的发展,而是在突出个人发展价值的同时,更多地关注到社会的需要,是介于"自然人"和"社会人"之间的一种个人本位观。例如裴斯泰洛齐说:"为人在世,可贵者在于发展,在于发展每个人的内在力量,使其经过锻炼,能尽其才能、能在社会上达到他应有的地位,这就是教育的最终目的。"裴斯泰洛齐继承了卢梭的自然教育思想,但他不像卢梭那样把儿童的天性加以理想化,而是强调在教育促进人的自然发展的同时,还要注意到人的社会性。

在自20世纪至今100多年的时间里,个人本位的教育目的观为人文主义、永恒主义、存在主义等教育思潮的代表人物所继承和发展。永恒主义代表人物赫钦斯认为教育应当是自由的,"自由教育包括自由艺术方面的训练以及对那些使用人类生机勃勃之最主要观念的理解。它旨在帮助人类学会为自己思考,发展其最高级的人的力量"。教育的根本目的就是培养共同的人性,使人发展成为人。

资料来源:傅建明,李勇.教育学基础[M].北京:高等教育出版社,2011.

练习

【4-8】 在教育目的的价值取向上,主张教育是为了使人增长智慧、发展才干、生活更加充实幸福的观点属于( )。

　　A. 个人本位论　　　B. 社会本位论　　　C. 知识本位论　　　D. 能力本位论

【4-9】 德国教育家凯兴斯坦纳曾提出过"造就合格公民"的教育目的。这种教育目的论属于( )。

　　A. 个人本位论　　　B. 社会本位论　　　C. 集体本位论　　　D. 个别差异性

【4-10】 在教育目的价值取向上,存在的两个典型对立的理论主张是( )。

　　A. 个人本位论与社会本位论　　　B. 国家本位论与社会本位论
　　C. 全面发展论与个性发展论　　　D. 国家本位论与个人本位论

提示:个人本位论的代表人物有卢梭、裴斯泰洛齐、康德、福禄贝尔等,可用"啰唆(卢梭)的(康德)一路(福禄贝尔)没人陪(裴斯泰洛齐)"的口诀记忆。个人本位论强调教育目的应以个人需要为本,以个人自身完善和发展为出发点,个人利益高于社会利益。

(二) 社会本位论

社会本位论主张教育目的应根据社会需要来确定,培养符合国家根本精神的有用公民。个人的发展必须服从社会需要,教育的一切活动都应服从和服务于社会需要。社会价值高于个人价值,个人只是社会的组成部分,教育除了社会目的外,没有其他的目的。这种教育目的观的萌芽可以溯及古希腊时期的柏拉图,兴盛于19世纪下半叶,社会学家的兴起为社会本位论的思想提供了丰富的理论依据,主要代表人物有法国哲学家孔德、法国社会学家涂尔干、德国哲学家赫尔巴特、德国教育家凯兴斯泰等。例如,涂尔干十分强调人对社会的适应,"教育对社会而言只是一种手段,只是社会为了在儿童内心形成自身存在所必需的基本条件而采取的手段",因此"塑造'社会我',这就是教育的目的"。社会本位论的基本观点如下。

(1) 个人的一切发展都有赖于社会。人是社会的产物,人之所以成为人,最重要的还在于人的社会性。只有社会发展好了,人才能得到充分的发展。因而认为"在教育目的的决定方面,个人不具有任何价值,个人不过是教育的原料,个人不可能成为教育的目的"①。

(2) 教育的首要目的就是要促进人的社会化,将人培养成符合社会需要、为社会进步和发展服务的社会人。教育的一切活动应服从、服务于社会需要,离开了社会的教育目的是没有意义的。

(3) 教育结果或效果是以其社会功能发挥的程度来衡量的。凯兴斯泰纳明确指出,国家必须通过教育使未来公民了解国家的任务和自己的义务,个人则必须服从国家的整体利益。

个人本位论和社会本位论都有其合理的一面,都与其所处的社会历史密切相关。比如,卢梭提出比较激进的个人本位论教育目的的社会背景是资本主义与封建主义的尖锐矛盾时期,他从教育的方面提出以顺乎人的天性的主张去反对压制人天性的社会,一定程度上反映了卢梭对人性解放和自由的追求。持社会本位论教育目的的凯兴斯泰纳,将社会本位论推向极端,成为"国家至上"的国家主义教育目的观的典型,这与维护资本主义社会秩序稳固的需求是分不开的。在教育目的的选择和确立上,片面地看待个人发展要求与社会发展需要之间的关系,把它们机械地割裂并对立起来,是有失偏颇的。人是社会的组成部分,个人的发展是社会发展的前提;社会的进步是个人发展的保障,社会需要与个人自身兴趣、爱好、才能的发展结合才能实现人的全面发展。因此对于个人本位论和社会本位论教育目的的探讨,不应该一味追究"孰优孰劣",而是应该将社会发展需要与人的发展需要结合起来,从而形成更加科学合理的教育目的,指导教育活动更好地开展。

提示:社会本位论的代表人物有孔德、涂尔干、赫尔巴特、凯兴斯泰纳等,可用"恐(孔德)吓(赫尔巴特)你图(涂尔干)个开(凯兴斯泰纳)心"的口诀记忆。社会本位论强调教育目的应根据社会需要来确定,促使个人社会化,个人利益必须服从社会利益。

二、内在目的论与外在目的论

美国教育家杜威试图调和教育目的价值取向上的个人本位和社会本位的分歧,企图实现二者的兼顾和协调,因此,他将教育目的区分为外在目的和内在目的。

(一) 外在目的论

外在的教育目的是指由国家及其教育机构通过合法的形式制定的指令性或指导性的教育目的。根据杜威的观点,凡是教育过程本身之外的目的都是外在的目的。从理论上而言,外在目的是一种在社会及教育生活中占据主导地位的支配性的价值观念在教育实践领域的反映,是基于社会生活对社会成员的普遍要求的意识而提出来的。此类教育目的在形式上往往通过描述理想的人应有的态度和行为的复合的形象来表达教育目的,历史上出现的"培养绅士""为现世完美的生活作准备"等都属于外在教育目的。正如人类学家兰德曼所言,"相应的人的形象常常是每一文化领域形式的基础,是每一种艺术风格和每一种社会秩序的基础"②。对教育

---

① 吴俊升.教育哲学大纲[M].上海:商务印书馆,1943.
② 兰德曼.哲学人类学[M].阎嘉,译.贵阳:贵州人民出版社,2006.

发展起全局作用的教育目的,则应该构建起直观化的、理想的受教育者形象以指导实践。但是,作为教育学中的一个基本概念,这种教育目的也存在严重缺陷。"在教育上,由于这些从外面强加的目的的流行,才强调为遥远的将来做准备的教育观点,使教师和学生的工作都变成机械的、奴隶性的工作"①。外在目的论把"教育"看作社会得以保存、延续、进步,或是个体得以获得某种素质而在未来过上"幸福""完满"生活的工具。教育的价值由教育能够完成某种独特的任务而定,仅仅看到了教育的工具价值,而忽视了教育的内在价值。

(二)内在目的论

杜威认为,教育除了自身之外没有别的目的,教育的过程就是它自身的目的。所以教育的内在目的论也称作教育无目的论,不是教育没有目的,而是不存在有"教育过程以外"的目的。在杜威看来,外在的目的具有静止的性质,它存在于教育活动之外,忽视了受教育者特定个人的固有活动和需要。杜威以农夫做农事为例,农作物有它自己的生长规律,而农夫主观上的目的对农作物的生长没有任何直接的关系。农夫要做的是根据农作物生长环境变化和农作物的生长规律来从事农事活动,不能忽略甚至违反这些客观条件来强行规定一个农事目的。教育也是如此,如果家长或教师根据自己的想法提出一个目的强行施加到儿童身上,是非常不合理的。

杜威主张教育即生长,即教育是由儿童的本能、冲动、兴趣所决定的具体教育过程。教育应该依据儿童的兴趣,促进儿童内在的生长与发展。生长表现为教育的内在目的,使得教育随着个体活动的发展而不断地调整、变化,从而促进个体的能力的发展。在这种教育活动的内部目的里,手段和目的实现了有机统一,教育活动也相应地成为一件令人愉悦之事。儿童是一个具有无限潜能的个体,有无限发展的可能,不应该武断地用有限的目标去要求儿童,这不仅会限制儿童的思维与创新能力,也不利于儿童更好地追求自己的理想。学校教育的目的在于使学生获得持续生长的能力,确保教育的连续性。因此,学校教育最不能违背的,就是在尊重儿童天赋能力的前提和基础上,去引导儿童的这些天赋能力,并为它们的发展提供良好的外在环境。

资料夹 4-3

教育目的蕴含于过程之中

情感性道德教育范式在实践操作上一般应有三个最为敏感的指标:教育者有无情感——人格资质与技能;是否形成情感交往关系或"情感场";受教育者是否有情感经验的积累和改组。

道德教育是道德之知的教育,它与科学知识不同,学生向教师学习的不是客体化的知识体系,是充满主观内在性的、主体选择性的观念体系。它们附着于情感化的人格身上,吸引学生自觉自愿地趋近和认同。显然,教育者的资格与教育成效决不在于其关于道德的知识有多少,而在于支撑其道德观念的挚爱真情。道德之知总是出现在人的具体实践中,即人只有在道德交往的具体实践中才可能真正领悟和运用。因而,必须将个体的社会微观环境看得十分重要,承认每个个体及其道德觉悟都有其形成的历史文化土壤,有其道德交往的情感"烙印",它们是由周围人的肯定情绪、共同行动、善良、相互理解和协调的体验的"强化"所致,是大大小小社会共同体中道德氛围的力量使然。情感性道德教育不仅需要健全的规范、制度、楷模,更依赖人的日常真实生活情境(在教育活动中有时也需要模拟、创设道德情境)的改善和优化。当我们还不能取得整个社会大环境的完全改善时,必须提倡人们着意去建

---

① 杜威.民主主义与教育[M].王承绪,译.北京:人民教育出版社,1990.

设道德系统的微观环境。受教育者所有的道德反应、敏感和觉知,将会以一种情绪化的记忆方式、理解方式融入自己已有的道德生活经验,并不断地改造、重组道德经验的结构和取向。这一经验积累与结构过程不同于认识积累与结构化的心理过程,它是特定的"情感场"中的"情节"给人留下的"道德情绪"。

资料来源:杜威.民主主义与教育[M].王承绪,译.北京:人民教育出版社,1990.

杜威教育内在目的论的实质在于追求教育活动自身的价值,强调活动本身对学生的启发和教育意义。外在目的论与内在目的论各有其存在的合法性,教育实践应在两者之间保持适当的张力,坚持两者的统整,既不能走向乌托邦,也不可以功利主义作为教育的根本价值取向。

提示:内在目的论与外在目的论的区分由杜威提出,前者是教育本身的目的,后者是从外面强加给教育的目的。杜威提出内在目的论与外在目的论,实质上是想调和个人本位论和社会本位论的分歧,包含着强烈的民主主义改造社会思想。理解这块知识点请注意联系其他几章杜威的教育思想。

三、教育准备生活说与教育适应生活说

教育目的与受教育者的生活紧密联系,教育是为他们的当前生活做准备还是为未来的生活做准备?从教育与生活的关系来看,教育目的的价值取向可分为"教育为儿童未来生活做准备"的教育准备生活说与"教育即生活"的教育适应生活说。

(一) 教育准备生活说

"教育准备生活说"的代表人物是英国教育家斯宾塞。早在1859年,斯宾塞从反对当时学校中流行的形式主义和经院主义的状况出发,主张教育应为儿童未来美好的生活做准备。"为我们完善的生活做好准备,乃是教育所应完成的功能;判断一种教育课程是否合理,就要看这种功能的完成程度如何。"①在斯宾塞看来,教育应当教导个人怎样生活,使他获得生活所需要的各种科学知识,为完满的生活做好准备。

教育的目的和任务在于教导每一个人怎样去过"完美"的生活,那么,怎样的生活是完美生活呢?斯宾塞在《什么知识最有价值》一文中按照重要的程度把人类生活的几种主要活动加以分类:①直接有助于自我保全的活动,它要求了解解剖学、生理学及卫生学;②获得生活资料,间接保全自己的活动,主要通过获取生活资料和职业来实现;③目的在于抚养和教育子女的活动,包括心理学、教育学等知识;④与维持正常的社会和政治关系有关的活动,要求研究社会发展的现象;⑤满足兴趣爱好和感情需要的休闲活动,包括绘画、雕刻、音乐、诗歌等方面的知识②。可见,在个人完美生活中,既包括作为自我独立个体的身心完满,也包括作为父母(或将来充当父母)的应有素质,还包括作为社会公民的合格品质。斯宾塞已经意识到教育与个人生活世界内在的一致性,主张教育应像个人在自己的社会生产生活中成长一样,采取自我教育与自然教育的方式,体现了当时英国资产阶级希望通过教育而获取个人幸福的现实要求。

(二) 教育适应生活说

教育适应生活说认为,教育不是为未来生活做准备,教育就是生活本身,其代表人物是美

---

① 张焕庭.西方资产阶级教育论著选[M].北京:人民教育出版社,1987.
② 斯宾塞.斯宾塞教育论著[M].胡毅,王承绪,译.北京:人民教育出版社,2007.

国哲学家、教育家杜威。杜威批判斯宾塞的"教育准备生活说",认为它忽视了儿童真正的生活,把成人的生活世界强加于儿童生活世界,缺少对儿童当下生活意义的关注。在《民主主义与教育》中,杜威开篇就提出:教育是生活的需要。① 教育就是儿童现在生活的过程,而不是将来生活的预备。他认为儿童的生活世界与成人的生活世界是不同的,学校教育就应该保持这种相对的儿童生活世界的独立性。"只有在每个现在的时刻里吸取每个现在的经验的全部意义,才能使我们为未来做好同样的事件做好准备,这是从长远看来具有重大意义的唯一的预备。"② 因此,最好的教育应与儿童当前的社会生活相联系,使儿童从生活中学习、从经验中学习。

无论是斯宾塞的"教育为未来生活做准备"还是杜威的"教育即生活",都十分重视教育与生活的关系。人应该在生活中教育,在教育中生活。这是教育的应有之意,也是生活的应有之意。杜威认为教育是从个人到进步的社会再从进步的社会到发展的个人如此循环上升的过程,民主社会是基点和归宿;而斯宾塞虽也是从个人出发,但其目的并非指向社会而依旧回归个人,主张为个人完满生活做准备。尽管杜威和斯宾塞的教育目的观有着诸多的不同,但是他们对教育与生活的论述都是深邃的、全面的,比较和分析他们的理论,对指导我国当前的教育改革有着深远的现实意义。

提示:目前关于教育目的的理论主要有:个人本位论,社会本位论;外在目的论、内在目的论;教育准备生活说,教育适应生活说。学习时注意牢记各种观点的名称、代表人物和基本观点,该知识点在资格证考试中一般以选择题的形式出现。

第三节　我国的教育目的

我国的教育目的是以马克思主义关于人的全面发展学说为理论基础,结合我国社会发展的需要和青少年个体发展的实际而制定的,并随着社会的发展而不断调整,因而不同的时期有不同的表述。

一、我国教育目的制定的理论基础

任何教育目的的制定都有特定的理论基础,人的全面发展理论是马克思主义的基本原理之一,也是我国制定社会主义教育目的的理论基础。

(一) 马克思的全面发展学说

马克思所说的人的全面发展,最初指的是人的劳动能力的发展,因为对于广大劳动阶级的解放而言,劳动能力的全面发展是基础性与根本性的。此时,马克思讲的人的全面发展强调要打破工场手工业的社会分工造成的人的片面发展,使人能够把不同社会职能当作相互交替的方式,以适应大工业生产的要求,从而获得智力和体力的充分的自由发展。然而,具有丰富社会关系的现实个人,他绝不仅仅是作为谋生的手段而存在着的,而是在满足生存需要的基础上,不断向着满足自身的发展需要和享受需要的方向递进。"人的本质并不是单个人所固有的抽象物。在其现实性上,它是一切社会关系的总和……人们所生活于其中的各种社会关系,如民族的、阶级的、家庭的等,这些社会关系实际上决定了一个人能够发展的程度。"③从这里可

---

① 杜威.民主主义与教育[M].王承绪,译.北京:人民教育出版社,1990.
② 杜威.杜威教育论著选[M].赵祥麟,王承绪,译.上海:华东师范大学出版社,1981.
③ 马克思,恩格斯.马克思恩格斯全集(第1卷)[M].中共中央马克思恩格斯列宁斯大林著作编译局,译.北京:人民出版社,1995.

以看出,马克思所讲的人的发展,实际上是指在人的劳动能力全面发展的基础上包括人的社会关系、体力、智力、道德精神面貌、意志、情感、个性及审美意识和实践能力等各方面的和谐统一发展①。全面发展的过程是人不断走向自由和解放的过程,也是历史的必然。

总而言之,马克思主义经典作家认为,全面发展包括下列几种含义。

(1) 基于人的物质生产本身的劳动能力的全面发展,是"个人生产力的全面的和普遍的发展"②。也就是适应各种不同的劳动需求,并在交替交换的职能中,使自己先天的和后天的各种能力得以充分、自由的发展。这种劳动能力的全面发展,表现为人的智力和体力的全面发展,又表现为人的才能和志趣的全面发展。

(2) 人的才能的全面发展。正如马克思、恩格斯所说:"每个人都无可争辩地有权全面发展自己的才能"③,"任何人的职责、使命、任务就是全面地发展自己的一切才能"④。

(3) 人自身的全面发展。"人以一种全面的方式,也就是说,作为一个完整的人,占有自己的全面的本质"⑤。

(4) 人的自由发展。包括"全部才能的自由发展""各种能力得到自由发展""个人独创的和自由的发展""个性的和比较高度的发展"。其中最为本质的是人的劳动能力的全面发展。

练习

【4-11】 确立我国教育目的的理论基础是(　　)。
A. 素质教育理论　　　　　　　　B. 马克思关于人的全面发展理论
C. 创新教育理论　　　　　　　　D. 生活教育理论

【4-12】 马克思的"人的全面发展"本质是指(　　)。
A. 德、智、体、美、劳全面发展　　B. 劳动能力的全面发展
C. 有社会主义觉悟、有文化　　　　D. 既能从事体力劳动又能从事脑力劳动

【4-13】 马克思主义关于"人的全面发展"的内涵:其一是指劳动能力的全面发展;其二是指实现人的个性的(　　)。
A. 真正自由的发展　　　　　　　B. 充分的和自由的发展
C. 有条件的自由发展　　　　　　D. 有条件的全面发展

(二) 全面发展的实现路径

在马克思看来,为实现人的全面发展,最好的途径和方法是教育与生产劳动相结合。他在《资本论》中指出:"从工厂制度中萌发了未来教育的幼芽。未来教育对所有已满一定年龄的儿童来说,就是生产劳动同智育和体育相结合。它不仅是提高社会生产的一种方法,而且是造就全面发展的人的唯一方法。"⑥马克思在深入考察了资本主义机器大工业特点的基础上提出教育同生产劳动相结合与培养全面发展的人的关系,认为教育与生产劳动两者之间的联系是

---

① 王道俊,郭文安.教育学[M].7版.北京:人民教育出版社,2016.
② 马克思,恩格斯.马克思恩格斯全集(第46卷)[M].中共中央马克思恩格斯列宁斯大林著作编译局,译.北京:人民出版社,1974.
③ 马克思,恩格斯.马克思恩格斯全集(第2卷上)[M].中共中央马克思恩格斯列宁斯大林著作编译局,译.北京:人民出版社,1957.
④ 马克思,恩格斯.马克思恩格斯全集(第3卷上)[M].中共中央马克思恩格斯列宁斯大林著作编译局,译.北京:人民出版社,1956.
⑤ 马克思,恩格斯.马克思恩格斯全集(第42卷上)[M].中共中央马克思恩格斯列宁斯大林著作编译局,译.北京:人民出版社,1979.
⑥ 马克思.资本论[M].中共中央马克思恩格斯列宁斯大林著作编译局,译.北京:人民出版社,1972.

必然的。列宁在新的历史阶段更加明确地强调教育与生产劳动相结合:"没有年青一代的教育和生产劳动的结合,未来社会的理想是不能想象的"①,并首先在苏联全面实施了教育与生产劳动相结合的教育方针。马克思主义教劳结合思想体现出生产劳动与智育、体育的结合,指明了人的全面发展的必然规律,不仅成为我国教育方针的重要组成部分,也对我国确立"培养德、智、体、美、劳全面发展的社会主义建设者和接班人"的教育目的产生了重要影响。

马克思主义关于人的全面发展的学说为我国制定社会主义的教育目的提供了科学的价值观和正确认识、处理社会与个人发展关系的方法论,是我们选择社会主义教育目的价值取向的理论基础。20世纪末我国推行的素质教育,实质上是马克思主义关于人的全面发展思想的具体实践。立足于当前历史发展阶段,我国的各项事业,既要着眼于人民现实的物质文化生活的需要,又要着眼于促进人民素质的提高,努力促进人的自由而全面的发展。这是马克思主义关于建设社会主义新社会的本质要求。

练习

【4-14】 马克思主义认为,实现人的全面发展的根本途径是(　　)。
A. 教育与生产劳动相结合　　　B. 知识分子与工人农民相结合
C. 普通教育与职业教育相结合　D. 学校教育与社会教育相结合

二、我国现阶段的教育目的

2021年新修订的《中华人民共和国教育法》(下称《教育法》)规定:"教育必须为社会主义现代化建设服务、为人民服务,必须与生产劳动和社会实践相结合,培养德智体美劳全面发展的社会主义建设者和接班人。"

(一)我国教育目的的精神实质

《教育法》规定的教育目的,其精神实质可以从下列几个方面进行理解。

1. 为社会主义现代化建设服务

"为社会主义现代化建设服务"明确规定了我国教育的社会主义方向。党的二十大报告明确提出,教育是"全面建设社会主义现代化国家的基础性、战略性支撑"②。教育是国之大计、党之大计,优先发展教育事业是建设社会主义现代化的必然要求。新时代的教育要与经济、社会发展的战略目标和战略步骤相适应,充分发挥教育在社会主义现代化建设中的先导性、基础性和全局性的作用,为全面建设社会主义现代化国家提供强有力的人才保障和智力支持。

2. 为人民服务

"我们的教育是为人民服务、为中国特色社会主义服务"③,这是习近平总书记为教育确立的基本属性。办教育是为了人的发展,为了人民的发展。中国共产党是工人阶级和中华民族的先锋队,全心全意为人民服务是党的根本宗旨。中国教育事业是中国特色社会主义教育事业,以中国共产党的根本宗旨为教育发展的旨归。教育为人民服务,就是要把教育放到人民利益的首要位置,为广大群众提供更多、更好、更公平接受教育的机会,把人民拥护不拥护、赞成不赞成、高兴不高兴、答应不答应作为衡量我国教育事业发展的根本标准,这样才能真正将教育发展成果惠及全体人民。

---

① 列宁.列宁全集(第2卷)[M].北京:人民出版社,1959.
② 习近平.高举中国特色社会主义伟大旗帜为全面建设社会主义现代化国家而团结奋斗[N].人民日报,2022-10-26(1).
③ 习近平.同北京师范大学师生代表座谈时的讲话[N].人民日报,2014-09-10(1).

3. 德智体美劳全面发展

"德智体美劳全面发展"是对所培育人才的素质结构的要求。德、智、体、美、劳是全面发展的五个方面,其内涵分别是:德以品行为核心,使受教育者具有正确的政治观念和良好的道德品质以及正确的人生观、世界观、价值观;智以学业为基础,使受教育者能够系统掌握科学文化知识和技能,具有掌握真理和规律的能力;体以健康为基础,使受教育者具有优良体质、健全人格、坚强意志;美以审美为重点,培养学生的审美兴趣,提高学生审美素养,丰富学生的精神和生活;劳以实践为特征,使受教育者崇尚劳动、尊重劳动,具有必备的劳动能力并养成良好的劳动习惯和品质。"德智体美劳"不是分开、脱离的,而是相互融合、相互配合的一个统一的教育过程。这五个方面的全面发展,绝不是要求每个受教育者各方面平均发展,而是注重个体的个性发展和特长的创造性发挥,照应出人的全面发展过程中整体性、统一性与持续性的融合发展状态。

4. 社会主义建设者和接班人

"建设者"和"接班人"是教育目的表述中的关键词。"建设者"和"接班人"不是两种人,而是对社会主义劳动者两种职能的统一要求。它要求受教育者同时具有"建设者"和"接班人"的基本特质,既有建设之才,又有接班之能,德才兼备。培养"建设者"的要求,突出了通过教育培养出高素质的劳动者来促进社会生产力的发展;培养"接班人"的要求,体现了通过教育培养具有一定政治意识的人来维护社会的政治经济制度。它要求教育所培养的人将来无论从事何种职业或工作——不论是从事以体力劳动为主的还是从事以脑力劳动为主的职业或工作,都应当成为社会主义事业的合格建设者,同时又应当是坚持走社会主义道路的可靠接班人。

资料夹 4-4

改革开放以来的教育目的

1982 年《中华人民共和国宪法》:"国家培养青年、少年、儿童在品德、智力、体质等方面全面发展。"

1985 年《中共中央关于教育体制改革的决定》:"教育必须为社会主义建设服务,社会主义建设必须依靠教育。教育要为社会主义现代化建设培养各级各类的合格人才""所有这些人才,都应该有理想、有道德、有文化、有纪律,热爱社会主义祖国和社会主义事业,具有为国家富强和人民富裕而艰苦奋斗的献身精神,都应该不断追求新知,具有实事求是、独立思考、勇于创造的科学精神。"

1986 年《中华人民共和国义务教育法》:"义务教育必须贯彻国家的教育方针,努力提高教育质量,使儿童、少年在品德、智力、体质等方面全面发展,为提高全民族的素质,培养有理想、有道德、有文化、有纪律的社会主义建设人才奠定基础。"

1995 年《中华人民共和国教育法》:"教育必须为社会主义现代化建设服务,必须与生产劳动相结合,培养德智体等方面全面发展的社会主义事业的建设者和接班人。"

1999 年《中共中央国务院关于深化教育改革全面推进素质教育的决定》:"坚持教育为社会主义现代化建设服务、为人民服务,坚持教育与社会实践相结合,以提高国民素质为根本宗旨,以培养学生的创新精神和实践能力为重点,努力造就有理想、有道德、有文化、有纪律的,德育、智育、体育、美育等全面发展的社会主义事业建设者和接班人。"

2001 年《国务院关于基础教育改革与发展的决定》:"坚持教育必须为社会主义现代化建设服务,为人民服务,必须与生产劳动和社会实践相结合,培养德智体美全面发展的社会主义事业建设者和接班人。"

2006年《中华人民共和国义务教育法》:"义务教育必须贯彻国家的教育方针,实施素质教育,提高教育质量,使适龄儿童、少年在道德、智力、体质等方面全面发展,为培养有理想、有道德、有文化、有纪律的社会主义建设者和接班人奠定基础。"

2010年《国家中长期教育改革和发展规划纲要(2010—2020年)》:"坚持教育为社会主义现代化建设服务,为人民服务,与生产劳动和社会实践相结合,培养德、智、体、美全面发展的社会主义建设者和接班人。"

2012年党的十八大报告:"把立德树人作为教育的根本任务,培养德、智、体、美全面发展的社会主义建设者和接班人。"首次提出"立德树人",并强调"立德树人"是学校教育的根本任务。

2015年《中华人民共和国教育法》:"教育必须为社会主义现代化建设服务、为人民服务,必须与生产劳动和社会实践相结合,培养德、智、体、美等方面全面发展的社会主义建设者和接班人。"

2017年党的十九大报告继承党的十八大报告的提法,再一次强调"落实立德树人根本任务",明确"立德树人"是教育的根本目的。

2018年全国教育大会开幕式:"培养德、智、体、美、劳全面发展的社会主义建设者和接班人。"教育进入了"立德树人""五育并举"的新历史阶段。

2019年《关于深化教育教学改革全面提高义务教育质量的意见》:重申培养"德、智、体、美、劳"全面发展的、能担当民族复兴大任的社会主义建设者和接班人。

2021年新修订的《中华人民共和国教育法》:"教育必须为社会主义现代化建设服务、为人民服务,必须与生产劳动和社会实践相结合,培养德智体美劳全面发展的社会主义建设者和接班人。"

(二)我国教育目的的基本特征

纵观新中国成立以来70多年对教育目的的探索,尽管具体表述在字面上有所差异,具体内容也不完全一样,但都有着共同的特征。

1. 坚持马克思主义个人全面发展学说

我国教育目的是马克思主义关于人的全面发展理论与中国教育实践相结合的产物。马克思关于人的全面发展的学说为我国制定社会主义的教育目的提供了科学的价值观和正确认识、处理社会与个人发展关系的方法论。从我国教育目的的表述可以看出,我们始终坚持德、智、体等方面全面发展的方向,始终强调教育与生产劳动相结合的方针。这是落实马克思关于人的全面发展学说的表现。尤其是当前我国《教育法》中明确"培养德、智、体、美、劳全面发展的社会主义建设者和接班人"的教育目的,育人要求从德、智、体、美"四育"增加到德、智、体、美、劳"五育"融合,使"教育与生产劳动相结合"有了实实在在的课程实施载体。这是矢志不渝地坚持马克思主义个人全面发展学说的重要体现。

2. 坚持社会主义性质

"君子务本,本立而道生"①,社会主义是我国教育性质的根本所在。我国教育目的所反映出来的这一基本精神,明确了我国教育的社会主义方向。新中国成立以来,我国对教育目的尽管有不同的表述,但始终坚持为巩固和发展社会主义服务。2018年9月,总书记在全国教育

---

① 《论语·学而》.

大会讲话中强调,我们的教育要"培养一代又一代拥护中国共产党领导和我国社会主义制度、立志为中国特色社会主义奋斗终生的有用人才。这是教育工作的根本任务,也是教育现代化的方向目标"。① 这一论述一再明确了坚持社会主义办学方向是新时代坚持和发展中国特色社会主义教育的根本原则,也是中国共产党人办教育始终如一的方向。

3. 坚持为社会培养"劳动者"或"建设者""接班人"

我国是社会主义国家,劳动是每一个有劳动能力的公民的光荣职责。我国教育目的是培养劳动者,劳动者既包括以体力劳动为主的劳动者,也包括以脑力劳动为主的劳动者,这些劳动者尽管有分工的不同,有体力劳动和脑力劳动的差异,但没有阶级和地位的差别。自1995年教育法规定教育必须培养"德、智、体等方面全面发展的社会主义事业的建设者和接班人"并把它作为我国教育目的以来,"社会主义建设者和接班人"的论述代替"劳动者"并一直沿用至今。培养"建设者"和"接班人",这只是对新的历史时期中的"劳动者"的具体提法,也是对社会主义劳动者两种职能的统一要求。我国各时期教育目的所要求培养的人才,都是服务于社会主义的"劳动者"或"建设者""接班人"。历史一再证明,青年具有强大的生命力、创造力,社会建设和党的事业必将在一代代青年的接力奋斗中逐步变为现实。

4. 注重提高全民族素质

我国教育目的不仅包含对人的全面发展的要求,而且含有对整个民族素质的全面提高的要求。教育是提高人民综合素质、促进人的全面发展的重要途径,是民族振兴、社会进步的重要基石,是对中华民族伟大复兴具有决定性意义的事业。近二十年来,通过普及义务教育、实施科教兴国战略,我国教育事业发展迅速。提高全民族的素质,是我国当今社会发展赋予教育的根本宗旨,是我国当代教育的重要使命;提高全民族的素质,促进经济建设和社会发展,也是我国教育目的所蕴含的一个重要方面。

练习

【4-15】 中华人民共和国成立的各时期教育目的综述虽然有所不同,但始终坚持( )。
A. 培育四有新人　　　　　　　　B. 德、智、体、美全面发展
C. 发展核心素养　　　　　　　　D. 社会主义性质

【4-16】 简答题:简述我国教育目的的基本精神。

三、我国教育目的的实现

我国社会主义教育目的历来要求使教育者在德、智、体、美、劳等方面全面发展。培养全面发展的人,必须通过全面发展的教育来实现。素质教育是全面发展教育的发展和深化,也是针对"片面追求升学率"、阻碍全面发展的教育目的的实现而提出的具体措施,两者共同指向独立、完整的人的内在品质的发展和完善。

(一) 全面发展教育

全面发展教育是指教育者根据时代与社会发展的要求和个体发展需要,为促进人的素质结构全面、充分发展,实现全面发展的教育目的而实施的教育。党的十九大以来,党和国家关于全面发展教育的方针政策从"德智体美全面发展"进阶为"德智体美劳全面发展"的五育并举培养体系,反映了我国在全面发展教育实践上逐步深入的过程。

---

① 习近平在全国教育大会上强调坚持中国特色社会主义教育发展道路培养德智体美劳全面发展的社会主义建设者和接班人[N]. 人民日报,2018-09-11(1).

1. 全面发展教育的组成部分

新时代我国社会主义全面发展教育由德育、智育、体育、美育和劳动教育五个部分构成。

（1）德育，即思想品德教育，是指教育者根据一定的社会要求和青少年儿童思想品德形成发展的规律，有目的、有计划、有组织地对学生的思想、政治、道德等方面施加系统影响，并组织和指导学生的道德实践，使一定的社会意识和道德规范转化为个体的思想品德的活动。我国中小学德育包括思想教育、政治教育、道德教育、法制教育、心理健康教育等，是中小学全面发展教育的重要组成部分。人无德而不立，立德树人是当前中小学教育的根本任务，因而德育在全面发展的教育中处于引领地位。根据教育部颁布的《中小学德育工作指南》，中小学德育要始终坚持"育人为本、德育为先"，通过课程育人、文化育人、活动育人、实践育人、管理育人、协同育人等实施途径落实到学校教育的各方面和各环节中，以培养学生的良好思想品德和健全人格。

（2）智育，即传授学生系统的文化科学知识和技能，发展学生智力的教育。智育是全面发展教育的重要组成部分，为其他各育的实施提供着知识技能的准备和智力的支持。中小学智育的内容体现在不同学习阶段的各门学科中，包括语文、数学、外语等基础性课程以及自然科学类与社会科学类的扩展课程。其任务是向学生传授系统的科学文化知识，引导学生形成基本技能和技巧，并培养和发展学生的智力才能。

（3）体育，大致可以分为学校体育、竞技体育和大众体育三大类。

学校体育是指以在校学生为参与主体的体育活动，通过培养学生的体育兴趣、态度、习惯、知识和能力来增强学生的身体素质，培养学生的道德和意志品质，促进学生的身心健康。学校体育是教育的重要组成部分，是计划性、目的性、组织性较强的体育教育活动过程。学校体育的目的是促进学生身心发展，增强他们的体质，并对他们进行道德品质的教育，使他们能很好地完成学习任务，从事社会主义建设、保卫祖国。学校体育的基本任务有以下三点。

① 全面锻炼学生的身体，促进身体形态结构、生理机能和心理的发展，提高身体素质和人体基本活动能力，提高对自然环境的适应能力。

② 使学生掌握体育的基本知识、技术和技能，学会科学锻炼身体的方法，培养学生从事体育运动的态度、兴趣、习惯和能力，养成终身体育锻炼的习惯。

③ 促进学生个体社会化，对学生进行思想品德教育，培养良好的道德和意志品质。学校体育具有基础性、普及性、系统性和教育性等特点，其中教育性是学校体育区别于竞技体育和大众体育的本质特点。

竞技体育是一种制度化、体系化的竞争性体育活动，以打败竞争对手来获取有形或无形的价值利益为目标，在正式组织起来的体育群体的成员或代表之间进行，强调通过竞赛来显示体力和智力，在对参加者的职责和位置做出明确界定的正式规则所设立的限度之内进行。① 竞技体育具有竞争性、排他性、规范性、公平性、公开性、功利性、观赏性、娱乐性等特点，其中激烈的竞争是竞技体育区别于学校体育和大众体育的本质特征。

大众体育亦称社会体育和群众体育，是指普通民众自愿参加的，以强身、健体、娱乐、休闲、社交等为目的，一般不追求达到高水平的运动成绩，内容广泛、形式多样的体育活动。② 具有参与对象的广泛性、活动时间的业余性、活动内容的娱乐性、参与目的的多样性、组织形式的灵活性等特点。

---

① 卢元稹.体育社会学（第三版）[M].北京：高等教育出版社，2010.
② 体育概论编写组.体育概论[M].北京：北京体育大学出版社，2013.

（4）美育，又称审美教育或美感教育，是培养学生健康的审美观、发展学生鉴赏美和创造美的能力，培养学生高尚的审美情操与文明素养的教育。美是有力量的。几千年前孔子重视整体的审美趣味的修养，提出"兴于诗，立于礼，成于乐"，而近代蔡元培将美育视为"感情推动力"的陶冶工具和"专己性之良药"。当前中小学美育以艺术课程为主要载体，包括音乐、美术、书法、舞蹈、戏剧、戏曲、影视等课程。其任务是引导学生感知、发现、体验和欣赏艺术美、自然美、生活美、社会美，提升审美感知能力；训练和形成学生初步的绘画、唱歌、舞蹈、诗歌朗诵和文艺创作等基本技能，并能运用这些艺术形式在生活中表现美，形成创造美和追求美的能力。

美育对德育、智育、体育都有积极的影响。美育用优美感人的艺术形象，帮助学生认识人们的生活、理想，使他们受到生动的思想品德教育，促进他们的政治品质、道德面貌和思想感情健康地发展；美育不仅可以帮助学生认识现实，认识历史，同时可以发展他们的观察能力、想象能力、形象思维能力和创造能力，还能调剂他们的生活，提高学习效果；在美育中要求整齐清洁，美化环境，也有利于健康，有助于体育的开展。

总之，美育能够促进学生良好道德品质的形成；促进学生智力发展，扩大和加深他们对客观世界的认识；美育具有健身怡情的作用，能够促进体育活动的开展。

（5）劳动教育，即以"劳动"为载体的教育，是使学生掌握基本的劳动技术知识和技能、树立正确的劳动观点和劳动态度、养成良好的劳动习惯的教育。2020年3月20日，中共中央、国务院颁布的《关于全面加强新时代大中小学劳动教育的意见》（下称意见）明确指出：劳动教育是国民教育体系的重要内容，是学生成长的必要途径，具有树德、增智、强体、育美的综合育人价值。实施劳动教育的重点是在系统的文化知识学习之外，有目的、有计划地组织学生参加日常生活劳动、生产劳动和服务性劳动，让学生动手实践、出力流汗，接受锻炼，磨炼意志，培养学生正确的劳动价值观和良好的劳动品质。同时《意见》明确规定将劳动教育纳入中小学国家课程方案和职业院校、普通高等学校人才培养方案，形成具有综合性、实践性、开放性、针对性的劳动教育课程体系。

《意见》明确规定了劳动教育的总体目标：通过劳动教育，使学生能够理解和形成马克思主义劳动观，牢固树立劳动最光荣、劳动最崇高、劳动最伟大、劳动最美丽的观念；体会劳动创造美好生活，认识到劳动不分贵贱，热爱劳动，尊重普通劳动者，培养勤俭、奋斗、创新、奉献的劳动精神；具备满足生存发展需要的基本劳动能力，形成良好劳动习惯。

《意见》明确规定实施劳动教育的基本原则如下。

① 把握育人导向。坚持党的领导，围绕培养担当民族复兴大任的时代新人，着力提升学生综合素质，促进学生全面发展、健康成长。把准劳动教育价值取向，引导学生树立正确的劳动观，崇尚劳动、尊重劳动，增强对劳动人民的感情，报效国家，奉献社会。

② 遵循教育规律。符合学生年龄特点，以体力劳动为主，注意手脑并用、安全适度，强化实践体验，让学生亲历劳动过程，提升育人实效性。

③ 体现时代特征。适应科技发展和产业变革，针对劳动新形态，注重新兴技术支撑和社会服务新变化。深化产教融合，改进劳动教育方式。强化诚实合法劳动意识，培养科学精神，提高创造性劳动能力。

④ 强化综合实施。加强政府统筹，拓宽劳动教育途径，整合家庭、学校、社会各方面力量。家庭劳动教育要日常化，学校劳动教育要规范化，社会劳动教育要多样化，形成协同育人格局。

⑤ 坚持因地制宜。根据各地区和学校实际，结合当地在自然、经济、文化等方面条件，充分挖掘行业企业、职业院校等可利用资源，宜工则工、宜农则农，采取多种方式开展劳动教育，避免"一刀切"。

2．"五育"之间的关系

在全面发展教育中，德育、智育、体育、美育、劳动教育"五育并举"是对我国教育工作者在长期教育实践中积累的经验的抽象与概括，它们之间既相互独立又相互联系、相互影响。

一方面，"五育"之间是相互独立、有区别的。各育都针对人的身心素质发展的某一方面，都有自己独特的任务、作用和特殊的教育方法、手段，彼此不可替代。德育关注的是学生的品德以及价值观的养成；智育关注的是提高人认识和改造世界的一般知识与能力水平；体育以增进学生身心健康、健全人格品质为基本要旨；美育着眼于学生的美感养成，是与学生高尚情操、想象力和创新思维等紧密联系的；劳动教育是中国特色社会主义教育制度的重要内容，为学生未来的职业生活做准备。"五育"中的各育都有独特的功能和作用，教育实践中应坚持"五育并举"，任何一育都不能偏废。

另一方面，各育之间相互联系、相互影响，共同构成了全面发展教育的整体。从教育内容看最明显，各育内容虽然有各自的独特性，但这些内容之间存在相互包含的关系。德育是各育的思想基础，对其他各育起着方向统帅和动力保持的作用；智育为各育目标的实现提供必要的科学知识基础和智力基础；体育是各育实施的物质保证；美育影响着学生对各育内容的美感体验，协调各育的发展；劳动教育是各育的实践基础，使学生手脑并用、理论联系实际，是全面发展的手段。我们之所以把完整的教育活动相对地分为"五育"，是出于研究的需要而人为地进行理论上的划分。但在教育实践中每一育都不可能相互孤立地对学生产生作用，必须考虑学生素质的全面发展性和整体性，把各育作为整体的一部分来认识，各部分相辅相成，发挥教育的整体功能。

练习

【4-17】 与群众体育、竞技体育相比，学校体育的突出特点是（　　）。
A．娱乐性与竞技性　　　　　　B．普及性与文化性
C．教育性与基础性　　　　　　D．全体性与全面性

【4-18】 我国当前全面发展教育的组成部分是：德育、智育、体育、（　　）。
A．美育　　　　　　　　　　　B．劳动教育
C．爱国主义教育　　　　　　　D．美育、劳动教育

【4-19】 学校体育的根本任务是（　　）。
A．增强学生体质　　　　　　　B．传授体育运动的基础知识、培养基本技能
C．使学生养成锻炼身体的习惯　D．为国家输送优秀体育人才

【4-20】 辨析题：劳动教育就是组织学生进行劳动。

【4-21】 辨析题：美育就是指艺术教育。

（二）素质教育

全面推进素质教育，是我国教育事业的深刻革命，是教育思想和人才培养模式的创新和进步。1993年2月，中共中央、国务院颁发了《中国教育改革与发展纲要》，明确指出中小学要从应试教育转向全面提高国民素质的轨道。1994年8月，中共中央发布《中共中央关于进一步加强和改进学校德育工作的若干意见》，第一次正式在中央文件中使用"素质教育"的概念。

1．素质教育的内涵

20世纪80年代中后期以来，教育界纠正片面追求升学率现象、全面提高学生素质的呼声日益高涨，与此同时，素质教育的改革实践在中小学领域发展起来并不断深化。人们对它的概念界定和基本特征等方面提出了种种看法，下面是一些常见的看法（表4-1）。

表 4-1 关于素质教育内涵的典型观点

提出者	基本看法
江苏省小学素质教育研讨会(1991)	素质教育是以开发儿童身心潜能、完善和全面提高下一代合格公民应具备的基本素质为根本目的的教育
柳斌(1996)①	素质教育是以促进学生身心发展为目的,以提高国民思想道德、科学文化、劳动技术、身体素质为宗旨的基础教育。素质教育的三个要义:一是面向全体学生;二是要德、智、体、美全面发展;三是要让学生主动发展
崔相录(1998)②	从本质上说,素质教育是以提高全民族素质为宗旨的教育。对学校教育来说,素质教育就是以提高所有学生的素质为宗旨。这就是说,素质教育不是以获取考分为目的,而是以直接促进人的发展本身为目的,或以通过人的发展直接促进社会发展本身为目的
顾明远主编《教育大辞典》(1998)	素质教育是发展人的身心基本品质的教育,主张教育的目的在于提高劳动者素质、国民素质和民族素质,要求整个教育从教育的目的、目标、结构、内容、方法到模式全方位地实现三个转变:①把单纯培养少数拔尖学生成才转变为提高全体学生的素质;②把单纯注重智育转变为德、智、体、美、劳的全面发展;③把基础教育片面地为升学服务转变为为社会主义现代化服务
中共中央国务院《关于深化教育改革全面推进素质教育的决定》(1999)	实施素质教育,就是全面贯彻党的教育方针,以提高国民素质为根本宗旨,以培养学生的创新精神和实践能力为重点,造就"有理想、有道德、有文化、有纪律"的、德、智、体、美等全面发展的社会主义建设者和接班人
燕国材(2002)③	所谓"素质教育"就是发展、培养人们先天特点与后天品质的教育。这是一般的说法。具体地说,大而言之,就是提高民族(国民)素质的教育;小而言之,就是提高学生(包括幼、小、中、大、研)素质的教育
朱小蔓,高宝立等(2006)④	素质教育就是培育、提高全体受教育者综合素质的教育。它以促进人、社会、自然的和谐发展为价值取向,以培养德、智、体全面发展的合格公民为目标,以全面贯彻党和国家的教育方针为根本途径,以教育质量的全面提升为显著特征
顾明远,张明生(2010)⑤	全面贯彻党的教育方针,以提高国民素质为宗旨,以培养学生的社会责任感、创新精神和实践能力为重点,造就具有国际视野、德、智、体、美全面发展的社会公民
周远清(2011)⑥	素质教育就是中国特色的教育思想、教育理念
瞿振元(2015)⑦	素质教育是依据《教育法》规定的国家教育方针,着眼于受教育者及社会长远发展的要求,以面向全体学生、全面提高学生的基本素质为根本宗旨,以注重培养受教育者的态度、能力,促进他们在德、智、体等方面生动、活泼、主动地发展为基本特征的教育
习近平(2016)⑧	素质教育是教育的核心,教育要注重以人为本、因材施教,注重学用相长、知行合一,着力培养学生的创新精神和创新能力,促进学生德、智、体、美全面发展
袁振国(2018)⑨	素质教育,简单地说,就是促进所有人的全面发展。不分种族、不分贫富、不分城乡、不分男女,一视同仁,努力为每个人提供适合的教育;就是不偏不倚,促进每个人最大限度地在德、智、体、美、劳等多方面都得到充分发展,使中华民族的伟大复兴和社会主义建设的伟大事业牢牢建立在优质素质教育的基础之上
赵作斌(2021)⑩	素质教育是以思想道德教育为灵魂,以身心健康教育为基础,以培养学生的创新精神和实践能力为核心,以促进受教育者全面发展和个性发展相统一为宗旨的教育

① 柳斌.柳斌谈素质教育[M].北京:北京师范大学出版社,1999.
② 崔相录.第三讲 素质、素质教育的概念[J].湖南教育,1998(3):10-11.
③ 燕国材.素质教育概论[M].广州:广东教育出版社,2002.
④ "素质教育的概念、内涵及相关理论"课题组.素质教育的概念、内涵及相关理论[J].教育研究,2006(2):3-10.
⑤ 顾明远,张民生.推进素质教育[J].教育研究,2010(7):9-14,38.
⑥ 周远清.素质教育是体现中国教育方针的教育思想[J].中国高教研究,2011(1):1-3.
⑦ 瞿振元.素质教育:当代中国教育改革发展的战略主题[J].中国高教研究,2015(5):1-6.
⑧ 习近平.全面贯彻落实党的教育方针,努力把基础教育越办越好[N].人民日报,2016-09-10(1).
⑨ 袁振国.不忘初心 发展素质教育[J].中国教育学刊,2018(1):5.
⑩ 赵作斌.素质教育:中国教育的时代标帜[J].中国高教研究,2021(5):33-35.

上述的各种观点,尽管表述不同,但都强调全面发展、全体发展、主动发展、开发潜能、提升国民素质等方面,都力图把握素质教育的实质。现在,素质教育已经作为国家的战略主题。2010年7月国务院发布的《国家中长期教育改革和发展规划纲要(2010—2020年)》明确"坚持以人为本、推进素质教育是教育改革发展的战略主题",将素质教育提升到了"战略主题"的高度。党的十八大以来,习近平总书记高度重视素质教育问题,"素质教育"成为习总书记关于教育工作系列重要讲话的一个重要关键词。国民素质是综合国力的重要组成部分,直接关系到我国社会主义现代化建设的推进,关系到中国能否实现从"人口大国"向"人力资源强国"的转变。

2. 中国学生的核心素养

素质教育的最终追求是提高学生的核心素养,将学生培养成全面发展的人。那么,中国学生应该具备哪些核心素养?2016年9月13日,我国正式发布了《中国学生发展核心素养》,将中国学生应该具备的核心素养分为三大领域:文化基础、自主发展、社会参与。

领域一:文化基础——人文底蕴和科学精神

人文底蕴是指学生在学习、理解、运用人文领域知识和技能等方面所形成的基本能力、情感态度和价值取向,具体包括人文积淀、人文情怀和审美情趣等基本要点。人文积淀要求学生具有古今中外人文领域基本知识和成果的积累,能理解和掌握人文思想中所蕴含的认识方法和实践方法等。人文情怀要求学生具有以人为本的意识,尊重、维护人的尊严和价值,能关切人的生存、发展和幸福等。审美情趣要求学生具有艺术知识、技能与方法的积累,能理解和尊重文化艺术的多样性,具有发现、感知、欣赏、评价美的意识和基本能力,具有健康的审美价值取向,具有艺术表达和创意表现的兴趣和意识,能在生活中拓展和升华美等。

科学精神是指学生在学习、理解、运用科学知识和技能方面所形成的价值标准、思维方式和行为表现,包括理性思维、批判质疑、勇于探究等要点。理性思维要求学生崇尚真知,能理解和掌握基本的科学原理和方法;尊重事实和证据,有实证意识和严谨的求知态度;逻辑清晰,能运用科学的思维方式认识事物、解决问题、指导行为等。批判质疑要求学生具有问题意识;能独立思考、独立判断;思维缜密,能多角度、辩证地分析问题,作出选择和决定等。勇于探究要求学生具有好奇心和想象力;不畏困难,有坚持不懈的探索精神;能大胆尝试,积极寻求有效的问题解决方法等。

领域二:自主发展——学会学习和健康生活

自主发展主要强调学生有效管理自己的学习和生活、认识和发现自我价值、发掘自身潜力的能力,有效应对复杂多变的环境,成就出彩人生,发展成有明确的人生方向、有生活品质的人。

(1)学会学习。学会学习是指学生在学习意识形成、学习方式方法选择、学习进程评估调控等方面的综合表现。具体包括乐学善学、勤于反思、信息意识等基本要点。

乐学善学,要求学生能正确认识和理解学习的价值,有积极的学习态度和浓厚的学习兴趣;能养成良好的学习习惯,掌握适合自己的学习方法;能自主学习,有终身学习的意识和能力等。

勤于反思,要求学生对自己的学习状态有审视的意识和习惯,善于总结经验;能根据不同情况选择和调整学习方法等。信息意识要求学生能自觉、有效地获取、评估和使用信息;主动适应"互联网+"等社会信息化发展的趋势;具有网络伦理道德和信息安全的意识等。

(2)健康生活。健康生活是反映学生在认识自我、发展身心、规划人生等方面的综合表现。具体包括珍爱生命、健全人格、自我管理等基本要点。

珍爱生命,要求学生理解生命的意义和人生的价值;具有安全意识与自我保护能力;掌握适合自身的运动方法和技能,养成健康文明的行为习惯和生活方式等。健全人格要求学生具有积极的心理品质,自信自爱,坚韧乐观;有自制力,能调节和管理自己的情绪,具有抗挫折能力等。自我管理要求学生能正确认识与评估自我;依据自身个性和潜质选择适合的发展方向;合理分配和使用时间与精力;具有达成目标的持续行动力等。

领域三:社会参与——责任担当和实践创新

社会参与的目的是让学生成为有理想信念、敢于担当的人。处理好自我与社会的关系,培养社会责任感、道德准则和行为规范,提升实践能力和创新精神,实现个人价值,推动社会发展进步。

(1)责任担当。责任担当是指学生在处理与社会、国家、国际关系等方面形成的情感态度、价值取向和行为方式。具体包括社会责任、国家认同、国际理解等基本要点。

社会责任,要求学生自尊自律,文明礼貌,诚信友善,宽和待人;孝亲敬长,有感恩之心;热心公益和志愿服务,敬业奉献,具有团队意识和互助精神;能主动作为,履职尽责,对自我和他人负责;能明辨是非,具有规则与法治意识,积极履行公民义务,理性行使公民权利;崇尚自由平等,能维护社会公平正义;热爱并尊重自然,具有绿色生活方式和可持续发展理念及行动等。

国家认同,要求学生具有国家意识,了解国情历史,认同国民身份,能自觉捍卫国家主权、尊严和利益;具有文化自信,尊重中华民族的优秀文明成果,能传播弘扬中华优秀传统文化和社会主义先进文化;了解中国共产党的历史和光荣传统,具有热爱党、拥护党的意识和行动;理解、接受并自觉践行社会主义核心价值观,具有中国特色社会主义共同理想,有为实现中华民族伟大复兴的中国梦而不懈奋斗的信念和行动。

国际理解,要求学生具有全球意识和开放的心态,了解人类文明进程和世界发展动态;能尊重世界多元文化的多样性和差异性,积极参与跨文化交流;关注人类面临的全球性挑战,理解人类命运共同体的内涵与价值等。

(2)实践创新。实践创新是指学生在日常活动、问题解决、适应挑战等方面所形成的实践能力、创新意识和行为表现。具体包括劳动意识、问题解决、技术应用等基本要点。

劳动意识,要求学生尊重劳动,具有积极的劳动态度和良好的劳动习惯;具有动手操作能力,掌握一定的劳动技能;在主动参加的家务劳动、生产劳动、公益活动和社会实践中,具有改进和创新劳动方式、提高劳动效率的意识;具有通过诚实合法劳动创造成功生活的意识和行动等。

问题解决,要求学生善于发现和提出问题,有解决问题的兴趣和热情;能依据特定情境和具体条件,选择、制定合理的解决方案;具有在复杂环境中行动的能力等。

技术应用,要求学生理解技术与人类文明的有机联系,具有学习掌握技术的兴趣和意愿;具有工程思维,能将创意和方案转化为有形物品或对已有物品进行改进与优化等。

素养的形成是一个长期的过程,需要学生在生活与学习过程中不断体验和感悟。中国学生发展核心素养,是一个伴随终身的可持续发展的动态优化过程,让学生拥有终身学习的能力,全面发展,成为完整的、能够适应未来社会的人。

提示:中国学生发展核心素养的内容较多,可用"文字社的文科学生很担心"的口诀帮助记忆,其中"文字社"=文化基础、自主发展、社会参与三个领域,"文科"=文化基础领域的人文底蕴和科学精神,"学生"=自主发展领域的学会学习和健康生活,"担心"=社会参与领域的责任担当和实践创新。

3. 素质教育的实施

"振兴教育,全民有责",全面推进素质教育是一项系统工程,需要全社会的重视和支持。新时代如何发展素质教育,关系着中国教育的发展方向,关系着中华民族伟大复兴中国梦的实现,是当前我国教育改革发展的重要理论和实践课题。

(1) 转变教育理念,全面贯彻党的教育方针,坚定实施素质教育的信心。只有当整个社会的教育价值观趋向于全面和长远之时,来自教育外部的对教育的短期功利压力才会减缓,教育才有可能专注于内在的、长远的目标,实施素质教育所需的软环境才有可能逐步形成。

(2) 提高教师素质,建立一支高质量专业化的教师队伍。建设高质量教师队伍,是全面推进素质教育的基本保证。我们要把全面加强教师队伍建设作为一项重大政治任务和根本性民生工程,建设一支政治素质过硬、业务能力精湛、育人水平高超的高素质教师队伍。

(3) 坚持育人为本、德育为先,落实立德树人根本任务。素质教育作为教育的核心,应坚守为党育人、为国育才的初心使命,把立德树人作为教育的根本任务,融入教育各环节,贯穿教育各领域,体现到教育各方面。

(4) 全面推进基础教育课程改革。加快基础教育课程改革步伐,提高课堂教学的质量和效率,培养学生独立思考和创新思维,提高学生综合素质。学校的课程供给逻辑,要从单一的学科逻辑转向个体逻辑、学科逻辑和生活逻辑的统一,开发满足学生个性化、差异化发展的课程和基于学生生活实践创新需要的实践性课程。

(5) 深化新时代教育评价总体改革,探索建立符合素质教育要求和人的全面发展要求的学生综合素质评价和考核评价机制。2022年,教育系统按照党的二十大提出的新要求和《深化改革新时代教育评价改革总体方案》,着力建构以发展素质教育为导向的质量评价体系,以教育评价改革为牵引全面深化教育领域综合改革,以改革激活力、增动力。

(三) 素质教育与全面发展教育的关系

中华人民共和国成立以来,我国一直以马克思主义关于人的全面发展学说为指导,实施全面发展教育,并取得了不少的成就。但素质教育提出后,大有取代全面发展教育之势,从而引起学者对于两者关系问题的关注,并引发了激烈的争论。由于素质教育的含义较为抽象,不同的学者有不同的观点,从而对于全面教育与素质教育的关系也有很多不同的说法,比如有同一说、超越说、同异说、具体化等四种观点。下面重点分析两者的联系和区别。

"全面发展"是指人的素质构成,或者说是教育所要培养的人的标准或规格,是教育要实现的目的。"全面发展教育"是为了培养全面发展的人、实现全面发展的目的而实施的教育,是实现教育目的的手段和途径。我国社会主义的全面发展教育,是指我们的教育目的所规定的"德、智、体、美、劳等方面全面发展"的教育。素质教育是根据社会时代发展和人的发展需求,以全面提高学生的基本素质为目的,以充分发挥学生主体精神为引导,以不断开发学生潜能和个性为宗旨,以培养创新和实践能力为特征,重视适应未来社会和回归学生生活的教育。

全面发展教育没有明确界定全面发展的内涵和外延,而且严格来讲,我国教育方针中的德育、智育、体育、美育、劳动教育都只是促进学生全面发展的途径。德、智、体、美、劳虽然是全面发展的内容,却缺少一个适当的上位概念来对它们的内涵加以概括。素质教育中的"素质"概念正好解决了这一问题,解答了全面发展教育的行动步骤。素质教育强调促进人的全面发展和综合素质的提高,本质上与全面发展教育相一致。素质教育反对用英才传统标准来衡量所有的受教育者,它更强调在学生的已有发展水平和可能发展潜力的基础上,全面发展和提高学生的综合素质。素质教育虽然也要求全面发展,但其全面发展的要求重在基础性,它是为以后的更高层次的全面发展奠定基础。但相对于全面发展教育而言,素质教育更具有可操作性。

素质教育是对已有全面发展教育的继承和完善。素质教育的提出,弥补了教育方针概念上的不足,有效地克服了教育方针贯彻过程中出现的问题,并且更加深刻地揭示了教育内在的本质规律,强调了遵循个性教育原则,面向受教育者的整体素质的提高,达到最大程度的因材施教,即以整体性、群体性、潜在性为目标,塑造受教育者的良好素质,为全面正确地贯彻教育方针提供了具体而有效的途径和保证。素质教育的提出为全面发展教育增添了新的内容,如心理素质教育,强调除了要使学生在德、智、体、美、劳几方面都得到发展,还应发展学生的兴趣、爱好、特长、性格、非智力因素等方面。同时,素质教育对全面发展教育的划分,不再局限于传统上的五育的划分,而是从不同角度、不同层次,进行深入具体的划分。如有人将心理素质教育进一步划分为智力健康教育、情绪稳定教育、意志坚强教育、环境适应教育、反应适度教育、社交和谐教育、个性健全教育。

素质教育是全面发展教育的一个具体实践形式。党的教育方针是教育事业发展的最高指南。要贯彻执行全面发展的教育方针,充分实现学生的全面发展,就必须要进行素质教育。从这个意义上讲,素质教育是全面发展教育的实施策略。由于全面发展教育过于抽象,因此在实践中难以操作和监控。素质教育的提出将教育方针的大的方面内容分解为一项一项比较具体的内容,结合社会发展的实际、各个学校的实际、学生的实际,把抽象的教育方针一个一个具体化,使之具有很强的现实可操作性。如全面发展教育中的"德育",在素质教育中分解为"思想政治教育、爱国主义、集体主义和社会主义教育、道德教育、传统美德教育"等,并且每一个教育内容都有具体的教育目标要求,具有较强的现实操作性。因此可以说,素质教育是全面发展教育方针与现实具体教育实践的一个"桥梁",有了这个"桥梁",全面发展教育方针就比较容易实现了。而实现素质教育的目标的途径是多种多样的,但是最根本的途径就是实施全面发展教育。德育、智育、体育、美育和劳动教育等是促使大学生获得全面发展的基本手段,也是提高大学生素质的根本途径。当然,作为全面发展教育或素质教育的途径绝不仅仅是德育、智育、体育、美育和劳动教育这几个方面,随着社会的发展和进步,其途径也逐渐发展和丰富。但是,不管如何发展,通过全面发展教育来实现的素质教育目标,是最基本的途径。

总之,全面发展教育与素质教育在方向、目的、基本内涵上是一致的,都是为了全面提高学生的素质,促进学生的全面发展,两者是辩证统一的关系。人类的社会发展以人的自由全面发展为最终归宿。因此,教育的方针和目的最终也要转变到以"人"为中心、为"人的全面发展"服务上来。素质教育不但要促进人的全面发展,而且要在此基础上,针对受教育者的个性特征展开教育,使人的全面发展与其兴趣爱好结合起来,促进个人的特长得到最大程度的发展,从而实现人人都能尽其才的目的。

练习

【4-22】 辨析题:素质教育就是要侧重通过音乐、体育、美术等学科的教学发展学生的艺术教育和娱乐教育。

【4-23】 辨析题:素质教育强调培养学生的全面发展,因此会限制学生的个性发展。

第四节 我国小学教育的培养目标

培养目标或教育目标,有广义与狭义之分。广义的培养目标就是教育目的,从整个社会来讲,受教育者身心应具备什么品质,既是全社会的培养目标,又是这个社会的教育目的。狭义的培养目标是指教育目的在各级各类教育机构的具体化,是根据教育目的,结合各级各类教育的实际制定的培养人的具体规格和标准。一个社会对受教育者有一个总要求,这个总要求落实到各级各类教育机构,培养的人的具体规格和标准各不相同,这种在具体教育机构中具体化了的教育目的,就是通常所说的培养目标。培养目标具体落实到学校,有着其独特的内涵。首先,学校培养目标要解决的是学校教育要培养怎样的人?这样的人具有哪些素质、特点?应如何将培养目标具体落实?由此可知,学校培养目标的价值取向是更自觉地在人、社会和学校教育关系层面上思考,这比教育目的从宏观上思考问题更为具体和细致。其次,学校培养目标是与教育方针、教育目的相近的概念,属于教育目的的概念体系中的一个下位概念,受到教育目的、教育方针的制约。教育目的与学校培养目标之间是普遍与特殊的关系或抽象与具体的关系。最后,各级各类学校确定的对所培养人的特殊要求即学校培养目标,它是由特定的社会领域和特定的职业层次需要决定的。因此,各级各类学校的培养目标最终通过不同类别、不同层次的人才的培养目标体现出来。

中小学教育是基础教育,亦称国民基础教育,是提升全体国民基本素质的教育。它的基本任务是实施普通文化知识教育,培养全体学生的基本素质,为他们学习做人和进一步接受专业(职业)教育打好基础,为提高全民族素质打好基础。我国的基础教育一般分为小学、初中、高中三个阶段,其中小学和初中被确定为义务教育阶段。义务教育是指依据国家法律规定,适龄儿童和青少年必须接受,国家、社会、学校和家庭必须予以保证的一定程度和年限的国民教育。所以义务教育是一种强制教育,或称强迫教育,是普及国民教育最强有力的手段。随着教育改革的全面推进,我国基础教育的结构、培养目标和课程设置均已发生了变化,义务教育正向着九年一贯制迈进。

一、义务教育的培养目标

习近平总书记在2018年9月召开的全国教育大会上强调:要在坚定理想信念上下功夫,要在厚植爱国主义情怀上下功夫,要在加强品德修养上下功夫,要在增长知识见识上下功夫,要在培养奋斗精神上下功夫,要在增强综合素质上下功夫。[1] 同时,党的十九大报告指出:"青年一代有理想、有本领、有担当,国家就有前途,民族就有希望。"为了落实这一时代要求,结合义务教育性质及课程定位,2022年4月教育部颁布的《义务教育课程方案(2022年版)》中,培养目标的建构直接以"三有新人"为内容框架,要求"使学生有理想、有本领、有担当",从国家层面刻画了义务教育阶段毕业生的集体形象,进而富有新时代特点地"培养德、智、体、美、劳全面发展的社会主义建设者和接班人"。义务教育阶段的总体培养如下[2]。

(一)有理想

热爱祖国,热爱人民,热爱中国共产党,学习伟大建党精神。努力学习和弘扬社会主义先进文化、革命文化和中华优秀传统文化,理解和践行社会主义核心价值观,逐步领会改革创新的时代精神。懂得坚持走中国特色社会主义道路的道理,初步树立共产主义远大理想和中国特色社会主义共同理想。明确人生发展方向,追求美好生活,能够将个人追求融入国家富强、民族复兴、人民幸福的伟大梦想之中。

---

[1] 习近平.坚持中国特色社会主义教育发展道路培养德智体美劳全面发展的社会主义建设者和接班人[N].人民日报,2018-09-11(1).

[2] 中华人民共和国教育部.义务教育课程方案(2022年版)[S].北京:北京师范大学出版社,2022.

（二）有本领

乐学善学，勤于思考，保持好奇心与求知欲，形成良好的学习习惯，初步掌握适应现代化社会所需要的知识与技能，具有学会学习的能力。乐于提问，敢于质疑，学会在真实情景中发现问题、解决问题，具有探究能力和创新精神。自理自立，热爱劳动，掌握基本的生活技能，具有良好的生活习惯。强身健体，健全人格，养成体育运动的习惯，掌握基本的健康知识和适合自身的运动技能，树立生命安全与健康意识，形成积极的心理品质，具有抗挫折能力与自我保护能力。向善尚美，富于想象，具有健康的审美情趣和初步的艺术鉴赏、表现能力。学会交往，善于沟通，具有基本的合作能力、团队精神。

（三）有担当

坚毅勇敢，自信自强，勤劳节俭，保持奋斗进取的精神状态。诚实守信，明辨是非，遵纪守法，具有社会主义民主观念与法治意识。孝亲敬长，团结友爱，热心公益，具有集体主义精神，积极为社会做力所能及的贡献。热爱自然，保护环境，爱护动物，珍爱生命，树立公共卫生意识与生态文明观念。具有维护民族团结，捍卫国家主权、尊严和利益的意识。关心时事，热爱和平，尊重和理解文化的多样性，初步具有国际视野和人类命运共同体意识。

二、小学阶段的培养目标

（一）德育目标

2017年教育部颁布的《中小学德育工作指南》阐明了当前我国小学德育工作的根本价值方向[①]：小学低年级的德育目标为"教育和引导学生热爱中国共产党、热爱祖国、热爱人民，爱亲敬长、爱集体、爱家乡，初步了解生活中的自然、社会常识和有关祖国的知识，保护环境，爱惜资源，养成基本的文明行为习惯，形成自信向上、诚实勇敢、有责任心等良好品质"。小学中高年级的德育目标为"教育和引导学生热爱中国共产党、热爱祖国、热爱人民，了解家乡发展变化和国家历史常识，了解中华优秀传统文化和党的光荣革命传统，理解日常生活的道德规范和文明礼貌，初步形成规则意识和民主法治观念，养成良好生活和行为习惯，具备保护生态环境的意识，形成诚实守信、友爱宽容、自尊自律、乐观向上等良好品质"。

《义务教育道德与法治课程标准（2022年版）》确定的培养目标如下。

（1）学生能够初步了解中国的基本国情、中华优秀传统文化的主要代表性成果，了解中国共产党的历史和革命传统、改革开放和中国特色社会主义的伟大成就，汲取党史、新中国史、改革开放史、社会主义发展史所蕴含的精神力量，热爱伟大祖国、中华民族、中华文化、中国共产党和中国特色社会主义，为自己是中国人而自豪；具有维护民族团结的意识，能够把个人发展和国家命运联系起来，维护国家利益和安全；能够理解社会主义核心价值观的内涵及其重要意义，并在社会生活中自觉践行；能够以实现中华民族伟大复兴为己任，增强做中国人的志气、骨气、底气，不负时代，不负韶华，不负党和人民的殷切期望；关心时事，热爱和平，初步具有国际视野和人类命运共同体意识。

（2）学生能够了解个人生活和公共生活中基本的道德要求和行为规范，能够在日常生活中践行诚实守信、团结友爱、尊老爱幼等基本的道德要求；形成初步的道德认知和判断，能够明辨是非善恶；通过体验、认知和践行，养成良好的道德品质。

（3）学生能够具有基本的规则意识和安全意识，理解宪法的意义，知道与学生生活密切相

---

① 中华人民共和国教育部.教育部关于印发《中小学德育工作指南》的通知[EB/OL].(2017-08-22)[2023-08-12].http://www.moe.gov.cn/srcsite/A06/s3325/201709/20170904_313128.html.

关的法律,能够初步认识到法律对个人生活、社会秩序和国家发展的规范和保障作用;形成宪法法律至上、法律面前人人平等观念和权利义务相统一观念;遵守规则和法律规范,提高自我防范意识,掌握基本的自我保护方法,预防意外伤害,养成自觉守法、遇事找法、解决问题靠法的思维习惯和行为方式,初步具备依法参与社会生活的能力。

(4) 学生能够正确认识生命的意义和价值,珍爱生命,热爱生活;初步具有自尊自强、坚韧乐观的心理素质和道德品质;具有理性平和的心态,能够建立良好的同伴关系、师生关系和家庭关系,树立正确的合作与竞争观念,具有团队意识和互助精神;具备积极向上、锐意进取的人生态度,能够适应变化,不怕挫折。

(5) 学生能够关心集体、社会和国家,具有主人翁意识、责任感和集体主义精神,主动承担对自己、家庭、学校和社会的责任,自觉维护祖国统一和国家安全;能够主动参与志愿者活动、社区服务活动,具有为人民服务的奉献精神,勇于担当;能够遵守社会规则和社会公德,依法依规有序参与公共事务,具有公共意识和公共精神;敬畏自然,保护环境,形成人与自然生命共同体的意识。①

(二) 智育目标

在智育方面,小学教育应严格按照国家课程方案和课程标准实施教学,使学生具有阅读、书写、表达、计算的基本知识和基本技能,了解一些生活、自然和社会常识;初步具有基本的观察、思维、动手操作和自学的能力,养成良好的学习习惯。

(三) 体育目标

2022年版《义务教育体育与健康课程标准》在目标方面凝练了运动能力、健康行为和体育品德三个方面的核心素养,要求小学阶段体育要使学生掌握与运用基础体能和运动技能、提高运动能力,学会运用基本健康与安全的知识和技能、形成健康的生活方式,积极参与体育活动、养成良好的体育品德。②

练习

【4-24】 毛泽东在《体育研究》一文中指出:"欲图体育之有效,非动其主观,促其对于体育之自觉不可。"这句话强调学校体育应注重(　　)。

A. 帮助学生形成正确的体育观念　　B. 增强学生体质
C. 培养学生自我锻炼的能力与习惯　　D. 发展学生的体育特长

(四) 美育目标

2022年教育部颁布的《义务教育艺术课程标准》围绕"审美感知、艺术表现、创意实践、文化理解"等核心素养,为新时期小学美育工作提供目标指引:坚持以美育人,引导学生感受美、欣赏美、表现美、创造美,丰富审美体验,学习和领会中华民族艺术精髓,增强中华民族自信心与自豪感;了解世界文化的多样性,开阔艺术视野。③

(五) 劳动教育目标

2022年版《义务教育劳动课程标准》指出"劳动课程要培养的核心素养,即劳动素养",以劳动素养各维度来表述小学阶段劳动教育方面的培养目标:形成基本的劳动意识,树立正确

---

① 中华人民共和国教育部.义务教育道德与法治课程标准(2022年版)[S].北京:北京师范大学出版社,2022.
② 中华人民共和国教育部.义务教育体育与健康课程标准(2022年版)[S].北京:北京师范大学出版社,2022.
③ 中华人民共和国教育部.义务教育艺术课程标准(2022年版)[S].北京:北京师范大学出版社,2022.

的劳动观念；发展初步的筹划思维，形成必备的劳动能力；养成良好的劳动习惯，塑造基本的劳动品质；培养积极的劳动精神，弘扬劳模精神和工匠精神。①

练习

【4-25】 简答题：简述小学劳动教育的基本目标。

📝 本章小结

目的是想要达到的地点或境地，是行为主体根据自身的需要，借助意识、观念的中介作用，预先设想的行为目标和结果。教育目的与培养目标就是国家希望培养人才规格的一种期望，也是教育工作的核心或者说是行动纲领，更是教育工作的出发点和归宿。因此，每位教育工作者必须首先明了教育目的。关于教育目的的讨论，涉及"教育是什么""教育为什么""教育目的应该如何制定"等理论问题。教育工作者对这些问题理解愈全面、愈深刻，对教育目的的实施愈坚决、愈彻底，教育活动就愈有成效。本章基于"教育应该是怎样的"逻辑，试图回答"教育目的与培养目标应该是怎样的"的问题。

📖 知识结构

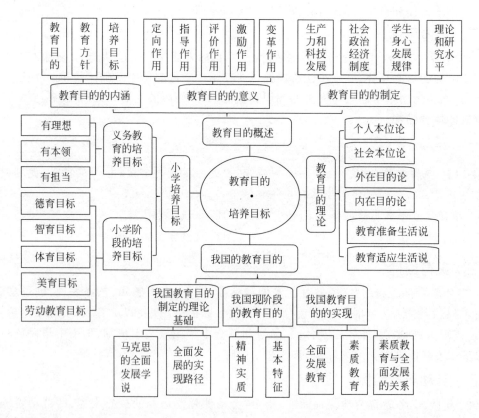

---

① 中华人民共和国教育部. 义务教育劳动课程标准(2022年版)[S]. 北京：北京师范大学出版社，2022.

第 5 章
课程原理·课程改革

学习目标

◎ 理解课程的概念与结构要素；
◎ 识记课程文本的表达方式，并理解各自的内涵与地位；
◎ 了解四大课程理论流派的主要观点；
◎ 理解课程开发的影响因素，知道课程开发的主要模式；
◎ 熟知课程的基本类型及特点；
◎ 了解我国基础教育课程改革的基本情况。

学习重点

准确理解课程的概念；知道课程文本的表现形式；牢记课程理论流派的基本观点；熟悉课程开发的主要模式与不同标准下的课程类型的分类；了解我国基础教育课程改革的理念、目标与具体内容，特别是新课程背景下的学习观与评价观与小学教育阶段改革的相关知识。

学习导引

本章围绕课程理论和课程改革实践两个主线展开。课程理论部分的学习，首先要明确课程的学术逻辑——内容选择、组织与编排、评价，然后根据这个逻辑去识记与理解课程名称、特点，课程流派与课程开发模式；课程改革部分的学习，则围绕实践逻辑——改革理念、改革目标、改革内容这个脉络进行识记与理解。

引子

从书本中来　到生活中去

正午时分，成都高新区芳草小学的校园里十分安静。随意走过一间教室,学生们正在静静阅读,翻书的声音格外清晰。自2021年"双减"政策实施以来,芳草小学开启了"每天在校阅读一小时"活动,每天在午休和课后服务第三节课,所有学生和教师一起静静阅读。十多年来,芳草小学秉持"让学生从阅读中终身受益"的基本理念,致力于培养"终身阅读者和自信表达者",构建"基础、拓展、创生"三级阅读课程,努力"让阅读成为学生的学习方式和生活方式"。

潜移默化中,阅读成为学生生活的一部分。该校阅读课程的开发者、推动者梁老师认为仅仅读是不够的,还要让学生充分表达。于是又拿出时间来让大家自由写作,写完之后人人上台演讲,从一句话到一分钟、三分钟、五分钟,再到人人像专家一样作阅读专题讲座。到了高年级,她让学生分组自主合作学习语文课本,学完课本后自主阅读,剩下时间交给学生自己去实践,作演讲、组社团、打辩论、编杂志……

在阅读之外,还要带领学生探寻生命层次的意义。教师们引导学生与文本、与作者、与编者、与同伴师长、与自己对话,形成自己对于文章、书本的独特理解。例如,在《给某某的一封信》课中,有学生读完《童年》,写信与父母谈论原生家庭的重要性;有学生读完《品人录》,给雍正写信评说他的功与过。

跳出书本,走向阅读与生活的融合创生。从2015年开始,芳草小学结合四川丰富的人文和旅游资源,开发了"蜀文化之诗韵研学"课程,学生分年级走进望江公园、杜甫草堂、三苏祠等,读薛涛、读杜甫、读苏轼、读李白,开展研究性学习。此外,芳草小学所在社区有着丰富的人文教育资源,学校联合社区,开展阅读分享,参与诗歌征集,将"阅读"和"社会"更紧密有效地连接起来。《雪山上的达娃》《蜻蜓眼》《写给大家的西方美术史》《小王子》……小说、散文、诗集、艺术评论,学生们从自己的视角诠释喜爱的书籍,将书中感悟与自身相结合,得到了社区居民的好评。①

芳草小学的阅读课程不是简单的读书,而是跳出书本,走向阅读与生活的融合创生,让阅读成为学生的学习方式和生活方式。课程的实施也不再是传统的教师教学生学的过程,更多的是学生的自主探究。那么,课程是什么?是课表中列出的科目还是丰富多彩的拓展活动?课程是一个极其宽泛的概念,至今还没有确定的定义。下面,我们将从分析课程的概念入手对课程这个问题进行探讨。

第一节 课程诠释

不同学者在不同时期、不同情境对课程的理解不同,因此对于什么是课程至今还没有定论。同时,受到心理学等相关学科的影响,学者们相继提出了不同的课程理论,这些课程流派呈现出不同的时代特色,对课程的发展也产生了很大影响。

一、课程的概念

在中文的语境下,"课程"一词并不为人们熟知,更常见的词是"教学内容",直到20世纪末21世纪初,"课程"一词才逐渐进入中文世界。课程,可以说是一个舶来品,其内涵与外延在不同的时期有不同的理解,并产生了各种取向的课程概念②。

---

① 倪秀.从书本中来,到生活中去[N].中国教育报.2022-09-23(10).
② 钟启泉,等.课程与教学论[M].上海:华东师范大学出版社,2008.

（一）课程的词源

据考证，"课程"一词在我国最早大约出现在南北朝时期翻译的佛经中[①]。姚秦三藏法师鸠摩罗什译《众经撰杂譬喻》卷上："昔无数世时，有一佛图，中有沙门数千余人止住其中，遣诸沙弥数百人行分卫供给众僧，日输米一斛，师便兼课一偈。"这里的"课"是教的意思。北魏凉州沙门慧觉翻译的《贤愚经·阿难总持品第三十八》中说："尔时有一比丘，畜一沙弥，恒以严软，教令诵经，日日课程。"这里的"课程"的含义由"课""程"的含义综合而成，"课"是检查、考核的意思，"程"是规定的期限和进度。"日日课程"即日日课其程，天天考核诵经的进度。

到了唐朝，孔颖达的《五经正义》为《诗经·小雅·巧言》的"奕奕寝庙，君子作之"句注疏曰："教护课程，必君子监之，乃得依法制也。"这里的"课程"指庙宇，并没有现代课程的含义。宋代朱熹在《朱子全书·论学》中有"宽着期限，紧着课程""小立课程，大作功夫"等文字论及"课程"，此处的课程已含有学习范围、进程、计划等意义，与现代人对课程的理解颇有相似之处。《教育大辞典》课程词条作下列解释：一是指"为实现学校教育目标而选择的教育内容的总和"；二是"泛指课业的进程"；三是学科的同义词，如语文课程、数学课程等；四是指以一定时间为单位的"一节课"。[②]

在西方，"课程"的英文为"curriculum"，俄语为 Kypc，德语为 Lehrplan。从西方教育史看，英格兰人早在1820年就开始使用"curriculum"一词。此后，英国教育家斯宾塞在《什么知识最有价值》一文中解释了"curriculum"一词，意为"教育内容的系统组织"。该词源于拉丁文"currere"，也即"race-course"，意为"跑""跑道"。根据这个词源，西方最常见的课程定义是"学习的进程"，简称"学程"。中世纪起，这一术语一直指学校时间表上科目内容的安排。在西方国家，课程作为一个术语，有三个层面的指称：一是指一套课程；二是指"课程系统"，包括课程规划、课程实施和课程评价等部分，又称为课程工程；三是指"课程研究领域"（即中文的"课程论"）。所以，古今中外对课程一词含义的理解是基本一致的，即"课程是指学校教学的科目及其进程。"至于学界对于课程的研究，一般认为，美国学者博比特在1918年出版的《课程》一书，标志着课程作为专门研究领域的诞生，这也是教育史上第一本课程理论专著。

练习

【5-1】 西方教育史上第一本课程理论专著是（　　）。

A. 博比特的《课程》　　　　　　　　B. 泰勒的《课程与教学的基本原理》

C. 斯宾塞的《什么知识最有价值》　　D. 昆体良的《雄辩术原理》

（二）课程的语义

较早系统梳理课程概念的是赛勒（Saylor, J. G.）、亚历山大（Alexander, W. M.）与雷威斯（Lewis, A. J.），他们在剖析过去与现在的课程概念之后，综合提出四种课程概念：即学科与教材（subjects & subject matter），经验（experiences），目标（objectives），有计划的学习机会（planned opportunities for learning）。[③] 此外，斯腾豪斯（Stenhouse, L）还提出课程即研究假设。关于课程的概念，从语义上说，大致有下列几种观点。

---

① 姜国钧. "课程"与"教学"词源小考——兼与章小谦先生讨论[J]. 华东师范大学学报（教育科学版），2006(4)：68-71.
② 顾明远. 教育大辞典[M]. 上海：上海教育出版社，1990.
③ Saylor J G, Alexander W M, Lewis A J. Curriculum planning for better teaching and learning(4th ed.)[M]. New York：Holt, Rinehart and Winston, 1981.

1. 课程即教学科目

把课程等同于所教科目,在历史上由来已久。我国古代的"六艺"(礼、乐、射、御、书、数)与欧洲中世纪的"七艺"(文法、修辞、辩证法、算术、几何、音乐、天文学)都属于这一类。该观点将课程看作教学科目,有广义和狭义之分。广义的课程指学生所学的所有科目以及在教师指导下各种活动的总和;狭义的课程指一门学科或一类活动。

2. 课程即学习经验

美国教育家杜威持这种观点。他认为,课程就是学生在学习过程中获得的经验,他反对把课程看作是活动或预先决定的目的,反对内容与过程、目标与手段的对立,强调尊重学生的兴趣、经验和主体性,把学生的直接经验置于课程的中心。在杜威看来,所谓课程,即学生的学习经验。学生的学习取决于他自己做了什么,而不是教师做了什么。也就是说,唯有学习经验才是学生实际意识到的课程。

3. 课程即学习结果或目标

持这种课程观的主要有博比特、泰勒、加涅等人。认为课程即预期的学习结果或目标。课程应该直接关注预期的学习结果或目标,即要把重点从手段转向目的,因而教育教学目标的选择和制定成为核心任务。这就要求课程应事先制定一套有结构、有序列的学习目标,然后围绕既定的教育教学目标选择、组织学习经验,实施教育教学活动,并进行教育教学评价。

练习

【5-2】"课程不应指向活动,而应直接关注制定一套有结构、有序列的学习目标,所有教学活动都是为达到这些目标而服务的"。这种观点意味着课程即(　　)。

A. 教学科目　　　　B. 社会改造　　　　C. 经验获得　　　　D. 预期学习效果

4. 课程即文化再生产

鲍尔斯和金蒂斯是这一观点的重要代表人物。他们认为任何社会文化中的课程,事实上都是该种社会文化的反映,学校教育的职责就是要再生产对下一代有用的知识和价值。政府有关部门根据国家需要来规定所教的知识、技能等,专业教育者的任务是要考虑如何把它们转换成可以传递给学生的课程。也就是说,课程就是从某种社会文化里选择出来的材料。

5. 课程即社会改造的过程

以弗莱雷为代表的教育家们认为课程不是要学生顺从或适应某种社会文化,而是要帮助他们摆脱社会制度的束缚。课程内容应重点放在当前社会面临的主要问题上面,展现学生关心的社会现象,以及改造社会和规划社会活动等,帮助学生学会如何参与制定社会规划,培养批判意识。

资料夹 5-1

古德莱德的课程层次理论

美国学者古德莱德(J. I. Goodlad)归纳出五种不同的课程:①理想的课程,即指由一些研究机构学术团体和课程专家提出应该开设的课程。如现在有人提议在中学开设同性恋教育的课程,并从理论上论证其必要性,就属于理想的课程。这种课程的影响取决于是否被官方采纳并实施。②正式的课程,即指由教育行政部门规定的课程计划和教材等。③领悟的课程,即指任课教师所领会、理解的课程。我国学者将这种由教师重构后的课程称作"师定课程"。④实行的课程(运作的课程),即指在课堂里实际展开的课程。⑤经验的课程,即指学生实际体验到的东西,称作"生定课程"。

资料来源:施良方.课程理论——课程的基础、原理与问题[M].北京:教育科学出版社,1996.

练习

【5-3】 按照美国学者古德莱德的课程层次理论,教师在课堂教学中具体实施的课程属于( )。

　　A. 理想的课程　　　　B. 正式的课程　　　　C. 领悟的课程　　　　D. 运作的课程

【5-4】 按照美国心理学者古德莱德的课程层次理论,由研究机构、学术团体和专家提出的课程属于( )。

　　A. 理想的课程　　　　B. 正式的课程　　　　C. 领悟的课程　　　　D. 运作的课程

二、课程的结构要素

从结构上讲,课程一般由课程目标、课程内容、课程实施和课程评价四个要素构成。

(一) 课程目标

课程目标,就是预先确定学生通过某门课程的学习所应达到的学习结果,或者说学生通过某门课程的学习而在相关素质或特征方面所应发生的变化。

1. 确定依据

一般而言,课程目标确定的依据有以下四点。

(1) 教育目的、培养目标;

(2) 学生的身心发展特点;

(3) 社会的要求;

(4) 学科的发展。

2. 目标类型

课程目标的类型有以下四种。

(1) 普遍性目标指将一般教育宗旨或原则直接运用于课程领域,成为一般性、规范性的课程目标。

(2) 行为目标指以显性化、精确性、具体的、可操作的行为形式加以陈述的课程目标。

(3) 生成性目标指在教育情境之中随着教育过程的展开而自然生成的课程目标。

(4) 表现性目标指在教育的真实情境下,每个学生都有个性化、创造性表现的课程目标。

课程目标是确定课程内容、教学目标和教学方法的基础,从某种意义上说,所有教育目的都要以课程为中介才能实现,可以说,课程目标是指导课程设置、内容编排过程中最关键的因素。

练习

【5-5】 课堂上,老师让各小组用自己的方式展示对"友情"的理解,于是出现了故事讲述、小品表演、诗歌朗诵等多种形式。这一教学行为旨在达成( )。

　　A. 行为性目标　　　B. 普遍性目标　　　C. 表现性目标　　　D. 生成性目标

(二) 课程内容

1. 课程内容选择

课程内容就是根据课程目标,有目的地选择的一系列直接经验和间接经验的总和,是从人类的经验体系中选择出来,并按照一定的逻辑序列组织编排而成的知识体系和经验体系。一般而言,课程内容以间接经验为主,但并不排除直接经验。课程目标是课程内容选择的直接依据,但社会因素、学生因素和学科因素也是重要影响因素。其中尤其要注意考虑受教育者的身心发展规律和发展水平。

练习

【5-6】 现代课程论认为,制约课程内容选择的因素主要包括(　　)。
A. 知识、技能与情感　　　　　　　　B. 难度、广度与深度
C. 社会、儿童与学科　　　　　　　　D. 政治、经济与文化

2. 课程内容编排

内容选择完之后,最大的问题是如何组织与编排内容。早在20世纪40年代,泰勒就明确提出了课程内容编制和组织的三条逻辑规则,即连续性、顺序性和整合性。就现实而言,小学课程内容的编排要处理好下列三种逻辑关系。

(1) 直线式和螺旋式。直线式是把课程内容组织成一条在逻辑上前后联系的"直线",前后内容基本不重复,即课程内容直线前进,前面安排的内容不会在后面呈现。螺旋式指在不同阶段、单元或不同课程门类中,使课程内容前后重复出现,逐渐扩大知识面,加深知识难度,即在同一课程内容前后重复出现,前面呈现的内容是后面呈现的内容的基础,后面内容是前面内容的不断扩展和加深,层层递进。

练习

【5-7】 《义务教育数学课程标准(2011版)》规定,小学第一学段初步认识分数和小数的意义,第二学段理解分数和小数的意义,这要求该部分教学内容应采取的组织方式属于(　　)。
A. 直线式　　　　B. 圆周式　　　　C. 螺旋式　　　　D. 顺向式

(2) 纵向组织和横向组织。纵向组织,指按照知识的逻辑顺序,从已知到未知、从易到难、从简到繁、从具体到抽象等先后顺序组织安排课程内容。横向组织,指打破学科的知识界限和传统的知识体系,按照学生发展的阶段,以学生发展阶段需要探索的社会和个人最关心的问题为依据,组织课程内容,构成一个个相对独立的专题。

练习

【5-8】 综合课程打破了学科界限和知识体系,按照学生的发展阶段,以社会和个人最关心的问题为依据组织内容。这种课程的组织形式是(　　)。
A. 垂直组织　　　　B. 横向组织　　　　C. 纵向组织　　　　D. 螺旋组织

【5-9】 按照由易到难、由简到繁的顺序编排课程内容。这种组织方式属于(　　)。
A. 横向组织　　　　B. 水平组织　　　　C. 纵向组织　　　　D. 综合组织

(3) 逻辑顺序和心理顺序。逻辑顺序,指根据学科本身的体系和知识的内在联系来组织课程内容;心理顺序,指按照学生心理发展的特点来组织课程内容。

(三) 课程实施

课程实施是把一项课程计划付诸实践的动态过程,也是一个相互调适的过程。

1. 课程实施的取向

(1) 忠实取向。课程实施过程是忠实地执行课程计划的过程。衡量课程实施成功与否的基本标准是课程实施过程实现预定的课程计划的程度。

(2) 互动调适取向。课程实施过程是课程计划与班级或学校实践情境在课程目标、内容、

方法、组织模式诸方面相互调整、改变与适应的过程。

（3）创生取向。课程实施过程是师生在具体的课堂情境中共同合作、创造新的教育经验的过程。真正的课程并不是在实施之前就固定下来的，它是情境化、人格化的。课程实施本质上是在具体的课堂情境中"创生"新的教育经验的过程。

练习

【5-10】 针对班级学生基础较差，学习兴趣不高的情况，周老师上课时对教学内容进行了删减，增加了一些趣味性知识。这一课程实施符合（　　）。

A．忠实取向　　　　B．创生取向　　　　C．技术取向　　　　D．相互适应取向

2．课程实施的影响因素

影响课程实施的主要因素大致可以归纳为以下四大类。

（1）课程改革本身的性质。包括改革的必要性及其相关性、改革方案的清晰程度、改革内容的复杂性、改革方案的质量与实用性。

（2）社区的整体情况。包括地方、学校和教师对改革的需要程度、实施者对改革的清晰程度。

（3）学校水平的影响因素。包括校长的作用、教师之间的关系、教师的特点及行为取向等。

（4）外部环境。包括政府部门的重视、外部机构的支持以及社区与家长的协助等。

（四）课程评价

课程评价是一个价值判断的过程，具体来说，课程评价指的是依据一定的评价标准，通过系统地收集有关信息，利用多种方法，对课程的计划、实施、结果等有关问题作出价值判断并寻求改进途径的一种活动。课程评价的模式主要有以下四种。

1．目标评价模式

1949年，美国学者泰勒在其出版的《课程与教学的基本原理》一书中提出了课程的"四段论"，形成了著名的"泰勒原理"的课程编制模式，开创了课程评价、教育评价之先河。该模式主要对比目标与结果，过分强调预设性目标，而且其评价范围狭隘、形成性功能不足。

2．差距评价模式

普罗弗斯运用系统管理科学理论，针对泰勒模式评价范围狭隘、形成性功能不足的弊病，提出差距评价模式，将设计、配置、过程、成果、成本五方面与标准进行对比。

3．CIPP评价模式

CIPP是由背景（context）、输入（input）、过程（progress）和成果（product）这四种评价英文名称的第一个字母组成的缩略语，该模式由斯塔弗尔比姆及其同事于20世纪60年代末、70年代初提出的。CIPP评价模式运用最为广泛，尤其是其新版本把评价环节扩充为7个，使评价模式有了又一次重大突破。

4．应答评价模式

国际著名评价专家斯泰克把自己的评价模式称为应答性评价，不同于预定式评价（实现设定好的标准），主张应答实践者、利益相关者的要求和价值。一言蔽之，该模式就是以利益相关者所关心的问题为中心的一种评价。

三、课程的文本表达

课程的内容是构成课程的基本要素，是课程内在结构的核心部分。课程的内容一般有课程计划、课程标准、教科书三种文本表达形式。

练习

【5-11】 简答题：简述课程内容的三种文本表达方式。

提示：课程内容要通过特定的形式加以表达，大体有三种：教育计划、教学大纲和教科书，这是教学论的思维。新课程改革以来，改成课程计划、课程标准和教科书，这是课程论的思维。理论上两者都对，但答题时要与时俱进，采纳课程论的思维为好，即采用后者。

（一）课程计划

课程计划是根据教育目的和不同类型学校的教育任务，由国家教育主管部门制定的有关学校教育教学工作的指导性文件。它规定了不同课程类型相互结构的方式（如学科课程、活动课程及综合课程等），也规定了不同课程在管理及学习方式方面的要求，以及所占比例（如必修课与选修课的比例）；同时对学校的教学、生产劳动、课外活动等做出全面安排，具体规定了学校应设置的学科、学科开设的顺序及课时分配，并对学期、学年、假期进行划分。

课程计划由培养目标、课程设置、考试考查、实施要求四个部分组成，具体包括七个方面：①培养目标，即预期的课程学习结果；②课程设置，即某级或某类学校应开设哪些科目；③学科开设顺序和各学科的主要任务；④课时分配，根据学科的性质、作用、任务、内容的分量和难易程度，恰当地分配各门学科的授课时数；⑤学年和学周安排，包括学年阶段的划分、各个学期的教学周数、学生参加生产劳动的时间等；⑥考试考查的科目、要求、方法；⑦执行计划的若干实施要求。

课程计划体现了国家对学校的统一要求，是学校办学的基本纲领和重要依据。我国基础教育课程改革实施以来，已将"教学计划"改为"课程计划"。

练习

【5-12】 体现国家对学校的统一要求，作为学校办学的基本纲领和重要依据的是（　　）。
A. 课程计划　　　B. 课程标准　　　C. 教学大纲　　　D. 教学目标

（二）课程标准

课程标准是国家课程标准的简称，是根据课程计划以纲要的形式规定的某一学科的性质、课程目标、内容标准、实施建议的指导性文件。课程标准是教材编写、教学、评估和考试命题的依据，是国家管理和评价课程的基础，也是衡量教学质量的重要标准。现在，我国已将过去的"教学大纲"改为"课程标准"。

课程标准一般分为前言、课程目标、内容标准、实施建议、附录五个部分。前言部分对课程的性质、价值与功能作出定性的描述，并对课程标准设计的思路作出详细说明。课程目标部分，罗列知识与技能、过程与方法、情感态度价值观三维目标。内容标准部分，简要说明学习领域或主题。实施建议部分，提供教学建议、教材编写建议、评价建议、课程资源开发与利用等建议。附录部分，对课程标准中出现的一些主要术语进行解释和说明，便于使用者能够更好地理解与把握。

练习

【5-13】 教育行政部门制定小学教学质量评价标准应依据（　　）。
A. 教学计划　　　B. 课程标准　　　C. 教学模式　　　D. 考试成绩

【5-14】编写小学教科书的直接依据是(　　)。
A．课程标准　　　　B．课程目标　　　　C．课程方案　　　　D．课程计划

（三）教科书

教科书又称课本，是根据课程标准系统阐述学科内容的教学用书，是课程标准的具体化。可以说，教科书是教学内容选择和组织的物化形态，其规定的内容限定了教学的范围，成为师生双方进行教学与学习的最重要的资源。凡是在课程计划中规定的课程，一般都有相对应的教科书。

练习

【5-15】教学大纲具体化的表现形式是(　　)。
A．教学计划　　　　B．课程目标　　　　C．教学目标　　　　D．教科书

1．教科书与教材

教材是师生用于教与学的所有的材料，教科书是教材的重要组成部分。教材包括文字教材和音像教材，其中文字教材有教科书、教学参考书、学生的自学指导书等，音像教材有影片、幻灯片、光盘、网络资源等。

练习

【5-16】教师上课时所使用的课件、视频、投影、模型等教学资源属于(　　)。
A．教材　　　　B．教案　　　　C．教参　　　　D．教科书

2．教科书的编写原则

（1）为学生的学习和教师的教学提供帮助。
（2）具有良好的普适性与选择性。
（3）具有鲜明的时代性。
（4）强调内容的基础性。
（5）协调学科知识结构与学生心理结构之间的平衡。

3．教科书的内容与编排要求

（1）教科书的内容阐述，要层次分明，文字表达要简练、精确、生动、流畅，篇幅要详略得当。
（2）教科书在编排形式上要有利于学生的学习，符合卫生学、教育学、心理学和美学的要求。
（3）标题和结论要用不同的字体或符号标出，使之鲜明、醒目。封面、图表、插图等要力求清晰、美观。
（4）字体大小要适宜，装订要坚固，规格大小、薄厚要合适，便于携带。

练习

【5-17】小学教科书的编排形式应有利于学生的学习，不仅要符合教育学、心理学和美学的要求，还应符合(　　)。
A．社会学的要求　　　　　　　　B．政治学的要求
C．生态学的要求　　　　　　　　D．卫生学的要求

第二节 课程流派

1949年美国教育家泰勒出版了《课程与教学的基本原理》一书,被视为现代课程理论的奠基石,此后课程论成为许多教育家的研究方向,出现了不同的课程理论流派。下面择要介绍学科中心课程理论、社会中心课程理论和学习者中心课程理论。

一、学科中心课程理论

学科中心课程理论又称为知识中心课程理论,主张学习内容应以学科为中心,并设置与学科相应地课程,通过分科教学,使学生掌握各种课程的基本知识、技能、思想方法。学科课程强调知识的系统性、逻辑性,同时关注学生的兴趣,以及知识与实际的联系。结构主义课程论、要素主义课程论、永恒主义课程论都属于学科中心课程论。我国目前中小学的课程也属于学科中心课程。

(一) 结构主义课程论

1957年,苏联成功发射第一颗人造卫星,震惊美国政府。美国民众纷纷抨击进步教育运动下教育质量无法保证的问题,呼吁改革教育,因此1958年美国国会颁布《国防教育法》,将希望寄托于科学教育。1959年,在政府的支持下,美国教育界开启了名为"学科结构运动"的教育改革,结构主义课程论就由此而来,布鲁纳既是这场运动的发起人,也是结构主义课程论的代表人物。该理论的基本主张如下。

1. 课程目标是使学生掌握学科的基本结构

所谓学科的基本结构,就是指学科的基本概念、基本原理和研究方法。[1] 布鲁纳认为,"不论我们选教什么学科,务必使学生理解该学科的基本结构。"[2]在布鲁纳看来,学习学科的基本结构有助于加强学生对知识的记忆,理解学科的基本内容,便于学生进行知识迁移,解决现在和未来遇到的问题,缩短高级知识和低级知识之间的差距。

2. 课程内容按照螺旋式编排

螺旋式课程是指根据学生的思维方式,尽可能早地将学科基本结构置于课程的中心地位,随着年级的升高,不断拓宽和加深学科的基本结构[3],学科基本概念被反复提及,学科结构呈现螺旋上升态势。此外,布鲁纳在皮亚杰等人的基础上提出儿童智力发展的三个特征,即行为表征、图像表征和符号表征。基于此,螺旋式课程可以呈现为三级,第一螺旋是动作式认知的维度,第二螺旋是图像式认知的维度,第三螺旋是符号式认知的维度。[4]

3. 倡导发现学习

发现学习强调用自己的头脑亲自获得一切知识,即学生通过一系列发现行为去发现并获得知识的过程,而不是教师直接将知识呈现给学生。布鲁纳肯定直觉思维在发现学习中的重要性,为了能使学生更好地进行发现学习,他认为教师应当鼓励学生积极思考、探索和大胆假设,激发学生的内在动机,培养学生的自主学习能力。为学生创造良好的学习环境,引导学生

---

[1] 钟启泉. 课程论[M]. 北京:教育科学出版社,2007.
[2] 布鲁纳. 布鲁纳教育论著选[M]. 邵瑞珍,张渭城,等译. 北京:人民教育出版社,1989.
[3] 张华. 课程流派研究[M]. 济南:山东教育出版社,2000.
[4] 钟启泉. 现代课程论(新版)[M]. 上海:上海教育出版社,2015.

发现新旧知识之间的联系,利用旧知识将新知识纳入自己已有的知识体系中。

4. 课程评价是为了更好地建设课程和教学

完备的组织是课程评价产生作用的重要前提,通过评价课程可以为改进课程指明方向,是对课程实施效果的反馈和检验。布鲁纳提出,"评价,最好被看作一种教育智慧,它是指导课程建设和教学的。"①课程评价的质量高低与教学过程密不可分,原因在于评价课程不仅要看课程本身,更要考虑教师、学生、实施方式等各种要素。

结构主义课程论在全世界范围内影响深远,它高度重视知识的系统性和逻辑性,也强调学生自主学习的意义,但该理论也遭到了部分人的批判。他们认为结构主义课程论关注的重点在学科结构而非学生,忽视了学生的特点和主体性,学习内容过于抽象,不利于学生对知识的掌握和理解,同时发现学习夸大了学生能力,效果不佳。

练习

【5-18】 布鲁纳说:"任何学科的任何知识,都可能用智力上诚实的方式,教给任何阶段儿童。"这种观点属于(　　)。

A. 结构主义课程论　　　　　　　　B. 经验主义课程论
C. 要素主义课程论　　　　　　　　D. 社会改造主义课程论

(二)要素主义课程论

要素主义产生于20世纪30年代的美国,主张在人类文化中存在某些共同的文化要素,教育的任务就是将这些共同要素传给下一代,使学习者能够掌握步入社会所必需的"共同知识"和"共同价值"。② 要素主义课程论代表人物有巴格莱、贝斯特、科南特、里科弗等人,其基本内容如下。

1. 课程目的是训练智慧和道德

要素主义教育家认为进行智慧(理智)和道德的训练是促进社会进步与民主的重要方式,教育应当激发学生潜藏的智慧和道德力量,这既是课程的目的也是一切教育的目标。贝斯特强调,"真正的教育就是智慧的训练。"③传统的心智训练就是培养学生的思考能力,这与学生学习基本技能和基础学科紧密相连,对学生理智发展具有重要意义。

2. 课程内容核心是人类文化遗产的"共同要素"

"共同要素"是指在人类文化遗产中存在永恒的、共同的、超越时空的要素,这些要素是人类一代代传承下来的共同经验和文化精神,是人类社会得以存在和发展的重要前提,教育就是要"使每一代人拥有足以代表人类遗产最宝贵的要素的各种观念、意义、谅解和理想的共同核心"。④这些共同要素包括四方面,即学习习惯和基本技能、知识、理想或情感化的准则及态度。要素主义教育家指出,在将共同要素设置为课程内容时,应考虑国家和民族的利益,并具有长期目标以及价值标准。⑤

---

① 布鲁纳.布鲁纳教育论著选[M].邵瑞珍,张渭城,等译.北京:人民教育出版社,1989.
②⑤ 靳玉乐.课程论[M].北京:人民教育出版社,2012.
③④ 华东师范大学教育系,杭州大学教育系.现代西方资产阶级教育思想流派论选[M].北京:人民教育出版社,1980.

3. 课程编排按照学科和教材的逻辑组织

在课程编排上，要素主义教育家抨击了实用主义教育按照学生经验组织课程的做法，他们认为学生学到的知识应是系统的、结构的、有组织的，课程编排应根据学科逻辑，稳定而系统地进行，这样才能提高每门学科的学习效率和质量。教材编写也是如此，要按照学科逻辑循序渐进地编排。

4. 提倡教师权威和接受式学习

要素主义将教师放在了较高位置，强调教师在教育中的主导地位。要素主义教育家认为教师具有更丰富、成熟的知识储备和社会经验，在教育过程中应当管束和指导学生，教师和学生的关系是传输—接受、权威—服从的关系，学生更像一个容器，接受来自教师灌输的东西。巴格莱甚至说，"成年人对未成年人所负教导和管束的责任，对于人类的未成熟期和必需的依赖期具有生物学的意义。"[1]由此可以看出他们极其强调教师权威，但同时他们对教师要求也很严格。教师必须具有一流的大脑和渊博的知识，必须熟悉所教学科的知识逻辑体系，必须懂得学生的心理并具备高超的教学能力，必须能全心全意投入教育工作。[2]

5. 课程评价根据严格的学业成绩评价标准

要素主义教育建立在对实用主义教育的批判之上，因此对实用主义教育完全抛弃学业成绩评价标准的做法持否定态度。他们主张学业成绩评价标准是课程评价的核心，严格执行评价标准能够对学生起到鞭策、激励作用，能帮助学生"发现自己愚昧无知和缺乏基本训练"[3]，更有利于学生的发展。

要素主义课程论强调学科课程，在一定程度上提高了教育质量，有效传承了人类文化的精华，并且看到了教师在课程中的积极作用，有助于课程的顺利实施。但是，局限性在于忽视学生的主体性、兴趣需要和心理特点，片面强调知识，脱离生活实际，不利于学生的身心发展，挫伤学生的学习积极性和创造性，也遭到了部分人的抨击。

（三）永恒主义课程论

永恒主义又被称为"古典主义""古典人文主义"，形成于20世纪30年代，代表人物有美国的赫钦斯、阿德勒，英国的利文斯通和法国的阿兰等人。永恒主义认为教育的性质是不变的，其课程观点如下。

1. 课程目的是促进学生的理性发展

永恒主义教育家认为人是理性的动物，理性是人性中永恒不变的特性，是人的最高属性。遵循理性而生活，用理性控制其他本能是人的责任，因此，培养人的理性就是教育的最高目的，赫钦斯曾说："所谓改善人，意味着他们理性、道德和精神诸力量的最充分的发展。一切人都有这些力量，一切人都应最充分地发展这些力量。"[4]这也是他们的课程目标。

2. 永恒的古典学科是课程中心

从"永恒"原则出发，永恒主义教育家认为课程是社会文化的综合，凝结着人类文化的精华，因此有必要在"永恒真理"中建立"永恒学科"。所谓永恒学科是指历代伟大思想家的著作，特别是经过时间检验的古代名著。赫钦斯这样说永恒学科："我们提倡永恒学科，因为这些学

---

[1] 王承绪. 西方现代教育论著选[M]. 北京：人民教育出版社，2001.
[2] 吴式颖. 外国教育史教程[M]. 北京：人民教育出版社，1999.
[3] 巴格莱. 教育与新人[M]. 袁桂林，译. 北京：人民教育出版社，1996.
[4] 华东师范大学教育系，杭州大学教育系. 现代西方资产阶级教育思想流派论著选[M]. 北京：人民教育出版社，1980.

科抽绎出我们人性的共同要素,因为它们能使人与人联系起来,因为它们使我们和人们曾经想过的最美好的事物联系起来,因为他们对于任何进一步的研究和对于世界的任何理解是首要的。"①基于此,他们强调古典名著的重要性,通过阅读名著,学生既能形成共同信念,有效吸收人类思想的精华,又能为深入学问研究和认识世界做准备。

在课程设置上,小学以读、写、算为主,以熟记名著个别段落为辅;中学则开设古典语言课程;大学则必须阅读这些古典名著。在这样的课程体系中古典文科课程占据中心地位,经验学科、职业技能等在次要位置。②

3. 提倡学生在教师的指导下学习

永恒主义教育家批评一味纵容学生愿望和兴趣的做法,他们提倡教师要对学生严格要求,学生要服从教师管教。但这里的严格并不是指教师采用灌输式实施课程,而更多强调要在教师指导下阅读名著,进行讨论,让学生能够更深刻地理解名著内容。赫钦斯说:"批语、讨论、发问、辩论——这些是人类真正的教学法。"③

永恒主义课程论看重古典名著的价值,能够满足学生对基础知识的需求,使学生具有较为扎实的理论基础。但其缺点也很明显,偏重古典人文学科,忽视自然科学,与现实社会相脱离,不符合生活实际等。

练习

【5-19】 近代课程理论经历了几个世纪的发展,出现了一些不同的课程理论流源,其中强调学习古典名著,并且提倡在与古代伟大人物思想的交流中来训练智力的课程流派是( )。

A. 存在主义课程论   B. 要素主义课程论
C. 永恒主义课程论   D. 进步主义课程论

二、社会中心课程理论

社会中心课程理论又称社会改造主义课程理论,主张课程内容的选择以当代社会的问题、社会的主要功能、学生关心的社会现象,以及社会改造和社会活动计划为重点;认为课程应致力于培养学生的社会意识、反思能力和社会批判意识,让学生在参与社会生活的过程中形成解决社会问题的能力;学校教育应致力于社会的改造而不是个人的发展,以建立一种新的社会秩序和社会文化。代表人物有以布拉梅尔德为主的社会改造主义课程论和以布厄迪、金蒂斯、弗莱雷为主的批判主义课程论。

(一)社会改造主义课程论

社会改造主义是在20世纪30年代美国教育界批评进步教育运动的背景下产生的,50年代逐渐成形。代表人物有布拉梅尔德、康茨、拉格等人,其基本主张如下。

1. 课程以改造社会为目的

社会是不断变化、改造和进步的,教育是实现社会改造的途径之一,如同布拉梅尔德所说:"应把教育视为一种手段,来促进一个新呈现出来遍及全世界的民主文化。"④课程的目的就是

---

① 华东师范大学教育系,杭州大学教育系.现代西方资产阶级教育思想流派论著选[M].北京:人民教育出版社,1980.
② 靳玉乐.课程论[M].北京:人民教育出版社,2012.
③ 滕大春.外国教育通史:第五卷[M].济南:山东教育出版社,1993.
④ 布拉米尔得,导之.文化与哲学——对奈勒教授的答复[J].现代外国哲学社会科学文摘,1959(5):9-11.

要培养学生改造社会的能力,帮助学生摆脱社会制度的束缚,积极参与社会改革,为建立一个新的社会秩序而努力。

2. 课程内容围绕社会问题展开

社会改造主义教育家批判以传统知识为中心、将各门学科分门别类划分的做法,他们认为课程应以社会问题为中心,与现实社会相联系,着重培养学生解决社会问题的能力。针对各学科之间相互独立的情况,布拉梅尔德提出了一种整体性课程,涉及了经济、政治、哲学、艺术等多方面内容。随后,他又设想了一种4年制"初级学院",该学院4年的课程都围绕一个中心展开,即"我们能有哪一个世界,我们要哪一个世界?"在四年时间里,学生将从政治、经济、道德、美术、宗教等方面探讨研究这个问题。①

3. 课程实施采取民主、劝说的方式

"教师的责任是说服学生",②社会改造主义教育家反对灌输式教育,主张应采用民主的讨论和劝说的方式来实施课程,通过劝说使学生明白改造社会的意义并做好改造社会的准备。在劝说过程中,教师既是讨论的领导者也是参与者,以平等的身份与学生交流。

资料夹 5-2

布拉梅尔德的民主学习过程

布拉梅尔德的民主学习过程分为四阶段,分别是证据、交流、协商和行动。

(1) 证据阶段:团体成员从资料中搜集证据并提出自己的意见和观点。

(2) 交流阶段:成员之间相互交流各自的看法,使双方对自己的观点有更深刻的了解。交流的形式不限于课堂教学、演说、写作等方式,也可以在学校之外的其他地方进行。

(3) 协商阶段:成员对各种认识和价值标准进行探讨并获得一致看法。即使存在分歧,但对成员来说仍具有丰富的学习价值。

(4) 行动阶段:在实际情境中直接或间接运用所得知识,以验证这些观点和看法。

资料来源:靳玉乐.课程论[M].北京:人民教育出版社,2012.

---

4. 教师应承担社会改造的责任

康茨将教师看作连接学校和社会的桥梁,认为教师有责任培养学生的社会意识,并鼓励学生为改造社会而努力。因此,社会改造主义教育家认为教师应敢于参与社会行动,承担改造社会的责任。

社会改造主义课程论看到了课程的政治功能,加强了课程与社会的联系,还推出了一种民主、平等的教育设想,试图通过课程、教育来实现改造社会的宏伟目标。但是,他们无疑夸大了教育和课程的作用,社会的改变需要多方面力量而不仅仅靠教育,常有人批评他们说:"过于迷恋变革和当前的社会危机,忽视了传统的、永久的价值的学习。"③因此,在20世纪50年代,社会改造主义逐渐没落,在实践上未有建树。

练习

【5-20】 简答题:简述社会改造课程论的主要观点。

---

① 吴式颖.外国教育史教程[M].北京:人民教育出版社,1999;靳玉乐.课程论[M].北京:人民教育出版社,2012.
② 陈友松.当代西方教育哲学[M].北京:教育科学出版社,1982.
③ 吴式颖.外国教育思想通史(第九卷)[M].长沙:湖南教育出版社,2002.

（二）批判主义课程论

20世纪中后期，社会上唯科学主义文化泛滥，公正意识缺失，批判主义课程论应运而生，其以德国法兰克福学派的"社会批判理论"为哲学基础，以"新教育社会学"为社会学基础，将批判分析课程的社会背景因素作为研究中心，追求实现社会公正和人的解放。代表人物有英国的伯恩斯坦、美国的阿普尔、吉鲁、鲍尔斯和金蒂斯、法国的布迪厄等人。主要观点如下。

1. 课程本质是一种"反思性实践"

课程不只是一套要实施的计划，还是一个行动过程。[①] 所谓"反思性实践"，是指由行动和反思构成的，在真实世界中发生的一种创造意义的过程。于课程而言，即课程是在真实的学习情境中构建起来的，是通过行动和反思间的动态相互作用而开发起来的。课程是师生能对所有知识进行批判性反思，建立在师生批判知识和社会基础上的共同参与的意义创造过程。[②] 也就是说，课程开发过程即课程创造过程。

2. 课程目的是培养学生批判意识和能力

学校课程的目的是提升人的批判理性，达到社会公正和人的解放。[③] 学生应具有反省、批判的意识与能力，能够抗议社会不公，反对阶层固化，消除"文化霸权"的控制，通过亲身实践行动实现社会正义。

3. 课程内容包括实证性知识、解释性知识和再生性知识

实证性知识指围绕生产效率、科学技术组织的知识；解释性知识指能培养个体日常行为方式的知识；再生性知识指使个体更了解社会关系、权力关系，促进个体批判意识觉醒的知识。其中，吉鲁认为再生性知识有真正的价值。

批判主义课程论抨击了传统课程成为统治阶级进行意识形态渗透的工具，呼吁"批判理性"和人类解放，有助于唤醒人们对不公平不公正的反对意识和认清阶级分化的社会现实。同时，他们还提出了许多新的概念，如布迪厄的文化资本和符号暴力、阿普尔的文化霸权和意识形态等，为课程论的发展提供了更丰富的理论基础。但局限性在于批判性过于浓厚，缺少实证支撑，容易陷入空洞的话语之中。并且，一味将知识与意识形态挂钩就会丧失对知识客观性和真理性的判断，容易走入极端。

资料夹 5-3

批判课程理论的发展历程

批判主义课程理论主要经过了解放理论—再生产理论—抵制理论三个阶段。

（1）解放理论。由巴西教育家弗莱雷提出，他认为"储蓄式教育"会让学生丧失对现实的反思批判，因此倡导在实践中唤醒人们的解放意识。对话是教育的本质，师生应通过对话来开展教学，在对话沟通中确立师生双方的主体身份，从而来构建知识。进一步说，课程是建基于师生真实的经验之上，在双方的对话、批判反思中开发出来的，也即一种"反思性实践"过程。并且，消除传统课程开发的"控制"因素和实现课程的民主化依然需要师生的参与、对话和反思。

---

① ② 张华.经验课程论[M].上海：上海教育出版社，2000.
③ 张华.美国当代批判课程理论初探（上）[J].外国教育资料，1998(2)：18-23.

（2）再生产理论。①鲍尔斯和金蒂斯的"经济再生产理论"。他们确立了"对应理论"，认为学校教育再生产了不平等的社会经济结构和社会阶层关系，异化了学校内部各类人员的关系，学校人际关系与社会等级分工相对应，学校教育与经济结构相对应。②布迪厄的"文化再生产理论"。与鲍尔斯和金蒂斯不同的是，布迪厄将文化资本看作更重要的因素，他认为学校拥有一定的自主权，通过产生、分配主流意识形态来再生产统治阶级的权力关系。文化彰显了统治阶层的政治经济利益，课程是文化的载体，是使再生产权力关系合法化的利器。③阿普尔的"霸权-国家再生产理论"。霸权是意义与实践有组织的汇集，阶级、国家、意识形态等通过霸权再生产不平等的社会关系。学校是促进合法化的重要机构，是通过传递技术/行政管理知识而促进生产的重要力量，而统治阶级是借助学校课程传递某些信息来强化社会的不平等。

（3）抵制理论。①阿普尔认为学校还是具有一定的自主动力，并不一直都是被灌输的。师生都是具备创造力的主体，会形成反抗力量来抵制学校权力。②吉鲁肯定人的能动作用，学生能通过自身的反思和斗争为社会和自我解放做准备，影响主流社会的变革。

资料来源：杨明全.批判课程理论的知识谱系与当代课题[J].全球教育展望，2015,44(4)：3-11；张华.经验课程论[M].上海：上海教育出版社，2000.

三、学习者中心课程理论

学习者中心课程理论，又称儿童中心课程论，主张课程内容应密切联系儿童的社会生活经验，从儿童的兴趣和需要出发，以儿童的活动为中心来设计课程的内容和结构，提倡"做中学"，使课程满足儿童当前的兴趣和需要；课程内容的组织要心理学化，应考虑儿童心理发展的次序，以利用其既有的经验和能力。学习者中心课程理论包括经验主义课程理论和存在主义课程理论。

（一）经验主义课程理论

"经验"是美国著名教育家约翰·杜威的教育理论的核心概念。经验主义课程理论是杜威基于其独特的哲学观、心理观和社会观，以其独特的"经验"概念消融儿童与学科的对立进而确立起的课程理论。经验主义课程理论注重儿童的经验对于学校课程的重要性，强调课程的目的在于促进人的天性的发展，发展到当代已成为课程论体系中的一股重要力量，其观点主要有以下几个方面。

1. 以儿童生长为课程目标

儿童的生长是经验课程最终要达到的目的。纵观教育史，知识与能力一直是课程目标的重要内容，因此教育史上一直存在形式说和实质说的争议。杜威反对传统课程中纯粹的知识灌输，他说："教育的过程是一个继续不断的生长过程，在生长的每个阶段，都以增加生长的能力为其目的。""除了更多的生长，没有别的东西是和生长有关的，所以除了更多的教育，没有别的东西是教育所从属的。"①杜威重视儿童目前的生活，通过把书本知识还原到儿童生活的方方面面，从儿童自己的直接经验中提取教材，让儿童得到更好的生长。以儿童为目的的课程，不把课程看作是传递知识的过程而把它看成儿童生长的过程，因此课程目标在过程中生成、在过程中完善，并最终在过程中实现。

---

① 杜威.民主主义与教育[M].王承绪，译.北京：人民教育出版社，2001.

2. 以经验为课程内容

传统的课程固守学科中心，将学科知识和儿童经验对立，按照学科发展的逻辑加以组织和排序的学科课程肢解了儿童完整而统一的经验。而杜威则认为两者其实是可以且应该协调一致的。为使学科知识和儿童经验协调一致，经验课程要解决的最基本的问题是，从儿童现有的经验和生活出发，把各门学科的教材或知识各部分恢复到原来的经验，恢复到它所被抽象出来的原来的经验，就是把间接经验转化为直接经验。

3. 课程与教学的统一

在课程实施方面，杜威主张课程与教学的统一。杜威重视儿童直接经验的获得，主张通过一系列的实践活动，扩充和丰富儿童的经验，即让儿童"从做中学"，在做的过程中"知识既扩展到自我，也扩展到世界；知识变成有用的东西和希望的对象"①。经验课程中学生是课程实施的主角，其主动性得到充分发挥。

杜威毕生倡导并实施的经验课程形态是"主动作业"。所谓"作业"，是指"复演社会生活中进行的某种工作或与之平行的活动方式"。② 主动作业的类型多种多样，包括烹饪、纺织、缝纫、木工、金工等。在这种作业中，心理需要、社会需要、认识的统一性与完整性达到契合。主动作业在课程实施中之所以重要，是因为其具有的三个主要特点：其一，主动作业满足儿童的兴趣，能够抓住儿童强烈的自发兴趣和注意力；其二，主动作业代表社会的情境，把园艺、纺织、木工、金工、烹饪等反映人类基本的共同事务的活动引入课程中，使课程、社会和儿童三者结合起来，加强了学校与社会生活的联系；其三，主动作业提供了儿童经验持续生长的情境，它正是通过儿童的"操作""活动"，使儿童获得了与"作业"相关的各种科学事实和原理，而不仅仅是技能和技艺。

4. 注重课程的内在价值

杜威把教育价值分为内在价值和工具价值，前者是指学生能在真正的生活情境中深切了解到事实、观念、原则和问题的重要意义，而后者是教育对特定情境中目标的需要和满足程度，对事物的工具价值进行排序，可以通过比较和判断得出。杜威反对传统教育中过多重视课程的工具价值，力求在课程评价中把内在价值与工具价值统一起来。他认为，与工具价值相比，课程的内在价值更为基础，因为"如果一个科目从来没有因其自身而被学生欣赏过，那么它就无法达到别的目的"。③ 但是，学生在学校的学习时间是有限的，对都具有内在价值的课程作出取舍，就不得不考虑课程的工具价值，在特定情境、特殊需要下，可以对不同科目的工具价值进行排序。

杜威的经验主义课程理论是建立在对儿童的生活与其成长的科学认识之上的，这一理论力图消解传统课程设计中儿童、知识与社会的对立与矛盾，在世界范围内产生了极为重大的影响。但是，杜威的理论带有明显的理想主义色彩，过分强调儿童的本能和兴趣，而未看到儿童缺乏相应的组织知识的能力，同时过于强调直接经验，在实践中实行的难度较大。此外，杜威并未明确提出自己的课程评价体系和标准，因而难以规范判定课程实施的成效。

（二）存在主义课程理论

存在主义教育是一种以存在主义为其哲学基础的教育理论，以"存在先于本质"为第一原

---

① 赵祥麟，王承绪. 杜威教育论著选[M]. 上海：华东师范大学出版社，1981.
② 钟启泉，张华. 经验课程论[M]. 上海：上海教育出版社，2000.
③ 杜威. 民主主义与教育[M]. 王承绪，译. 北京：人民教育出版社，2001.

理。存在主义哲学产生于第一次世界大战后的德国,第二次世界大战期间传至法国,第二次世界大战后在整个资本主义世界广泛流行。20世纪50年代德国的博尔诺夫、美国的莫里斯等人将存在主义应用于教育理论,逐渐形成存在主义教育流派,主要代表人物有德国的海德格尔、雅斯贝斯,法国的萨特尔和奥地利的布贝尔等。存在主义推动了人们对课程理论和实践的反思,存在主义课程论是伴随着存在主义而产生发展的,主要思想可以概括为以下三个方面。

1."自我实现"的课程目标

在存在主义看来,人的本质是"存在"本身,人们学习知识的目的不在于掌握知识本身,而在于它能增进人的自由,是人获取自由的手段。课程的功能是要为每一个学习者提供有助于个人自由和发展的经验,如果知识不能引起学习者的感情就不可能是明确的知识。"自我实现的人"这一理想,是存在主义课程的核心。

2. 重视品格教育的课程内容

存在主义者认为,课程必须从关注客观事物、外在世界转移到关注非理性人格、本体的"此在"世界。人文学科与人的生活紧密联系,涉及人生的各种主题,因此人文学科应该占有重要的地位。布伯甚至认为"名副其实的教育本质上就是品格教育"。① 课程的主要内容应是关于文学、哲学、历史和艺术方面的科目,因为这些科目能够帮助学生洞察和挖掘人生存的价值和意义,更有助于学生实现"自我完成"。

3. 课程实施在对话中进行

存在主义特别强调学生的自主性和能动性,把学生的精神成长看成教育的主要任务,因此空洞的说教是不能被学生接受的。学生不是知识或道德规范的消极接受者,而是要从个人的角度积极地辨别和检验他们的价值及其对个人生活的意义。雅斯贝斯特别重视师生间的对话和交往,认为"对话是探索真理与自我认识的途径",对话便是真理的敞亮和思想本身的实现。② 存在主义视教师为对学生自我实现的影响者,在与学生平等的对话交谈中把知识"提供"给学生,并引导学生认识"自我"和发展"自我"。

存在主义课程理论关注学生的体验和生存状况,突出了学生的主体性和价值,与强调社会价值却忽视人的存在的传统教育背道而驰。从这个意义上讲,存在主义教育完全是个人本位的教育取向。但存在主义思想过于强调张扬个性和自我选择,从而使其教育主张客观上带有偏激性和片面性,走向了极端个人主义。

(三)人本主义课程理论

人本主义课程理论兴起于20世纪70年代的美国,是在批判学科中心课程的基础上发展起来的。人本主义课程理论的代表人物有马斯洛、罗杰斯等人,他们充分肯定人的情感的重要性,坚持课程从发展"完满人性"这一立场出发,充分发挥人的潜能和价值,促进人的自我实现。人本主义教育在课程论上的典型主张有以下几点。

1."自我实现"的课程目标

人本主义课程以马斯洛的需要理论为基石,以自我实现的人格理想为核心。需要理论将"自我实现"作为理想人格追求的最高目标,"自我实现"强调完满的人性,主要指人的友爱、合作、求知、审美、创造等特性或潜能的充分实现。人本主义的课程目标与其教育目标

---

① 华东师范大学教育系,杭州大学教育系.现代西方资产阶级教育思想流派论著选[M].北京:人民教育出版社,1980.

② 雅斯贝尔斯.什么是教育[M].邹进,译.北京:生活·读书·新知三联书店,1991.

具有内在一致性,即特别强调学生的情感、态度、理想与价值方面的发展,促进学生人性的全面发展和人格的自我完善。罗杰斯提出,要实现这一目的,课程目标就应使情感和认知、行为相统一,三者彼此渗透、相互融合,统一于学生的成长与发展。同时,该课程目标又有较强的开放性,并不刻意追求学生学习的结果,其落脚点都是学生独特个性和各方面能力与潜能的充分发展。

2. 人本化的课程内容

人本主义主张课程内容应建立在学生的需要、生长的自然模式和个性特征的基础之上,应体现出思维、情感和行动之间的相互渗透和相互作用,应与学生的生长过程有机地联系起来。课程内容的呈现并不是十分重要,如何让学生认识到课程的个人意义才是关键所在。因而,人本主义课程论强调教材与学生的兴趣和需求之间的关系,认为学习材料的选择要与学生的个性发展、兴趣爱好和生活经验紧密相连。只有充分的调动学习者的学习动机,才能进一步影响学习者的学习态度,促使他们积极主动地进行有意义的学习。

3. "非指导性"的课程实施

在课程实施上,罗杰斯非常强调"非指导性教学",把教学看作课程实施的关键,并把师生共建良好的学习气氛和人际关系作为课程实施的重要影响因素。罗杰斯批判以教师为中心的传统教学,认为传统教学中教师是知识和权力的拥有者,而学生只能接受和服从。罗杰斯倡导以学生为中心的"非指导教学","非指导"即教师的指导是间接性、非命令式的,要求教师要为学生营造出自由的学习氛围,通过学生自己发现问题和解决问题来达到对经验意义的理解,而不是让他们按照预设的方案去学习。"非指导性教学"不仅是罗杰斯提出的一种课程实施形式,更是一种教学设计模式、教学思想。

4. 注重学生自我评价的课程评价

罗杰斯反对包括考试与测评在内的一切外部评价,他认为教师用分数或其他手段对学生的学习结果进行评价,实际上是把学生的能力和熟练程度与别人作比较,这会阻碍学生的自我发展。因此,他主张学生进行自我评价,由学生自己承担起学习的责任,这是发展学生学习独立性的先决条件。学生自我评价的方式有许多,比如:在某些课题的学习中,由学生自己提出问题并编制试题,最后让学生参与评价。罗杰斯也指出,完全由学生进行自我评价也是不现实的,学生的自我评价应当和教师的评价相结合。但是,教师的评价只是辅助,教师的评价也应是鼓励、表扬性的,以发掘学生的优点、学习的潜能和优势为出发点。

人本主义课程理论具有重要的理论价值和现实意义。它充分肯定了学生的主体地位,强调认知和情感两方面在教育过程中的作用,对于调动学生学习的积极性、发挥和实现学生的各种潜能无疑具有积极的意义,给教育理论带来观念上的革新。但是,其局限性也比较明显,比如:过分强调个人的价值观和个人的自我实现,过于强调以学生为中心,削弱教师在教学中应具有的地位和作用,容易造成学生纪律的松弛和学业的下降。

四、后现代主义课程理论

后现代主义课程理论对传统的简单、僵化的思维方式提出了批评,站在后现代立场上对课程做出了详细解读,认为课程是建构而成的,非线性的,代表人物主要有美国的多尔。

(一)课程目标

课程是学生创造、生成经验的过程,学生的现实生活经验是课程再创造的依据。课程开发是一个开放系统,课程展开的过程就是课程的生成过程,通过师生的实践共同创造课程。① 因此,课程目标是不可预估的,无法提前制定,不是封闭的、外设的而是开放的、生成的和变化的。②

(二) 课程标准

多尔认为课程具有复杂结构,其核心要素是自我组织化的过程。为构成这一过程,多尔提出了四条标准,即丰富性、回归性、关联性和严密性,也称 4R 标准。

1. 丰富性

丰富性(richness)这个术语与课程的深度、课程作为意义的载体有关,还与课程的多种可能性或解释有关。多尔认为,学校中传授的主要学术性学科都有它们终身的历史背景、基本词汇和最终词汇,因此每门学科都会以自己的方式解释丰富性。如社会学科包括人类学、经济学、历史学、心理学以及社会学等,主要通过对话和协商的方式解释。这种丰富性能创造性地对各种领域进行合作的、对话性质的探索,因而它与现代主义的观点是不一样的,它体现了一种开放性的特点。

2. 回归性

回归(recursion),是在开放的结构中进行的。回归的课程没有固定的起点和终点,终点是新的起点,而起点又会在上一个终点中有所体现,这是一个循环的过程。在回归的过程中,反思起了积极作用,通过反思可以不断从当前经验中得到新的启示。不同于现代主义模式下的重复,重复是为了提高固定僵化的业绩,其框架是封闭式的;而回归性旨在发展能力,其框架是开放式的。

3. 关联性

关联性(relation)对于一个在后现代时期中起改造作用的课程是有重要意义的,主要表现在两个方面:一是教育方面,称其为教育上的关联,指课程中的文本、观念、教师、学生等因素互动而共同构成一个完整的网络,强调在构建课程时要考虑一整套的关系。二是文化方面,指在课程之外文化和宇宙论的关系,通过对话形成一个庞大的文化网络。

4. 严密性

严密性(rigor)是指概念的重新界定。一方面要有目的地寻找把不同方案,另一方面要有意识地去查找自己或别人重视的假设,并且协调讨论这些假设中的有关细节,这样进行对话才会有意义,才会有改造价值。它的作用在于使改变了的课程避免滑入"不能控制的相对主义"以及情感上的唯我主义的怪圈。③

(三) 课程实施

课程实施是一个诠释与创造、交往与对话的过程,建立在民主平等、合作对话的师生关系上。④ 课程要注重知识之间的联系,师生、生生之间的对话交流以及师生各自的反思,因此,后现代课程的关键在于构建"开放的、互动的、共同的会话"。⑤ 同时,还要注重课堂与社会的紧密相连,要联系社会、深入社会。

(四) 课程评价

多尔认为课程的评价不是以"偏离规范和标准的程度——一种欠缺的概念,而是以生产的

---

① 靳玉乐.课程论[M].北京:人民教育出版社,2012.
② 靳玉乐.后现代主义课程理论[M].北京:人民教育出版社,2005.
③ 钟启泉.现代课程论(新版)[M].上海:上海教育出版社,2015.
④ 钟启泉.课程论[M].北京:教育科学出版社,2007.
⑤ 小威廉·E.多尔.后现代课程观[M].王红宇,译.北京:教育科学出版社,2000.

质量——一种启发性的、不易于测量的概念来衡量。"[1]课程评价应关注过程、学生获得了怎样的发展,而不是结果、课程目标的完成情况。

后现代主义课程论主张课程设计应从目标模式变为过程模式,看到了教师和学生的主体性和自主性,使得课程系统也更加丰富、多元和开放,师生之间的对话交流更频繁和深刻。但是,后现代主义课程论也同样遭到了部分人的批评,他们认为它会走向虚无主义的极端、理论建构不成熟等。不过,后现代主义课程论无疑是新颖的,其观念为课程研究拓宽了思路,依然有很大的研究空间。

资料夹 5-4

车里霍尔姆斯和奥利弗的后现代课程论

(1) 车里霍尔姆斯的解构性后现代课程论:车里霍尔姆斯分别批判了泰勒原理、施瓦布的实践以及布鲁姆的目标分类,认为他们将"非线性结构"化为"线性结构"。他提出课程并非一成不变,会随着社会文化的发展而变化,课程的常模是冲突和不稳定的而非共识和稳定。基于此,他强调要在不断地建构-解构-建构-解构的过程中认识课程。

(2) 奥利弗的批判性后现代课程论:奥利弗提出两种认识,即技术性认识和根基性认识。后者可以使个体感受到自己与文化、自然的联系,而基于这一认识的课程是把教育看作一种"密切关系"的研究,强调"存在",即参与发生在特定的时间与场所的事件。

资料来源:钟启泉.现代课程论(新版)[M].上海:上海教育出版社,2015.

提示:课程理论是关于课程内容选择、组织(编排)与评价的理论,所以,学习时可以遵循"内容选择—内容编排—评价"这三个点理解与记忆。如学科中心理论:内容选择—学科知识;内容编排—知识逻辑顺序;评价—知识掌握程度。另外,要牢记各种理论的代表人物。

第三节 课程开发

课程开发是指以培养目标、课程目标为导向,遵循学生身心发展规律特点和学科特点,考虑学生发展需求和社会发展需要,通过选择、组织、实施和评价等环节,开发出一种课程提供给教育机构中的人们,并以此作为教育方案的过程。可以将其理解为开发出一种课程的精心计划的整体活动。

一、课程开发的影响因素

课程开发受诸多因素的影响,主要有儿童发展、社会需求和学科特征三个方面。在开发过程中,开发人员需要特别注意学生、社会和学科的需求。儿童发展影响课程计划、课程标准及教材组织;社会需求决定课程发展的方向;学科特征制约课程内容的选择与组织形式。

(一) 学生发展

课程是供儿童使用并促进其身心健康发展的媒介,因此课程必须是学生所能接受的、适应学生身心发展需要的。课程目标的设计、课程内容的选择与编排、课程学习结果的评价等,都必须考虑学生的身心发展规律、需要与可能,考虑学生的年龄阶段和发展水平,考虑学生原有

---

[1] 小威廉·E.多尔.后现代课程观[M].王红宇,译.北京:教育科学出版社,2000.

的知识基础和能力等。例如,学生的身心发展特点和年龄特征制约课程目标的厘定,学生的兴趣需要影响课程内容的选择组织,儿童的心理发展顺序制约课程内容的逻辑顺序等。

(二) 社会需求

课程内容的选择并不是随心所欲的,"在整个可能获得的知识领域中,只是有限的部分被视为法定的知识、'值得'传递给下一代的知识"①进入学校课程。就是说只有那些符合社会政治经济文化发展需要的,能够促进社会政治经济文化发展的,与国家主流意识形态和价值取向相一致的内容才能获得"法定"资格而进入学校课程。社会对课程的制约从社会需要和社会条件两方面发挥作用。具体而言,社会生产力的发展决定课程内容的选择、教学手段的使用以及评估方式的改变;社会制度与政策直接制约课程目标的制定与课程内容的筛选;社会政治经济生态的变化直接影响课程的结构。社会因素对课程的需求往往不是直接的,而是通过教育方针、政策、有关课程的法规等中间环节或手段来实现。

(三) 学科特征

课程开发从技术上说是从庞大的学科知识体系中选择什么、按什么标准进行选择、根据什么逻辑进行编排的过程。经过历史的积淀,不同的学科都有其自身独特的知识体系与逻辑框架,这些知识体系和逻辑框架是课程开发时必须尊重和选择的,这样才能保证开发的课程具有科学性,并能够在教育教学实践中得到实施。

(四) 课程资源

课程资源是课程开发的物质前提,是指形成课程的要素来源以及实施课程的必要而直接的条件。广义的课程资源指的是有利于实现课程目标的各种因素,狭义的课程资源是指教学内容的直接来源。根据不同的标准,课程资源可以分成不同的类别。根据来源划分,课程资源可分为校内课程资源、校外课程资源、信息化课程资源;根据载体划分,课程资源可分为文字资源和非文字资源;根据存在方式划分,课程资源可分为显性课程资源和隐性课程资源;根据功能特点划分,课程资源可分为素材性课程资源和条件性课程资源;根据学习方式划分,课程资源可分为教授化课程资源和学习化课程资源等。课程资源具有以下特点。

(1) 多样性。课程资源涉及学生学习与生活环境中一切有利于达成课程目标的资源,它分散于学校内外的方方面面,因而课程资源具有广泛多样的特点。

(2) 价值潜在性。尽管课程资源多种多样,但只有那些真正进入课程、与教育教学活动联系起来的资源,才是现实的课程资源。从这种意义上看,一切可能的课程资源都具有价值潜在性的特点。

(3) 多质性。同一资源对于不同课程具有不同的用途和价值。例如,学校附近的山,既可以用于体育课程中的体育锻炼,也可以用于劳动技术教育中的植树绿化。

练习

【5-21】 课程资源指的是(　　)。
　A. 教师和学生　　　　　　　　　　B. 课程标准和教科书
　C. 国家课程、地方课程与学校课程　　D. 有利于实现课程目标的各种因素

---

① Apple M W. Making Curriculum Problematic[J]. The Review of Education,1976(1):63—71.

【5-22】 根据载体不同,可以把课程资源划分为( )。
A. 校内课程资源与校外课程资源　　B. 教授化课程资源与学习化课程资源
C. 条件性课程资源与素材性课程资源　D. 文字性课程资源与非文字性课程资源

二、课程开发的基本模式

课程开发历史上曾经出现过诸多课程开发模式,至今为止比较成熟的有三种模式：泰勒的目标模式、斯滕豪斯的过程模式和施瓦布的实践模式。

(一) 泰勒的目标模式

目标模式,是以目标的分析与设定作为课程设计的依据和基础,围绕着课程目标的确定、实现、评价而展开的课程设计的模式。目标模式的典范是泰勒模式,泰勒模式由被誉为"现代课程理论之父"的美国著名教育家拉尔夫·泰勒,在《课程与教学的基本原理》一书中提出。他认为课程开发需要明确四个基本问题,这四个基本问题后来被人们称为"泰勒原理"（Tyler's Rationale）,也即目标模式。

1. 四个基本问题

(1) 学校应该达到哪些教育目标？
(2) 学校应该提供哪些经验来达到教育目标？
(3) 学校如何组织这些经验？
(4) 怎样确定这些目标正在得到实现？

2. 目标模式的基本内容

上述四个问题可以简化为确定教育目标、选择学习经验、组织学习及经验、评价教育计划四步骤,这四个步骤构成了课程开发的基本程序。

(1) 确定教育目标。教育目标的确定是课程开发的出发点和逻辑起点。泰勒认为："如果要设计一种教育计划并不断加以改进,那就有必要拥有关于所指向的目标的观念。针对这些教育目标,应怎样选择材料、规划内容、开发教学程序、编制测验的标准。教育计划的所有这些方面实际上是达成基本教育目标的手段。"①

确定教育目标,首先通过对学生的兴趣与需要、当代社会生活的特点和学科专家的建议等因素加以分析,获得初步的教育目标；其次,以教育哲学和学习心理学作为"筛子",对这些初步的教育目标进行筛选；最后,精确地表述教学目标（见图5-1）。目标表述分为以下两个方面：行为方面,指学校力图在学生身上培养的种种行为,包括知识的获得以及能力、态度、兴趣等的形成；内容方面,指在学生身上形成所期望的行为所需要的事实。

(2) 选择学习经验。如何选择学习经验？泰勒提出五条原则：①学习经验既能为学生提供机会去实践目标所隐含的

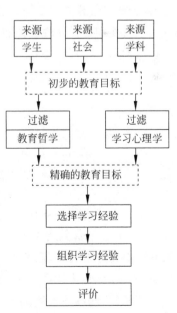

图 5-1 泰勒的目标模式

---

① Tyler R. Basic principles of curriculum and instruction[M]. Chicago: University of Chicago Press, 1949.

行为,又能使学生有机会处理该目标所隐含的内容;②学习经验必须使学生在实践教育目标所隐含的行为的过程中获得满足;③学习经验中所期望的反应,应该在学生力所能及的范围内;④有许多特定的经验可以达到同样的教育目标;⑤同一种学习经验也可能产生数种结果。①

(3) 组织学习经验。组织学习经验必须考虑两种不同的组织:纵向组织和横向组织。纵向组织,指不同阶段(或时期)的学习经验之间的联系,如三年级科学课与四年级科学课所提供的学习经验之间的联系;横向组织,指不同领域的学习教育之间的联系,如三年级的科学课与三年级的数学课所提供的学习经验之间的联系。把这两个维度有机地组合起来,可以形成一个完整的学习经验体系。组织学习经验的标准如下:①连续性(continuity),指直线式地组织学习经验;②序列性(sequence),指螺旋式地组织学习经验;③整合性(integration),指学习经验之间的横向联系,即一个领域与另一个领域或多个领域之间的有意义的联结。②连续性和序列性是"纵向"展开的,整合性是"横向"展开的。此外,泰勒还提出了组织学习经验的主要结构要素、课程开发的主体环节。在选择学习经验时,泰勒认为要能够满足学生实践的需要且在学生力所能及的范围内,使学生有机会去实践目标所隐含的行为和处理该目标所隐含的内容。在组织学习经验时,必须要遵循连续性、序列性和整合性,既能纵向组织经验,又能横向组织经验。

(4) 评价教育计划。所谓评价,本质上是确定课程与教学计划实际达成教育目标的程度。评价至少包含两方面:①评价必须评估学生的行为;②评价在任何时候都必须包括一种以上的评估。泰勒给出了具体的评价程序,其基本步骤为:界定教育目标—明确教育情境—编制评价工具。

泰勒的目标模式确定了课程开发的基本思路,程序步骤层次分明,具有较强的逻辑性、科学性、系统性和可操作性。但忽视了学生的主体性和自主性,预先确定的教育目标限制了学生的发展,不利于发挥教师和学生的主动性与积极性。在操作过程中也容易出现简单化、机械化倾向。

资料夹 5-5

塔巴模式和惠勒模式

塔巴(Taba,H)是泰勒的学生和助手,她基于泰勒模式提出一个更为详细而具体的方案,包括八个步骤:诊断需要、陈述目标、选择内容、组织内容、选择学习经验、组织学习经验、确定评价的对象与方法、检查平衡性与顺序性。

英国课程论专家惠勒(Wheeler,D. K)认为,泰勒模式是直线型的,在 1967 年发表的《课程过程》(*Curriculum Process*)一书中,他将泰勒的直线式修改为圆环式。这样,当评价的结果与预期目标不符时,能够实现回馈,通过检查不当之处而重新开发课程。惠勒模式仍以宗旨、目的、目标的选择为起点,接着是选择学习经验、选择学习内容、组织并学习经验和内容,然后是评价,最后再回到宗旨、目的、目标,以此形成一个圆环。

资料来源:汪霞.课程开发的目标模式及特点[J].外国教育研究,2002,29(6):11.

---

① ② Tyler R. Basic principles of curriculum and instruction[M]. Chicago: University of Chicago Press, 1949.

练习

【5-23】 拉尔夫·泰勒的课程编制原理主要强调（　　）。

A. 教师对课程的再开发　　　　　　B. 学生承担课程评价责任

C. 课程目标的主导作用　　　　　　D. 课程审议机构的介入

（二）斯滕豪斯的过程模式

课程开发的过程模式的代表人物是英国课程理论家劳伦斯·斯滕豪斯。他认为泰勒的目标模式存在诸多局限，课程开发不能按照预定的目标来制定一套程序式的方案，而应该是一个动态、开放、持续的过程。因此，这种模式被称为过程模式。在1975年出版的《课程研究与编制导论》一书中，斯滕豪斯详细地阐述了过程模式的基本思想。

1. 课程开发过程是一个开放的系统

斯滕豪斯认为目标模式是一种封闭的系统，采用的是线性的课程开发过程，但是学生的学习不是线性的、被动接受的过程，而是主动参与、探究的过程。在这个过程中，学习的目标和内容无法预先加以明确的规定，因为学生的兴趣在学习过程中会不断发生改变，教学过程中也会出现许多偶发事件，因此过程模式主张课程开发应当是一个开放的系统。

2. 强调教育过程本身的价值

与目标模式所持的工具主义的知识观相反，过程模式强调知识以及教育本身具有内在的价值，无须通过教育的结果来加以证明。这类活动有其自身固有的完善标准，能够根据这些标准而不是根据其导致的后果来评价。人们可以对它们本身所具有的价值进行争论，而不是对其作为达到目的的手段的价值进行争论。简言之，过程模式强调知识本身的内在价值；强调教育本身即过程，而非达成目的的手段。在教育过程中，儿童通过对自然、社会、自我的探究获得探究能力，增进批判能力，成为有灵性、有教养的人。

3. 按学生的需要灵活地选择和组织内容

目标模式认为课程内容和教育目标之间有着最密切的一一对应关系，只要内容是按照目标选择和组织的，教育目标自然就能达成。过程模式则认为，面对学生的不同需要，同一课程内容可能产生完全不同的结果，据此，过程模式主张依据"过程原则"，开发能促进学生发展的课程内容。

"过程原则"的本质含义在于，鼓励教师对课程实践的反思性批判和自主创造。斯腾豪斯以自己领导制定的"人文学科课程计划"为例，阐释了教师应遵循的"过程原则"具体如下。

（1）教师应该与学生一起在课堂上讨论、研究具有争议性的问题。

（2）在处理具有争议性的问题时，教师应持中立原则，使课堂成为学生的论坛。

（3）探究具有争议性问题的主要方式是讨论，而不是灌输式的讲授。

（4）讨论应尊重参与者的不同观点，无须达成一致意见。

（5）教师作为讨论的主持人，对学习的质量和标准负有责任。[①]

4. 强调对活动过程的评价

斯腾豪斯认为，教师不应像在目标模式中那样，对照预设目标对学生加以评判，而应在活动过程中对学生加以评价，以促进学生的发展。课程评价不应以目标实现情况为依据，而应以

---

① Elliott J. A Curriculum for the Study of Human Affairs: the Contribution of Lawrence Stenhouse[J]. Journal of Curriculum Studies, 1983(2): 110-115.

在多大程度上反映知识形式、实现程序原则为依据。在评价过程中,要重视教师的作用,教师是一个诊断者、批评家而非判分者。一方面学习评价应建立在学生的自我评价上,另一方面学习评价应建立在教师的诊断与评析基础之上。如此,教师必然要将研究学生为己任。基于此,斯滕豪斯甚至还明确提出了"教师即研究者"的观点。

过程模式在一定程度上弥补了目标模式的局限性,看到了课程研究和课程内容的重要性,并且强调学习是一个主动过程而非被动接受。此外,还转变了教师角色,教师不仅是知识的传授者,还是学生学习的监督者和引导者。但是,过程模式并没有提出一个具体、可操作的方案,对教师能力要求高,在实践上有些困难。同时,过程模式过于强调课程的内在价值而忽视了社会等因素,削弱了课程的系统性和科学性。

练习

【5-24】在课程史上,首次提出"赋权给教师""教师即研究者"概念的教育家是( )。
A. 斯宾塞　　　　B. 泰勒　　　　C. 施瓦布　　　　D. 斯滕豪斯

(三) 施瓦布的实践模式

美国课程理论家施瓦布,在对以目标模式为代表的传统课程理论进行反思的基础上提出了实践模式。施瓦布认为传统模式太强调课程理论的作用,仅根据学生的学习目标来衡量课程与教学的成败,只注重最终的学习结果,而没有把课程当作一个动态的实践过程,忽略了学生学习过程本身,忽略了对课程实践过程的评价。所以,他从课程具体实施的角度提出了实践模式。

1. 课程是一个"生态系统"

实践模式把课程看作由教师、学生、学科内容和环境四要素组成的相互作用、有机的"生态系统"。通过这个"生态系统",各要素间相互理解、相互作用,满足学生兴趣需要、提高能力与德行。① 课程开发和研究应从当下具体实际情况出发,而不是从所谓的科学原理出发。

2. 教师和学生是课程的合法主体和创造者

教师和学生是课程开发的主体,教师是课程的主要设计者,在课程开发中起主导作用,要发挥教师的创造性和能动性。学生虽然不直接参与课程开发研究,但他们的想法、需求会影响课程设计,学生有权选择课程、质疑课程。学生可以把自己全部的生活经验投入课程中,以实现行为、成长和成熟能力的提高。

3. 课程开发过程——集体审议

教师、学生、学科内容与环境四个基本要素之间相互作用、相互影响是课程审议的核心内容。教师是确定课程目的和解决问题过程中的一个基本要素,是课程审议的第一手信息来源。学生在课程审议中占有重要地位,课程审议必须以学生的实际水平、年龄特征以及个别差异为依据。学科内容是课程审议的来源、对象,是具体课程的"潜能",通过课程审议成为最终的课程资源。环境包括课堂、学校、家庭、社区、特定的阶级、种族群体等,任何课程审议、决策都必须以对影响学生和学校的环境的理解为基础。

集体审议的具体步骤如下:提出迫切需要解决的问题→对事实判断和价值判断形成共识→确定备选方案→选择最佳方案→方案预演→反思→得出最终结论。这一过程的主体是课程集体,课程集体有多方人员参与。

---

① 全国十二所重点师范大学.教育学基础[M].北京:教育科学出版社,2014.

施瓦布的实践模式，重视课程开发过程中教师和学生的主体作用，将课程开发的人员规模扩大到社区、家庭等地方，从重理论研究到重实践开发等都有一定的积极意义，但该模式过于强调实践而忽视了理论，而且在实践中很难实施。

（四）斯基尔贝克的情境模式

情境模式又称"情境分析模式"或"文化分析模式"，其基本假定是，学校和教师参与的校本课程设计是促进学校深层变革最有效的方法。情境模式的主要代表人物是斯基尔贝克(Skilbeck,M)和劳顿(Lawton,D)。这里主要介绍斯基尔贝克的情境模式。该模式将课程设计置于社会文化框架中，"教师通过使学生领悟文化价值、学会各种用来对文化进行阐释的结构和各种符号系统，去修正、变革学生的经验"①。该模式分五部分：分析情境，拟订目标，设计教与学的课程方案，诠释和实施课程方案，评估、反馈和重新建构②。

1. 分析情境

情境分析主要指对学校环境中各种相互作用因素的分析。包括外部因素（如意识形态变化、家长和社区的愿望、学科性质的变化等）和内部因素（如学生及其特点，教师素养及其价值观、知识、技能、兴趣，校风，校内的政治结构以及设施设备情况等）。

2. 拟订目标

情境模式的目标拟定与目标模式的确定目标不同，前者的目标来自情境分析的结果。尽管这里的目标也包括教师和学生的行动，但不一定是明显的行为，目标包含并陈述教育活动方向的喜好、价值和判断。情境模式目标是一连续过程的一部分，不是终点。

3. 设计教与学的课程方案

设计教与学课程方案的主要内容为：设计教学活动，包括内容结构和方法、范围、顺序；教学工具和材料，诸如课本材料、工具清单、资源单位等；教学环境的设计，如实验室、工厂；人员的部署和角色的界定，如视课程改革为社会的改革等；功课表，包括时间表和资源的供应。

4. 诠释和实施课程方案

诠释及实施课程方案是指当新方案实施时，可能会产生种种问题，这些问题要通过经验的反省与解释、对实施过程的分析，逐一加以解决。

5. 评估、反馈和重新建构

评估、反馈和重新建构的主要工作是：开发监督和沟通系统；评估计划的准备；提供评估，依据课堂中收集到的证据，进一步修改方案；评估总体结果，包括学生的态度、教师的反应及其对整个学校组织的影响等；保存必要的记录，依据各参与人员的反应加以记录；开发一套适于各种结果的评估程序。

斯基尔贝克的情境模式是一种囊括了目标模式和过程模式的综合性模式，是一种富有弹性、适应性很强的模式，课程设计人员可以从该模式的任何一部分开始课程设计工作，同时根据需要开展模式中的其他部分的工作。若与目标模式比较，该模式不像目标模式那样事先预设一种线性的程序，封闭地进行课程设计，而是鼓励课程设计者考虑课程设计过程中不同的影响因素，视整个过程为一种有机整体，并以一种相当系统的方式进行课程设计。

---

① 钟启泉.现代课程论[M].上海：上海教育出版社，1989.
② 黄光雄，蔡清田.课程设计：理论与实际[M].南京：南京师范大学出版社，2005.

第四节 课程类型

中华人民共和国教育部制定的《义务教育课程方案和课程标准(2022年版)》公布了我国九年一贯制义务教育的课程类别与科目设置(见表5-1)。表中显然把课程分为国家课程、地方课程和校本课程三大类别,那么,表中所列的12种科目在性质上都属于什么课程类型?不同的课程类型有哪些特点?下文将根据组织方式、开发主体、呈现方式、课程选择权等标准,对不同的课程类型进行划分。

表5-1 《义务教育课程方案和课程标准(2022年版)》中课程类别与科目设置

类别	科目	年级
国家课程	道德与法治	一至九年级
	语文	一至九年级
	数学	一至九年级
	外语	三至九年级
	历史、地理	七至九年级
	科学	一至六年级
	物理、化学、生物学（或科学）	七至九年级
	信息科技	三至八年级
	体育与健康	一至九年级
	艺术	一至九年级
	劳动	一至九年级
	综合实践活动	一至九年级
地方课程	由省级教育行政部门规划设置	
校本课程	由学校按规定设置	

一、分科课程、活动课程与综合课程

依据课程内容组织形式可以将课程分为分科课程、活动课程和综合课程。

(一)分科课程

分科课程也叫学科课程,是指根据各级各类学校的培养目标和学生发展水平,依照种类从各学科中选择知识,按照学科逻辑来组织排列这些知识形成的课程。各课程之间是相互独立的,具有结构性、系统性、简约性的特点。

分科课程注重知识的内在逻辑和系统性,有助于学生学习和巩固基础知识;突出教师的主导作用,便于教学,能提高教学效率。但是割裂了各学科之间的联系,存在分科过细问题,脱离了学生的实际生活,忽视了学生的兴趣需要,不利于发挥学生的主体性。

练习

【5-25】 目前我国小学开设的"语文""数学""英语"等课程属于(　　)。
A. 活动课程　　　B. 综合课程　　　C. 学科课程　　　D. 融合课程

(二)活动课程

活动课程也叫儿童中心课程或经验课程,打破学科逻辑系统的界限,从学生的兴趣需要出发,以活动为中心,通过引导学生自己组织的有目的的系列活动而编制的课程,具有生活性、实用性和开放性特点。

活动课程能够给学生提供更广阔的学习空间和更充分的动手操作的机会,充分尊重学生的兴趣需要;加强了课程与学生生活的联系,调动了学生学习的主动性。但是过于强调生活、活动而忽视了系统知识的学习,夸大学生能力,忽视了教师的主导作用,导致教育质量低下,具有较大的偶然性和随机性。

练习

【5-26】 简答题:简述活动课程的特点。

【5-27】 辨析题:课程有多种类型,综合课程就是活动课程。

(三) 综合课程

综合课程,又称"广域课程""合成课程""统合课程",是指为克服学科课程分科过细的问题,突破传统学科的界限,组合相邻领域两门及以上的学科构成的一门课程,包括相关课程、融合课程、广域课程和核心课程四种。

综合课程坚持知识统一性,有利于学生把握整体世界;可以促进知识迁移,弥补知识之间的割裂性;能培养学生综合分析问题以及解决问题的能力,方便学生的未来就业;贴近社会生活实际。但是容易忽视每门学科各自的逻辑性,教材编写困难,也很难找到相对应的师资,教学难度大。

资料夹 5-6

综合课程分类

(1) 相关课程,也称"联络课程",指在保留原有学科划分的同时组合相邻学科,如语文与历史、数学与物理等,既保持原有学科界限,又在各科课程标准中确定了相关科目的联系点,使各科教材之间保持密切的横向联系。

(2) 融合课程,也称"合科课程",指由若干相关学科组成新的学科,如动物学、植物学、微生物学、遗传学融合为生物学,融合程度比相关课程更进一步。

(3) 广域课程,是将各科教材按照性质划分到不同领域,再将同一领域的各科教材组合起来进行系统教学的课程,融合程度比前面两个课程更甚。

(4) 核心课程,也叫"问题课程",是以问题为核心将各学科组织起来,由一名教师或教师小组进行连续教学的课程,融合程度最深。

资料来源:全国十二所重点师范大学.教育学基础[M].北京:教育科学出版社,2002.

练习

【5-28】 小学《科学》课程整合了自然科学各学科的内容,这种课程属于(　　)。
A. 融合课程　　　　B. 广域课程　　　　C. 核心课程　　　　D. 合并课程

【5-29】 小学开设的科学、艺术课程,其课程类型属于(　　)。
A. 分科课程　　　　B. 综合课程　　　　C. 活动课程　　　　D. 经验课程

二、国家课程、地方课程与校本课程

根据课程设计、开发、管理的主体,可以将课程分为国家课程、地方课程和校本课程。

(一) 国家课程

国家课程是国家规定的课程,由中央政府编制、实施和评价,专门为培养未来的公民而设计,是依据未来公民接受教育之后所要达到的共同素质而开发的、集中体现国家意志的课程。国家课程根据不同教育阶段的性质与培养目标,制定各个领域或学科的课程标准或教学大纲,编写教科书,是国家基础教育课程计划框架中的主体部分,也是衡量一个国家基础教育质量的重要标志,具有强制性、权威性、统一性和多样性等特点。

国家课程明确规定了学生在接受学校教育期间应达到的标准,它为学校和社会各界提供了清楚、具体的教育质量标准,从总体上规定了不同学段的教育目标。其优点在于在国家层次上形成一个连续的课程框架,使各学段之间形成了很强的衔接性,但由于标准、规划过于统一,会存在缺少普遍适应性、课程内容容易脱离学校和学生实际、难以发挥教师的积极性等问题。

(二) 地方课程

地方课程是由地方政府编制,在本地区实施和评价,展现本地特色的课程,是地方教育主管部门以国家课程标准为基础,在一定的教育思想和课程观念的指导下,根据地方经济、政治和文化发展水平等实际情况而设计的课程。地方课程往往是国家课程的补充,其地位与国家课程是平等的,反映了地方社会发展状况对学生素质发展的基本要求。地方课程对本地区中小学的课程规划实施具有导向作用,其主导价值在于通过课程满足本地方的社会发展需求。

练习

【5-30】 在我国基础教育课程结构中,地方课程与国家课程在地位上具有( )。
A. 平等性　　　B. 层次性　　　C. 辅助性　　　D. 从属性

(三) 校本课程

校本课程是相对于国家课程和地方课程的一种课程。学校可根据学校课程开发与管理的指导意见和所在地区的教育环境优势,结合本校的传统和资源,兼顾学生的兴趣和需要,在专家指导下,组织学校教师、学生、家长和社区有关人士共同参与,进行校本课程的开发、设计和实施工作。校本课程的主要价值在于通过课程展示学校的办学宗旨和特色。

校本课程与国家课程和地方课程相比,在开发和管理上主要表现出自发、自愿、自我控制、回应内部需要、利用自身资源等特点。开发校本课程有利于提高本校教师专业发展水平和本校办学水平,满足学生发展需要。

练习

【5-31】 某校开发了一门介绍当地风俗、物产与人物的课程。该课程属于( )。
A. 地方课程　　　B. 校本课程　　　C. 隐性课程　　　D. 分科课程

三、显性课程与隐性课程

根据课程的呈现方式可以将课程分为显性课程和隐性课程。

(一) 显性课程

显性课程又叫公开课程或正规课程,是国家正式实施的课程,是指在学校情境中以直接的、明显的方式呈现的课程。显性课程是按照提前制定的课程表实施的,是学校施教、学生学习的主要依据,学生通过特定考核后可以获得相应教育学历或资格证书。

显性课程具有目的性、组织性、计划性的特点，计划性是区分显性课程和隐性课程的主要标志。显性课程具有规范化的管理、实施和评价，因此能够引起学校、教师和学生的重视，能有效提高教学质量。但是，过于规范化的体系会缺少一定的灵活性，容易增加师生压力。

（二）隐性课程

隐性课程又叫隐蔽课程、自发课程或潜隐课程，是国家没有正式实施，但会伴随显性课程出现的课程，是在学校中以内隐的形式间接呈现的课程。隐性课程的特点是内隐形、无意识性，隐性课程主要有四种类型：①观念性隐性课程，包括隐藏于显性课程之中的意识形态，如校风、学风、班风、教师教育理念、教学风格等；②物质性隐性课程，如校园环境、教室布置、学校建筑等；③制度性隐性课程，如学生守则、班级规章制度、学校管理体制等；④心理性隐性课程，如学生关系、师生关系、师生观等。

练习

【5-32】 学校中的"三风"是指校风、教风和学风，是学校文化的重要构成，就其课程类型而言，它主要属于（　　）。

A. 学科课程　　　　B. 活动课程　　　　C. 显性课程　　　　D. 隐性课程

【5-33】 贴在教室墙上的课程表本身也是一种课程，这种课程属于（　　）。

A. 学科课程　　　　B. 活动课程　　　　C. 隐性课程　　　　D. 显性课程

【5-34】 学校利用板报、橱窗、走廊、墙壁、雕塑、地面、建筑物等媒介，旨在体现教育理念，实现育人功能。在课程分类中，这属于（　　）。

A. 学科课程　　　　B. 活动课程　　　　C. 显性课程　　　　D. 隐性课程

四、必修课程与选修课程

根据学生的课程选择权可以将课程分为必修课程和选修课程。

（一）必修课程

必修课程是指国家、地方或学校规定的，学生必须学习的课程，包括公共课、基础课、专业课等，以保障每个学生都能掌握基础知识。必修课程可以分为国家规定的必修课、地方规定的必修课与学校规定的必修课等。必修课程的根本特性是强制性，是社会权威在课程中的体现。必修课程所具有的功能是多方面的，它可以选择传递主流文化；帮助学生掌握系统化的知识，形成特定的技能和态度；促进社会政治、经济、科技的发展；帮助学生获取某一教育程度的文凭和某种职业资格；促进学生的体质、认知、情感和技能的发展。

（二）选修课程

选修课程是学生根据自己的兴趣爱好、发展需要选择不同的课程，其目的在于满足学生个性发展的需要，发挥学生潜能。

练习

【5-35】 从实现学校培养目标来看，必修课和选修课之间具有（　　）。

A. 层次性　　　　B. 等量性　　　　C. 等价性　　　　D. 主次性

除了上述四种分类方式，在教育实践中还有一种按照课程的任务进行划分的课程类型。具体分为基础型课程、拓展型课程和研究型课程。基础型课程注重培养学生的基础能力，拓展型课程注重扩展学生的知识视野,研究型课程注重培养学生的探究能力和问题解决能力。

第五节 课程改革

随着现代化、信息化社会的不断发展,国际竞争日益激烈,教育领域迫切需要革新以适应社会发展需求,培养创新人才是各国教育目标的共同指向。并且,在我国素质教育不断深化的过程中,原有的课程体系逐渐显露出弊端,如内容陈旧、方法过时、设备简陋、理念单一等问题,因此为了更好地适应国际与国内发展趋势,我国自 2001 年开始了新一轮的基础教育课程改革。那么,影响课程改革的因素有哪些?我国基础教育课程改革经历了什么样的过程?当前我国正在进行的新课改有什么新的变化?

一、课程改革的主要影响因素

课程改革受多方面因素的影响,大致可以分为政治、经济、文化、科技革新和学生发展几个方面。

(一) 政治因素

政治因素对课程改革的影响是多方面、全方位的。首先,政治因素影响课程目标的制定。课程目标受教育目的和培养目标的制约,而教育目的和培养目标反映了党和国家对人才的需求,所以政治因素进一步制约着课程目标。其次,政治因素影响课程内容的选择。课程内容要符合人才培养的需要,要集中体现党和国家的意志。最后,政治因素影响课程的编制过程。从制定课程目标到确定并实施课程计划、进行课程评价这一系列过程都深受政治影响。

(二) 经济因素

首先,经济发展制约课程目标。经济社会发展会进一步提高对劳动力素质的要求,社会对体力劳动者的需求逐渐降低,更加看重体力脑力兼顾的劳动者。其次,不同地区的经济发展程度影响不同地区的课程改革。经济发达地区的课程改革走在前列,有更多的资金投入研究,课程改革的速度和质量高,而经济欠发达地区课程改革的速度和质量都相对一般。最后,市场经济会影响课程的价值取向、课程目标以及课程结构。

(三) 文化因素

首先,文化模式影响课程改革。不同的国家、民族有各自独特的文化模式,在课程改革时会影响本国、本民族的课程设置。其次,文化变迁影响课程改革。文化是课程内容的主要来源,课程也是传递、传播和创造文化的载体,因此不同文化间的交流传播会影响课程,需要对课程进行及时相应的调整。

(四) 科技革新

首先,科技革新影响课程目标。科技发展要求课程不仅要传授知识,还要培养能力。其次,科技革新推动课程改革进程。科学技术水平提高,课程改革的速度也会提高。最后,科技革新影响课程结构。历史上,每一次科学技术发生重大革新,课程结构也会发生变化。

(五) 学生发展

首先,学生身心发展规律和需要制约课程改革。课程改革需要遵循学生身心发展的顺序性、不平衡性、差异性和阶段性,满足学生发展的需要。其次,学生的最近发展区影响课程改革。最近发展区是学生实际发展水平和潜在发展水平之间的差距,课程改革应在学生最近发展区内制定目标、选择组织内容，不宜过度超过学生能力。

二、我国基础教育课程改革

自新中国成立以来，我国经历了八次课程改革，摸索前行，逐渐走出了一条属于中国的课程改革之路。

（一）改革历程

我国新基础教育课程改革大致可以分为四个阶段。

1. 准备阶段（1999—2001）

为贯彻《中共中央 国务院关于深化教育改革全面推进素质教育的决定》（中发〔1999〕9号），1999年1月，教育部基础教育司成立了基础教育课程改革专家工作组，共历时两年半，起草了《基础教育课程改革纲要（试行）》，并于2001年正式颁布。同时，从1999年开始，各科标准制定、教材编写，各项专题（如校本课程的管理和开发指南、综合实践活动指南、课程和教材评价、学业评价、高考改革等）的研究和政策制定工作，也——展开。2001年，国务院颁发《国务院关于基础教育改革与发展的决定》（国发〔2001〕21号），大力推进基础教育课程改革。

2. 试点实验阶段（2001—2004）

从2001年秋季起，基础教育课程改革进入实验阶段。课程改革专家组编制了18个科目的课程标准和49册实验教材，并通过审查。这些课程标准与实验教材于2001年9月开始在国家选定的38个实验区进行试点实验。本阶段的主要工作包括：确定新课程实验的总体目标和工作策略；成立"教学专业支持工作组"；推进"以校为本"教研基地建设；组织对义务教育实验过程的评估和调研等。

3. 全面推广阶段（2004—2007）

从2004年开始，全国义务教育课程改革进入全面推广阶段。这一阶段的主要工作包括义务教育新课程实验在全国全面推开、推进普通高中新课程实验等。

4. 反思深化阶段（2007至今）

从2007年开始，我国新基础教育课程改革进入新课程反思、新课程常态化、纵深化发展阶段。2009年在南京召开全国课程改革经验交流会，2010年教育部颁布《关于深化基础教育课程改革进一步推进素质教育的意见》，2014年颁布《关于深化基础教育课程改革落实立德树人根本任务的意见》，2019年6月23日，中共中央国务院出台《关于深化教育教学改革全面提高义务教育质量的意见》，2022年3月25日教育部发布《义务教育课程方案和课程标准（2022年版）》，深化基础教育改革。

（二）改革理念

新一轮课程改革的理论基础是马克思关于人的全面发展的学说、多元智能理论和建构主义理论，核心理念是"为了中华民族的复兴，为了每位学生的发展"。具体理念包括学生观、学习观、教学观、评价观和教师观五个方面。

1. 学生观

（1）学生是发展的人。要用发展的眼光看待学生，学生具有很大的发展潜能，要遵循学生身心发展的规律特点，将学生看作是处于发展过程中的人，促进学生的全面发展。

（2）学生是独特的人。学生不是单纯的抽象的学习者，是一个完整的人，有自身的独特性，学生与成人之间也存在差异性。

(3) 学生是具有独立意义的人。学生是学习的主体、责权的主体,每个学生都独立于教师的头脑之外,不以教师的意志为转移,不能强制学生。

练习

【5-36】 简答题:简述当前我国基础教育课程改革所倡导的学生观。

2. 学习观

转变学生学习方式是第八次基础教育课程改革的重点之一,强调以尊重学生学习方式的独特性和个性化为基本原则,具体要完成下列几个方面的转变。

(1) 变接受学习为主动参与。改变过去被动接受式的学习方式,通过设计各种学习活动激发学生主动参与的热情,在活动中享受学习的乐趣。

(2) 变死记硬背为勤于动手。过去知识多来自书本,把学生看作是知识的容器,学生通过死记硬背的方式来储存知识。但是知识也可以从实践活动中获得,学生可以在活动中通过动手操作来建构出属于自己的知识体系。

(3) 变机械训练为乐于探究。机械的训练方式不利于学生掌握知识和锻炼思维,学习是学生建构新知识的过程,而不是机械重复知识的过程。因此,通过学习,学生应不断提高质疑、探究、表达个人观点的能力,不断超越原有的个体化行为,在群体活动中提升合作能力、团队精神和群体意识。

(4) 变知识吸取为能力养成。学习不单是获取静态知识,更是提高动态能力的过程。在学习中,学生收集信息、分析整合信息、处理解决问题的能力与交流合作能力等都应得到提高。

练习

【5-37】 学生在小组或团队中,通过任务分解、责任分工、协同互助完成共同的学习任务。这种学习方式属于( )。

　　A. 掌握学习　　　　B. 合作学习　　　　C. 探究学习　　　　D. 发现学习

【5-38】 材料分析题

读《找骆驼》课文,了解课文大概意思后,教师提出:商人找到骆驼后,回来的路上再遇到老人会对老人说什么,你的理由是什么?学生读完课文后,想法很多,例如:①对老人说:"谢谢,对不起,我错怪你了。"②不和老人说话,不理老人,自己偷偷走掉。③"一个老头,闲着没事干,出来瞎溜达啥?"等。学生说第一种想法时,教师引导他们从书上找理由,学生较快说出。当学生说到第二种想法时,教师问:"你的理由是什么?"

"这是一个忘恩负义的商人。"一学生说。

"对,我童话书里看到很多商人都是坏蛋。"又一学生说。

"那如果你看到这样的商人,你想对他说些什么呢?"教师试图通过这个问题让学生说出:"老人帮你找到了骆驼,你应该谢谢他。"之类的话。可是学生却说:"这个坏蛋,打他一拳,让所有人都打他一拳。"

问题:请运用新课程改革中学习方式的有关理论对以上材料进行简单评析。

3. 教学观

教学是师生共同完成的双边活动,教师的教学观是否科学合理,直接影响学生的学习效果。新课程改革坚持下列四个转变。

(1) 变教育者中心为学习者中心。以学生发展为本,强调为了学生的终身发展、个性发展和全面发展,尊重学生的实际需求,发挥学生的主动性和能动性,让学生成为学习的主人。

(2) 变教会学生知识为教会学生学习。教学中除了传授学生知识,更重要的是培养学生的学习能力,"授人以鱼不如授人以渔",拥有良好的学习态度和学习习惯更有助于学生的终身发展。

(3) 变重结果轻过程为结果和过程同样重视。过去唯分数论使师生更看重结果而忽视了教学学习过程,导致学生在学习过程中急功近利,偏离教育的本质,将教育变成一项功利性活动。因此,此次课程改革要求看重学生的学习过程,打破唯分数论的迷局,更关注学生的日常表现,不以分数论英雄。

(4) 变关注学科为关注人。学科本位的教学理念重认知轻情感,重教书轻育人,忽视了人作为主体的发展需要。所以此次新课改要求关注每一个学生的发展,关注学生的情绪生活和情感体验,关注学生的道德生活和人格养成。

4. 评价观

评价是课程实施的重要环节,新课程改革要求教师在指导思想、评价主体、评价方法和评价结果的使用等方面作出改变。

(1) 指导思想上,从过分强调甄别与选拔走向发展性评价。立足于促进学生的学习和充分发展,注重评价的发展功能和激励功能,重视对学生学习潜能的评价。

(2) 评价主体上,从单一评价到多元评价。过去以教师作为单一评价主体,现在要改变这种单一性,积极引导学生、家长、社会参与进来,调动他们的主动性,实现评价主体的多元化,搭建由学生、家长、社会、学校和教师等多方人员共同参与的评价机制。

(3) 评价方法上,突出过程性,由终结性评价走向形成性评价。针对学生之间的差异性采取不同的评价标准和方法,使每个学生都能发挥自己的潜力,充分发展。

(4) 评价结果的使用上,以促进学生发展为目的。评价结果主要作为分析学生实际情况、制定改进措施和引导学生转变学习方法的依据。因此,要充分发挥评价促进学生发展、教师提高和改进教学实践的功能。

提示:识记上述改革理念时可采用以下记忆密码。
① 学生观:一发(发展的人)二独立(独特的人,独立的人)。
② 学习观:主动(主动参与)实践(勤于动手)乐趣多,探究(乐于探究)能力(能力养成)会提高。
③ 教学观:二学(学习者中心、教会学生学习)一人(关注人)两重视(结果和过程)。
④ 评价观:指导发展要激励,主体多元共评价,方法形成有不同,结果发展为目的。

练习

【5-39】 材料分析题

刘老师在教《第一场雪》时,运用各种方式激励学生。学生在质疑时,她就说:"真是个爱思考的孩子!"学生朗读表现出色,她就说:"老师仿佛置身于雪景中,心中无比轻松愉悦。"大家齐读得好,她便说:"老师也被感染了,想美美地读一读。"大家读得不好时,她首先肯定"读得不错",然后提出希望:"要是能将'嗬'读得不仅能表现出惊讶,还能表现出赞叹的感觉来,就更棒了!"

问题:谈谈"新课改"倡导的评价理论。

5. 教师观

(1) 转变教师角色。在师生关系上,教师是学生学习的促进者和引导者;在教学与课程的关系上,教师是课程开发的设计者、建设者和实施者;在教学与研究的关系上,教师是教育教学问题的研究者;在学校和社区的关系上,教师是社区型的开放教师。

(2)转变教师行为。教师要尊重、赞赏新型师生关系,更新教育理念的同时优化教育教学方式,及时反思教学活动,积极与其他教育者合作,在合作中实现共赢。

(三)改革目标

新课程改革的总体目标是面向现代化,面向世界,面向未来。《基础教育课程改革纲要(试行)》提出了六项具体目标。

1．课程目标

改变过去过于注重知识传授的倾向,树立三维目标观,即知识与技能、过程与方法、情感态度与价值观,强调形成积极主动的学习态度,引导学生学会学习,在掌握基础知识和基本技能的同时养成正确的价值观。

2．课程结构

改变过去过于强调学科本位、科目众多而缺少整合的情况,树立综合课程观,整体设置九年一贯的课程门类和课时比例,开设综合课程适应不同地区学生的需要,体现课程结构的均衡性、综合性和选择性。

3．课程内容

改变过去课程内容"繁、难、偏、旧"和过分注重书本知识的情况,树立学生生活观,加强课程内容与学生生活以及现代社会和科技发展的联系,激发学生学习兴趣,符合学生日常生活经验,为学生终身学习奠定知识基础。

4．课程实施

改变接受学习、死记硬背、机械训练的方式,树立自主学习观,引导学生主动参与课程实施过程,养成勤于动手的习惯,培养学生收集处理信息的能力、获取新知识的能力、分析解决问题的能力以及交流合作的能力。

5．课程评价

改变过去强调评价甄别与选拔的功能,树立发展评价观,发挥评价促进学生发展、教师提高和改进教学实践的功能,将发展性评价和形成性评价相结合。

6．课程管理

改变过去课程管理过于集中的情况,实施国家、地方、学校三级课程管理,增强课程对地方、学校及学生的适应性。

(四)改革内容

根据上述课程改革目标,新基础教育课程改革的内容具体体现在课程结构、课程实施和课程评价三个方面。

1．课程结构

新课改要求课程结构要有均衡性、综合性和选择性。均衡性指学校课程体系中的各种课程类型、具体科目和课程内容能够保持一种恰当、合理的比重;综合性指要加强学科的综合性,设置综合课程和综合实践活动课;选择性则是针对地方、学校与学生的差异而提出的,要求学校课程要以充分的灵活性适应于地方社会发展的现实需要,即课程结构要有一定的可操作性。

(1)整体设置九年一贯制的义务教育课程,按"六三学制"或"五四学制"安排。小学阶段以综合课程为主,初中阶段设置分科与综合相结合的课程,高中阶段以分科课程为主。小学低年级开设道德与法治、语文、数学、科学(1~6年级)、体育与健康、艺术、劳动、综合实践活动等课程；小学中高年级增设外语、信息科技；初中阶段增设历史、地理、物理、化学、生物学（或科学）、信息科技(7~8年级)课程，积极倡导各地选择综合课程。

（2）小学至高中阶段设置综合实践活动并作为必修课程。主要包括：信息技术教育、研究性学习、社区服务与社会实践以及劳动与技术教育内容。强调学生通过实践，增强探究和创新意识，学习科学研究的方法，发展综合运用知识的能力。农村中学课程要为当地社会经济发展服务，城市普通中学也要逐步开设职业技术课程。

（3）课程类另分为国家课程、地方课程和校本课程。教育部总体规划基础教育课程；省级教育行政部门制订本地实施国家课程的计划、规划、开发地方课程，学校在执行国家和地方课程的同时，结合当地社会、经济发展的具体情况和学校的实际，研制、开发或选用适合本校的课程。总的课时比例为：国家课程占80%~84%，地方和学校安排的课程分别占16%和20%。

2．课程实施

首先，提倡三大学习方式，即自主学习、研究性学习和合作学习。自主学习即唤醒学生在学习中的主体意识和自主意识，激发学习的主动性和积极性，使学生能够自主自动学习，自立、自为、自律是自主学习的三大支柱。研究性学习指通过解决问题培养学生的研究能力，有个人独立研究、小组合作研究、个人研究与集体讨论相结合三种形式。合作学习指学生组成合作小组，在小组中互帮互助共同完成任务。

其次，改进教师教学方式。教师要与学生积极互动，共同进步，处理好传授知识与培养能力的关系，注重培养学生的独立性和自主性，引导学生质疑、调查、探究，在实践中学习，促进学生在教师指导下主动地、富有个性地学习。尊重学生人格，关注个体差异，满足不同学生的学习需要，创设能引导学生主动参与的教育环境，激发学生的学习积极性，培养学生掌握和运用知识的态度和能力，使每位学生都能得到充分的发展。同时学会将先进的信息技术融入课堂教学中，发挥其优势，营造丰富多彩的学习氛围。

最后，更新教材开发与管理方式。生动组织教材内容，积极开发并合理利用校内外各种课程资源，完善基础教育教材管理制度，改革中小学教材指定出版的方式和单一渠道发行的体制。教材研究和编写采取开放的组织方式，任何个人、团体、机构经资格审查，皆可组织教材的编写，通过审定可供各学校选用。

3．课程评价

首先，建立促进学生全面发展的评价体系。课程评价既要关注学生的学业成绩，又要关注学生各方面潜能的发展，提高学生的自我认识能力，帮助学生树立自信心。

其次，建立促进教师不断提高的评价体系。课程评价要及时给予教师反馈，帮助教师反思教育教学行为并积极改正，建立以教师自评为主，校长、教师、学生、家长共同参与的评价制度，使教师从多种渠道获得信息，不断提高教学水平。

再次，建立促进课程不断发展的评价体系。课程发展离不开评价反馈，应定期分析评估在课程实施过程中出现的问题，以便及时改进、调整课程内容和教学管理方式，形成课程不断革新的机制。

最后，继续改革和完善考试制度。在已经普及九年义务教育的地区，实行小学毕业生免试就近升学的办法。鼓励各地中小学自行组织毕业考试。考试命题要依据课程标准，杜绝设置偏题、怪题的现象。教师应对每位学生的考试情况进行具体的分析指导，不得公布学生考试成绩，也不得按考试成绩排列名次。

练习

【5-40】 新课程改革以来,不少中学把"档案袋评价"作为评价学生的方式之一。这种评价属于( )。

A. 诊断性评价　　B. 形成性评价　　C. 终结性评价　　D. 标准性评价

本章小结

尽管学界对课程的认识理解尚未达成完全一致,但大家普遍认可课程在学校教育中的核心位置,教育目标的达成需要通过课程这一载体。对课程概念和理论的多方面考察是未来教师进行相关课程研究的学理基础和逻辑起点;课程的文本表达、结构要素和类型则为未来的课程实践提供了操作指南。几种经典的课程开发模式为未来的教师们开发校本课程提供了操作程序与技术;掌握课程实施和评价的各项内容有助于未来教师对课程进行及时反思;洞察我国课程改革,有助于未来教师更为理性地审视和反思种种课程实践中的基本问题,把握未来课程改革的走向。

知识结构

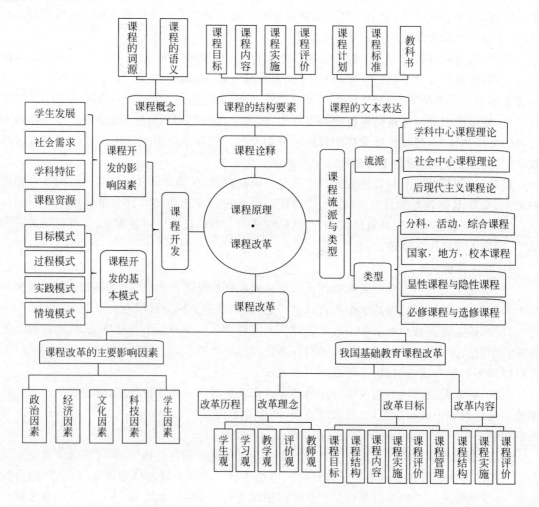

第6章
教学原理·教学设计

学习目标

- ◎ 了解教学的概念,明确教学与教育、智育、上课、自学的关系,识记教学任务;
- ◎ 熟悉三种不同取向的教学理论流派,并能分析各自的利弊;
- ◎ 知道教学过程的构成要素,明晰教学过程的本质与基本阶段;
- ◎ 了解教学过程的基本规律,理解教学规律与教学原则的关系;
- ◎ 熟记教学工作的基本原则与常用的教学方法,并能结合小学教学实际进行解释和运用;
- ◎ 了解教学的基本组织形式,知道教学工作的基本环节及要求,了解教学评价的功能与基本类型;
- ◎ 熟练运用教学设计技术,能独立进行教案编写,并能对某一教学设计进行评价。

学习重点

本章学习重点是四大教学规律、八条教学原则和十种小学常用的教学方法。重中之重是教学设计,特别是各教学要素的设计。另外,特别注意运用教学规律、教学原则、教学方法分析教学现实。

学习导引

本章内容大致分两部分:理论诠释和实践操作(教学设计)。关于前者,学习时可以根据规律—原则—方法展开,同时注意联系小学课堂教学实践来理解和运用;关于后者,学习时要注意教学各要素的设计原理与技术,应特别注意多动手、多演练。

引子

究竟什么是好的课堂

究竟什么是好的课堂?这个话题很深刻,却也很朴素,朴素到任何一位教师都应该思考,任何一位家长也应认真思考。

上课时有背景轻音乐,课堂上多数时间是学生在发言、讨论,一节课临结束学生都伏案冥想,随后绘出一幅反映所学内容的"思维导图"……这样的小学课堂,与通常所见静悄悄的教室里只听到老师讲课声的"好课堂"形成强烈反差。

"每个孩子都是天生的学习者",东山小学的教师们说。"好课堂"不仅看教师教得有多好,关键看学生的学习兴趣是否被激发、学习能力是否在提高、所学知识是否被很好接受……这样的理念令人心头一震:我们的小学教育,长期以来过多关注的是教师尽心尽力地"教",而作为课堂主体的学生如何更好地去"学",则被我们不自觉地忽视了。[①]

在大多数人的眼中,"好课堂"应该是学生静悄悄地倾听教师的讲解,而东山小学的课程却是另一番景象:轻音乐舒婉清丽,多数时间学生在发言、讨论,临近下课时学生伏案冥想……东山小学的教师们秉持"每个孩子都是天生的学习者"的教学理念,在课堂教学中让小学生去思考、去联想、去质疑、去动手。这种做法是否影响教师的主导作用?回答是否定的。因为这种做法给教师提出了更高的要求——教师要根据孩子们"学"的情况,不断地调整自己的引导策略。而孩子们"学"无止境,自然地教师的"教"也无止境。那么,什么是好的课堂,这些问题是每个教师都要关心和思考的。本章我们将集中讨论教学的基本原理与教学实务。

第一节 教学的概念与流派

"教学"是学校工作的中心环节,也是教育理论的核心术语。何谓"教学",古今中外的许多先贤圣哲们都做过探讨,提供了各自的真知灼见。那么,教学到底是怎样的一个概念?各家各派对教学又有怎样的见解?

一、教学的概念诠释

"教学"是教学理论中的核心概念和关键术语。对"教学"这一概念的理解,影响着对教学本质、教学过程规律、教学活动组成等一系列教学基本问题的理解。

(一)词源考证

如何明晰教学的含义?根据已有的研究可知,从词源学的角度分析是考证教学含义的重要方法。据此,这里主要从历时性的维度出发,从词源学角度对其加以阐释。

1. 汉语词源

据古籍记载,从时间上看,"教学"一词的出现要早于"课程"一词。最初"教"和"学"独立出现,并无"教学"一词。"教学"二字连用最早出现在《书·商书·兑命》:"斅学半"(斅,音 xiào,指教)[②]。《学记》引用它作为"教学相长"思想的经典依据:"学然后知不足,教然后知困;知不足然后能自反也,知困然后能自强也。故曰:教学相长也。"《兑命》曰:"'斅学半',其此之谓

[①] 申琳. 究竟什么是好的课堂[N]. 人民日报, 2015-02-05(17).
[②] 阮元校刻. 十三经注疏[M]. 北京:中华书局, 1980.

乎。"这里的"敩学"一词有两种理解：一种认为是一字一音一义，"敩"即"学"也；另一种认为是二字二音二义，"敩"即教也。自唐至清的学者多认为，"敩"与"学"二字既有区别，又有联系①。《说文解字》中将教学解释为："教，上所施，下所效也；学，觉悟也。"②这里的"上"，一般是指有道德品格与知识涵养的成熟个体，指教师、长辈、父母等角色；"下"是指道德品格与知识涵养都需要再丰富、成熟的个体，一般是指学生、晚辈、子女等角色。"施"是指教导、指示、示范等互动方式，"效"是指仿效、服从、学习等过程。"觉悟"的意思是，对事物已达到认知理解的境界。据此，《说文解字》中关于教学的含义可概括为：教育者对受教育者就其道德品格与知识涵养进行教导并使其有所觉悟的过程。

到了近代，随着班级授课制的出现以及赫尔巴特教学思想的传入，教学的重心由"学"向"教"转移。此时，"教学"又等同于"教授"，这种理解导致了重教轻学的局面。直到陶行知先生留美归来，提出"教授"一词的提法有忽视学生的嫌疑，遂又改"教授"为"教学"，陶行知所指的"教学"的内涵是"教学生学"。

到了当代，人们一般认可：教学是教师教和学生学的统一活动。如《中国大百科全书·教育》指出，教学是"教师的教与学生的学的共同活动。学生在教师有目的有计划的指导下，积极主动地掌握系统的文化科学基础知识和基本技能，发展能力，增强体质，并形成一定的思想品德"③。我国学者陈桂生曾对"教学"概念的演化做了概括④（见表6-1）。

表6-1 "教学"概念的演化

时代	外　　延	内　　涵
古代（第一义）	教育实体内部的全部教育活动	"教"弟子学
近代（第二义）	有别于"管理""训育"等的教育活动	"教"（教授）
现代（第三义）		"教"与"学"的"联结"

2．英语词源

英语中，与教学相关的单词是 teach、learn。根据美国教育家史密斯的研究，teach、learn 在词源上是相通的，两者在早期是同义的。⑤ learn 源自中世纪英语中的 lernen 一词，意即学习或获得知识的过程，相当于"学"或"教"。lernen 的词干是 lar，lar 是 lore 的词根。lore 的本义是学习和教导，现在的延伸义是指教的内容。teach 的本义是"教"，词源同 learn。史密斯指出，teach 还有一派生形式，该派生形式源自古英语中的 taecan 一词，taecan 又是从 taikjan 一词派生来的。taikjan 的词根是 teik，意思是拿给人看。teik 通过 deik 一词，一直可以追溯到梵文的 dic。

此外，teach 的词义还与 token 有关，token 意即使用信号或符号向某人展示某事物，或引发某人对于特定人或事物的反应。token 一词源自古条顿语的 taiknom。这个词与 taikjan（后来成为古英语的 taecan）同源，意思是"教"。由此可见，token 和 teach 这两个词在历史上是有联系的。根据这一派生，teach 的意思就是通过信号或符号引起别人对事物、人物、观察和研究

---

① 高时良．学记研究[M]．北京：人民教育出版社，2006．
② 许慎．说文解字[M]．杭州：浙江古籍出版社，2016．
③ 中国大百科全书出版社编辑部．中国大百科全书·教育[M]．北京：中国大百科全书出版社，1985．
④ 陈桂生．"教育学视界"辨析[M]．上海：华东师范大学出版社，1997．
⑤ Smith B O. Teaching：Definitions[M]//Husen，T. et al(Eds). The International encyclopedia of education：research and studies. New York：Pergamon Press，1985．

的结果等做出反应。由这种派生关系看,teach 与使教学得以顺利进行的媒介有关。此外,teach 还有两种含义:①impart:给予信息,向某人展示如何做及进行某科目的练习等,亦即由外向内地传授;②inquiry:引导学习者进行探究,指师生间进行教育性的论辩,讨论有意义的议题。由此可见,英文中教学的词源有学习内容、展示某物、给予信息、开展探究等含义。相比较汉语中的解释而言,英语中的解释对于作为"活动"的教学之"活动"有了更清晰的界定。

对于 teach 和 instruct,两者经常同义替换使用。不过,若要做严格区分,两者的区别在于,teaching 涉及整个教学情境中的师生互动关系,范围较广,包括计划、准备、评价等全部教学活动;instruction 范围较窄,专指在教室中所执行的常规技能的训练。

最后,值得指出的是,与汉语中的"教"源自于"学"有所不同,英文中 teach 和 learn 是同一词源派生出来的。

(二) 概念界定

关于教学的概念,不同的学者有不同的观点。下面是几种有代表性的观点,具体如下。

1. 教学即对话

弗莱雷认为教学即对话。对话并非是一种技巧、策略或者机械的方法,而是"人与人之间的接触,以世界为中介,旨在命名世界"①。对话的核心是认识过程的社会性特征,以参与认知的所有主体的真正投入为据,是共同探究的过程。就是说对话并不是一种纯粹的技巧,而是一种途径,对话的特征表现在认识论关系中。教学即对话,具体包括五重意思:①教学对话包括人与文本、人与人、人与自我等的对话;②教学是学生、生生多向的交往活动;③教学是师生、生生平等、民主的交往过程;④教学是师生、生生在互动中构建意义的过程;⑤教学是师生、生生在协商中获得个性与社会协调发展的过程。

练习

【6-1】 简答题:"教学即对话",你如何理解这句话?

2. 教学即研究

哈佛大学达克沃斯教授认为,教学即研究。达克沃斯强调,这里的研究不是为了发表成果而展开的学术研究,而是"使学习者置身于现象之中,并努力理解他们所创造的意义"②的过程,这样,教学就是学生在教师和同伴的帮助下建构知识的过程。这样的教学关键有二:第一,教师能否创设情境并引导学生进入即将学习和探究的现象中;第二,教师是否善于倾听学习者解释,同时能否引导学习者之间进行相互解释。

3. 教学即知识或技能的传授

教学的描述性定义(或传统意义)可以表述为"教学是传授知识或技能"③。从教学的词源看,教学用来指所教的内容;教学是通过符号或象征向某人展示某事物的,即教学可以描述为以下几方面:教学是提供信息;教学是向某人演示如何做某事;教学是就某一问题授课等。

4. 教学即成功

此观点旨在揭示教与学两者密不可分的关系,即学包含于教,教必须保证学。④意即学生学习教师所教的东西应有所成效,假如学生没有学会教师所教的内容,则教师的教学没有任何

---

① 保罗·弗莱雷.被压迫者教育学[M].顾建新,等译.上海:华东师范大学出版社,2001.
② 爱莉诺·达克沃斯.精彩观念的诞生——达克沃斯教学论文集[M].张华,等译.北京:高等教育出版社,2005.
③④ 邓金.培格曼最新国际教师百科全书[M].教育与科普研究所,编译.北京:学苑出版社,1989.

意义。

5. 教学是有意识的活动

胡森认为,教学是有意识的活动[①]。该观点从教师的角度出发,认为教学就是教师有意识地在特定环境中想方设法使学生学会某事。可以从两个层次来理解,第一,教学的意识性体现在它的目的是激发学习;第二,教师的教学行为或活动受问题情境与教师的信念影响。

(三)概念辨析

在现实中,教育、智育、上课、自学等概念都是我们耳熟能详的,那么教学与它们是什么关系?为了准确地理解教学的概念,有必要对其进行简要的分析。

1. 教学与教育

教学与教育是部分与整体的关系。教育包括教学,教学只是学校进行教育的一个基本途径。在学校教育中,除了教学外,还可以通过课外活动、生产劳动、社会实践等途径对学生进行教育。

> **练习**
>
> 【6-2】 在教育理论中,教育与教学的关系是( )。
> A. 结果与过程的关系 B. 整体与部分的关系
> C. 目标与手段的关系 D. 内容与方法的关系

2. 教学与智育

智育是全面发展教育的一个组成部分,主要通过教学来实现,但智育也需要通过课外与校外活动等途径才能全面实现。教学不仅是智育的实施途径,也是德育、美育、体育、劳动技术教育的实施路径。

3. 教学与上课

教学与上课是整体与部分的关系。教学既包括上课,又包括备课、课外作业的布置与批改、课外辅导、学生学业成绩的检查和评定等环节。上课是教学工作的中心环节,教学任务主要是通过上课完成的。

4. 教学与自学

教学与自学的关系比较复杂,因为学生的自学有两种:一种是在教学过程内,在教师指导下的自学。它包括配合教学进行的预习、复习、自习和作业,是教学的组成部分。另一种是在教学过程以外,学生自主进行的自学,其内容广泛。教学不包括这种学生自主进行的自学。

从以上可以推断教学至少包括下列几层基本意思:①教学是教师的教与学生的学组成的双边活动;②在教学活动中,教师起主导作用,学生处于主体地位;③教学的最终目的是促进学生全面发展。

(四)教学任务

教学的基本任务是传授知识、发展能力、增强体质和培养品德,最终促进学生发展。

1. 传授知识

教学的首要任务是使学生掌握系统的科学文化基础知识,形成基本技能、技巧,其他任务的实现都是在完成这一任务的过程中和基础上进行的。其中,基础知识和基本技能即教学中

---

① 胡森.国际教育百科全书[M].贵阳:贵州教育出版社,1990.

的"双基"教育。所谓基础知识,是指形成各门科学的基本事实,相应的基本概念、原理和公式等。技能是指学生运用所掌握的知识去完成某种实际任务的能力,而基本技能则是指各门学科中最主要、最常用的技能。如语文和外语的阅读、写作技能,数学的运算技能等。

2. 发展能力

教学的任务不能仅止于使学生掌握知识,还要着力发展学生的能力。特别是要通过发展性教学,启发诱导学生进行推理、证明、探索和发现,培养学生独立学习的能力、分析和解决问题的能力,以适应科学技术发展的时代要求。

3. 增强体质

体质主要指身体的正常发育成长与身体各个器官的活动能力。教学不但要适应学生身心的发展水平和需要,减轻学生过重的学业负担,同时还要使学生掌握锻炼身体的知识和技能,养成锻炼身体的习惯,达到增强体质、促进发展的目的。

4. 培养品德

教学具有教育性,因此教学在使学生形成科学的世界观、培养优良的道德品质方面起着重要作用。学生在教学中进行的学习和交往,是他们生活中认识世界和进行社会交往的组成部分。他们在掌握自然科学、社会科学知识的过程中,将提高自己的道德修养和审美情趣;在班级的集体活动中,将依据一定的规范和要求来调节自己的思想和行为。这都为学生形成科学的世界观奠定了坚实基础。

5. 促进发展

教学的最终目的是促进学生的发展。这里的发展既指个性发展,又指全面发展。现代教学论关注学生的个性发展,以马克思主义关于人的全面发展学说为指导,协调学生的知识、智力、兴趣、情感、意志、性格等各方面的因素,追求教学与教育的统一,促进学生个性的发展。为此,通过教学能够激发每个学生的主体能动性,不仅使他们有现代科技文化知识,而且有自觉能动性、独立性和开拓创新性,有强烈的竞争意识、平等观念和合作精神。

> **练习**
>
> 【6-3】 教师不能满足于"授之以鱼",更要做到"授人以渔"。这强调教学应重视(　　)。
> A. 传授知识　　　　　　　　B. 发展能力
> C. 培养个性　　　　　　　　D. 形成品德
>
> 【6-4】 教学是学校的中心工作,教学的首要任务是(　　)。
> A. 传授基础知识和基本技能　　B. 发展智力、体力和创造才能
> C. 培养品德和审美情趣　　　　D. 关注学生的个性发展

二、 教学理论流派

教学理论(instructional theory)是指力求合理地设计教学情境,以期达成学校教学目的所建立的一套具有处方功能的系统理论。[①] 教学理论所关心的是怎样最好地教会学生想学的东西,主要研究教学情境下教师引导、维持或促进学生学习的过程,据此指导课堂教学实践。诚如布鲁纳所指出的:"教学理论关注如何让学生以最优的方式学习教师所教授的内容,它旨在

---

① Snelbecker G E. Learning Theory, Instructional Theory and Psycho-Educational Design[M]. New York: McGraw Hill, 1974.

改进学习而非描述学习。"①自夸美纽斯始,历史上出现了种类繁多的教学理论流派,下面择要介绍行为主义教学理论、认知派教学理论和人本主义教学理论。

(一) 行为主义教学理论

行为主义教学理论源于行为主义学习理论,是一种基于刺激和反应的学习理论,因此又称刺激-反应理论。该理论认为,学习是人类行为的结果,而行为可以被塑造和改变,因而教学的艺术在于如何安排强化。行为主义学习观与教学观深刻地影响了世界范围内的教育改革,美国行为主义心理学家斯金纳的程序教学就是这一流派的代表。

斯金纳的程序教学理论是建立在其"操作条件反射"和"积极强化"的学习理论基础之上的。程序教学的目的是通过有效地利用强化物,建立、保持和加强学生期望的反应。良好的程序教学包括如下基本要素。

(1) 期望学生作出积极反应。程序教学反对以教师讲授的方式教学,主张以问题的形式进行教学,要求学生在教学过程中应具有积极性和主动性,"写、说、进行选择和比较都能使学习者经常处于积极状态"②。学生学习过程的开展取决于学生的反应,而且学生的反应也决定了自己学习的速度和效果。

(2) 小的步子。程序教学采取小步子的方式将教学内容按其内在联系分成若干个"小步子",由浅入深,从简到繁。每相邻两个步子之间的难度不大,使强化的频率提高到最大限度,学生可以循序渐进地学习教材中的每个部分。

(3) 即时反馈强化。斯金纳把操作性条件反射的规律应用到了程序教学当中,强调及时强化的作用。因为学生的行为受行为结果的影响,如果想让学生作出预期的行为反应,教师就必须在其行为之后及时反馈,让学生清楚他的反应是否正确,对于正确的反应教师要给予及时的强化,以有效地塑造或保持学生的行为。

(4) 自定步调。斯金纳强调在程序教学中,要以学习者为中心,允许学生按自己的情况来确定掌握材料的速度。这与传统教学在课堂传授中一般以"中等"水平的学习者为参照点的教学法不同,只适合个别化教学方式。

为了实现帮助每位学生主动学习的理想,斯金纳毕生致力于教学机器的设计、应用和实验。从对提高人的学习主动性和学习效率的角度看,斯金纳的程序教学相对显得比较合理,因为每个学生可以按自己最适宜的速度进行学习;由于有自己的思考时间,学习较容易成功。同时斯金纳的程序教学促进了早期的计算机辅助教学的发展。不过,斯金纳的程序教学的局限性也是不言而喻的,比如否认了人类的内在心理机制,被割成小步子的程序教材,也使学生难以从整体上把握教材的结构。

(二) 认知主义取向的教学理论

认知主义取向的教学理论是认知主义心理学关于学习的探讨。与行为主义相反,认知主义教学理论认为学习是学习者内部心理结构(认知结构)的形成或改组,因此教学就是要促进学习者内部心理结构的形成或改组。该理论代表人物是加涅、布鲁纳和奥苏泊尔,其中影响较大的是布鲁纳的认知结构教学理论,其理论主张有以下几点。

1. 教学目标

布鲁纳主张,教学的最终目标是促进学生对学科结构的一般理解,并得到最好的智力发

---

① 布鲁纳.教学论[M].姚梅林,郭安,译.北京:中国轻工业出版社,2008.
② 普莱西,斯金纳,等.程序教学和教学机器[M].刘范,曹传咏,等译.北京:人民教育出版社,1964.

展。学科的基本结构,是指学科的基本概念、基本原理及其基本态度和基本方法。因为概念和原理越是基本,它们对于解决新问题、掌握新内容的适用性就越大。布鲁纳十分强调学科知识的结构性存在,"不论我们选教什么学科,务必使学生理解该学科的结构。"[①]学生理解了学科的基本结构,就容易掌握整个学科的具体内容,促进智力和创造力的发展。

2. 教学原则

认知主义教学理论主张四种教学原则。

(1) 动机原则。所有学生都有内在的学习愿望,教师如能善于调动学生的兴趣和愿望,便可激发他们的这些内在动机,有效地达到预定的学习目标。

(2) 结构原则。教师要配合学生的经验选择适当的知识结构,使之适合学生的认知结构。

(3) 程序原则。教材的难度与逻辑上的先后顺序要适合学生的心智发展水平及认知表征方式,以使学生的知识经验前后衔接,产生正向学习迁移。

(4) 强化原则。教师在教学过程中应注意通过反馈使学生知道自己的学习结果,并使他们逐步具有自我矫正、检查和强化的能力。

3. 教学方法

布鲁纳基于对"怎么教"的独特认识,指出了发现学习法的内涵。发现学习法就是用自己的头脑亲自获得知识的一切形式。那么,教学中应该如何引导学生去发现?布鲁纳认为在教学中,学生是一个积极的探究者,教师要重视学生学习的内部动机的培养与激发,为学生创造一种独立探究的情境,让学生自己发现问题、独立解决问题。

认知主义教学理论重视学习者在学习活动中的主体地位,强调认知、意义理解、独立思考等学习过程中的意识活动的重要作用,重视学生对科学方法的掌握和对学生内在学习动机的激发,这些主张符合现代社会对教育的要求,具有一定的价值和意义。其不足之处在于夸大了学科结构的普遍性,导致教学内容过于理论化、抽象化;发现学习的最大缺点在于太耗费时间,降低了教学效率。

(三) 人本主义教学理论

人本主义教学理论也称"非指导性教学理论",是建立在人本主义心理学基础之上的。该理论认为真正的学习涉及整个人,倡导树立以"学生为中心"的教学观,教师仅以"促进者"的身份参与教学活动,通过引导学生开展"真切的意义学习",帮助他们探索生活、完成学业,促进学生成为一个完善的人。美国人本主义心理学家罗杰斯的非指导性教学就是这一流派的代表。

1. 教学目标

罗杰斯曾在《自由学习》一书中指出:"教育的目标是培养充分发挥作用的人,这样的人是富有灵活性、适应性和创造性的人,也应该是个性充分发展的人。这种人具有主动性和责任感,具有灵活地适应变化的能力,是自主发展的人,是能够实现自我价值的人。"

资料夹 6-1

两种类型的学习

我认为学习可以大致分为两类,它们分别位于一个连续体的两端。一端是心理学家常让被试完成的无意义音节的学习,诸如记住 baz,ent,nep,arl,lud 等音节。这个任务可不容易,因为没有意义可以借助,这些音节不容易学而且忘得也快。我们觉得这些无意义音节复

[①] 布鲁纳. 教育过程[M]. 邵瑞珍,译. 北京:文化教育出版社,1982.

杂而无趣,但我们可曾意识到,我们在课堂上呈现的学习材料对孩子们来说也一样复杂而无趣?特别是对那些没有受到良好教育的儿童而言,他们由于缺乏理解学习材料的知识背景,学起来就更困难。事实上,几乎所有学生都认为太多课程都是无意义的东西。照这样下去,教育仅仅是在做无用功,个体学的是对自己而言毫无意义的东西。这样的"学"只有脑的参与——学习是脖子以上部分的任务,没有情感,也没有个人意义,这样的学习没有和人的整体发生联系。

其实我们周围有许多有价值、有意义、体验式的学习。当蹒跚学步的小孩摸到暖气片,他自然而然就学会了"烫"这个词的意思;他还知道了以后再见到这类的暖气片都要小心,不要直接用手去摸;他用这种亲身体验的方式学到的东西是不容易忘记的。又如,已经记住了"2+2=4"的小孩,说不定在某天玩小石头时就会突然明白"两个加两个真的是四个!"在思维和情感共同参与的学习中,他终于发现了对自己有价值的东西。再如,某个小孩掌握"阅读技能"很费劲,不喜欢读书,但有一天她突然被一本笑话书或历险记迷住了,她读啊读,发现文字有一种神奇的力量,可以把自己带到崭新的世界,这之后她真正学会了阅读。

让我给有意义学习或体验式学习的各要素下一个更准确的定义吧。第一个要素是个体参与的质量,即人的整个身心——无论是情感还是认知——都应该参与学习活动。参与的自发性是第二个要素,即使推力和激励来自外部,探索感、成就感以及理解和掌握感也还是发自内心的。第三个要素是渗透性,即有意义学习或体验式学习可以影响学习者的行为、态度乃至人格。最后一个要素有关学习者对事件的评价:学习者清楚学习的内容或过程是否符合自己的需要和兴趣,是否能解答自己心中的疑惑。评价的核心应始终集中在学习者身上,这样做才是真正对学生有意义。在有意义的学习中,以上各个要素会一一融合到整个学习经历中。

资料来源:罗杰斯,弗雷伯格.自由学习[M].伍新春,管琳,贾荣芳,译.北京:北京师范大学出版社,2006.

2. 教学实施

罗杰斯把心理咨询的方法移植到教学中来,为形成促进学生学习的环境而构建了一种非指导性的教学模式。这种教学过程以解决学生的情感问题为目标,包括五个阶段:①确定帮助的情境,即教师要鼓励学生自由地表达自己的感情;②探索问题,即鼓励学生自己界定问题,教师要接受学生的情感,必要时加以澄清;③形成见识,即让学生在参与、讨论、解决问题的过程中自由地表达自己的观点,教师给学生提供帮助;④计划和抉择,即由学生计划初步的决定,教师帮助学生澄清这些决定;⑤整合,即学生获得较深刻的见识,并作出较为积极的行动,教师对此要予以支持。

3. 师生关系

人本主义教育理论强调教师应成为教学过程的"促进者",而不是传统教学中的"控制者"。教师通过与学生建立起融洽的个人关系,促进学生的成长。为营造良好的师生关系,教师必须做出如下努力:①真诚一致,要求教师和学生之间相互以诚相待;②无条件的积极关注,教师关心学习者的方方面面,接纳作为一个个体的学习者的价值观念和情感表现;③同理心,从学生的角度去揣摩学生的思想、情感及其对世界客观的看法和态度,对学生的思想、看法表示理解和尊重。

强调个人的自我实现,对学生能力的重视、创造力的培养,始终是以罗杰斯为代表的人本主义教学理论的核心思想。人本主义教学理论从"以人为本"的思想出发,提出了与传统教育不同的教学主张,如意义学习、自由学习、自主评价等,从根本上实现了教学理论的转变,为当代教育教学改革提供了理论依据,具有一定的先进性。但也存在夸大了教师态度对学生学习和发展的作用,忽视了教师的知识结构、教学技巧等素质的作用,忽视了教师的主导作用和学校教育教学的特殊性等局限性。

提示:对于"教学"的理解,不能将教学看成两种独立的活动,而应将其看成同一活动的两个方面,即教师的教与学生的学的统一体。这样就可以准确理解教学的本质含义,并区分教学与教育、上课等相关概念的内涵。学习三种基本理论时注意从理论假设—目标—原则与方法几个角度去理解与记忆。

第二节　教学过程与教学规律

任何活动的进行都有其自身特定的性质和程序,那么教学过程是一种怎样的过程,又必须遵循哪些规律?

一、教学过程

教学过程是教师根据一定社会的要求和学生身心发展的特点,通过有目的、有计划地指导学生掌握系统的科学文化知识和基本技能,发展学生的智力和体力,培养学生的良好品德和健康个性,使其形成科学的世界观的过程。

(一) 教学过程的构成要素

关于教学过程的要素构成,学术界存在三要素说(教师、学生、教学内容)、四要素说(教师、学生、教学内容和教学手段)、五要素说(教师、学生、内容、方法和媒体)、六要素说(教师、学生、内容、方法、媒体与目的)、七要素说(学生、目的、课程、方法、环境、反馈和教师)和三三构成说(教学过程由三个构成要素和三个影响要素整合而成,其中三个构成要素是学生、教师和内容,三个影响要素是目的、方法和环境)等。

一般认为,教师、学生、教学内容是构成教学过程的最基本的要素。教师在教学活动中起主导作用,是教学活动的设计者、组织者和实施者;学生是学习的主体,也是教学活动的对象;教学内容作为教和学双边活动的中介,使教和学双方发生相互作用。

教学过程存在诸多矛盾,其中教师提出的教学任务同学生完成这些任务的需求、实际水平之间的矛盾(即学生与其所学知识之间的矛盾)是教学过程的主要矛盾,这个矛盾的解决与否,直接关系教学工作的成败。

练习

【6-5】　构成学校教学系统的基本要素包括教师、学生与(　　)。
　　A. 教学内容　　　　B. 教学方法　　　　C. 教学条件　　　　D. 教学组织

(二) 教学过程的本质

关于教学过程的本质学术界有多种观点,如特殊认识说认为教学是一个认识过程,又有其特殊性;发展说认为教学是促进学生身心发展的过程;实践说认为教学是在教师指导下的一种特殊的实践活动;交往说认为教学是一种特殊的交往活动;多重本质说认为教学过程有认识论、心理学、生理学、伦理学和经济学五个方面的本质。但学术界比较公认的有下列几个方面。

1．教学过程是一种认识过程

教学过程主要是一种认识过程,具有人类一般认识过程的共同性,主要表现在:①认识的总目的是一致的,都是通过认识客观世界,掌握科学真理,最终达到能动地改造客观世界和主观世界的目的;②认识的基本规律和阶段具有一致性,都遵循感性认识和理性认识相统一、认识和实践相统一的普遍规律。

2．教学过程是一种特殊的认识过程

教学过程不同于一般的认识过程。相比较而言,教育过程的特殊性表现在以下几点。

(1) 间接性。教学过程主要是学生掌握人类长期积累起来的科学文化知识,以间接经验为主认识客观世界。

(2) 交往性。教学活动是在师生交往、生生交往、师生与前人交往过程中完成的。

(3) 教育性。教学具有教育性,知识的掌控、品德的形成与健全人格的养成统一于教学过程当中,学生进行认识的过程同时也是接受德、智、体、美等全面发展的教育的过程。

(4) 引导性。教学过程中学生的认识是在具有知识和教学能力的教师引导下进行和完成的。

(5) 简捷性。人类一般的认识活动往往需要经过一个漫长的过程,而学生通过间接经验认识世界可以减少探索的实践,在极短的时间内掌握人类文化的精华。

练习

【6-6】 教育过程是一种特殊的认识过程,它区别于一般认识过程的显著特点是( )。
A. 直接性、引导性和简洁性　　　　B. 直接性、被动性和简洁性
C. 间接性、被动性和简洁性　　　　D. 间接性、引导性和简洁性

3．教学过程是促进学生身心发展的过程

教学过程不等于发展过程,它是实现发展的途径和手段。教学的目的就是促进学生德、智、体、美等各方面全面发展。教学不仅向学生传授知识和技能,同时,学生的情感、意志等因素也参与学生的认知过程,并与学生的认知过程交织在一起。因此,学生的身心健康和认知能力在教学过程中得到全面发展。

(三) 教学过程的基本阶段

一般而言,教学过程由激发动机、领会知识、巩固知识、运用知识和检查知识五个阶段组成。

1．激发动机

激发动机即激发学生的求知欲与兴趣。学生的学习是需要动力来推动的,浓厚的学习兴趣和求知欲是学生进行学习的基本条件和心理起点。所以,教师在教学过程中首先要激发学生的学习动机。

2．领会知识

领会知识是教学过程的中心环节,包括学生感知和理解教材。感知教材就是引导学生将教材承载的抽象、理性的知识用感知觉形成清晰的表象;理解教材是在感知的基础上,学生通过思维加工获得知识点的抽象概念。

3. 巩固知识

巩固知识是教学过程的一个必要环节。巩固知识往往渗透在教学的全过程,因为学生的学习以学习书本知识、接受间接经验为主,如不及时巩固很容易遗忘。

4. 运用知识

掌握知识就是为了运用知识。学生运用知识,主要通过教学性实践,以反复练习的方法进行,如完成书面或口头的作业及实验等。

5. 检查知识

检查知识有助于教师通过提问、作业等各种方式及时了解学生掌握知识的程度并获取有关教学效果的反馈,及时调整教学进程。

> **练习**
>
> 【6-7】 教学的中心环节是(　　)。
> A. 领会知识　　　B. 巩固知识　　　C. 运用知识　　　D. 检查知识

二、教学规律

教学规律是客观存在于教学过程中的不以主观意志为转移的客观存在,具有客观性、普遍性、稳定性、必然性。教学规律是制定教学原则、选择和运用教学组织形式和教学方法的科学依据。目前发现的教学规律主要有以下四条。

(一) 直接经验与间接经验相统一的规律

学生认识客观事物主要有两种途径:一是获取直接经验,即学生亲自实践获得的经验。例如我们通过触摸知道木头是硬的、通过品尝知道苹果是甜的;二是获取间接经验,即前人在长期认识过程中积累并整理的经验,一般表现为书本知识。例如我们从历史书中了解中国历史,从数学书中掌握各种数学运算公式。教学活动是学生认识客观世界的过程,学生在这个过程中主要是学习间接经验,但间接经验的学习以直接经验为基础,两者相互作用、相辅相成。

1. 学生以学习间接经验为主

学习间接经验是学生认识客观世界的基本途径。借助间接经验认识世界,是一条认识上的捷径。一方面,教科书是人类通过对世代累积起来的科学知识加以选择,并使之理论化、系统化而编成的,为加速学生的认识过程提供了可能性;另一方面,就学生的认识任务而言,学生学习是为了通过学习书本知识大量接受间接经验,继承前人的经验并转化为自己的认识,在此基础上开拓新的认识领域。

2. 学生学习间接经验要以个人的直接经验为基础

直接经验是个体在认识、探索和改造世界的过程中,在自身活动中体悟、感知和概括出来的经验。由于间接经验对于学生,尤其是义务教育阶段的学生来说表现为抽象、不容易理解的概念、定理、公式等组成的知识系统,学生要把这种书本知识转化为自己能理解的知识,就必须依靠个人的感性经验。

3. 直接经验与间接经验有机结合

直接经验与间接经验,是学生获取知识的两种重要路径,在教学过程中必须将两者有机结合。具体实践时,必须防止两种倾向:一种是过分强调书本知识的传授和学习,忽视实践活动,导致学生"死记硬背"的倾向;另一种是只强调学生通过自己探索去发现、积累知识,忽视书本知识教学和教师系统讲授的倾向。在教学过程中,教师要注意把二者有机地结合起来,让学生既能从书本中、从教师的讲解中系统地接受并掌握已有的知识经验，同时又能有操作、探索、发现的机会，把接受知识和发现知识结合起来。

4．社会实践和探索活动是必要的

实践活动是促使间接经验与直接经验结合的最佳方式，也是学生理解与掌握间接经验的有效手段。所以，应尽可能给学生创造社会实践和探究活动的机会，让学生在亲身体验的过程中融合直接经验与间接经验。

资料夹 6-2

杜威谈直接经验与间接经验

我们的经验有很多是间接的。这种间接经验依靠介于事物和我们之间的符号，这些符号就代表事物。譬如战争，有人亲身参加过战争，经受过战争的危险和艰难，这是一回事；有人听人讲过战争或读过有关战争的记载，那是另一回事。一切语言，一切符号，都是间接经验的工具。用专门术语来说，由工具获得的经验，乃是"间接的"经验。这种经验和直接的经验对立。直接经验是我们亲身参与的，不是通过有代表性的媒介物的介入而获得的。我们认为，个人直接经验的范围是非常有限的。如果没有代表不在目前的、遥远的媒介物的介入，我们的经验几乎将停留在野蛮人的经验的水平上。从野蛮到文明，每走一步都有赖于媒介物的发明，这些媒介物拓宽了纯粹直接经验的范围，把它和只能用符号表示的事物联系起来，使它具有深刻而又比较广泛的意义。毫无疑义，这个事实就是有人把没有教养的人和文盲等同起来的原因。所以我们依靠文字，借以获得有效的有代表性的经验或间接经验。

同时，我们曾经反复讲过，总是有一种危险，即我们所用的符号并不真正具有代表性；代表事物的语言媒介不能唤起不在目前的和遥远的事物，使之进入目前的经验，符号本身却将变成目的。正规的教育尤其面临这种危险，其结果是，因为有了文字，通常称为学术的咬文嚼字的风气常常应运而生。在俗语中，"现实的感觉"这句话，是通过用来表示直接经验的紧迫性、温暖性和亲切性与间接经验的遥远性、无生气性和冷淡性对比而来的。"心理的现实感"和"欣赏"（或真正的欣赏，是表示对事物现实感的比较精致的说法。）除非采用同义的说法，例如"打入某人心中""真正的心领神会"等，否则不可能解释这些概念，因为要欣赏事物的直接经验的含义，唯一的方法是获得直接经验。譬如我们读一段关于一幅画的专门说明和实际看这幅画，两者是不同的；只是看到这幅画和看了之后被画所感动，两者是不同的；学习有关光的数学方程式，和在朦胧的景色中看到特别壮丽的照明而为之神往，这两者是不同的。

资料来源：杜威.民主主义与教育[M].王承绪，译.北京：人民教育出版社，2001.

练习

【6-8】 在学校教育中，学生对客观世界的认识主要借助的是（　　）。

A. 生产经验　　　B. 生活经验　　　C. 直接经验　　　D. 间接经验

【6-9】 学校教育中的教学过程对学生来说是一个特殊的认识过程，具有不同于人类总体认识的特点。它主要表现为（　　）。

A. 以学习个体经验为主　　　　　　B. 以学习间接经验为主
C. 以学习直接经验为主　　　　　　D. 以学习群体经验为主

【6-10】 辨析题：学生在学校的学习主要是间接经验。

（二）掌握知识与发展能力相统一的规律

知识是人类在实践中认识客观世界（包括人类自身）而得到的对事物的认识和经验的总结，它包括事实、信息的描述或在教育和实践中获得的技能。能力是人们完成某项任务或实现某个目标所体现出来的综合素质，有时候可以用时间表示，所花的时间越少表示能力越强。

在教学过程中，是以传授知识为主，还是以发展能力为主，教育史上曾存在形式教育论和实质教育论之争。形式教育论者认为，教学的主要任务在于发展学生的智力，至于学科内容的实用意义则无关紧要。实质教育论认为，教学的主要任务在于给学生有用的知识，至于学生的智力则无须进行特别的培养和训练。在教学过程中，既不能像形式教育论者那样，只强调训练学生的思维形式，忽视知识传授；也不能像实质教育论者那样，只向学生传授对实际生活有用的知识，忽视对学生认知能力的训练。教学过程既是传播和学习系统的文化科学知识的过程，又是学生在掌握知识的基础上发展能力的过程，知识教学与能力发展具有本质联系。

练习

【6-11】 近代教育史上曾出现过形式教育论和实质教育论的争论，其根本分歧是（　　）。
A. 以学习直接经验为主还是以间接经验为主
B. 以理论教学为主还是实践教学为主
C. 以学科教学为主还是活动教学为主
D. 以传授知识为主还是以培养能力为主

1．掌握知识是发展能力的基础

知识本身并不是能力，但要形成能力需将知识转化，知识是形成能力必不可少的原料。离开了知识，能力的发展就成了无源之水，人们常说的"无知必无能"就是这个道理。英国教育家怀特海认为："真正有价值的教育是使学生透彻理解一些普遍的原理，这些原理适用于各种不同的具体事例。在随后的实践中，这些成人将会忘记你教他们的那些特殊的细节；但他们潜意识中的判断力会使他们想起如何将这些原理应用于当时具体的情况……完全渗透你身心的原理，与其说是一种正式规范的陈述，不如说是一种智力活动的习惯。"[1]只有首先掌握了关于了解客观世界的经验，才能够较为深刻地认识世界；较为深刻地认识世界之后，才能够提高顺利改造客观世界的本领。没有知识，学生的正确观点就难以形成，学生分析、思考问题就没有依据，学生的创造发展将失去基础。

2．能力发展是掌握知识的重要条件

学生获得知识的过程必须具备一定的认知能力（如感知能力、记忆能力、思维能力等），否则就不可能掌握相应的知识。例如，在教学过程中，如果学生没有一定的注意力，不能将注意力集中于一定的对象，那么在学习中就会视而不见、听而不闻，貌似听课，实则神离，自然也不能学到相应的知识了。特别是在科学技术迅猛发展的现代，教学内容迅速增多、程度不断提高、难度不断加大，在教学中需要尤其培养和提高学生的智力，发展他们的创新能力，这样才能迎接21世纪的挑战。

3．掌握知识和发展能力有机结合、相互促进

在教学过程中，以传授知识为主，还是以发展能力为主，教育史上曾存在形式教育论和实质教育论之争。形式教育认为教学的主要内容是发展智力，至于学科内容的意义是无关紧要

---

[1] 怀特海.教育的目的[M].徐汝舟，译.北京：生活·读书·新知三联书店，2002.

的;实质教育认为教学的主要任务在于传授给学生对生活有用的知识,智力无须特别培养。两种观点都具有片面性,都把掌握知识和发展能力人为地割裂开来。在实际教学活动中,教师要引导学生自觉地掌握知识和运用知识,并在此基础上有效地提高他们的能力,只有把二者有机地结合起来,才能提高教学质量。

练习

【6-12】 在教学过程中,强调知识的传授而忽视能力培养的理论是( )。
A. 形式教育论　　B. 实质教育论　　C. 传统教育论　　D. 现代教育论

【6-13】 辨析题:教学中"授之以鱼"不如"授之以渔"。

【6-14】 简答题:简述传授知识和发展智力之间的辩证关系。

(三) 教师主导与学生主体相统一的规律

教学活动是由教师的教和学生的学组成的双边活动。在教学过程中,教师的教和学生的学两者相互依存、缺一不可。教学是教师教学生去学,学生是教师组织的教学活动中的学习主体,教师对学生的学习起主导、指导作用。

1. 教师在教学过程中起主导作用

"师者,所以传道、授业、解惑也。"所谓教师主导性是指教师对教学全局具有统领作用,教师是教学活动的发动者、组织者和实施者,履行贯彻教学目的、把握教学方向、选择教学内容、调适教学过程等职能。教师在课堂教学过程中具有导向性作用,这种作用发挥得如何,对于学生的学习具有直接影响。但主导不等于主宰,教师主导不等于教师权威,应是学生主体基础上的主导。

2. 学生在教学过程中处于主体地位

在教学中,学生不只是教学的对象,还是学习主体与发展主体。学生对外部信息的选择具有能动性、自觉性,教师的讲授只有为学生所接受和认同,才能实现提高学生认识、转变学生思想的目的。教师在教学中应明确学生的主体地位,激发其学习的内生动力,使其在学习过程中成为真正的主人和最大的受益者。让学生处于主体地位不等于让学生自由生长,而是要有的放矢,学生的主体地位需要在教师的主导下实现。

3. 教师主导与学生主体有机结合

教学过程中"教师主导"与"学生主体"是相辅相成、密不可分的辩证关系。教师主导作用的对象是学生,学生主体地位的存在和主体性表现的状态,是教师主导作用发挥的体现与结果。教师主导与学生主体有机结合,体现了"学生为本"理念。就教师活动而言,以学生为本的根本意义在于在教学中要把学生的有效学习与健康发展作为行动的出发点和归宿。同时,教师的主导作用要依赖于学生主体性的发挥,学生学习的主动性、积极性越高,说明教师的主导作用发挥得越好。在教学过程中,既不能只重视教师的作用,忽略学生学习的主动性和创造性;又不能只强调学生的作用,使学生陷入盲目探索状态,学不到系统的知识。应把二者有机结合起来,使师生两方面主动性都能得到发挥,在教学互动的过程中达到动态的平衡。

资料夹 6-3

凯洛夫的"教师主导观"

教师的职责在于向学生阐明教学过程的每一个阶段的具体的学习任务。不但如此,还要指出这些任务的实际意义,而且要使这些任务成为学生所心爱的活动。现在,我们大家已经学习了算术的演算。利用这类演算可以解答许许多多有用的应用题。但是,这还不够。我给你们举出这样一个例子:5－13＝?求一求这个差数等于多少?(学生窘住了,有些人在那里喊喊喳喳地说:"没办法求。")

不错,有些人已经暗地里表示没有办法求得这个差数。大家都同意这个意见么?都同意。那么,到底怎么办呢?大家想想看,你们可以根据气象报告,知道今天的气温是5°,也就是说零上5°。可是,在近几天里,预料温度是要下降的,降低13°。那么,那时气温应该是多少度呢?很明显,需要从5°减去13°。那么,怎样来进行这样一类的演算呢?这就需要用代数来补算术的不足了。在这堂课的最后,我们大家就要来解这个习题。六年级代数"正数和负数"这个题目的课就是这样开始的。立刻就要进行的教学工作,在学生的心目中获得了重要的意义。

学生认真负责的学习态度的形成跟教师明确的和坚持不渝的严格要求是分不开的。对于教师的每一句话和每一项指示,每一个学生都应该用心地听取和执行。教师逐步提出来的要求,对学生的学习生活来说,具有法律的性质。担任某一个班的所有教师的要求越是能取得一致,这种要求也就会更快地具有法律的性质。

资料来源:凯洛夫.教育学[M].陈侠,等译.北京:人民教育出版社,1957.

练习

【6-15】 辨析题:强调学生的主体地位必然削弱教师的主导作用。

【6-16】 材料分析题

在一节语文课上,老师正在带领学生学习课文。该课文的主要内容是说,冬天下雪了,大雪将整个原野都覆盖起来。清晨,很多动物都出来了,纷纷用自己的足或者爪子在雪地上画出了美丽的图画。老师在完成教学任务后,向学生提出了一个问题:"为什么青蛙和蛇没出来?"不一会儿,有一个同学站起来回答说:"因为青蛙和蛇没有毛衣,怕冷,所以没有出来。"老师听了不高兴,用严厉的口吻说:"不知道就不要乱说。"让这个学生坐下后,又问全班同学:"谁知道?"这个时候,教室里安静极了,再也没有人回答。看到这种情形,老师说:"我告诉你们,青蛙和蛇是冷血动物,冬天需要冬眠,所以不能出来。"

问题:试运用教师的主导作用与学生的主体作用的必然联系的理论来评价这位老师教学的得失。

(四)传授知识与思想品德教育相统一的规律

传授知识与思想品德教育相统一规律,又称教学的教育性规律。赫尔巴特最先发现这个规律,并做了详细的解释。他坚信"不存在'无教学的教育'"以及"不承认有任何'无教育的教学'"[1],不管有意还是无意,教育永远具有教育性,具体原因如下。

(1)教学目标具有教育性。教学目标有三:知识与技能、过程与方法、情感态度与价值观。这里的"情感态度与价值观"包含思想品德教育,可以说思想品德教育是教学目标之一。

(2)教学内容具有教育性。教科书是从一定的文化里精选出来的材料,教学内容是经过严格选择的、对学生的德智体发展具有积极意义,因此其内容本身就隐含着特定的教育价值。

(3)教学过程方法具有教育性。教学的每个环节只要教师留意都有思想品德教育的价

---

[1] 赫尔巴特.普通教育学[M].李其龙,译.北京:人民教育出版社,2015.

值。只要教师注意在教学过程中坚守真善美统一，那么就可以在传真、扬善、颂美的过程中启迪学生为善、乐善的情怀。

（4）教学评价具有教育性。教学评价，特别是课堂教学过程中教师对学生的评价会对学生的心理产生极为巨大的影响。如果教师对每一个学生都能一视同仁，坚持实事求是、客观公正、有理有据地对学生的优点与错误进行评价，那么学生们慢慢地就会形成坚持真理、维护正义、公平公正等优良品质。

（5）教师的言行具有教育性。小学生具有向师性，教师的一举一动、一言一行、一思一想、一情一态都在有意无意地对小学生产生这样或那样的影响。教师的信仰、观点、品德、教养，甚至是衣着打扮、一颦一笑都会为小学生带来某种心灵的觉醒。所以，作为教师，要品行端正、行为规范，这样才能给小学生产生正面的影响。

练习

【6-17】 简答题：你如何理解"教学永远具有教育性"？

教学永远具有教育性，这是客观规律。那么，传授知识与思想品德教育是一种什么关系？

1. 知识是思想品德形成的基础

学生思想品德的提高有赖于其对科学文化知识的掌握。因为，科学的世界观和先进的思想都要有一定的科学文化知识作为基础；知识学习的本身是艰苦的劳动过程，这个过程不仅能使学生获得知识，还能使学生集中注意力、产生兴趣、加强情感、锻炼思维、培养创造精神、坚定对理想的追求，此外，还能培养学生不怕困难、努力学习、热爱集体、遵守纪律的意志品质。

2. 良好的思想品德是学习的推动力

小学生掌握知识的过程是一个能动的认识过程。他们的思想品德状况、学习目的，对学习起着决定性的作用。学生的思想品德越好，学习目的越明确，学习活动就会越自觉。小学生的动机、兴趣、情感等个性品质就会与社会需求联系起来，成为为社会做贡献的积极动机，建立以祖国需要为中心的兴趣，以良好的心态对待学习，用顽强的意志克服学习中的困难，促进知识的学习和掌握。

3. 传授知识和思想品德教育有机结合

在教学中遵循传授知识和思想品德教育相统一的规律必须防止两种倾向：一是脱离知识进行思想品德教育的倾向。这会使思想品德教育成为无源之水、无本之木，不仅不利于学生品德的提高，而且会影响系统知识的教学。二是只强调传授知识，却忽视思想品德教育。不能认为小学生学习了知识以后，其思想品德自然会随之提高。教学的教育性必须要经过教师的启发、激励才能对小学生施加积极影响，只有使学生对所学知识产生积极的态度时，教学的教育性才能得以实现。在教学过程中，要注意把二者有机地结合起来。

练习

【6-18】 有教师提出，小学数学教师要跳出数学看数学，要上有文化味道的数学课，这一观点符合的教学规律是（　　）。

  A. 教与学的辩证统一   B. 直接经验与间接经验相结合
  C. 掌握知识与提高能力相统一 D. 掌握知识与提高思想觉悟相统一

【6-19】 简答题：教学过程有哪些基本规律可循？

提示：教学规律是教学中不以人的意志为转移的客观存在。学习时要注意抓住每条规律的关键词：直接—间接；知识—能力；主导—主体；教学—教育（知识—品德）。注意两个关键词之间的相互依存关系，一般的问题就能解决了。重点关注教学的教育性规律。记忆密码为：舰长是教主。舰（间）——间接经验与直接经验相统一；长（掌）——掌握知识与提高能力相统一；教——教育永远具有教育性，即传授知识与思想品德教育相统一；主——教师主导与学生主体相统一。

第三节 教学原则与教学方法

教学过程中内在的、本质的必然联系，是教学过程中必须遵循的教学规律。这种遵循具体表现为教学原则的制定与教学方法的选择。

一、教学原则

教学原则是根据一定的教学目的和教学规律而制定的指导教学工作的基本准则和要求。教学原则用于指导教学实践，对教学内容、教学方法、教学组织形式的设计与运用起指导作用，是提高教学质量的重要保证。我国小学的教学原则主要有直观性原则、启发性原则、巩固性原则、量力性原则、循序渐进原则、因材施教原则、理论联系实际原则、科学性与思想性统一的原则。

（一）直观性原则

直观性原则是指在教学过程中，教师利用学生的多种感官和已有的经验，引导学生观察所学事物或通过教师语言的形象描述，形成对所学事物、过程的清晰表象，丰富感性知识，从而正确理解书本知识并发展认识能力。

直观性原则在我国古代就有论述。荀子说"不闻不若闻之，闻之不若见之""闻之而不见，虽博必谬"，提出了在学习中不仅要"闻之"，更要"见之"，才能"博而不谬"。夸美纽斯率先提出了教学中的直观性原则，他在《大教学论》中指出："我们由此可以为教师找出一条金科玉律。在可能的范围以内，一切事物都应该放在感官跟前。一切看得见的东西都应该放在视官跟前；一切听得见的东西都应该放到听官跟前；气味应当放到嗅官跟前，尝得到和触得着的东西应放到味官和触官跟前。假如有一件东西能够同时在几个感官上面留下印象，它便应当和几种感官去接触。"① 贯彻直观性原则的基本要求如下。

1. 正确选择直观时机和直观手段

直观性原则要贯穿在教学过程始终，不仅在感知教材、教授新教材阶段需要采用直观手段，在巩固知识阶段也可采用直观手段。在教学中，教师要根据学科特点、教学任务和学生的年龄特征正确选用直观的时机和直观手段。直观手段一般包括实物直观，即直接将对象呈现在学生面前，如实物、标本、实习、实验等；模象直观，即展示实物的模拟，如图片、图表、模型、幻灯片等；语言直观，即教师形象化的语言描述。

2. 直观教具的演示与语言讲解结合

直观教学的目的是丰富学生的感性经验，为学生学习和掌握抽象的理性知识奠定基础。教学中的直观不是让学生自发地看，而是要在教师的指导下有目的地观察，教师通过提出问题引导学生去把握事物的特征，发现事物之间的联系。直观能使学生获得感性表象，集中注意

---

① 夸美纽斯.大教学论[M].傅任敢，译.北京：教育科学出版社，2004.

力,定向理解直观对象,揭示事物的本质。通过讲解以解答学生在观察中的疑惑,指导学生进行分析、抽象、概括和推理,以发展抽象思维。

3. 重视运用言语直观

教师用语言作生动的讲解、形象的描述,能够为学生提供感性知识,使学生的头脑中形成生动的表象或意象。有时教学中受到地点、设备等条件的限制难以使用直观教具时,教师需要更多地运用语言直观,让学生如入其境,一下子就能形成表象。

4. 防止为了直观而直观的偏向

直观教学是手段,不是目的。在教学中,直观手段只是在一定的教学阶段才用的,要服从于明确的教学目的。在运用直观手段帮助学生形成对知识的信任以及形成一定的感性经验后,教师就要使学生摆脱它,进而将学生的思维引导到抽象思维上去。

资料夹 6-4

夸美纽斯论直观性教学原则

我们由此可以为教师们找出一条金科玉律。在可能的范围以内,一切事物都应该尽量地放到感官跟前。一切看得见的东西都应该放到视官的跟前,一切听得见的东西都应该放到听官的跟前。气味应当放到嗅官的跟前,尝得出和触得着的东西应当分别放到味官和触官的跟前。

关于这一点,我们有三个有力的理由。

第一,知识的开端永远必须来自感官(因为所有的悟性都是先从感官得来的,没有别的)。所以,智慧的开端当然不仅在于学习事物的名目,而在于真正知觉事物的本身!要到事物被感官领会到了的时候,文字才可实现它的功用,给它以进一步的解释。

第二,科学的真实性与准确性依靠感官的证明多于其他一切。因为事物自己直接印在感官上面,而印在悟性上面则是间接的,是通过感官的。有一件事实可以表明这一点,就是从感觉得来的知识,我们立刻就相信,而先验的推理和别人的指证则总要诉之于感觉。推理所得的结论,除非它可以用例证去证实(例子的可靠性有赖于感官知觉),否则我们不会相信它。没有一个人会如此相信别人的指证,以致不相信自己的感性经验的。科学愈是依赖感官知觉,科学的可靠性就愈成比例地增多。所以,假如我们想使我们的学生对事物获得一种真正和可靠的认知,我们就必须格外当心,务必使学生通过实际观察与感官知觉去学得一切事物。

第三,感官是记忆的最可信托的仆役,所以,假如这种感官知觉的方法能被普遍采用,它就可以使知识一经获得之后,永远被记住。比如,假如我尝过一次糖,看见过一只骆驼,听见夜莺唱过歌,或者到过罗马,每回都用心地把事实印在我的记忆中,那些事情便会是鲜明的、永存的。因此我们发现,儿童容易从图面学习《圣经》上的和世俗的故事。事实上凡是看见过一次犀牛(哪怕看见的是图画),或者目击过某件事物的人,就能够像自己把动物描绘出来一样,把那件事物记在记忆里面,较之听别人形容过六百次都要容易得多。

资料来源:夸美纽斯.大教学论[M].傅任敢,译.北京:教育科学出版社,2014.

练习

【6-20】 赵老师在教学《第一场雪中》时,播放了北方漫天大雪时的视频,让学生感受下雪场景,他运用的教学手段属于( )。

  A. 实物直观   B. 模象直观   C. 语言直观   D. 虚拟直观

【6-21】 教学《圆的认识》一课时,教师展示圆形纸片、硬币,让学生看一看、摸一摸,然后总结圆的特点。这一教学过程主要遵循的是（　　）。

A. 直观性原则　　　B. 启发性原则　　　C. 循序渐进原则　　　D. 因材施教原则

【6-22】 荀子曰:"不闻不若闻之,闻之不若见之。"这句话所体现的教学原则是（　　）。

A. 直观性原则　　　B. 启发性原则　　　C. 巩固性原则　　　D. 量力性原则

【6-23】 乌申斯基认为,儿童是依靠形状、颜色、声音和感觉进行思维的。这观点要求小学教学应当遵循（　　）。

A. 启发性原则　　　B. 直观性原则　　　C. 因材施教原则　　　D. 理论联系实际原则

（二）启发性原则

启发性原则是指在教学中教师要承认学生是学习的主体,充分调动学生的积极性和主动性,引导他们独立思考,积极探索,生动活泼地学习,自觉地掌握科学知识,发展分析问题和解决问题的能力。"产婆术"（苏格拉底）、"不愤不启,不悱不发"（孔子）、"道而弗牵,强而弗抑,开而弗达"（《学记》）、"一个坏的教师奉送真理,一个好的教师则教人发现真理"（第斯多惠）等都蕴含着启发性原则的思想。启发性原则是在吸取中外教育经验的基础上提出的,是教师主导作用与学生主体作用相统一的规律在教学中的反映。贯彻启发性原则的具体要求如下。

1. 充分调动学生学习的自觉性和主动性

调动学生内在的学习自觉性和主动性是启发的首要问题。启发性原则看似强调教师对学生的启发,其实更注重让学生自主探究、反思并解决问题。学生主动学习受许多因素的影响,如学生的兴趣、爱好、求知欲、理想、渴望得到表扬的心理等,其中最重要的是对学习活动本身的主动性。教师要善于因势利导,增强教学活动的吸引力,将学生的自觉性和主动性发展为推动学习的持久动力。

2. 设置问题情境启发学生积极思考

苏霍姆林斯基说:"在人的心灵深处,都有一种根深蒂固的需要,这就是希望感到自己是一个发现者、研究者、探索者。而在儿童的精神世界中,这种需要则特别强烈。"①在启发式教学中,教师创设恰当的问题情境正是为了满足学生的这一需要。但并不是所有的问题情境都能开启学生的思维,这就要求教师要善于抓住教材的重难点并据其提出问题。教师在启发学生思考的过程中应有耐心、有重点,不仅要启发学生理解知识,而且要启发学生理解学习的过程,掌握获取知识的方法。

3. 培养学生独立解决问题的能力

21世纪学生发展能力报告通过综合梳理六大权威21世纪学生能力教育框架,提炼了13项学生应具备的能力和素养,其中问题解决能力就是其中一项重要能力。因此,教师不仅要引导学生动脑,更重要的是让学生在思考中寻找有关的概念、规律、方法等来解决问题,将知识创造性地用于实际。

4. 发扬教学民主建立和谐的师生关系

发扬教学民主,创造轻松、和谐、民主、平等、活跃的课堂教学氛围,是贯彻启发性教学原则的重要条件。它包括建立民主平等的师生关系和生生关系,强调学生积极主动参与课堂活动,鼓励和尊重学生积极思考、发表不同见解,允许学生向教师提问、质疑等。如果说调动学生学

---

① 苏霍姆林斯基. 给教师的建议[M]. 杜殿坤,编译. 北京:教育科学出版社,1984.

习的自觉性和主动性是贯彻启发式教学原则的内部条件,那么发扬教学民主就是教师实施启发性教学必不可少的外部因素。

练习

【6-24】"道而弗牵,强而弗抑,开而弗达"所阐明的教学原则是(　　)。
A. 循序渐进原则　　　B. 直观性原则　　　C. 启发性原则　　　D. 因材施教原则

【6-25】苏格拉底的"产婆术"体现的教学原则主要是(　　)。
A. 直观性原则　　　B. 启发性原则　　　C. 科学性原则　　　D. 思想性原则

【6-26】 材料分析题

单元测验后,李老师照例上了一堂讲评课,上课不到十分钟,她就发现那几位考满分的学生表现出不耐烦和心不在焉。于是,她及时调整了教学策略:每讲一道题,就请做对的学生将自己答题的思路和方法讲给其他同学听,不明白的可以随时提问,然后进行讨论,结果,这节课上得生动、活泼,不仅将学生的积极性调动起来了,还产生了许多新的解题思路和方法。

问题:评析材料中李老师的做法。

(三)巩固性原则

巩固性原则是指教师在教学中要引导学生在理解的基础上牢固地掌握基础知识和基本技能,达到熟练的程度,在需要的时候能够准确无误地呈现。孔子最早在《论语》中提到"学而时习之""温故而知新",从侧面说明了新知与旧知之间的紧密关系,强调教学中巩固复习的重要性。苏联教育学家凯洛夫重视知识的牢固掌握以达到知识运用的目的,讲的也是巩固性原则的重要性。贯彻巩固性原则的要求如下。

1. 在理解的基础上巩固

要使学生牢固掌握所学知识,就要求教师在传授时应使学生深刻理解知识并对其留下极深的印象。在教学中,教师应引导学生在听课中思考,在思考的基础上复习,把理解知识和巩固、记忆知识联系起来。当然,教师的巩固工作要以引导学生进行意义记忆为主,但也不否定要求学生对一些知识进行机械记忆。

2. 合理组织复习

复习可以使知识在记忆中强化、熟练,加深学生对知识的理解,提高学生的再造与创造能力。教师要安排好复习的时间,向学生提出具体、明确的复习与记忆的任务;要及时复习,将集中复习与分散复习相结合,切忌"平时不烧香,临时抱佛脚";要指导学生掌握记忆方法,学会通过整理知识、编写提纲等帮助记忆,发展记忆力。

3. 在扩充、改组和运用知识的过程中巩固知识

巩固性教学原则并非是简单直接地重复和练习,教师要加强新旧知识的联系,使知识系统化、结构化。教师要引导学生通过学习新知识,扩大、加深、改组原有知识,以及积极运用所学知识来巩固知识。这种方法不是原地踏步,而是引导学生不断前进,在运用知识中不断巩固和深化已有的知识与技能,并运用所学知识和技能去解决新课题。

(四)量力性原则

量力性原则要求教师教学的具体任务、教学内容、方法和组织形式要符合学生的身心发展水平和知识水平,使他们能够接受,同时又要有一定的难度,需要他们经过努力才能掌握,进而不断提高他们的知识水平和能力。量力性原则是教育必须适应学生的年龄特征和发展阶段的规律在教学中的反映,也是维果茨基"最近发展区"理论的反映。该理论认为学生的发展有两种水平:一种是学生的现有水平,取决于学生独立解决问题的能力;另一种是学生可能的发展水平,也就是通过教学所获得的潜力。最近发展区则是现有发展水平与潜在发展水平之间的距离,教师要在能力尚处在形成状态的"最近发展区"内,引导学生经过努力去解决问题。贯彻量力性原则的要求如下。

1. 了解学生的发展水平,从实际出发进行教学

年龄特征和发展阶段主要是揭示个体发展的普遍规律,这些普遍规律体现在学生发展的各个方面,而且是极为多样化的。《学记》中提到"力不能问,然后语之,语之而不知,虽舍之可也",言下之意就是当教师讲解的内容难度过高而超出学生的接受水平时,就该将问题暂时搁置。教师要随时了解学生的发展水平、已有的知识与能力状况,具体研究学生的发展特点,比如学生认知、社会性、自我意识的发展等,教师在这样的研究基础上才可能真正做到"量力"。

2. 考虑学生认知发展的时代特点

学生的认知发展也是随着时代的变化而不断发生变化的,不同时代的学生有不同的认识特点。教师只有充分认识并理解这种时代特点,才能取得良好的教学效果。

(五) 循序渐进原则

循序渐进原则又叫系统性原则,是指教学要按照学科的逻辑系统和学生的认识发展规律进行、使学生系统地掌握基础知识和基本技能,形成严密的逻辑思维。这里的"序"首先指的是知识的逻辑顺序,即科学知识本身的系统性和严密性。也就是说,学校课程中各门学科从教材的编排到课时的设计,都应该遵循学科知识的逻辑结构。其次是指学生的认识发展规律,学生的认识是按照从具体到抽象、从简单到复杂、从现象到本质的顺序进行的。运用循序渐进原则要注意下列四点。

1. 根据教材的逻辑系统进行教学

按课程标准、教科书的体系进行教学是为了保证科学知识的系统性和教学的循序渐进性。但这不是要求教师照本宣科,而是要求教师要尊重学科的逻辑结构,结合学生的认识特点和本班学生的情况,使学生掌握课本中的知识结构,从而内化为认识结构,促进学生认知能力的发展。

2. 突出重点,突破难点,注意新旧知识的联系

教学循序渐进并不意味着教学面面俱到,而是要求区别主次、分清难易,有详有略地教学。教学重点是教材中最重要、最基础的知识和技能,也是教学的核心。教学难点是针对具体的学生而定的,不同学生有不同的难点,与学生的认知结构、认知水平有关。教师在教学中,应区别课本中重点和难点的主次关系,分析并把握学生的已有知识经验,对新旧知识进行有机联系。

3. 依据学生的认知规律进行教学

教师在教学的过程中,首先得考虑学生所处的年龄阶段,不同的年龄阶段学生认知水平的发展程度是不同的。古人云"欲速则不达",教学不可超越学生的认知规律而进行,否则必将因学生接受不了而以失败告终。

4. 引导学生将知识体系化、系统化

教师经常有计划地引导学生对知识进行整理,将所学习的知识系统化、脉络化,不仅可以帮助学生突破"只见树木,不见森林"的思维定式,而且因为形成了相互联系的网络化知识结构而可以使学生建构知识的能力得到提高,向发散思维等各种高阶思维能力的发展迈进。

练习

【6-27】《学记》中体现"循序渐进"教学原则的语句是（   ）。
  A. 禁于未发　　　B. 学不躐等　　　C. 相观而善　　　D. 独学而无友

【6-28】 下列中国古式经典教育名言,体现循序渐进教学原则的是（   ）。
  A. 温故而知新　　　　　　　　　　B. 不愤不启、不悱不发
  C. 不陵节而施　　　　　　　　　　D. 博学于文,约之以礼

【6-29】 我国古代教育文献《学记》中要求"学不躐等,不陵节而施",提出"杂施而不孙,则坏乱而不修"。这体现了教学应遵循（   ）。
  A. 启发性原则　　B. 巩固性原则　　C. 循序渐进原则　　D. 因材施教原则

【6-30】 荀子在《劝学篇》中指出:"不积跬步,无以至千里;不积小流,无以成江海。"这句话所蕴含的教学原则是（   ）。
  A. 循序渐进原则　　B. 因材施教原则　　C. 启发诱导原则　　D. 直观性原则

（六）因材施教原则

因材施教原则是指教师要从每个学生的实际情况出发,依据学生的年龄特征和个体差异,有的放矢地进行有差别的教学,使每位学生能扬长避短,获得最佳的发展。学生的"材",由先天遗传的与生俱来的禀赋加以后天教育熏陶、社会家庭环境影响等长期共同作用而综合形成。教师应在工作中做到因材施教,长善救失,使每个学生都能够得到迅速、切实的提高。贯彻因材施教原则的要求如下。

1. 从学生的实际出发进行教学

教学只有了解学生、符合学生的发展水平,才能被学生理解和接受。正如苏霍姆林斯基所说:"及时地发现、培养和发展我们学生的才能和素质,及时地了解每一个人的志趣,这一点正是当前教学和教育工作中要抓的一件主要的事。"[①]教学过程中,教师要了解和研究学生,既要掌握全班学生的一般特点,如知识水平、认知能力、学习动机等,又要了解每个学生的具体情况,如品德个性、知识基础、家庭背景等。这是教师具有崇高职业道德的表现,也是因材施教的基础。

2. 善于把集体教学与个别教学相联系

集体教学是教师同时面对众多的学生按照固定的程序、模式同时施教的一种教学方式,班级授课制是集体教学的主要形式;个别教学是为适应学生个体差异而进行的一种有针对性的教学方式。集体教学是相对个别教学而言的,教学要处理好一般与个别、集体与个人的关系,既充分发挥班级授课制的优点,又以个别施教作为集体教学的必要补充,正确处理好难与易、快与慢、多与少的关系,使教学的深度、进度符合学生的接受水平。

3. 针对学生个性特点有区别地进行教学

针对学生的个性特点,教师应采取有效措施为每个学生提供有针对性的指导和支持,使学生的优势和特长得到充分的发展。例如,内向型的学生更倾向于独自思考,教师要看到他们慎思、稳重的优势,并积极鼓励他们参与课堂活动,增强他们在课堂上的参与度;外向型的学生通常表现欲强、活泼好动,教师在教学中需要提醒学生三思而后行,督促他们精益求精。

---

① 苏霍姆林斯基.给教师的建议[M].杜殿坤,编译.教育科学出版社,1984.

练习

【6-31】 孟懿问孝,孔子曰:"无违"。孟武伯问孝,子曰:"父母唯其疾之忧。"子夏问孝,子曰:"色难,有事,弟子服其劳;有酒食,先生馔,曾是以为孝乎?"上述孔子与其弟子对话蕴含的教学原则是(　　)。

  A. 学思结合　　　　B. 因材施教　　　　C. 启发诱导　　　　D. 循序渐进

【6-32】 陶行知曾用松树和牡丹比喻育人,用松树的肥料培养牡丹,牡丹会瘦死;用牡丹的肥料培养松树,松树会被烧死。这一比喻运用到教学上,所体现的原则是(　　)。

  A. 直观性原则　　　　　　　　　　B. 因材施教原则
  C. 启发诱导原则　　　　　　　　　D. 循序渐进原则

【6-33】 数学课上,马老师有意让学习成绩较差的小军回答一个比较简单的问题。这体现的教学原则是(　　)。

  A. 启发诱导　　　　　　　　　　　B. 循序渐进
  C. 科学性和思想性相结合　　　　　D. 因材施教

(七) 理论联系实际的原则

理论联系实际的原则是指教学要以学习基础知识为主导,将理论运用于解释和解决实际问题上,达到学懂会用、学以致用的效果。理论联系实际原则是人类认识或学习活动的普遍规律之一,也是直接经验与间接经验相统一的教学规律在教学中的体现,意在保证学生所掌握的知识能够在实践中运用。贯彻理论联系实际原则的具体要求如下。

1. 书本知识的教学要注重联系实际

书本知识是理论的具体表现形式,教师教学既要立足书本,保证理论知识的主导地位,也要贴近实际。具体来说,教师要在课堂教学中把书本的相关知识同学生的真实的生活相结合,包括联系学生的生活经验和已有的知识能力、志趣、品德的实际,科学知识在生产和社会生活中的运用实际,以及当代最新的科研进展和科学成就的实际等。

2. 重视培养学生运用知识的能力

教师应当根据教学的需要,适当组织学生参加参观、访问、调查等社会实践活动,这对学生知识的运用与掌握、实践能力的形成以及学习兴趣的培养起着关键作用。其次,要重视引导学生参加实际操作和社会实践。

3. 正确处理知识教学与技能训练的关系

在教学中,无论是学习理论阶段,还是应用理论阶段,都应避免理论和实际"两张皮"的教风。只有将知识教学与技能训练两者结合起来,学生才能深刻理解基本概念,掌握基本技能,拥有一定的实际操作能力。

4. 补充必要的乡土教材

我国幅员辽阔,南方与北方、沿海与内地在自然条件经济和文化发展等各方面都有很大差异。因此,在使用统一的教材时,为了使教学不脱离地区实际,教学必须补充必要的乡土教材,这有利于学生了解家乡的风土人情,培养学生热爱家乡的情感。

(八) 科学性与思想性统一的原则

科学性与思想性相统一的原则是指教学要以马克思主义为指导,授予学生科学知识,并结合知识教学,对学生进行思想品德和正确的人生观、科学的世界观的教育。科学性是思想性的基础和前提,思想性是科学性的灵魂,是提高科学性的保证。科学性与思想性相统一的原则是我国培养德、智、体、美、劳全面发展的人的要求,体现了我国教育的根本方向,同时也是传授知识与思想品德教育相统一教学规律的反映。贯彻科学性与思想性统一的原则的要求如下。

1. 保证教学的科学性

教学的科学性是指课堂教学过程的各个方面都必须是科学的,这是对教学的最基本要求。教师对教材的解释,特别是对基本概念、基本原理的分析要严密;教师讲课中引用的事实材料、史实的出处应是可靠的,不能随意引用;教师教学方法的选择与运用应当是科学的;课堂教学结构也应是科学的。

2. 挖掘教材的思想因素,在教学各个环节对学生进行思想品德教育

教材是知识的象征。教师要根据各学科的特点,深入研究课程标准和教材,有意识地挖掘蕴含在教材中的"思想性"因素,有机地渗透思想品德教育。在课堂教学、课外辅导、批改作业、考试、考查和成绩评定等各个环节都要注意思想品德教育。寓教育于教学之中,不要脱离课程内容进行空洞和牵强附会的说教。

3. 教师要不断提高自身的专业水平和道德修养

示范性是教师劳动的特点之一。俗语说"言教不如身教",教师在教学过程中所自然流露的教学态度、待人方式和工作方法等都会影响学生的认知和思想,让学生在潜移默化中受到感染与教育。为此,教师应不断提高自身修养,用自己高尚的思想品德和行为来影响学生,体现教学的科学性与思想性。

练习

【6-34】 曹老师在教学《圆的周长》时,讲述了我国古代数学家祖冲之在计算圆周率上的卓越贡献,同学们感到很自豪,曹老师遵循的教学原则是(　　)。

A. 启发性原则　　　　　　　　　B. 巩固性原则

C. 因材施教原则　　　　　　　　D. 科学性与思想性相统一原则

【6-35】 材料分析题

读《找骆驼》课文,了解课文大概意思后,教师提出:商人找到骆驼后,回来的路上再遇到老人,会对老人说什么?你的理由是什么?学生读完课文后,想法很多,例如:①对老人说:"谢谢,对不起,我错怪你了。"②不和老人说话,不理老人,自己偷偷走掉。③"一个老头,闲着没事干,出来瞎溜达啥?"等等。

学生说第一种想法时,教师引导他们从书上找理由,学生较快说出。当学生说到第二种想法时,教师问:"你的理由是什么?"

"这是一个忘恩负义的商人。"一生说。

"对,我童话书里看到很多商人都是坏蛋。"又一生说。

"那如果你看到这样的商人,你想对他说些什么呢?"教师试图通过这个问题让学生说出:"老人帮你找到了骆驼,你应该谢谢他。"之类的话。

可是学生却说:"这个坏蛋,打他一拳,让所有人都打他一拳。"

问题:材料中的教师贯彻了哪些教学原则,试加以分析。

【6-36】 材料分析题

乘法练习课上,吴老师用投影仪出示了一道开放题,3位老师带50名学生去参观植物园。票价标准分别是:成人每人10元、学生每人5元、团体(10人以上)每人6元。问题是:怎样买合算?很快,很多同学给出了答案:老师和学生一共需要花费280元。小宇提出了另一种方案:"把老师学生凑成10人的组,剩下的同学按照5元的票,一共花费275元,比280元少了5块钱。"吴老师笑着点点头,其他同学听了若有所思,有的似茅塞顿开。小思却说:"不就少了5块钱嘛!"他满不在乎地说:"老师,都出去玩了,谁还在乎这5块钱啊?"其他同学也附和道:"就是,5块钱算什么!"

问题:谈谈在教学中如何贯彻科学性与思想性相统一的原则。

提示:教学原则的学习首先要牢记八条原则的名称,可以运用下列记忆口诀:"支起弓系,理因思量。"其中,支=直观性,起=启发性,弓=巩固性,系=系统性,循序渐进,理=理论与实践,因=因材施教,思=科学性与思想性,量=量力性;其次,要理解其内涵,并能结合实际进行判断;最后,要根据材料分析某教师在教学中运用了哪些原则(教学设计部分的材料题往往与教学原则与方法有关,应给予十分重视)及运用要求。

二、教学方法

教学方法是指教师和学生为了完成一定的教学目的和教学任务要求而在教学活动中采用的方式和手段的总称,包括教师教的方法和学生学的方法。按照教学方法的媒介特征及学生学习活动的特点,可以把教学方法分为"以语言传递信息为主的方法""以直接感知为主的方法""以实际训练为主的方法"和"以引导探究为主的方法"四类,每一类又包含若干种具体方法。①

(一)以语言传递为主的教学方法

这类教学方法运用极为广泛,是教师应用口头语言向学生传授知识、技能,以及培养学生独立阅读能力的教学方法,主要包括讲授法、谈话法和读书指导法三种。

1. 讲授法

讲授法是指教师运用口头语言,系统连贯地向学生讲授科学文化知识,引导学生学习的方法,具体有讲述、讲解、讲读、讲演四种方式。由于语言是交流思想、传递经验的主要工具,所以讲授法是教学最基本的一种方法,其他教学方法的使用也不可避免地需要与讲授法结合。运用讲授法的基本要求如下。

(1)讲授内容要有科学性和思想性。这是对教师使用讲授法最基本的要求。为保证讲授内容的科学性,教师要认真钻研教材,解释基本概念时做到用词准确,突出重难点,使讲授富有针对性。此外,教师还应充分挖掘教材内容中蕴含的思想品德教育因素,使学生在思想上有所提高,体现教学的教育性。

(2)讲授过程具有启发性和艺术性。首先在讲授中要善于提问并启发学生独立思考,留给学生思考时间,做到讲中有导。同时又要注意讲授的艺术性,比如讲授概念时使用生动的课堂语言、添加肢体语言表述,使课堂教学情真意切,声情并茂。

(3)恰当运用板书和教具。板书也是教师课堂的语言,是教学思路的外化,有利于加深学生对教师口述知识的理解。教具辅助教师讲授,能够引导学生自主思考,使他们从被动吸收知识变为主动理解和吸收。当教师在讲授中需要特别提示,或者用语言难以清晰准确地描述时,可以借助板书和教具的生动演示,给学生以更加清晰、准确和鲜明的印象。

---

① 李秉德.教学论[M].北京:人民教育出版社,1991.

练习

【6-37】 作为一种常用的课程教学方法,讲授法的主要局限在于( )。

A. 难以呈现系统科学知识   B. 难以控制教学时间

C. 难以发挥教师主导作用   D. 难以做到因材施教

【6-38】 课堂教学中,课桌椅摆放方式会影响教学方法的运用效果。一段来说,"秧田型"最适合的教学方法是( )。

A. 实验法   B. 讲授法   C. 探究法   D. 讨论法

2. 谈话法

谈话法也叫问答法,是教师按一定的教学要求向学生提出问题,要求学生回答,并通过问答的形式引导学生获取或巩固知识的办法。谈话法具有悠久的历史,被古今中外教育者广泛应用于教学。古希腊哲学家苏格拉底与我国古代教育家孔子都是使用谈话法教学的典范。运用谈话法的基本要求如下。

(1) 谈话前做好充分准备。上课前,教师要对谈话的中心和提问的顺序做好充足的准备,预测学生可能出现的答案,并准备如何对学生的回答加以引导。

(2) 谈话过程中要善于启发引导。教师要善于针对学生的回答引导学生形成自己的观点,让学生乐于说、有话说。同时要控制谈话的中心主题,避免学生脱离课堂主题侃侃而谈。

(3) 要掌握提问的技巧。教师的提问应面向全体,吸引全体学生参与到谈话中来,避免出现"听而不闻、闻而不思"的现象;教师要鼓励学生思考,给予学生充分的思考时间;学生回答问题时,教师要认真倾听并及时评价。

(4) 谈话结束时要善于总结。教师的归纳、小结,可以使学生的知识系统化、科学化,帮助他们准确地掌握知识。对于争论的问题,教师要阐明自己的观点,但也要允许学生保留自己的意见。

资料夹 6-5

对话式教学的重要性

对话是人与人之间的相遇(encounter),以世界为媒介,旨在命名世界。因此,对话不会在想要命名世界的人与不想要这种命名的人之间发生,即不可能在剥夺他人话语权的人和被剥夺了话语权的人之间展开。被剥夺了基本话语权的人,必须首先重新夺回自己的这种权利,并防止这种非人性化侵犯被延续。

如果人通过命名世界来改造世界恰恰是反映在他们说出的字词中,那么对话本身就变成了他们实现作为人的意义的途径。对话因此是人类的生存必需。既然对话是相遇,对话者在相遇中针对待改造和待人性化的世界进行联合反思与行动,因此,这种对话不能被沦为一个人对另一个人的思想的"存储"行为,也不能变成待讨论者"消费"的简单思想交流。对话也不是这样的人之间的一场充满敌意、强词夺理的争论:这样的人既不致力于命名世界,也不致力于追求真理,而一心想把自己的真理强加于人。因为对话是命名世界的人之间的相遇,所以对话不应出现一些人代表另一些人命名世界的情况。对话是一种创造行为。对话不应成为一个人控制另一个人的巧妙手段。对话中隐含的控制,是对话者共同对世界的控制;对话是为人类解放而征服世界。

资料来源:保罗·弗莱雷.被压迫者教育学(50周年纪念版)[M].顾建新,张屹,译.上海:华东师范大学出版社,2020.

3. 读书指导法

读书指导法是指教师指导学生通过阅读教科书和课外读物获取知识、培养独立阅读能力的方法。教师指导学生读书主要适用于学生相对能够独立阅读的阶段，需要教师在教学开展前给予学生读书知识和方法上的指导，调动学生读书的主动性。运用读书指导法的基本要求如下。

(1) 提出明确的目的、要求和思考题。在读书过程中让学生带着任务、问题读书，只有目标明确，才能提高学生学习的主动性和针对性，读书才能达到事半功倍的效果。

(2) 教给学生读书的方法。教师指导学生掌握朗读、默读、背诵的方法，选用适合的读书笔记形式，采用不同的阅读技巧以加深学生对阅读内容的理解、提升阅读效果。

(3) 针对学生读书过程中的问题进行教学。教师要及时指点、解决学生学习过程中遇到的问题，并针对学习中出现的共性问题加以总结。

(4) 适当组织学生交流读书心得，相互交流读书的感受、遇到的难题以及解决的方法。

练习

【6-39】 简答题：简述读书指导法的基本要求。

（二）以直观感知为主的教学方法

以直观感知为主的教学方法是指教师通过实物或直观教具等直观形式使学生直接感知客观事物或现象的方法，能够有效激发和增强学生的学习兴趣，主要有演示法和参观法两种。

1. 演示法

演示法是指教师通过展示实物、教具，进行示范性实验或采用现代化教学手段，使学生获得感性知识的方法。演示法常配合讲授法、谈话法一起使用，有利于激发学生的兴趣和观察力。运用演示法的基本要求如下。

(1) 明确演示目的，充分做好演示前的准备。教师要根据教学的要求明确演示目的，选择好演示需要的教具和材料。在教学开始前对于怎样设计演示，采用什么方法进行演示，让学生观察什么，要达到什么目的，教师要做到心中有数。

(2) 演示时要讲究方法，与教师语言讲解相结合。演示过程中，教师要利用语言将学生的注意力引导到演示对象的特点上来，并实时与学生互动，引导他们边看边思考，以获得最佳教学效果。

(3) 演示后引导学生综合分析。演示结束后，教师要引导学生交流观察的结果，通过分析、对比、归纳得出正确的结论。

练习

【6-40】 教师运用实物与教具进行示范实验，指导学生获取知识的教学方法是（   ）。
　　A. 练习法　　　　　B. 演示法　　　　　C. 实验法　　　　　D. 发现法

【6-41】 科学课上，张老师在讲台上做水的加温和降温实验，让学生观察水的状态变化。张老师采用的教学方法是（   ）。
　　A. 实验法　　　　　B. 探究法　　　　　C. 演示法　　　　　D. 练习法

【6-42】 生物课上陈老师用几条鱼做解剖，边解剖边讲解，学生兴趣盎然，很快掌握了知识，陈老师采用的教学方法主要是（   ）。
　　A. 演示法　　　　　B. 谈话法　　　　　C. 讲解法　　　　　D. 实验法

2. 参观法

参观法是教师根据教学目标和要求，组织学生去实地观察学习，通过接触实际事物获得知识、巩固知识或验证已学知识的方法。参观法可开拓学生视野，让课堂教学和学生的实际生活紧密联系，是贯彻理论联系实际教学原则的一种方法。运用参观法的基本要求如下。

（1）做好参观的准备。参观前教师确定好参观的时间、地点等安排，还要根据教学目的和要求，使学生明确参观的目的和内容，并提醒学生注意安全。

（2）做好参观的指导。参观时，教师不仅要让学生通过讲解仔细观察，更要引导学生透过现象看本质，从而获得深层次的理解。

（3）总结参观的收获。参观后，教师要根据教学要求和参观计划，组织学生讨论参观中发现的问题，指导学生整理材料、撰写参观心得或报告，把参观获得的感性认识上升为理性认识。

（三）以实际训练为主的教学方法

以实际训练为主的教学方法是指教师通过练习、实验、实习等实际活动，巩固学生形成的技能、技巧，发展学生能力的方法，主要包括练习法、实验法和实习作业法。

1. 练习法

练习法是教师根据教学的要求，指导学生运用知识反复完成一定的操作，以巩固知识、形成技能与技巧的方法。练习的种类包括口头练习、书面练习、实际操作练习等，是训练学生手脑结合、学以致用的重要方法。运用练习法的基本要求如下。

（1）明确练习目的。教师要使学生明确练习的目的、内容、方法等，在有准备的情况下进行练习，以提高学生练习的主动性和针对性。

（2）精选练习内容，逐步提高。教师要根据教学要求、学生学习的实际情况有针对性地精选练习材料，练习的内容要能够促进学生知识的积累、巩固以及能力的提高。练习要由简入难、由浅入深，循序渐进地进行。

（3）重视练习结果的反馈。教师要及时检查学生的情况，并进行评判与指导。

练习

【6-43】 教学目标与任务是选择教学方法的重要依据。有利于实现技能、技巧教学目标的教学方法是(　　)。

A．陶冶法　　　　B．讨论法　　　　C．练习法　　　　D．讲授法

2. 实验法

实验法是指教师引导学生使用一定的仪器和设备，控制一定的条件进行独立操作，观察事物的变化，以探求事物的规律，获取知识并培养技能和技巧的教学方法。实验法常用于中小学自然科学的教学，有助于培养学生独立探索的精神和实事求是的科学态度。运用实验法的基本要求如下。

（1）做好实验准备。实验前的准备包括选择实验场所，制订实验计划，准备实验器材及设备等，并向学生明确说明实验注意事项。

（2）加强实验指导。教师要注意指导学生观察实验现象，分析现象发生的原理，引导学生得出实验结果。

（3）做好实验总结。实验结束后，教师应引导学生对实验过程中存在的问题进行分析，并提出改进意见。强调实验过程中的知识点，并要求学生写好实验报告。

练习

【6-44】 小学科学课上,教师指导学生通过显微镜观察植物的内部结构,获得有关植物的知识。这种教学方法属于(　　)。

A. 参观法　　　B. 实验法　　　C. 演示法　　　D. 实习法

3. 实习作业法

实习作业法是指教师指导学生根据教学要求,组织学生在校外实践场所开展一定的实习、实践工作,培养学生实践操作能力的教学方法。实习作业法常用于自然学科和劳动学科的教学,例如生物课的植物栽培和动物饲养、地理课的地形测绘、劳动课的生产技术实习等。运用实习作业法的基本要求如下。

(1) 做好实习准备。教师要做好实习作业的计划、选好实习场所、准备实习用品,确保学生的实习在教师指导下有目的、有计划、有组织地进行。

(2) 加强实习指导。教师要与实际工作者密切配合,给予学生必要的操作指导,保证学生的实习计划得以落实。

(3) 做好实习总结。教师要指导学生写出实习报告或体会,并对其进行评阅和评定,使学生能够提炼经验、总结教训。

练习

【6-45】 在讲完长方形面积的计算后,王老师要求学生回家计算一下自己房间的面积。以加深对面积知识的理解。这种教学方法是(　　)。

A. 实践研究法　　B. 实验教学法　　C. 实习作业法　　D. 实物演示法

【6-46】 根据教学任务的要求,在校内或校外组织学生进行实际操作,将理论知识运用于实践,以解决实际问题的教学方法是(　　)。

A. 实验法　　　B. 演示法　　　C. 读书指导法　　D. 实习作业法

(四) 以引导探究为主的教学方法

以引导探究为主的教学方法是指教师组织和引导学生通过独立探究和研究活动学习知识,培养学生的创新能力、思维能力和问题解决能力的方法,主要有讨论法和发现法两种。

1. 讨论法

讨论法是学生在教师指导下,以小组或班级为单位,为解决某个问题进行探讨讨论或辩论,从而获取知识或巩固知识的一种方法。讨论法需要学生有一定的知识储备和思维能力,因此一般不适用于小学低年级学生。运用讨论法的基本要求如下。

(1) 讨论的问题有吸引力。在选择讨论的中心问题时,教师要选择贴合学生实际、符合学生认知发展、能引起学生兴趣且容易引发讨论的问题,激发学生讨论的积极性。讨论的问题不宜太大,否则学生的讨论容易天马行空,难以得出讨论结果。

(2) 讨论中对学生进行启发诱导。运用好讨论法的关键是教师的有效引导,教师应当控制讨论的进程,逐步引导讨论话题走向深入。要坚持学生在讨论中的主体性,鼓励学生言之有理、持之有据。

(3) 讨论结束时做好小结。讨论结束前,教师要依据讨论的情况做简要总结,对学生的表现也给予简单的评价。

2. 发现法

发现法是指学生根据教师提供的材料,以问题为主线,以实验和观察为载体,展开独立探索,自行发现和探讨出结论的方法。使用发现法时,教师的作用在于为学生创设探索研究的情境,引导学生对问题、现象进行主动探究,进而发现合乎科学研究规范的结论或结果。运用发现法的基本要求如下。

(1) 依据课程标准和学生实际,确定研究发现的课题和过程,使学生明确要探究什么。

(2) 严密组织教学,要善于提出启发性的问题让学生思考、讨论。发现问题及时指导,启发和引导他们进行联想、对比、分析,使学生思维活动不断深化。

(3) 努力创设一个有利于学生进行探索发现的良好情境。教学中,教师应积极营造积极探索的课堂气氛,点燃学生的求知欲、探索欲、创新欲,主动地获取知识、训练技能,达到教学目的。

资料夹 6-6

布鲁纳论发现学习

我认为,发现不限于那种寻求人类尚未知晓之事物的行为,正确来说,发现包括用自己的头脑亲自获得知识的一切形式。我之所以关心发现,直接的原因是出于美国50年代末发展起来的各种新课程计划的工作。人们跟数学家谈也好,跟物理学家谈也好,跟历史学家谈也好,反复遇到的课题,通常是对巨大效果所表现出来的一种信念,而这样的效果恰好来自准许学生亲自把事物整理就绪,使自己变成发现者。

科学史上满载着人们发现了事物而不知之的实例。我将运用这一个假设,即发现,不论是在校儿童凭自己的力量所作出的发现,还是科学家努力于日趋尖端的研究领域所作出的发现,按其实质来说,都不过是把现象重新组织或转换,使人能超越现象再进行组合,从而获得新的领悟而已。有理由说,新的事实或片断的迹象使得这种大量转换的现象成为可能。但是,要做到这一步往往不仅仅依靠新的信息。

儿童,听其自然的话,将会在规定范围内自行发现事物,这是理所当然的。某种教养儿童的方式,某种家庭气氛,将会使某些儿童比其他一些儿童更能成为发现者,这也是理所当然的。

资料来源:邵瑞珍.教育心理学参考资料选辑[M].上海:上海教育出版社,1990.

提示:教学方法部分的学习,要注意:①牢记10种教学方法的名称,记忆口诀如下:首先讲(讲授法)谈(谈话法)读书方法(读书指导法),然后参(参观法)加实验(实验法)实习(实习作业法)演(演示法)练(练习法),最后讨论(讨论法)发现(发现法)读书很快乐;②理解每种方法的核心,以应对选择题;③熟记讲授法、谈话法的运用要求;④区分实验法与演示法的关键在于学生是否亲自动手,如动手则为实验法,不动手则为演示法。

第四节 教学组织与教学评价

学校教学工作是通过一定的组织方式展开的,教学组织是为了实现特定的教学目标而设计和选择的,其效果如何需要通过相应的教学评价方式来判断。下文将从教学组织形式入手,而后简介教学评价的基础知识。

一、教学组织形式

教学组织形式是根据一定的教学思想,为实现一定的教学目的,围绕一定的教育内容或学习经验,在一定的时空环境下,通过一定的媒体,教师与学生之间互相作用的方式与结构。简言之,教学组织形式就是教学活动中师生相互作用的活动方式。

(一)教学组织形式的演变

教学组织形式不是一成不变的,而是随着社会历史的发展不断变化以及随着对人才要求的不断提高而发展和改进的。从总体上看,教学组织形式的发展以古代的个别教学到近代的班级授课制为主线,并在此基础上呈现多样化的趋势。

1. 个别教学制

在古代社会,受社会生产力水平低等客观条件的限制,世界各地学校普遍采用个别教学形式。个别教学制就是教师分别对学生进行个别教学的组织形式,从传授知识到布置、检查和批改作业都是个别进行的。个别教学的最大优点是考虑到了不同学生的特点,使教学内容、教学进度适合每个学生的接受能力。但随着社会经济、科技等方面的进步,个别教学已不能满足教育规模的扩大、教育内容的扩充、教学对象的增多等现状,相应地,教学组织形式也发生了变革。

练习

【6-47】 在古代,中国、埃及和希腊的学校主要采用的教学组织形式是( )。
A. 个别教学　　　B. 复式教学　　　C. 分组教学　　　D. 班级教学

2. 班级授课制

班级授课制是一种集体教学形式,是把一定数量的学生按年龄和知识程度编成固定的班级,根据周课表和作息时间表,安排教师有计划地向全班学生进行集体教学的一种教学组织形式。16 世纪中叶,德国斯特拉斯堡古典文科中学采用分级教学制度。每个班学生年龄和水平基本一致,按固定的课程和教科书进行教学。这是班级授课制的萌芽。1632 年,夸美纽斯在其著作《大教学论》中总结了当时集体教学的经验,并从理论上对班级授课制进行了阐述,为班级授课制奠定了理论基础,后经赫尔巴特的发展而基本定型。工业革命后,班级授课制被迅速推广,到 19 世纪中叶,已成为西方学校教学的主要形式。中国采用班级授课制始于清代同治元年(1862 年)清政府在北京开办的京师同文馆。1902 年,清政府颁布《钦定学堂章程》(壬寅学制)后,班级授课制在全国广泛推行。直至现在,班级授课制仍是我国各级各类学校教学的基本组织形式。

与个别教学比,班级授课制属于集体教学范畴,有下列几个基本特征。

(1)按班级实行分科教学。班级是按照学生年龄和知识水平编成的,且人员相对固定。不同学科由专业教师分别承担,教学内容基本统一。

(2)以"课时"为教学时间单位。一个课时即一堂课的时间,当前我国小学一般 35～40 分钟一个课时。课与课之间有一定的休息时间。

(3)以"课"为教学活动的基本单位。教学内容按学科和学年分成许多既相互联系又相对独立的部分,每一小部分的内容和教学活动,就叫作一"课"。教师在一堂课所规定的时间内,运用各种教学方法和手段,组织学生学习一定的知识内容。

班级授课制有严格的制度保证教学的正常开展和达到一定的教学质量;有利于经济有效地大面积培养人才,教学效率大幅度提高;有利于发挥教师的主导作用、促进学生的社会化与个性化。但是,班级授课制不利于学生积极性、主动性的发挥;学生的学习主要是接受现成的知识,动手机会少,容易产生理论与实际脱节的问题,不利于学生探索性、创造性的发挥;教学面向全班学生,强调教学过程的标准、统一,难以适应学生的个别差异,不利于因材施教;以

"课"作为教学活动的单位,难以适应不同学科的特点,教师在教学时往往将某些完整的教学内容和教学活动进行人为分割,使教学缺乏整体性和连续性。

> **练习**

【6-48】 目前我国小学普遍采用的教学组织形式是( )。
A. 班级教学　　　B. 分组教学　　　C. 复式教学　　　D. 个别教学

【6-49】 班级授课制是现代学校普遍采用的教学组织方式,但也存在一定的局限性,主要表现为不利于( )。
A. 系统的知识传授　　　　　　　B. 因材施教
C. 发挥教师主导作用　　　　　　D. 教学管理

【6-50】 最有利于高效率、大面积传授知识的教学组织形式是( )。
A. 班级授课制　　B. 道尔顿制　　C. 特朗普制　　D. 文纳特卡制

3. 班级授课制的变式

为了适应现实的需要,班级授课制有几种变式,主要有复式教学和现场教学。

(1) 复式教学

复式教学是班级授课制的一种特殊形式,是把两个或两个以上年级的学生编在一个班里,由一位教师分别用不同程度的教材,在同一节课里对不同年级的学生进行教学的方式。复式教学保持了班级授课制的一切本质特征,与班级授课制不同的是教师要在一节课的时间内采取直接教学和自动作业交替的办法,巧妙地同时安排几个年级学生的活动。

复式教学是由于一定地区的教学条件和经济条件落后或不平衡而产生的,它有利于这些地区的教育普及。复式教学的特点是:学科头绪多,讲课时间少;教学任务重,备课复杂;对教学过程的组织、教学时间的分配和教学秩序的处理等有更多的要求。

> **练习**

【6-51】 在某些偏远地区的小学,将不同年级的学生编在一个班里,教师在同一节课里以直接授课和完成作业等交替进行的方式对不同年级的学生施教。这种教学组织形式属于( )。
A. 个别教学　　　B. 课堂教学　　　C. 混合教学　　　D. 复式教学

(2) 现场教学

现场教学就是教师根据一定教学任务,把学生带到工厂、农村等场所进行教学活动,在有关人员的协调下通过观察、调查、操作开展教学的一种教学组织形式。现场教学的组织者不仅是本科目的教师,还需要邀请现场的工作人员进行讲解,因此,需要人员具有协作性。现场教学是针对班级授课制中理论脱离实践的局限性而提出的,可以有效丰富学生的感性认识,培养学生运用知识于实践的能力,促进学生对书本知识的进一步理解和掌握。

(二) 教学组织形式的变革

随着时代发展,社会对现代劳动者的智力发展、能力培养和人格的完善提出了全新要求,教学价值逐渐由重知、重教转向更加注重学生学习的主体性。在此背景下,人们开始了对班级授课制的改革,其中影响较大的教学组织形式有贝尔-兰卡斯特制、道尔顿制、文纳特卡制、设计教学法、分组教学、特朗普制等。

1. 贝尔-兰卡斯特制

贝尔-兰卡斯特制也称导生制,产生于19世纪初的英国,因由教师贝尔和兰卡斯特所创建,故称贝尔-兰卡斯特制。该教学组织形式的基本特征如下：以班级为基础,教师把教学内容先传授给一部分年龄较大、学习成绩较好的学生,由他们做"导生"去教年幼或成绩较差的其他学生。导生不但负责教学,而且还负责检查和考试,完全是教师的助手。这种教学组织形式主要是为了解决当时英国在印度殖民地教师不足的问题,优点是能够有效减小教师不足的压力,缺点是教育质量难以保证。

2. 道尔顿制

道尔顿制是由美国教育家帕克赫斯特于1902年在美国马萨诸塞州道尔顿中学创设的。道尔顿制的特点在于采用自学辅导的方法,教师不再通过上课向学生系统地讲授教材,而是让学生依据自己的能力进行自学和独立作业。具体做法为,教师每周进行有限的集体教学,然后为学生分别制定自学的参考书并布置作业,学生在由教室改成的各科作业室和实验室里进行自主学习、独立作业,有疑难时才请教师辅导。学生完成一定阶段的学习任务后向教师汇报学习情况并由教师进行测验,在教师认为符合要求后,再布置新的学习任务,进行新的周期。

道尔顿制强调自由与自主,能够较好地照顾到个别差异,培养学生独立作业和自学能力。但其也存在较多弊端,如依赖学生高度的自觉性;否定了教师的主导作用,也难以保障教学活动的效率;不按教材系统授课,难以确保教学内容的系统性和连贯性,不利于学生形成良好的认知结构;要求有较好的教学设施和条件,如较多的作业室、实验室、图书室和图书、仪器,一般学校很难具备这些条件。

练习

【6-52】 美国进步教育运动时期,提出废除课堂教学课程表以及年级制,代之以"公约"或合同式的学习的教学改革实验是(　　)。
　　A. 葛雷制　　　　B. 文纳特卡制　　　　C. 道尔顿制　　　　D. 昆西教学法

3. 文纳特卡制

文纳特卡制是美国教育家华虚朋于1919年创立的一种个别教学与集体教学相结合的教学组织形式,因试行于芝加哥市郊的文纳特卡镇公立中学而得名。文纳特卡制把课程分为两个部分：第一部分为儿童日常必需的基础知识和技能,如阅读、写作、计算等。这类课程还是学科课程,教学按学科进行,以学生自学为主,教师适当进行个别辅导,一般在上午进行。第二部分是团体活动与创造性活动,如音乐、美术、文学欣赏和各种创造表演等,这类课程属于活动课程,以团体活动的形式进行,一般在下午进行。活动由学生自己组织和实施,教师加以指导,有助于发展儿童的个人能力和社交意识。文纳特卡制在20世纪30年代曾在一些国家盛行,但由于对学生要求高、影响教学质量、教材编写困难等问题逐渐走向衰退。

4. 设计教学法

设计教学法是由美国教育家克伯屈于1918年依据杜威的思维五步说创设的一种教学组织形式。设计教学法的突出特点是废除班级授课制和教科书,打破传统的学科界限,在教师指导下学生根据自己的兴趣决定学习目的和内容,在自己设计、自己负责的单元活动中获得相关的知识能力。这种教学组织形式强调学生的自主性,能够激发学生学习的兴趣与动机,同时可以锻炼学生的实践能力;但是它打破了学科的逻辑体系,忽视了教学内容的系统性,不利于学生逻辑思维的培养和对系统科学知识的掌握。

5. 分组教学

分组教学是改革班级授课制的一种尝试,把学生按照一定的标准(能力、学习成绩、学习兴趣等)分为水平不同的组进行教学。分组教学的类型主要有内部分组和外部分组：外部分组，即打破传统的年龄编班，按照学生的能力、成绩或兴趣重新分组，是在同一年级中分为不同班级；内部分组，即不需要打破原有班级的编制，只在班级内部根据学习、能力、成绩或兴趣进行分组教学。分组教学比班级授课制更有利于照顾学生的学习水平和能力差异，更能提高教学质量，但同时也存在分班时很难进行科学的划分、阻碍了不同水平学生的交流、可能伤害学生自尊心等问题。

练习

【6-53】 能让学生充分交流互动并有利于发挥其主体作用的教学组织形式是( )。

A．道尔顿制　　　B．个别教学　　　C．分组教学　　　D．文纳特卡制

6. 特朗普制

特朗普制是由美国教育学教授劳伊德·特朗普于 20 世纪 50 年代提出的一种教学组织形式。它试图将大班上课、小班研究与个别教学结合起来，以灵活的时间单位代替固定、统一的上课时间。大班上课由优秀教师采用现代教学手段给几个平行班统一上课，教学时间占 40%；后将大班的学生分为约 20 人左右的小组，由普通教师或优秀学生领导，研究讨论大班课上的教学材料，小班研究时间占 20%；个别教学主要是完成指定或自选的作业，个人自学时间占 40%，三种形式穿插进行。

特朗普制兼容了班级授课制、分组教学与个别教学的优点，使学生既能集体上课、接受系统知识的讲授，又能有一定的研究讨论，这不仅能够培养学生的思维能力及合作学习能力，还能够使学生养成自主学习、独立学习的习惯，但缺点是管理难度较大、难以实施。

练习

【6-54】 把大班上课、小班讨论、个人独立研究结合在一起，并采用灵活的时间单位代替固定统一的上课时间，以大约 20 分钟为一个课时。这种出现于美国 20 世纪 50 年代的教学组织形式是( )。

A．文纳特卡制　　B．活动课时制　　C．道尔顿制　　　D．特朗普制

【6-55】 为弥补班级授课制的不足，把大班上课、小组谈论、个人自学结合在一起的教学组织形式是( )。

A．特朗普制　　　B．文纳特卡制　　C．道尔顿制　　　D．贝尔-兰卡斯特

提示：学习时首先要牢记每种教学组织形式的名称，然后知道各种形式的基本特点，要求能够根据题干判断属于表 6-2 中哪一种教学组织形式。

表 6-2　不同教学组织形式特点

个别教学制	最早的教学组织形式
班级授课制	现代教学基本组织形式
复式教学	班级授课制的特殊形式
现场教学	班级授课制的辅助形式
分组教学	组内同质，组间异质
道尔顿制	教师指定参考书，学生自主实施
设计教学法	学生自主定目标，学生自主实施
文纳特卡制	上午学科课程＋下午活动课程
特朗普制	灵活的课程表

二、教学工作的基本环节

教学工作的开展包括备课、上课、作业布置、检查与批改、课外辅导和学业成绩的检查与评定几个基本环节。其中,上课是教学工作的中心环节。

(一) 备课

备课是指教师根据学科课程标准的要求和本门课程的特点,结合学生的具体情况,选择最合适的表达方法和顺序,以保证学生有效地学习。备课是教师教学工作的起始环节,是上好课的先决条件。备课的基本内容与要求是做好"三备"、写好"三计划"。

1．"三备"

(1) 备教材(钻研教材)。教师在备课时要钻研学科课程标准、教科书和相关参考书。在解读课程标准的基础上,了解教材体系、基本思想、基本概念,确定教学重难点和关键。教师还要广泛阅读有关参考书,以便更好地掌握教材。

(2) 备学生(了解学生)。教师不仅要了解学生的年龄特征、熟悉学生身心发展特点,还要了解整个班级的学习情况。只有了解每一个学生,教学才能因材施教。

(3) 备教法(设计教法)。教师要全面了解各种教学方法的适用时机和范围,结合自己的教学实践经验和素质条件,根据教学目的、内容、学生特点等来选择最佳的教学方法。

练习

【6-56】 通常所说的备课中的"备",除了钻研教材、设计教法之外,还包括(　　)。
A．研究学生　　　　B．设计作业　　　　C．设计评价　　　　D．指导学法

2．"三计划"

(1) 学期(或学年)教学计划。学期教学计划一般在学期(或学年)开始前制订,是以每门学科、每个课题教学日程安排为主要内容的计划,主要包括:学生情况的简要分析、本学期或学年的教学总要求、教科书的章节或课题的教学时数和时间的具体安排、各课题需要运用的教学方法等。

(2) 单元(或课题)计划。单元计划就是对一单元(课题)教学工作全面安排的计划,主要包括:单元课题名称、教学目的、课时分配、课的类型、教学方法及教学手段的运用等。此外,教师还要考虑课题之间的联系,做好协调工作。

(3) 课时计划(教案)。课时计划是教师备课中以课时为单位设计的教学方案,一般包括:班级、学科名称、课题、教学目标、上课时间、课的类型、教学方法、课的进程和时间分配、教具利用和版式设计、教师课后的自我分析等。

(二) 上课

上课是教学过程的实施阶段,也是整个教学工作的中心环节。要想教学质量得到提高,首先要提高上课质量。

1．课的类型

(1) 根据教学的任务进行划分,课可分为综合课和单一课。综合课是在一节课内要完成几项教学任务,而单一课是在一节课内主要只完成一种教学任务。单一课又可细分为传授新知识课(新授课)、巩固知识课(巩固课)、培养技能与技巧课(技能课)、检查知识课(检查课)。

(2) 根据使用的主要教学方法进行划分,课可分为讲授课、演示课(演示实验或放映幻灯

片、录像)、练习课、实验课和复习课。

上述两种分类也是有交叉重叠的,具体表现在两类课型有相对应之处,如新授课多属讲授课,巩固课多属复习课,技能课多属练习课或实验课等。

2．课的结构

课的组成部分包括：组织教学、检查复习、讲授新教材、巩固新教材、布置课外作业等。这几个部分不是按时间顺序绝对固定的,而是相对有序的,教师可以根据不同的课型,不同的情况随时调整顺序。

(1) 组织教学。组织教学的目的在于使学生做好上课前的各种准备,如准备学习用品,从下课时的兴奋状态安静下来等,以集中学生的注意力,保证教学能够顺利进行。

(2) 检查复习。检查复习的目的在于复习已学过的教材,对已学过的知识进行巩固和加深,了解学生接受情况,加强新旧知识的联系,培养学生对学业的责任感和按时完成作业的习惯。

(3) 讲授新教材。讲授新教材的目的在于使学生掌握新知识,这是教学过程中最基本的部分。教师讲授新教材时,要注意教学方法的选择与使用。

(4) 巩固新教材。巩固新教材的目的在于使学生对所学教材当堂理解、消化并及时巩固,让学生初步运用新知识进行课堂练习,为课外作业做好准备。巩固新教材的工作,可以采取提问、重点复述、练习等方法进行。

(5) 布置课外作业。布置课外作业的目的在于使学生进一步巩固所学知识,并培养独立学习和工作的能力。教师在向学生布置课外作业时,应说明具体要求,对难度较大的作业,可以适当提示完成作业的方法。教师应当认真地检查、批改和评定学生的课外作业。

3．一堂好课的基本要求

一堂好课需要达到下列基本要求。

(1) 目标明确。教学目标实现与否是衡量教学工作成败的重要依据,课堂上的一切教学活动都是围绕教学目标进行的。一堂课的教学目标一般包括认知目标、情感目标和动作技能目标三个方面。

(2) 重点突出。重点突出是指在一节课上教师要把精力主要放在知识体系中的重要内容(基本知识、概念和原理)的教学上。确定与处理好教学关键点,对于顺利学习新知识起到决定性的作用。

(3) 内容正确。教师要保证教学的科学性与思想性,这是上好一堂课的基本的质量要求。尤其对于小学低年级教学来说,教师要避免常识性错误,避免讲解含混不清,否则将对学生产生难以改变的误导。

(4) 方法得当。方法本身无所谓好坏,但不同的方法有不同的适用范围。教师要根据教学目标、教材内容和学生的实际恰当地选择教学方法,使各种教学方法有机结合起来,并做到运用自如。

(5) 表达清晰。教师上课要坚持用普通话,课堂教学语言力求准确严谨、流畅生动,讲课的速度要适合学生听课习惯。

(6) 组织严密。教学要有严密的计划,有组织、分步骤、系统化地开展,有效利用上课时间,提高教学效率和质量。

(7) 教态自如。教师教学中的教态自然是指教师在教学过程中表现出来的一种自然、真实、平和、自信的状态。上课时教师应保持自信和从容,充分发挥教师主导作用,使教学引人入胜、轻松自如,使学生学得津津有味。

(8)气氛热烈。教师应根据自己的教学内容,调控好最佳的课堂气氛,使得教师和学生都处于积极互动的状态。

提示:一堂好课的标准包括8个小点,可用口诀"标点内方表演太热烈"帮助记忆,其中"标"=目标明确,"点"=重点突出,"内"=内容正确,"方"=方法得当,"表"=表达清晰,"演"=组织严密,"太"=教态自如,"热烈"=气氛热烈。也可参考标准教案的格式来记忆,教案内容从前往后包括教学"目标、重点、方法、组织、内容",再加上上课时教师要"表达"好、"教态"好,上课也会"气氛热烈"。

(三)作业的布置、检查与批改

作业是结合教学内容,要求学生独立完成的各种类型的练习。学生的作业有课内作业和课外作业两种,课外作业是课内教学的延续,其作用在于加深和加强学生对教材的理解和巩固,并及时将课内知识转化为相应的技能技巧。作业的形式有四类:阅读作业,如复习、预习教科书,阅读人文和科学读物等;口头作业,如口头回答、朗读、复述、背诵等;书面作业,如演算习题、作文、绘图等;实践作业,如观察、实验、测量、社会调查等。发挥作业促进学生学习的作用还需要教师及时而正确地对作业进行检查与批改。通过检查批改作业,教师可以及时发现学生对知识或技能的掌握情况,提高此后课堂教学和课后辅导的针对性,也能够让学生对自己的学习情况有更清楚的认知,及时调整方向。

依据教育部2021年颁发的《关于加强义务教育学校作业管理的通知》[①],小学教师在布置、检查与批改作业时要做到以下几点。

(1)把握作业育人功能。布置科学、合理、有效的作业,布置的作业应帮助学生巩固知识、形成能力、培养习惯,帮助教师检测教学效果、精准分析学情、改进教学方法。

(2)严控书面作业总量。确保小学一二年级不布置书面家庭作业,可在校内安排适当巩固练习;小学其他年级每天书面作业完成时间平均不超过60分钟;周末、寒暑假、法定节假日也要控制书面作业时间总量。

(3)创新作业类型方式。根据学段、学科特点及学生实际需要和完成能力,合理布置书面作业、科学探究、体育锻炼、艺术欣赏、社会与劳动实践等不同类型的作业;鼓励布置分层作业、弹性作业和个性化作业,科学设计探究性作业和实践性作业,探索跨学科综合性作业。

(4)提高作业设计质量。教师要提高自主设计作业能力,针对学生的不同情况,精准设计作业,根据实际学情,精选作业内容,合理确定作业数量,作业难度不得超过国家课程标准要求。

(5)加强作业完成指导。教师要充分利用课堂教学时间和课后服务时间加强学生作业指导,培养学生自主学习和时间管理能力,指导小学生基本在校内完成书面作业。

(6)认真批改反馈作业。教师要对布置的学生作业进行全批全改,不得要求学生自批自改,要强化作业批改与反馈的育人功能;作业批改要正确规范、评语恰当;通过作业精准分析学情,采取集体讲评、个别讲解等方式有针对性地及时反馈,特别要强化对学习有困难学生的辅导帮扶。

练习

【6-57】 教师布置的作业应让学生"跳一跳,够得着",这体现的作业设计基本要求是( )。
　　A. 形式多样　　　　B. 难度适宜　　　　C. 尊重差异　　　　D. 注重创新

---

① 教育部办公厅关于加强义务教育学校作业管理的通知[J].中华人民共和国教育部公报,2021(6):34-35.

【6-58】 材料分析题

一(2)班的林老师上完《要下雨了》一课之后,设计了两项作业:①请回家后把小白兔碰到的有趣的故事讲给你最喜欢的人听;②你还想知道下雨前其他动物的表现吗?可以跟家里人交流一下。

第二天,林老师刚走进教室,学生就纷纷围住他,迫不及待地汇报作业的完成情况,还抢着说:"我好喜欢这个作业哦!"

问题:谈谈教师布置作业的基本要求。

(四)课外辅导

课外辅导是在课堂教学规定的时间之外,教师围绕学生的独立作业和自学进行的各种课后的教导工作。课外辅导是课堂教学的必要补充,是适应学生个别差异、贯彻因材施教的重要措施。课外辅导一般分为个别辅导、小组辅导和集体辅导三种形式。

课外辅导的基本要求有以下几点。

(1) 教师要因材施教,根据学生的具体情况给予具体的指导和帮助,提高课外辅导的效果。

(2) 正确处理课堂教学和课外辅导的关系,教师要集中精力搞好课堂教学,辅导只是一种补充。

(3) 教师要注意态度,师生平等相处,共同讨论,鼓励学生主动提出问题。

(4) 课外辅导不局限于教材内容,教师要加强对学生的思想教育和学习方法的指导,帮助学生养成良好的学习习惯。

(五)学业成绩的检查与评定

学业成绩的检查与评定是教学工作的评价与反馈环节,对诊断学生学习效果、提高教学质量、调控教学进程等具有重要意义。

1. 学业成绩的检查

学业成绩的检查方式有两种:平时考查和考试。平时考查在教学过程中随时进行,主要是为了了解学生学习的基础和近期的学习质量,一般有课堂表现记录、批改作业和小测验等。考试则是对学生学习情况较为全面的检查,包括口试、笔试、实践性考试等形式,多集中在期末或一定教学时长后统一进行。

2. 学业成绩的评定

评定学生成绩有评分和写评语两种方法。评分采用百分制或等级制记分法,是抽象地以数字来表明学生学习成绩水平的方法。评语除评定学生的学业成绩外,还评定学生的学习态度、努力程度、进步状况,指出其学习上的主要优缺点及努力方向等。对学生学习情况的小结和总结、实践性的考试、检查学生书面作业和课堂提问等,通常采用写评语的方法。

在评定学生成绩时,教师要做到公正客观、一视同仁,明确评定成绩的目的是促进学生的发展,因此要用发展的观点综合评价学生的学业成绩,以调动学生学习的积极性。

练习

【6-59】 为进一步推进素质教育,教育部倡导对小学生的评价应采用( )。
A. 百分制   B. 等级制   C. 评语制   D. 等级加评语

【6-60】 简答题:简述教学工作的基本环节。

三、教学评价

教学评价是指以教学目标为依据，通过一定的标准和手段，对教学活动及其结果进行考核并进行价值判断的过程。教学评价是对教学工作质量进行的考核、分析和评定，包括对学生学业成绩的评价、对教师教学质量的评价和课程评价。

（一）教学评价的基本内容

教学评价主要包括对学生发展状况的评价和对教师教学工作质量的评价。

1. 学生发展评价

学生发展评价是衡量教学水平最重要的指标，也是教学评价的基础和重点。2021年3月，国家发布《义务教育质量评价指南》，指出学生发展质量评价要围绕学生品德发展、学业发展、身心发展、审美素养、劳动与社会实践等方面的表现进行评价，旨在促进学生德、智、体、美、劳全面发展，培养适应终身发展和社会发展需要的正确价值观、必备品格和关键能力。在学生的学业发展评价当中，不再局限于学业水平，而是更加突出学生的学习习惯、创新精神，为学生综合素质和终身发展奠定基础。

2. 课堂教学评价

课堂教学评价是以一定的教学目的为依据，按照一定的价值标准，对课堂的各个要素及其变化发展进行价值判断的过程。课堂教学评价的内容一般包括教学目标完成情况、学生的课堂参与度、内容安排、教学方法的选用等。

3. 教师评价

教师评价即根据学校的教育目标和教师的工作任务，运用恰当的评价理论和方法手段对教师个体的工作进行价值判断，进而促进教师的发展。教师评价的主要方法有领导评价、学生评价、同行评价、自我评价、学生成绩分析等。

练习

【6-61】辨析题：教学评价就是某一学段结束后，对学生学业成绩的总评价。

（二）教学评价的功能

1. 导向功能

教学评价的导向功能，主要是指教学评价可以对实际的教育活动起到定向引导的作用，能引导评价对象趋向于理想的目标。教学评价要充分落实学生的学习主体地位，引导学生了解自己的状态、优势与不足、进步变化，激励学生不断地超越自我，实现自身的发展。

2. 诊断功能

教学评价如同身体检查，是对教学进行严谨科学的诊断。教师通过教学评价可以了解教学目标的实现程度，检查教学方法、教学手段的运用是否得当，也可以了解学生在知识、技能和能力等方面已经达到的水平和存在的问题，从而促进教师对自己的教学进行反思、总结，提高教学质量。

3. 激励功能

教学评价对教师和学生都具有监督和强化的作用。合理运用教育评价，能够有效激发和维持教师与学生的内在动力，调动学生学习的内部潜力。

4. 调控功能

评价发出的信息能够客观地判定教学效果，帮助教师与学生及时调整自己的教学与学习方法,使之向着预定的教学目标前进。

5. 检验功能

检验教学效果是教学评价最重要的职能之一。对学生学习结果的评价,既可以作为证明学生知识掌握程度、能力发展水平的证据,也可以作为教育行政部门评价教师教学工作质量的重要依据。

练习

【6-62】"多一把衡量的尺子,就会多一批好学生",这强调了教学评价应注重发挥( )。
A. 导向功能　　　B. 发展功能　　　C. 反馈功能　　　D. 管理功能

【6-63】 材料分析题

近年来,某小学为改革过于依赖纸笔测试的学业评价方式,在低年级实施基于绘本场景的表现性评价,采用游戏化、项目化、综合式评价方法,对学生各学科学习情况进行评价。由教师、家长志愿者、中高年级学生志愿者组成评价小组,根据每一位学生的表现评定等级。

一年级表现性评价选定的绘本为《犟龟》,其主要内容为:乌龟陶陶受远方的邀请,启程去参加狮王二十八世的婚礼。一路上历经千辛万苦,闯过了各种难关,最终他赶上的是狮王二十九世的结婚庆典。为考查学生的拼读能力,教师设计了"帮助乌陶陶朗读用拼音书写的请柬"的任务。为考查学生的音乐表演能力,要求学生为"狮王"唱一首歌,并配以表情和动作。接着,学生小组合作,用事先准备好的橡皮泥捏一顶王冠,作为献给"狮王"的礼物,这一任务不仅考查学生的造型能力,还考查学生的想象力、创造力和合作能力等。

实施表现性评价后,学生们都把期末评价当成期末庆典,从学期初就开始期待,这个学期的学习状态与以往大不相同,表现出极大的热情。

问题:这样的评价有怎样的功能?

(三) 教学评价的类型

1. 诊断性评价、形成性评价和总结性评价

根据教学评价的功能,可将教学评价分为诊断性评价、形成性评价和总结性评价。

诊断性评价是指在教学活动开始前,为了解学生的学习准备状况、使教学计划更有效地进行而进行的评价,如入学时的摸底考试。

形成性评价,是指在教学过程中为改进和完善教学活动而进行的对学生学习过程及结果的评价,比如一节课后的随堂测试,相对进行得比较频繁。为了更加强调评价对学习的促进作用,淡化评价的考核含义,研究者进一步提出了过程性评价。

总结性评价也称终结性评价,一般是在一个大的学习阶段,如一个学期或一门课程结束时对学生最终学习结果的评价,常在学期或学年末进行。

练习

【6-64】 老师建立了记录学生学习成就,持续进步信息的一连续表现,作品以及其他相关资料的档案袋,据此对学生进行评价,这种评价属于( )。
A. 绝对评价　　　B. 相对评价　　　C. 过程性评价　　　D. 终结性评价

【6-65】 新学期第一堂体育课,张老师对学生进行体能测试,以作为分组教学的依据,这种教学评价属于( )。
A. 过程性评价　　　B. 总结性评价　　　C. 诊断性评价　　　D. 个体内差异评价

2. 相对性评价、绝对性评价和个体内差异评价

根据评价采用的标准，教学评价可以分为相对性评价、绝对性评价和个体内差异评价。

相对性评价又称为常模参照性评价，是指评价时以学生所在团体的平均成绩为参照标准（常模），以确定学习成绩的相对位置和名次，如高考、教师招聘考试等。

绝对性评价又称目标参照评价，是运用目标参照性测验对学生的学习成绩进行评价。它主要依据教学目标和教材编制试题来测量学生的学业成绩，判断学生是否达到了教学目标的要求，而不以评定学生之间的差异为目的，如教师资格考试。

个体内差异评价是以学生自身某一时期的发展水平为标准，判断其发展状况的评价方法。个体内差异评价的最大优点是充分体现了尊重个体差异的因材施教原则。

练习

【6-66】 以评价对象自身的状况作为参照标准，对其在不同时期的进步程度进行评定。这种属于（　　）。

A. 绝对评价　　　　　　　　　　B. 相对评价
C. 总结性评价　　　　　　　　　D. 个体内差异评价

【6-67】 小强虽然强学习成绩一般，但劳动积极，老师奖励他一朵小红花。这种评价属于（　　）。

A. 常模参照评价　　　　　　　　B. 标准参照评价
C. 个体内差异评价　　　　　　　D. 总结性评价

【6-68】 小红语文测验得了90分，但与全班平均成绩相比属于"中下"，老师鼓励她继续努力，争取取得更好成绩。这种评价方式属于（　　）。

A. 标准参照评价　　　　　　　　B. 常模参照评价
C. 个体内差异评价　　　　　　　D. 形成性评价

3. 质性评价和量化评价

按评价方法的不同，可将教学评价分为质性评价与量化评价。

质性评价是对评价资料作"质"的分析，运用分析与综合、比较与分类、归纳与演绎等逻辑分析的方法，对评价所获得的数据、资料进行思维加工。

量化评价是对评价材料作"量"的分析，运用的是数理统计、多元分析等数学方法，从纷繁复杂的评价数据中提取出规律性的结论来。

练习

【6-69】 在小学阶段提倡运用的"档案袋评价"属于（　　）。

A. 量化评价　　B. 质性评价　　C. 绝对评价　　D. 相对评价

【6-70】 学期末，李老师对小明做出的评语是："这个学期你上课听讲比以往认真，积极回答课堂提问，能按时完成作业，学习成绩有很大进步。继续加油，我看好你哦！"这种评价属于（　　）。

A. 量化评价　　B. 质性评价　　C. 绝对评价　　D. 相对评价

4. 内部评价和外部评价

按照评价主体，可将教学评价分为内部评价和外部评价。内部评价也就是自我评价，外部评价是指被评价者以外的专业人员对评价者进行的评价。

第五节 教学设计技术与实务

教学设计的概念,首先由美国教育心理学家加涅在1985年出版的《教学设计原理》中提出。他认为,教学设计是一个系统化规划教学系统的过程[①]。具体而言,教学设计是根据课程标准的要求和教学对象的特点,将教学诸要素进行有序安排,确定合适的教学方案的设想和计划的过程。下面将详细介绍教学各要素的设计技术,并在此基础上介绍教案的设计技术。

一、教学各要素设计

教学涉及教学目标、教学重点、教学内容、教学过程、教学措施等诸多要素,各要素的设计技术简介如下。

(一)教学目标设计

教学目标是指在教学开始前,对教学活动实施的方向和结果的预期。教学目标是课堂教学的起点,同时也是教学活动的归宿。

1. 教学目标的构成

布鲁姆的教育目标分类学将教学目标分为认知目标、情感目标和动作技能目标三大领域。我国新基础教育课程改革确立了教学的三维目标,即知识与技能,过程与方法,情感、态度与价值观。

(1)知识与技能

知识目标是指学生在学习过程中需要掌握的知识内容。它们可以涵盖学科的基础知识、概念、原理、理论等方面。知识水平一般分三个层次:了解(再认或回忆、识别、举例、描述对象的特征等)、理解(把握知识的内在逻辑,对知识做出解释、扩展、判断等)、应用(使用抽象的概念、原则,总结、建立新的合理联系)。

技能目标是指学生在学习过程中需要培养和发展的技能和能力。这些技能可以是与学科相关的学习技能,如阅读、写作、计算等;也可以是跨学科的综合能力,如问题解决、批判性思维、合作与沟通等。技能水平一般分三个层次:模仿(对提供的对象进行模拟、修改等)、独立操作(独立完成操作,进行调整与改进,尝试与已有技能建立联系)、迁移(同一技能在不同的情景下使用)。

(2)过程与方法

过程与方法是指为了实现在"知识与能力"和"情感态度与价值观"方面的教学目标,在教师的指导下,学生所采用的学习过程和学习方法。过程与方法分三个层次:经历(经历知识形成的过程,独立或合作参与活动,获得初步体验,建立感性认识)、体验(经历知识形成的过程,并能对知识作一定的解释和应用的过程)、探索(经历应用所获得的知识发现问题、分析和解决问题的过程)。

(3)情感、态度与价值观

该目标是指学生在学习过程中需要培养的情感态度、道德品质和价值观。情感、态度与价值观是在知识与技能的学习过程中获得的一种体验,大致可分为三个层次:感受(经历学习活动后建立的感性认识)、认同(经历学习活动后表达感受、态度及价值判断等)、内化(确立相对稳定的态度,表现出持续的行为)。

[①] 盛群力,等.教学设计[M].北京:高等教育出版社,2005.

2. 教学目标的表述

一个完整的教学目标表述包含四个要素：行为主体、行为动词、行为条件和表现程度。

(1) 行为主体

教学目标的主体应是学生而不是教师，教学目标设计不仅要体现"一切为了学生的发展"的教育理念，更应清晰、准确、科学地表述教学目标。按照这一要求，教学目标表述的是学生的行为而不是教师的行为，主语位置都可以加入"学生"两个字，如表述为："初步学会""能解释""认识""能体验到"等，而不宜使用"使学生""培养学生的""激发学生的"等句式。

(2) 行为动词

教学目标应该采用可观察、可操作、可检验的行为动词来描述，尽量避免使用一些笼统、模糊的术语，如"提高""培养""掌握"等缺乏质和量的具体规定的动词。下面是一些可供选择的行为动词。

① 知识与技能，具体如下。

知识：说出、背诵、选出、列举、熟记、读准、复述、会写、识别、学会等；解释、说明、比较、分类、归纳、使用、区分、判断、收集、整理等；评价、运用、懂得、证明、解决、撰写、应用、辩护等。

技能：讲述、表达、阅读、复述、写出、倾听、观察、诵读、推想、想象、扩写、改写、收集等；完成、表现、解决、参与等。

② 过程与方法。包括经历、感受、参加、参与、尝试、寻找、讨论、交流、合作、分享、参观、访问、考察、接触、体验等。

③ 情感态度与价值观。包括遵守、认可、喜欢、体会、敢于、欣赏、品味、关心、克服、支持、养成、树立、领悟、坚持、具有、热爱、追求、确立、建立等。

(3) 行为条件

教学目标需要在表述中指明行为的条件，即影响行为表现的特定的限制或范围等，如"根据地图""不靠帮助或参考书""在十分钟内""利用网络环境""流利""有感情地"等。对条件的表述包括四种主要类型，即允许或不允许使用参考资料或辅助手段、是否提供信息或提示、时间的限制、行为完成的情境。

(4) 行为程度

行为程度指出了学生学习行为结果应该达到的最低标准，使教学目标可测。例如："就提供的一道应用题，学生至少能写出三种解题方案""通过这一堂课的学习，学生至少能记住四个单词"等。

练习

【6-71】 在设计教学目标时，经常用"参与、交流、经历、发现、探索"等行为动词表述的属于( )。

A. 知识与技能目标　　　　　　　　B. 行为与实践目标
C. 过程与方法目标　　　　　　　　D. 情感、态度与价值观目标

【6-72】 小学语文教师在进行教学设计时，常用"会读、会写、会说、会背"等行为动词表述教学目标，这类教学目标属于( )。

A. 知识与技能目标　　　　　　　　B. 行为与实践目标
C. 过程与方法目标　　　　　　　　D. 情感、态度与价值观目标

【6-73】在学习《长城》一课时，通过阅读课文和观看长城的影像，学生感受到万里长城的雄伟和壮观，民族自豪感和爱国之情油然而生。这一教学活动主要达成的教学目标是（　　）。

A. 知识与技能目标　　　　　　　　B. 行为与实践目标

C. 过程与方法目标　　　　　　　　D. 情感、态度与价值观目标

【6-74】材料分析题

《草》

白居易

离离原上草，一岁一枯荣。

野火烧不尽，春风吹又生。

问题：如何指导小学二年级学生学习该材料，试拟定教学目标。

（二）重点、难点和关键点的确定

教学重点、教学难点和教学关键点，简称"三点"。这三点是教师进行教学时必须面对的工作，也是保证高效率教学的前提，是提高课程教学质量的保证。

1. 教学重点的确定

教学重点就是学生必须掌握的基础知识与基本技能，是基本概念、基本规律及由内容所反映的思想方法，也可以称为学科教学的核心知识。在教学实践中，确定教学重点有如下四个方法。

（1）地位作用分析法。根据重点的含义可知教材知识体系中具有重要地位作用的知识、技能和方法是教学的重点。所以，可以从分析学习内容在教材知识体系中的地位和作用来确定是否为教学重点。

（2）课题分析法。很多情况下，学习内容的标题就明确了将要学习的主要内容，因此可以根据学习内容的标题来确定教学的重难点。

（3）例题、习题分析法。重点内容的学习要求学生要达到理解、掌握和灵活运用。因此，教材中一般都配有一定数量的例题，供学生练习，以巩固并形成技能与能力。所以，分析教材中的例题和习题的安排和配置，可以确定教学的重点。

（4）学情分析法。学情分析法又称为经验分析法，是指教师根据往届学生学习理解本节课的困难程度，或者是根据知识本身的难易程度，再结合学生的理解水平来确定教学的重难点。

2. 教学难点的确定

教学难点是指学生不易理解的知识，或不易掌握的技能技巧。难点不一定是重点，也有些内容既是难点又是重点。难点与重点的区别在于：重点更多的是相对学科而言的，具有稳定性和长期性。不管学生掌握与否，它仍然是重点。难点是相对学生而言的，具有相对性和暂时性。对某些学生是难点，但对另一部分学生而言可能就不是难点；一旦这个难点为学生所理解与掌握，难点自然消失。所以，难点的确定主要根据学生的实际情况而定。

一般而言，难点的确定可以运用学情分析法，以学定教。首先，相对远离学生生活实际，比较抽象的内容一般是教学的难点。例如鲁迅先生的《纪念刘和珍君》，这一课发生的时间离学生太遥远，并且社会制度不同，大家很难感同身受。所以对于本课的难点就可以设置为了解当时的时代背景，并在此背景下理解作者的感受。其次，一般综合性知识比较强的内容也是学生学习的难点。例如历史课当中的政治史部分，不可避免地需要运用到政治学科的内容，这时候

学生难以调动起政治知识储备,造成学习困难。最后,对于理科方面,学生容易混淆的公式、原理也是课程的难点。

3. 教学关键点的确定

教学关键点,俗称"课眼",是指教学内容的关键之处和教学的重心所在。在教材中往往有一些内容对掌握某一部分知识或解决某一类问题起着决定性的作用,这些内容就是教学关键点。"课眼"具有牵一发动全身的功效,是教学活动的生长点,也是教学活动的切入点。"课眼"的确定有两种路径。

(1)以"文眼"为"课眼"。如《叶公好龙》一课,"好"是这篇课文的"文眼",是该文的关键,理解了"好"这个"纲"自然就纲举目张了。所以,教学设计可以用"好"作为"课眼",逐步展示叶公面似"好"龙(钩以写龙,凿以写龙,屋室雕文以写龙),而实则"怕"龙(弃而还走,失其魂魄,五色无主)。

(2)以"聚焦点"为"课眼"。如《月光曲》,表面上看是源于贝多芬散步时听到兄妹的对话,但本质上是贝多芬被穷兄妹对音乐的热爱所感动,贝多芬的一连串行为都聚焦在"感动"上。所以,"感动"就可以作为"课眼",用"感动"将全文串起来:贝多芬受到什么感动而走进茅屋?弹了一曲后受到什么感动使他再弹一曲?受到什么感动即兴创作了《月光曲》?

(三)教学内容设计

教学内容设计是教师认真分析教材、合理选择和组织教学内容以及合理安排教学内容的表达或呈现的过程。具体来说,完成研究和分析教学内容的过程,也就是老师认真分析教材,合理地选择和组织教学内容,科学地设计和安排教学内容并在课堂教学过程中展现的过程。从教学设计的角度考虑,可以从知识的性质角度进行内容设计。

1. 陈述性知识教学的设计

陈述性知识主要是有关"是什么"的知识。它对学生的学习要求重在理解记忆。因此,教师在进行陈述性知识的教学设计时,应将重点放在如何帮助学生有效地理解、掌握这类知识上,注重学生对其符号或词语意义的获取。在具体设计时,教师应注意解决好以下几个方面的问题。

(1)找出新知识与原有相关知识的结合点,讲清二者间的相互联系,以帮助学生在理解的基础上有效吸收、同化新知识。

(2)认真分析学生的学习准备状况,除了解学生的一般学习状况外,还应对学生已有的知识准备、知识结构、学习动机和学习习惯作深入分析。

(3)恰当引入教学媒体,如教具、学具的使用,教材呈现手段的变化等。

2. 程序性知识教学的设计

程序性知识是有关"怎么办"的知识,它主要涉及概念或规则的应用,帮助学生形成技能技巧。语文中的句子规则,数学、物理、化学中的大部分知识,体育中的动作技能都属于程序性知识。程序性知识的教学设计应确定的教学目标,主要就是帮助学生形成运用概念、规则和原理解决问题的能力。为达成这一目标,程序性知识教学要注意以下几点。

(1)明确设计教学内容教与学的程序、步骤。

(2)要有充分的练习设计,无论是概念学习、规则学习,还是原理学习,都要设计适量练习,让学生充分练习、实践。

(3)注意正反例练习内容的设计,呈现正例有助于概括和迁移,呈现反例有助于辨别,使概念精确。

(4)正确处理练习时间的分散与集中,以及部分与整体的关系,对于较复杂的程序性知识应先练习局部技能,然后进行整体练习。

(5)合理规划、分配讲授与练习的时间,使学生对教学内容的理解与技能训练都能得到有效保障。

3. 策略性知识教学的设计

策略性知识也是回答"怎么办"问题的知识,它与程序性知识的主要区别在于它所处理的对象是个人自身的认知活动和个体调控自己认知活动的知识。我国传统的课程没有把认知策略的训练作为一个重要的目标,教材中缺乏相应的内容;许多教师缺乏有关学习策略、认知策略方面的知识,缺乏策略教学的训练;学生大多缺乏认知策略的基本知识和基本技能。因此,要搞好策略性知识的教学设计,教师要注意以下两点。

(1)教师必须首先学习和掌握有关学习策略、认知策略方面的知识和技能,加强策略教学的训练。

(2)注意挖掘课程中的策略性知识内容,依据学生学习的特点进行有针对性的教学设计。例如,通过提问控制学生的注意,使之逐步由外界控制变成自我控制;教会学生在听课和看书时如何做笔记;还可以教会学生如何将知识加以组织与意义加工,以促进和便于回忆等。

(四)教学措施设计

教学措施设计也是教学设计的重要环节。它一般包括教学方法的选择、教学媒体的选用、教学结构设计等。

1. 教学方法的选择与设计

教师在选择和设计教学方法时要遵循以下步骤和要求。

(1)要明确选择教学方法的标准是什么。一般情况下选择教学方法的主要标准有:①根据具体的教学目标、教学内容选择教学方法;②根据学生的实际情况选择教学方法;③根据教师本身的素养条件选择教学方法;④根据现有的教学条件选择教学方法。

(2)尽可能广泛地了解有关新的教学方法,以便自己选择。

(3)对各种可供选择的教学方法进行比较,主要比较它们之间的特点、适用范围、优缺点等,并进行优化组合。

2. 教学媒体的选择与设计

教学媒体是传递教学信息的工具,它直接沟通教与学两个方面。教学设计中媒体的含义是广泛的,包括文字、语言、粉笔、黑板等传统媒体和录像、电视、计算机、互联网等各种现代教学媒体。选择教学媒体时,需要综合考虑以下几个方面的因素。

(1)教学目标和教学内容。选择教学媒体时,应首先考虑媒体的使用是否有利于达成特定的教学目标,是否切合教学内容的性质和特点。

(2)教学对象的特点。选用教学媒体必须考虑学生的年龄特点和学习的实际需要,以最充分地利用媒体的优势激发学生的学习兴趣,挖掘他们的学习潜能。

(3)教学媒体的技术特性。没有一种教学媒体是万能的,要充分考虑各种媒体的技术特点和功能。

(4)现有的教学条件。具体表现为两方面:一是教师对教学媒体的驾驭能力;二是教学媒体的可提供状况,包括资源状况、经济能力、使用环境、管理水平等。

3. 教学结构的设计

教学结构是为了完成一定的教学目标,在时间和空间上,各种因素的"排列"和"组合"。在确定了具体的教学目标、内容、方法和媒体后,如何将这些因素有效地组织在教学过程中,就需要从教学结构的角度加以设计。教学结构的设计一般遵循以下三个基本步骤。

(1) 选取教学环节。根据具体的教学目标、教学对象及教学内容恰当地选取教学环节,把握好每个环节的任务和要求,相辅相成,互相协调,同时合理地分配各个环节的教学时间。一般来说,教学环节包括明确教学目标、感知教材、理解教材、练习巩固、系统小结等。当然,由于各学科的教学性质、教学任务不同,其教学环节也存在差异性,设计者应根据学科特点和教学需要来选择。

(2) 具体设计教学各环节的组织。在选取教学环节后,要具体设计教学环节的组织,如采取何种手段引起学生注意,采取何种方法、运用何种媒体呈现有关内容等。

(3) 统整各教学环节。即各部分教学内容、教学环节的组织有机协调、协同作用,做到重点突出,兼顾全面,以保证整体功能大于部分的功能之和。

(五) 教学过程设计

从课堂教学实施角度而论,教学过程一般包括导入新课、讲授新课、巩固练习、归纳小结、作业安排这五个基本环节。下面重点介绍导入设计、提问设计、板书设计和练习设计。

1. 导入设计

导入是教师在一项新的教学内容或活动开始前,引导学生做好心理准备和认知准备,并让学生明确学习目标、学习内容以及学习方式的教学行为方式。导入的方法多种多样,具体要根据教学内容、教学要求、设备条件、教师本人的教学习惯等因素选择合适的导入方式。下面列举一些常见的导入方式。

(1) 直接导入法。又称开门见山法。这种方法直截了当,直入主题,把教学内容及所要达到的目标直接告诉学生。这类导入一般借用课题、人物、事件、名词、成语等为导入语,然后直接概述新课的主要内容及教学程序。

(2) 直观导入法。指教师在讲授新课之前,给学生呈现实物、样品、模型、演示教具等,通过直观的手段,引起学生兴趣,培养学生的观察力,引发学生的思考。在小学低年级,学生的思维仍主要以直观形象为主,教师讲解比较抽象的内容时,借助直观形象的材料有助于学生由具体形象思维向抽象思维过渡。

(3) 设疑导入法。指通过提出问题或者设置悬念,调动学生的思维,激发学生求知欲。设疑具有强烈的诱惑力,能激起学生探索问题的愿望,进而为接下来的学习奠定良好的心理基础。

(4) 故事导入法。指教师通过一些与本节课教学内容相关的课外故事,引导学生进行认知迁移,从故事创设的情景迁移到本课学习内容的情境中。

(5) 温故导入法。即新旧知识联系导入,古人常说"温故而知新"。在讲授新课时,教师让学生回顾上节课所学内容,调动学生的先备经验,以旧引新。

(6) 活动导入法。上课前通过一系列的趣味活动,比如小游戏、组织讨论、猜谜语、欣赏音乐等,调动学生的各类感官,让学生参与进来。游戏是儿童的天堂,尤其对低年段的学生,更有利于学生保持注意力。

(7) 演示导入法。指教师通过实物、模型、图表、投影、电视等教具的演示,引导学生观察,提出新问题,从解决问题入手,自然地过渡到新课的学习的技法。

(8) 审题导入法。指新课开始时,教师先板书课题或标题,然后从探讨题意入手,引导学生分析课题,来导入新课。

(9) 典故导入法。通过寓言、生动有趣的故事或典故、传说等激发学生兴趣、启迪学生思维,创造一种情境。

导入设计的基本要求如下。

① 针对性。设计导入时,要充分考虑教学内容的特征与教学目标的要求。
② 趣味性。要求语言风趣,热情开朗,方式新颖,引证生动。
③ 启发性。能够集中学生的注意力,激发学生思维和学习的主动性。
④ 迁移性。能够将导入中的情境与新学的内容相比较,并将它迁移到新知识的学习中去。
⑤ 艺术性。导入要有新意,引人入胜,让学生倾心向往,产生探究欲和认识的兴趣。
⑥ 简洁性。导入的内容要短小精悍,时间一般控制在3分钟左右。

练习

【6-75】张老师开始上《爱因斯坦与小女孩》这节课时说:"同学们,你们知道吗?爱因斯坦不仅是一位世界著名的大科学家,而且会拉小提琴,今天我们就来学习这一课。"这属于(　　)。

　　A. 直接导入　　　　B. 经验导入　　　　C. 故事导入　　　　D. 直观导入

【6-76】林老师教学《借生日》时,先板书"生日",让学生说说自己生日是哪一天,又是怎样过生日的,接着又板书"借",并提出问题"每个人都有自己的生日,为什么要借生日?""生日能借吗?"这种导入方法是(　　)。

　　A. 故事导入　　　　B. 情境导入　　　　C. 悬念导入　　　　D. 直接导入

【6-77】材料分析题

杨老师在教"分数的基本性质"时,设计了这样的教学导入:

同学们,在学习新内容之前,我先给大家讲个故事。猴山上的小猴子最喜欢吃猴王做的饼。有一天,猴王做了三块大小一样的饼分给小猴子们吃。它先把第一块饼平均切成四块,分给甲猴一块。乙猴见到说:"太少了,我要两块。"猴王就把第二块饼平均切成八块,分给乙猴两块。丙猴更贪吃,它抢着说:"我要三块,我要三块。"于是猴王又把第三块饼平均切成十二块,分给了丙猴三块。老师想问问同学们,是不是最贪吃的丙猴分得最多呢?猴王为什么要这么切呢?学习了"分数的基本性质"你就清楚了。

问题:

(1) 评价杨老师所设计的教学导入环节。
(2) 小学课堂教学环节中常用的导入方式有哪些?

【6-78】材料分析题

白　鹅

这白鹅,是一位将要远行的朋友送给我的。这朋友住在北碚,特地从北碚把这鹅带到重庆来送给我,我亲自抱了这雪白的大鹅回家,放在院子内。它伸长了头颈,左顾右盼,我一看这姿态,想道:"好一个高傲的动物!"凡动物,头是最主要的部分。这部分的形状,最能表明动物的性格。例如狮子、老虎,头都是大的,表示其力强。麒麟、骆驼,头都是高的,表示其高傲。狼、狐、狗等,头都是尖的,表示其刁奸猥鄙。猪猡、乌龟等,头都是缩的,表示其冥顽愚蠢。鹅的头在比例上比骆驼更高,与麒麟相似,正是高傲的性格的表示。而在它的叫声、步态、吃相中,更表示出一种傲慢之气。

鹅的叫声,与鸭的叫声大体相似,都是"轧轧"然的。但音调上大不相同。鸭的"轧轧",其音调琐碎而愉快,有小心翼翼的意味;鹅的"轧轧",其音调严肃郑重,有似厉声呵斥。它的旧主人告诉我:养鹅等于养狗,它也能看守门户。后来我看到果然:凡有生客进来,鹅必然厉声叫嚣;甚至篱笆外有人走路,它也要引吭大叫,其叫声的严厉,不亚于狗的狂吠。狗的狂吠,是专对生客或宵小用的;见了主人,狗会摇头摆尾,呜呜地乞怜。鹅则对任何人,都是厉声呵斥;要求饲食时的叫声,也好像大爷嫌饭迟而怒骂小使一样。

　　鹅的步态,更是傲慢了。这在大体上也与鸭相似。但鸭的步调急速。有局促不安之相。鹅的步调从容,大模大样的,颇像评剧里的净角出场。这正是它的傲慢的性格的表现。我们走近鸡或鸭,这鸡或鸭一定让步逃走。这是表示对人惧怕。所以我们要捉住鸡或鸭,颇不容易。而鹅就不然:它傲然地站着,看见人走来也毫不相让;有时非但不让,竟伸过颈子来咬你一口。这表示它不怕人,看不起人。但这傲慢终归是狂妄的。我们一伸手,就可一把抓住它的项颈,而任意处置它。家畜之中,最傲人的无过于鹅。同时最容易捉住的也无过于鹅。

　　鹅吃起饭来常常使我们发笑。我们的鹅是吃冷饭的,一日三餐。它需要三样东西下饭:一样是水,一样是泥,一样是草。先吃一口冷饭,饮一口水,然后再到某地方去吃一口泥及草。大约这些泥和草也有各种滋味,它是依着它的胃口而选定的。这食料并不奢侈;但它的吃法,三眼一板,丝毫不苟。譬如吃了一口饭,倘若水盆偶然放在远处,它一定从容不迫地踏大步走上前去,饮水一口,再踏大步走到一定的地方去吃泥,吃草。吃过泥和草再回来吃饭。这样从容不迫地吃饭,必须有一个人在旁侍候,像饭馆里的堂倌一样。因为附近的狗,都知道我们这位鹅老爷的脾气,每逢它吃饭的时候,狗就躲在篱边窥伺。等它吃过一口饭,踏着方步去饮水、吃泥、吃草的当儿,狗就敏捷地跑上来,努力地吃它的饭。没有吃完,鹅老爷偶然早归,伸颈去咬狗,并且厉声叫骂,狗立刻逃往篱边,蹲着静候;看它吃了一口饭,再走开去饮水、吃草、吃泥的时候,狗又敏捷地跑上来,这回就把它的饭吃完,扬长而去了。等到鹅再来吃饭的时候,饭罐已经空空如也。鹅便昂首大叫,似乎责备人们供养不周。这时我们便替它添饭,并且站着侍候。因为邻近狗很多,一狗方去,一狗又来蹲着窥伺了。邻近的鸡也很多,也常蹑手蹑脚地来偷鹅的饭吃。我们不胜其烦,以后便将饭罐和水盆放在一起,免得它走远去,让鸡、狗偷饭吃。然而它所必需的盛馔泥和草,所在的地点远近无定。为了找这盛馔,它仍是要走远去的。因此鹅的吃饭,非有一人侍候不可。真是架子十足的!

　　问题:依据拟定的教学目标,设计新授课导入环节并说明设计意图。

　　提示:导入设计有三种常见的考题:选择题、材料题和教学设计题。选择题只要牢记导入法的名称和基本内涵就能应付自如。材料题一般情况下是就某一种设计进行评价,答题时可以根据"导入设计的基本要求"作答,但要注意结合材料进行评价。如果能在肯定优点的情况下提出一些改进的建议,那就更好。设计题的应对相对困难一些,具体操作时注意下列几点:①尽可能选择有"话"说的导入方法,如故事法、游戏法、演示法等;②尽可能使用教具,如图片、视频等;③尽可能师生互动,不要教师"一言堂";④不要试图规定学生的反应,只能描述学生的行为且放在括号中说明;⑤注意格式,上文练习题是一个可供参考的样例。

2. 课堂提问设计

　　"学起于思,思源于疑",疑问是思维的火花,思维应从问题开始。课堂提问是触发学生思维的引信,激发学生觉悟的契机,也是检测教学效果的手段。课堂提问设计得巧妙与否体现着教学艺术水平的高低,制约着教学进程能否推进,决定着教学效果的好坏。

(1) 课堂提问的类型

根据对问题回答的要求不同,可把问题分为四类。

① 判别类问题。对事物加以判定。代表性词语是"是不是""对不对"等。

② 描述类问题。对客观事物加以陈述和说明。代表性词语是"是什么""怎么样?"等。

③ 探索类问题。对事物的原因、规律、内在联系加以阐释。代表性词语是"你从中能发现什么"等。

④ 发散类问题。从多角度、多方面、多领域去认识客观事物。代表性词语是"除此之外,还有哪些方法""你是怎样理解的"等。

根据布鲁姆教育目标分类学,可以把提问分为六类。

① 识记性提问。包括判断提问和回忆提问,考查识记能力。

② 理解性提问。用来检查学生对已学的知识及技能的理解和掌握情况的提问方式,理解性提问是较高级的提问。

③ 运用性提问。教师建立一个简单的问题情境,让学生运用新旧知识来解决新的问题,以达到透彻理解、灵活运用的目的。

④ 分析性提问。要求学生通过要素分析、关系分析和原理分析,对问题的原因和结果进行解释和阐述。

⑤ 综合性提问。要求学生发现知识之间的内在联系,并在此基础上,使学生把教材内容的概念、规则等重新组合的提问方式。

⑥ 评价性提问。要求学生运用准则和标准对观念、作品、方法、资料等作出价值判断,或者进行比较和选择的一种提问方式。

(2) 课堂提问的设计原则

有效的课堂提问要求遵循下列五项原则。

① 计划性。一堂课要问几个问题、切入角度、顺序安排等都要精心构思。

② 启发性。提问要引发学生思考,减少或避免走过场的应答式提问,如"对不对""好不好"这种应答式的提问,思维含量少,价值不大。

③ 顺序性。先问什么,后问什么,教师要精心筹划。提问要由表及里,由浅入深,步步深入。问题设计的思路明晰,对学生思维起着潜在的导向作用。

④ 难易适度。提问要根据学生的实际水平,不可过浅,以免走过场;又不可过难,以防学生茫然失措,产生畏难情绪。

⑤ 多表扬少批评。课堂提问经常会出现学生回答不完全不全面,甚至可能回答不正确的情况,教师要用微笑,用亲切的语言,去消除学生的紧张情绪,要给学生更多的鼓励。

(3) 课堂提问设计的技术

① 寻找设问点。课堂提问的设计,首先要明确在哪儿设问。一般而言,可以考虑从下列几个方面去寻找。

导入新课题时。在新课教学时,为了快速集中小学生的注意力,可以设计课堂提问。如《要下雨了》一课,可以设问:"夏天的时候,下雷阵雨之前,天气会怎样?我们会有什么感觉?"这样小学生们自然地进入回忆与思考中,将注意力集中到上课的内容中来。

新旧知识衔接点。从旧知到新知的迁移,不仅可以使知识学习变得容易,而且可以使知识形成一个系统。因此,新旧知识间可以设计课堂提问。如在讲授"比的基本性质"时,可以设问:"—"可以看成什么?如果将"—"看成比,那么,比是否具有分数、除法的性质呢?这样就将"分数、除法的性质"这些旧知与"比的性质"这个新知连接起来,使学习变得更容易。

重点、难点、关键点。在这三点处设问有利于实现教学目标。

矛盾冲突点。在教学内容与小学生已有知识和经验间产生矛盾的地方设问,可以激发小学生的探究欲。如《惊弓之鸟》一课,可以设问:"为什么更羸只拉弓就可以射下大雁?"

归纳整理时。教学的目的是给学生一种获取知识的思路,因而学会一类知识后应教会学生自己归纳和整理,使知识系统化,形成解决同类问题的能力。如"行程问题"是小学数学的一个重点和难点,在教完"同时""相对""相遇"几个问题后,就需要让学生明白三者的数量关系。此时可以设问:"同时、相对、相遇三类问题有什么联系和区别?"

② 问题的表达。找到了提问的要点,接下来就是将问题准确地表达出来。在编写提问语句时要注意下列几个方面。

突出重点。课堂提问的设计要直奔主题,切中要点。具体做法有:抓住教学重点,不在枝节问题上浪费时间;抓住难点设计,帮助学生突破难点;针对学生认识模糊、错误较多的问题设计。

层次分明。课堂提问的设计要按教学内容的逻辑顺序由浅入深、层层递进,使学生的认知不断深入。如《月光曲》中盲姑娘的一段话可以提出这样一组提问:盲姑娘刚才说的话是"随便说说"的吗?如果出自内心,不是随便说说的,那么为什么要说自己是随便说说的呢?从中可以看出盲姑娘是一个怎样的人?听了盲姑娘的话贝多芬怎样想?

横向展开。如果是几个情境相似的问题,可以利用前一组思维模型去思考相类似的问题,从而实现迁移的目的。如《找骆驼》可以设计几个横向问题:老人怎么知道骆驼有点跛?老人怎么知道骆驼左边驮蜜,右边驮米?老人怎么知道骆驼缺一颗牙齿?

铺垫诱导。针对一些难度较大的问题而设计一些铺垫性的问题。如《我的伯父鲁迅先生》中"四周黑洞洞的,还不容易碰壁吗?"这句话理解起来比较困难,可以设计下列问题:鲁迅生活在什么时代?当时的社会是怎样的状况?鲁迅是怎样的人物?这种人在旧社会的处境怎样?

措辞简洁。课堂提问中的语言要准确、明白、简洁。

练习

【6-79】 材料分析题

中彩那天

第二次世界大战前,我们家六口人全靠父亲一人工作维持生计,生活很拮据。母亲常安慰家里人:一个人只要活得诚实,有信用,就等于有了一大笔财富。

父亲是汽车修理厂的技工,技术精湛,工作卖力,深得老板的器重。他梦寐以求的是能有一辆属于自己的汽车。

一天放学回家,我看见城里最大的那家百货商店门前挤满了人。原来,一辆崭新的奔驰牌汽车将以抽奖的方式馈赠给中奖者。

当商店的扩音器高声叫着我父亲的名字,表明这辆车已属于我家时,我简直不敢相信那是真的。不一会儿,我看见父亲开着车从拥挤的人群中缓缓驶过。只是,他的神情严肃,看不出中彩带给他的喜悦。

我几次兴奋地想上车与父亲共享这幸福的时刻,都被他赶了下来。

我不明白父亲为什么中了彩还不高兴,闷闷不乐地回到家里,向母亲诉说刚才的情形。母亲安慰我说:"不要烦恼,你父亲正面临着一个道德难题。""难道我们中彩得到汽车是不道德的吗?"我迷惑不解地问。

"过来,孩子。"母亲温柔地把我叫到桌前。只见桌子上放着两张彩票存根,号码分别是05102和05103。中奖的那张号码是05102。

母亲让我仔细辨别两张彩票有什么不同。我看了又看,终于看到中彩的那张右上角有铅笔写的淡淡的K字。母亲告诉我:"K字代表库伯,你父亲的同事。"原来,父亲买彩票时,帮库伯先生捎了一张,并做了记号。过后,俩人都把这件事忘了。可以看出,那K字用橡皮擦过,留有淡淡的痕迹。"可是,库伯是有钱人,我们家穷呀!"我激动地说。话音刚落,我听到父亲进门的脚步声,接着听到他在拨电话号码,是打给库伯的。

第二天,库伯先生派人来,把奔驰汽车开走了。那天吃晚饭时,我们全家围坐在一起。父亲特别高兴,给我们讲了许多有趣的事情。成年以后,回忆往事,我对母亲的教诲有了深刻的体会。是呀,中彩那天父亲打电话的时候,是我家最富有的时刻。

问题:为本课设计3组课堂提问并简要说明理由。

提示:在解答课堂提问设计题时要注意下列几点:首先,明确要问什么问题。操作时,可以根据教学目标、教学重点、难点与关键点、课文中心思想、核心语句的理解等几个方面去设计;其次,一定要紧扣选择好的问题进行设计,一组课堂提问只能解决一个问题;最后,就数量而言,一般一组提问由3~4个层层递进的问题组成。

3. 板书的设计

板书是教师在教学过程中,运用文字、符号、图表向学生传播信息的教学行为方式。板书设计是教师应该具备的基本教学技能,对提高教学效率具有重大意义。心理学研究表明:人类主要是通过视、听等五种感官来接受信息,而这五种感官感知信息的比例不同:视觉占83%,听觉占11%,嗅觉占3.5%,触觉占1.5%,味觉占1%。视听两项合计则可以达到94%。而从记忆的效率来看,单靠听觉获得的知识,三小时后能记住60%,三天后则只能记住15%;单靠视觉获得的知识,三小时后能记住70%,三天后则只能记住40%;如果视觉和听觉并用,所获得的知识三小时后能记住90%,三天后则可以记住75%。可见,板书在课堂教学中作用巨大。

(1) 常用的板书类型

板书的类型繁多,下面择要介绍小学课堂教学中常用的板书类型。

① 词语式。词语式板书是指在对教学内容进行深入研究的基础上,从中找出一些关键性的词语或总结出一些能准确反映教学内容的词语,并按一定顺序加以呈现的一种板书形式。词语式板书或有助于引起学生的注意,或有助于引导学生理清思路,或对课文起"画龙点睛"的作用,图6-1为《观潮》一课的板书。

图6-1 《观潮》板书

②图示式。图示式板书是用图画、线条、箭头符号等展示教学内容的板书形式,有时可配以必要的文字说明。这种板书图文并茂、生动形象,图6-2为《司马光》一课的板书。

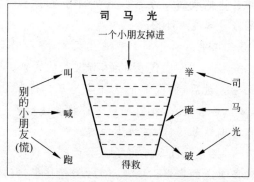

图6-2 《司马光》板书

③列表式。列表式板书就是将教学内容以表格的形式展现出来。这种类型的板书对比性强,条理清楚,图6-3为"圆的周长与面积"的板书。

内容	类型	
	圆的周长	圆的面积
意义	圆的长度	圆的大小
公式	$C=2\pi r$	$S=\pi r^2$
单位	长度单位	面积单位

图6-3 "圆的周长与面积"板书

④线条网络式。线条网络式板书是指根据知识点间的各种关系,用线条将教学内容中的知识点串联成"网"的一种板书形式同,图6-4为《田忌赛马》的板书。

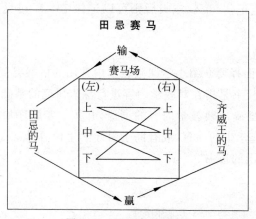

图6-4 《田忌赛马》板书

⑤阶梯式。阶梯式板书是指教师根据教学内容层层递进、逐步发展的特点而设计的,状如阶梯拾级而上的板书,图6-5为《林海》的板书。

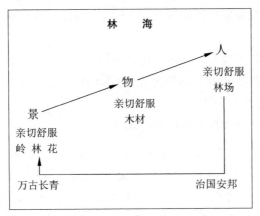

图 6-5 《林海》板书

⑥ 回环式。从一个起点出发,经过一系列环节,最后又回到起点而组成的一个闭合回路。回环式板书往往由几个字和几条线构成,既简练又美观,图 6-6 为《农夫与蛇》的板书。

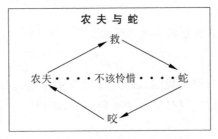

图 6-6 《农夫与蛇》板书

⑦ 问题启发式。将教学内容设计成具有启发性的问题呈现于学生面前的板书形式,图 6-7 为《群英会蒋干中计》的板书。

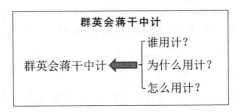

图 6-7 《群英会蒋干中计》板书

⑧ 线索梳理式。通过板书将教学内容的主要发展线索提取出来,使之成为教学的主要思路的板书形式,图 6-8 为《草船借箭》的板书。

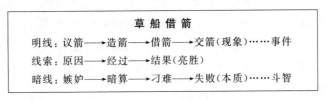

图 6-8 《草船借箭》板书

(2)板书设计的要求

优秀的板书设计要求达到下列标准。

① 内容简练。要求教师要用简练的文字、图标或者符号来反映教材中的主要内容,且一定要突出重难点。

② 条理分明。要求教师板书的脉络要清晰构成完整有序的知识体系。

③ 布局合理。要求教师的板书结构合理、对称得体。要注意字的大小要合理;主、副板书的安排要合适;注意对称与平衡。

④ 直观形象。要求教师的板书要让学生看得清楚。

提示:板书设计一定要注意根据材料提供的内容和小学生的年龄特征选择合适的板书类型。一般而言,低年级的可以考虑选择关键、重点、难点词语为板书的内容,中年级可以使用既有内容,又有内涵的板书,而到了高年级,可以多用突出教学内容的思路,有一定概括性、抽象性水平的板书。具体设计时尽可能地图文并茂,至少要有一定的线条和箭头。

练习

【6-80】 材料分析题

《中彩那天》(内容见例题 6-80)

问题:为本课设计一则板书并简要说明理由。

4. 练习题设计

教学的效果如何可以通过课堂提问、练习、测试等手段进行评价,其中运用练习题来巩固和评价所学知识与技能的掌握情况是最为频繁使用的,所以本节重点介绍练习题的设计。

(1) 填空题的设计

填空题又叫填充题,源于古代的"贴经"。其题文实际上是一个不完整的陈述句,在句中或句尾留有一处或多处空白,由做题者根据题意,并联系空白前后的文字,从逻辑、语法衔接和科学性上考虑好填写的内容,填入适当的文字或数据,使之变成一个完整的句子。填空题大致有以下三种形式。

① 直接填写题。要求对一些知识性问题直接作出明了的回答。主要用于检查一些基本知识的掌握情况。如:"牙"共(　　)笔,第四笔是(　　);0.2 小时=(　　)分钟;5 公顷 3 平方米=(　　)公顷;等等。

② 分析填写题。通过对题目所述的现象、事实、过程等进行分析、综合、推理,作出简要正确的解释或判断。主要用于考查学生综合运用概念、规律进行分析、综合、判断等能力。如:"飞流直下三千尺,疑是银河入九天"运用的修辞手法是(　　)。

③ 计算填写题。根据相应的规律,通过数字或文字的简而少的计算得出结论的填空题。这种题用于考查学生易出现错误的知识难点,纠正不良的思维习惯等方面的内容。如:绳上有一简谐横波向右传播,当绳上某质点 A 向上运动到最大位移时,其右方相距 0.30 米的质点 B 刚好向下运动到最大位移。已知波长大于 0.15 米,则该波的波长为(　　)米。

根据呈现方式分类,填空题有三种类型:文中填空式、表(图)中填空式、选择填空式。

填空题的设计应遵守下列十点要求。

① 填空题的"空格"部分需要填写的应是有考查意义的关键性内容或字眼。

② 试题叙述应该简洁、清楚,填上正确答案后句意完整,避免使用教材中的原话。

③ 填空题中每个小题的空格个数应该统一,每道题的空格数一般不超过 2 个。

④ 空格不宜太零散，以免由于句子或段落结构上的支离破碎而引起歧义，使人难于作答。

⑤ 答案应尽量明确、简练、唯一且无争议。

⑥ 填空题的空格部分统一用下画线或（　　）表示，长度一致，能满足答题需要。

⑦ 填空题的空格所在位置应尽量置于句子或题目段落的后半部分，避免在句首出现。

⑧ 除非是考核对工程单位的换算，若考查计算能力并要求填写数字，则应该在空格后标明答案的单位。

⑨ 填空题以空格为基本计分单元，一般要求每个空格赋分相同。

⑩ 如果正确答案内容与其叙述顺序无关，应该在参考答案后注明。

(2) 选择题的设计

选择题的实质是问答题和填空题的变形，编题者预先拟好了若干个备选答案，让被测者从中选出正确答案。选择题的类型大致有三种。

① 单项选择题。每题后给出的4～5个备选答案中，只有一个是正确或最适合的，将这个答案选出来。

② 多项选择题。选项给出的备选答案中，有两个或两个以上是正确的，将所有正确答案选出来，多选、错选、漏选都不给分。

③ 组合选择题。这是几个问题共用一组备选答案的选择题。问题与答案的数目不一定相等，每项答案被选用的次数也不固定，但每个问题只选一个最佳答案。

选择题题干的设计要求遵守下列规则。

① 题干围绕一个主题展开，不要同时讲述几个意思，以免产生歧义。

② 题干要尽量创设新的情境，叙述文字要避免重复书本上的现成实例或措辞。

③ 题干应简明扼要，只包含阐明问题所需要的条件。

④ 题干一般是一个不完全的陈述句，与正确选项构成一个完整的句子，也可以是一个疑问句或一段话。

⑤ 题干中不要出现空格、括号等其他填空形式（语言测试除外）。

⑥ 尽可能避免使用否定式的题干，除非为了特定的目的必须以否定式的形式设计试题，如果出现否定词，要在否定词的下面加上着重号。

⑦ 题干与备选项之间在逻辑关系或词语使用上应避免有所暗示或包含。

备选项的设计要求遵守下列规则。

① 备选项的长度、结构、语言表达要尽量一致。

② 备选项要求同质、互不相关，有较大的似真性。

③ 涉及数字的备选项，统一按照上升的顺序排列。

④ 如果一些词语在所有的备选项中都有，最好将这些共同词语移到题干中去，如果含有共同词语的备选项是专有名词或者将共同词语移至题干后容易引起考生理解上的困难，此时的备选项中的共同词语必须保留。

⑤ 干扰项要有似真性，应与正确选项在逻辑上和语法上保持一致，不应拼凑明显不合理的选项。

⑥ 如果题干含否定式，必须避免出现否定式的备选项。

⑦ 备选项原则上不要使用"以上都不对、以上都对、从未、绝无、可能、唯一、只有"等含有

绝对肯定、绝对否定或模棱两可的词汇。

⑧ 避免备选项之间出现逻辑上的包含关系，确保干扰项在它的范围内不包含答案，如正确答案为"X＞5"，则干扰项"X＞10"也符合答案要求，这就是存在逻辑上相互包含的问题。

（3）问答题的设计

问答题包括简述题、比较题、辨析题三类。

① 简述题。要求考生对提出的问题用简短的语言进行回答，一般考察一些基本概念或基本事实。如：请写出中国历史上有气节的人物（至少2个）。

② 比较题。通过类比或对比，归纳出两个或两个以上概念、现象、规律或过程等的异同点及其本质特征的问答题。如：比较鲁智深与武松的性格特点。

③ 辨析题。要求考生对试题所提供的观点和材料进行科学的辨别和分析。小学试题中很少用。

问答题的设计要求遵守下列规则。

① 一般用直接疑问句或陈述句提出问题，叙述简练，题意明确。

② 考查重要概念的理解和掌握，而不是琐碎知识的简单复述。

③ 不要按照教材原文抄写试题，避免使学生产生死记硬背、猜题押题的学习倾向。

④ 参考答案要简明扼要，逻辑清楚，表述正确。

⑤ 评分标准应该按要点给出分数，最小的评分点是1分，最大的评分点不超过2分。

（4）论述题的设计

论述题有多种类型：从论述的方向来分，可以分为立论、驳论和兼论三种；从论述所用的原理多少来分，可以分为单原理和多原理论述题；从论述题干中指定的原理和问题明确程度来分，又可分为四种：明确指定某一原理去分析某一问题、明确指定某一原理去分析某一范围的问题、用某一范围的原理去分析某一确定的问题、用某一范围的原理去分析某一范围的问题；从考查的侧重点不同来分，可分为理论联系实际论述题和一般理解论述题。例如：课文中说"一个简单的道理，却能给人意味深长的启示。"这个道理给你什么启示？请结合生活实际说说自己的理解。

论述题的设计要求遵守下列规则。

① 试题的表述要明确、完整，既要让学生明白试题的发问指向，又要留有让学生发挥的余地。

② 试题的考核内容应该有所限定，防止题意过于宽泛或过于笼统，使学生感到无从着手或无法准确作答。

③ 参考答案注重考查学生的思维过程和对问题的整体理解，需要考生全面理解课程考核内容，综合应用所学知识解答问题，而不是对教材或参考材料内容的简单再现。

④ 参考答案应避免对答案要点的简单罗列，要求论述充分。

⑤ 评分标准要求在对考核内容完整论述的基础上，一般按要点给出分数，最小的评分点是1分，最大的评分点不超过3分。

（5）材料题的设计

材料题，有时称案例题，是一种主观性试题。以一段或几段材料为内容，要求学生依据要求回答问题。材料题能有效地考查学生的阅读能力、分析能力以及综合运用能力、知识迁移能力等。材料题的设计要求如下。

① 所选材料应确实会在实际生活中发生,不能照抄教材中的原文或案例;

② 题目难度应以教材中对该类问题的讲解水平为限,要求学生利用所学知识,通过充分的论据和合理的论证,能够推出适当的结论;

③ 若题目分值过大,则应将该题划分为若干小题;

④ 参考答案的制定原则是:观点明确,言之有理,论述充分,逻辑清楚;

⑤ 评分标准的制定原则是:从零计起,按点给分,分数累加,鼓励创新,不超满分,不对错误回答进行倒扣分。

练习

【6-81】 材料分析题

海底世界

你可知道,大海深处是怎样的吗?

海面上波涛澎湃的时候,海底依然很宁静。最大的风浪,也只能影响到海面以下几十米,最强烈的阳光也射不到海底,水越深光线越暗,五百米以下就全黑了。在这一片黑暗的深海里,却有许多光点像闪烁的星星,那是有发光器官的深水鱼在游动。海底是否没有一点儿声音呢?不是的。海底的动物常常在窃窃私语。你用水中听音器一听,就能听见各种声音:有的像蜜蜂一样嗡嗡,有的像小鸟一样啾啾,有的像小狗一样汪汪,还有的好像在打鼾。它们吃东西的时候发出一种声音,行进的时候发出另一种声音,遇到危险还会发出警报。

海里的动物大约有三万种。它们各有各的活动方法。海参靠肌肉伸缩爬行,每小时只能前进四米。有一种鱼身体像梭子,每小时能游几十千米,攻击其他动物的时候,速度比普通的火车还快。乌贼和章鱼能突然向前方喷水,利用水的反推力迅速后退。还有些贝类自己不动,巴在轮船底下做免费的长途旅行。

海底有高山,有峡谷,也有森林和草地。植物的色彩多种多样,有褐色的,有紫色的,还有红色的。最小的单细胞海藻,要用显微镜才能看清楚。最大的海藻长达二三百米,是地球上最长的生物。

海底蕴藏着丰富的煤、铁、石油和天然气,还有陆地上储藏量很少的稀有金属。

海底真是个景色奇异、物产丰富的世界!

péng pài　shuò　qiè　suō　lǚ　zǎo　wēi　yùn cáng
澎　湃　烁　窃　梭　旅　藻　微　蕴　藏

问题:依据教学目标,设计三道练习题,并说明设计意图。

提示:练习题设计是一项富有创造性的工作。学习时要牢记:①根据教学目标(教学目标是国家教师资格证考试的必考题)确定要设计的知识点,并明确设计目的和意图;②根据考查目的选择相应的题型;③设计的题型要符合各种题型设计的要求;④如果要求设计几道练习题,那么最好就选用几种题型,而且量要尽可能多一点,即工作量要饱满。

二、教案设计

教学工作汇总的课时计划即教案,是教师引领学生分析、探究、处理、整合知识信息的指导和组织方案。教师备课离不开教案,因此要备好课就必须要写好教案。

（一）教案的构成内容

（1）教学课题：本课时的课题名称。

（2）教学目标：本课要完成的教学任务。

（3）课时安排：教学需要几个课时，要根据教材的分量和学生的接受能力而定。如果超过一课时，需要说明本节是第几课。

（4）授课类型：说明属于新授课、复习课还是实验课、练习课等。

（5）学情分析：学生的基本情况分析，如人数、年龄、发展水平等。

（6）教学重点：本课所必须解决的关键性问题。

（7）教学难点：本课学习时学生比较难掌握的知识点和技能。

（8）教学方法：用什么教学方法，注重体现新课程理念的教学方法。

（9）教具准备：教学过程中运用的教学辅助设备，如教学用具（模型、实物、标本、仪器、图表）、多媒体、课件等。

（10）教学过程：具体的教学步骤、进程与内容安排，要依据教学环节（复习提问、引入新课、讲授新课、本课小结、作业布置等）设计教学过程。

（11）板书设计：上课时准备写在黑板上的内容及其布局，板书要合理布局、有计划性。

（12）作业布置：如何布置各类课后作业。

（13）教学反思：教师在授课结束后对教学设计执行情况的总结，包括课堂情况，教学得失，需要改进的地方等。

（二）教案的类型与设计

1. 教案的类型

教案从形式上可分为三大类：记叙式教案、表格式教案和卡片式教案。

（1）记叙式教案。记叙式教案是指用文字形式将教学方案表达出来的教案，是教学实践中最基本、最常用的。记叙式教案根据内容的详略，分为讲稿式的详案、纲要式的简案。

记叙式教案的模板：

【课题】_____

【教学对象】_____

【使用教材】_____

【教学目标】_____

【教学重点】_____

【教学难点】_____

【教学方法】_____

【课时】_____

【教具准备】_____

【教学过程】_____

【板书设计】_____

【课后反思】_____

（2）表格式教案。表格式教案是以表格的形式呈现备课内容的教案，表格式教案有言简意赅，重点突出，方便好用的特点。表格式教案的范例如表 6-3 所示。

表 6-3 表格式教案范例

课题：	
教学目标：	
教学重点：	教学难点：
课型：	
教学方法：	
课时安排：	教具准备：
教学过程与内容 （导入、练习作业设计、板书设计、补充资料等）	备注： （用时、教法、教具及师生活动等）
教学后记：	

（3）卡片式教案。卡片式教案是指将教案的纲要、要点、难点和易忘记的要素等内容，用卡片的形式呈现出来的教案，比较适合具有一定教学经验的教师使用，没有固定的格式，按教师个人的需要书写。

2. 教案设计应注意的问题

一份优秀的教案，需要做到环节完整、合理确定教学目标与教学内容、教学过程详略得当、书写工整等要求。另外教师在设计教案时还需要注意以下几点。

（1）教师在设计教案时，必须强调学生的个性差异和主体活动，自觉从"师本设计"理念转为"生本设计"理念，并在教案中充分体现。

（2）留出空间和弹性。除了做好必要预设之外，教师在教案中还要有意识地为学生在课堂中的创造性生成留好必要的空间。

（3）编写时明确教学目标和重难点的教学策略，把教学设计重点放在教学过程与教学方法上。明确教学的流程顺序，以及每个教学环节中要安排的教学活动等。

（4）处理好教法与学法的关系，将教书与育人紧密结合。设计时要考虑如何发挥学生主体性，以及考虑如何有计划地在教学过程中渗透思想教育。

（5）认真对待教学反思或教学后记的作用，通过教学反思进行二次备课，更有利于教师的专业发展与提高。

本章小结

教学是学校的中心工作，是实施全面发展教育、实现教育目的的基本途径。教学理论是教育理论中最重要、最核心的问题之一。教学活动是学校教育的最基本活动形式。要完成教学任务、提高教育质量，就要有一定的教学组织形式、掌握教学工作的基本程序，形成高超的教学艺术。作为新时代的教师，有必要熟知和掌握一定的教学规律、教学原则、教学途径等，了解小学常用的教学方法和教学过程的基本环节，尤其是备课、上课、布置作业的基本要求，以及教学评价的有关知识，为今后的教学工作提供科学的指导。

知识结构

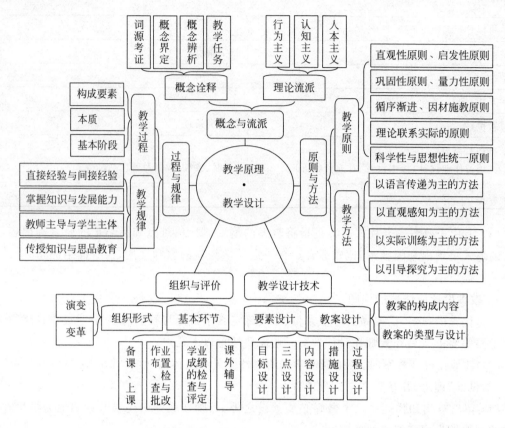

第 7 章
德育原理·德育模式

学习目标

◎ 识记道德、品德与德育的概念,熟悉小学德育的目的与内容;
◎ 知道并运用德育过程的基本规律,分析德育实践中遵循的德育规律;
◎ 熟记德育的基本原则,能运用这些原则分析小学德育实践;
◎ 知道德育的途径和熟练运用德育方法,能解释小学德育案例;
◎ 理解主要的德育模式并简单评析。

学习重点

学习时重点注意:品德结构的构成要素,德育规律、基本原则和方法,皮亚杰和科尔伯格的道德发展阶段论。特别注意运用相关的规律、原则与方法分析与解决现实问题。

学习导引

本章内容围绕"德育与品德结构"和"德育原理"两条主线展开。具体学习时,可以在厘清德育内涵的基础上从理解品德结构的要素入手,然后根据德育规律—德育原则—德育方法—现代德育理论的线索展开,侧重对德育规律、原则与方法的理解并与现实问题的分析与问题的解决相结合,提高小学德育实施能力。

引子

记"阳光本" 传"悄悄话"

"一二一二……"新学期,伴着小学生齐步走的口号声,洞泾学校教师计丽又回到一年级,接手一(9)班 39 个孩子。

初入学的孩子,不能很好地表达诉求,容易哭闹、起冲突。"小学生的行为问题,往往是情感需求得不到满足,希望以各种方式引起老师、伙伴的注意。"计丽随身有一本"阳光本",每天记录孩子们的行为,"今天,谁帮助了我?我帮助了谁?"一次次分享中,她不断引导学生走向积极的、正向的行为,让家长看到孩子们的进步。

班级里,还有"悄悄话本",每天在孩子、父母、老师间传递,引导孩子在家多与家长沟通,父母积极反馈,也帮助计丽及早发现孩子的问题。她从不满足带班经验,总能根据不同班级,调整教育方法。在低年级,她用"开心本"等行为记录方法,推动学生自我改善,促进良好习惯养成;到了中高年级,激励机制不断拓展,从"善行记录本""感恩墙"到"21天挑战训练营""每周荣誉之星",激励提升学生们的自信心。

走进她的班级,墙上张贴"名言激励"以及学生的作品。植物角摆放着学生种的一盆盆植物,上面有守护植物的学生姓名牌等,在亲手栽种和守护过程中,学生懂得珍惜生命,不知不觉中学会互相关爱。①

计丽老师坚信"我的眼中没有'问题学生',只有一个个用问题行为在向我发出呼唤的'天使'"。她用"阳光本""悄悄话本""开心本""善行记录本"等激励提升学生们的自信心,让学生懂得珍惜生命,学会互相关爱。计丽老师将"情感育人"融入学生日常,取得了良好的效果。可以肯定计丽老师的做法抵及小学生的心灵深处,践行着"照耀人心魄"的使命。那么,小学的德育应该完成怎样的目标?小学德育有哪些规律?应遵循怎样的原则、采用什么样的方法,才能使德育工作取得良好的效果?本章将通过探索如何解决我们所处时代面临的德育问题,感受提升人生命质量的智慧。

第一节 道德、品德与德育

道德,是一个耳熟能详的概念,似乎谁都能说一道二。那么,何为道德?它与品德和德育是什么样的逻辑存在?

一、道德

在中文的语境下,"道德"意指天道与人对天道的禀受及实现。在通常情况下,"道德"是指"道"与"德"的合称。那么,"道"与"德"又是什么意思?

(一) 道德的词源

要厘清道德一词的语义,首先要厘清"道"与"德"的语义。

1. 道的词源

在我国,"道"的最初含义是道路、坦途。如《诗经》中的"周道如砥,其直如矢"②,《易经》中的"复其道,何其咎"③,"反复其道,七日来复"中的④均为"道路"之意。

《尚书》说:"无党无偏,王道平平;无反无侧,王道正直。"⑤这里的"道"则有正确的政令、规范和法度的意思。

---

① 许沁. 有了爱和责任,我眼中没有"问题学生"[N]. 解放日报,2021-09-10(6).
② 《诗经·小雅·大东》.
③ 《易经·小畜·初九》.
④ 《易经·复卦》.
⑤ 《尚书·周书·洪范》.

春秋时期，《左传》记载"王禄尽矣,盈而荡,天之道也"①,这里的"道"具有"规律性"的意思。春秋后期,老子把"道"看成是宇宙的本源和普遍规律,认为天地万物均有道而生,正所谓"道生一,一生二,三生三,三生万物"②。

从哲学意义上说,"道",是天地产生与运行的总的法则。是关于世界之统一性概念,是贯通于宇宙、世界、社会和人生的统一的根源、性质、规范、规律或趋势的概念。

2. 德的词源

"德"字始见于商代甲骨文,写作"",从行、直声或从彳、直声。"行"本是道路,引申而有走路的意思;"彳"是"行"的省形,指道路。"直"是眼睛直视向前,引申为正道。行(彳)直相合,以示遵行正道之意。

金文写作"",仍从彳、直声,在"直"的下加"心"而变成"悳",加"心"是强调心理精神层次的正道规范,此时,"德"有两层含义:一是人得于道而获身心之修养;二是对他人的恩泽关系,即对道的功能与价值的实现。

简体的"德"字,可以拆解为"双人十四一心"。双人,指人类男子,在自然界指阴阳循环;十四,指将近十五,月将盈满而未圆,圆则必缺;一心,指矢志不移,认准光明大道,起身成功。

可见,"德"指的是一种好的品行,一种美好的东西,古今都是如此。

3. 道德的词源

"道德"一词,最初出现于《易传·说卦》:"观变于阴阳,而立卦;发挥于刚柔,而生爻;和顺于道德,而理于义;穷理尽性,以至于命。"③后世的注释者,大多认为这里的"道德"为王者、大人、君子之盛德。在《周易》经注的解释系统中,"道德"主要是指大人之修养与功业,与古代天生之、地长之、人成之的三位一体之观念正相应。

"道德"一词在老子那里是对"道经"与"德经"的合称。在《道德经》中,老子云:"上德不德,是以有德,下德不失德,是以无德。上德无为而无以为,下德为之而有以为。……失道而后德,失德而后仁。"④在老子眼中,"德"意味着人有得于道而能循道而动,故而能葆有万物之常,而皆能成就之。老子所谓的"道德",含有天道之行与人道之用,合天人之义,在境界上高于仁、义、礼之施为。故而,古人常以"道德"称呼道家。

传统儒家那里,道德常常与仁义连用。《礼记·曲礼》曰:"道德仁义,非礼不成。"⑤宋代学者陈澔在《礼记集说》中解释:"道,犹路也,事物当然之理,人所共由,故谓之道。行道而有得于身,故谓之德。仁者,心之德,爱之理。义者,心之制,事之宜。四者皆由礼而入,以礼而成,盖礼以敬为本,敬者,德之聚也。"⑥道德指君子循事物之理而得其修养,仁义则重在君子道德在身所具有的通过心所表现的价值实质。

在儒家眼中,道是事物之理、人事之则,循道有得于身称为德。"道德"的观念强调人之体察天理,而后修养于己身,施恩泽于百姓。道德就其境界而言有高低,就其利益众生而言有大小,故称"小德川流,大德敦化"。在儒家语境中,"道德"一词大约有下列含义:"道",一般指"王道",而"德"有品德、功德、性质等含义,既可以称人之德,亦可以称物之德;道德的主体不

---

① 《左传庄公·庄公四年》.
② 《道德经·第四十二章》.
③ 《说卦传·第一章》.
④ 《道德经·第三十八章》.
⑤ 《礼记·曲礼》.
⑥ 陈澔.礼记集说[M].南京：凤凰出版社,2010.

一定是人,亦可以是他物;既反映人君修己之德,也指人君施人之泽。

总而言之,中国传统中的"道德"有两个特征:第一,就合内外而言,主体不必是人。"道德"可指一个人的内在修养与品性,也可以称天地万物之性,如五行之德,或国家之德,如"汉德"。"德"的主体可以是人,也可以是天地、五行、事物、国家、家族等。第二,就合修养与事功而言,"道德"一般用于圣人、王者、大人、君子,他们将"道"的功能与价值实现出来,所谓立德、立功、立言。立德指的是用德教化世人,立功指的是其利惠于世人,立言指的是用自己的心得教导后人。

在西方,moral(道德)一词,源自于拉丁文中 moralis。moralis 的意思是"属于品格的(pertainingtocharacter)"。moral 表示该文献所要教导的实践性训诫,moralis 是西塞罗在翻译古希腊文 ethike 时创造的一个词,从词源上来说,moralis 即有 ethike 所表达的风俗、习惯、品格、作风等含义。道德(morality)一词源初即用以表达人的品格,与人的性情和生活方式有关。

在西方学术体系中,"道德(morality)关注对错、好坏、善恶,并以之判断人之行为及其后果",是对人的行为正当与否的性质的判断,是对何谓正当(rightness)、何谓善(goodness)的追问。简而言之,道德(morality)意指人的行为的规范性。

综上所述,西文中的"道德"(moral/morality)是指人具有的主体意识以及基于自觉地对行为规范的遵守。Moral/morality 与中国传统中的"义"的含义更为接近,而不是道德。义之与否具有普遍性,是所有人皆当遵守的准则;中国传统中的道与德则指向比人的心与情更高的客观的境界与功德。

(二) 道德的概念

"道德"的定义一直是伦理学研究中争论的问题,也是一个含混不清的问题,古今中外有许多哲学家、教育家等都尝试着给"道德"这个概念下定义、作诠释。

1. 中国古代的"道德"概念

我国传统哲学中的道德概念,是置于宇宙天地、自然万物、社会和人共生的整体世界来理解的。如道家言道德,重在自然,可称为自然道德。"天地与我并生,万物与我为一"①是道家道德思想的基本精神和基本观念,这是一种使人意识到自己的责任从而使之与天地万物同在的思想意识。儒家言道德,重在社会人生,贴近人们的伦常日用本身,可称为人伦道德。儒家创始人孔子所言道德要求很多,但明确强调"君子道者三,我能无焉:仁者不忧,知者不惑,勇者不惧"。② 知(智)、仁、勇是君子应具备的基本道德,并且以"仁"为德之核心。孟子在孔子学说的基础上,提出"仁、义、礼、智"四项道德原则,将仁义看作道德行为的最高准则。代表中国古代普通劳动者的墨家学派,在产生之初就明确其道德观以"立功"为本、"利"为核心,既"重利"又"贵义",体现了对以"礼"作为道德价值标准的传统观念的变革。法家的道德则是现实之道、功利之道,韩非说"杀戮之谓刑,庆赏之谓德"③,得到功利名位等赏格就是"德"。"德也者,人之所以建生也""身以积精为德,家以资财为德"。④ 道德是人建立生计、积蓄物质与精神财富,更广泛地说,道德就是有利于人的生存的东西。

---

① 《庄子·齐物论》.
② 《论语·宪问》.
③ 《韩非子·二柄》.
④ 《韩非子·解老》.

战国末期,"道德"已成为一个被普遍使用的概念,其中使用最广者当为荀子。《荀子》三十二篇中"道德"一词共出现 11 次,从内容上看,荀子所反复阐述的"道德"偏向于"德"而非"道",更多的是一种伦理规范和社会规则。秦灭六国实现大一统后,"百家争鸣"的道德思想从各家的冲突与挑战中走向融合。到汉代,董仲舒宣扬"三纲五常",三纲是"君为臣纲、父为子纲、夫为妻纲",五常是仁、义、礼、智、信。自汉武帝采纳董仲舒的建议"罢黜百家,独尊儒术"以来,儒家思想被历代统治者奉为正统,儒家以"仁爱"为核心的道德观念成为封建社会占统治地位道德的理论基础,仁、义、礼、智、信"五常"成为中国传统社会的基本道德。

2. 西方"道德"的概念

在西方伦理学史上,从古希腊到中世纪,人们对道德的认识已有了许多进展,以探寻自然与人的活动的关系、揭示人应当具有的德性以及人的生活目的为主要任务。苏格拉底认为自然万物都蕴含着内在目的,他将之称为"善",具体到人的身上"善"就表现为"德性"。趋善避恶是人的本性,是行善还是作恶,关键取决于人的知识,因此,苏格拉底提出"美德即知识",企图通过这一命题来给美德寻找一个具有普遍性意义的理性基础。柏拉图认为道德问题是一个社会制度层面的问题,个人只有在良好的社会制度下才能完善道德。他在《理想国》中就提出理想国应该具有的四种道德,即智慧、勇敢、节制和公正,"智者尚德于智慧,武士尚德于勇敢,平民则尚德于节制。"[①]只要各阶层能够各安其位,尤其是武士和平民能够服从统治者,那各个阶层的人就具有了美德,整个国家就秩序井然、和谐美好了。亚里士多德认为道德是一种实践活动,因为人们评价一个人是否有德性的时候,主要看他的行为。他在《尼各马可伦理学》中指出"德性是关于感受和行为的,在这里过度和不及产生失误,而中间就会获得并受到称赞。这两者就是德性。德性就是中庸,是对中间的命中。"[②]人的品质只有意识到普遍善并对城邦有益时才成为美德,只有合乎中道原则地发挥个人的理性功能才能成为美德。古希腊关于道德的讨论,把理性当作美德的基础,认识到道德是个人的欲望、情感、意志协调的理性功能的发挥,但尚未对道德"是什么"进行定义。

经历了基督教神学绝对统治下的中世纪,西方伦理学界继续着有关人性论的道德思考。进入近代以来,出现了一种所谓"单数的德性"的新观念,即"规则道德",强调德性简约成为单纯的道德方面的德性。近代理性主义思想始于笛卡儿,笛卡儿把道德看作人的心理结构特性及其显现,认为"美德就是心灵的习惯"。理智比感觉更重要,理性对道德内容和道德评价标准起着决定性的作用。休谟对原有西方道德理论提出怀疑,"我敢大胆地断言,只要我们把理性假定为道德的独一无二的源泉,这样的理论就决不会找到。""理性要么判定事实,要么判定关系。"[③]每个人的判断无固定的标准,且人对事物发展过程的认识有限,因而不可能存在公认的道德标准。康德为笛卡儿的理性主体赋予了德性的尊严,把人的理性自由与道德自由内在地联系起来,人不但是感性的存在者也是理性的存在者。作为感性的存在者,他有追求幸福的权力,作为理性的存在者,他有追求自由的权力。康德强调道德原则的普遍有效性,在他看来,理性是道德的基础,只有理性才能使人们认识到普遍有效的道德原则。康德认为,道德律作为一种实践理性,如同自然界的自然律一样,具有先天性和普遍性的规律,和纯粹理性一样是同一个理性在实践领域的运用。道德哲学家麦金太尔在批判西方自由民主社会流行的现代性道德

---

① 《伦理学》编写组. 伦理学[M]. 北京: 高等教育出版社, 人民出版社, 2012.
② 亚里士多德. 尼各马科伦理学[M]. 苗力田, 译. 北京: 中国社会科学出版社, 1999.
③ 休谟. 道德原则研究[M]. 曾小平, 译. 北京: 商务印书馆, 2001.

的基础上,提出了一个更广泛的具有解释力的德性概念:"德性是一种获得性人类品质,这种德性的拥有和践行,使我们能够获得实践的内在利益,缺乏这种德性,就无从获得这些利益。"① 至于以弗洛伊德为代表的精神分析伦理学认为,道德的根源不在于外部的客观世界,而在于个人内在的心理结构,道德只是人的一种心理过程和心理机能。

> **资料夹 7-1**
>
> **康德的道德律**
>
> 道德律是纯粹意志的唯一的规定根据。但由于这一法则只是形式上的(也就是只要求准则的形式是普遍立法的),所以它作为规定根据就抽掉了一切质料,因而抽掉了一切意志客体。因而尽管至善是一个纯粹实践理性、亦即一个纯粹意志的全部对象,但它却并不因此就能被视为纯粹意志的规定根据,而唯有道德律才必须被看作是使至善及其促成或促进成为意志自身的客体的根据。这一提醒在一个像对德性原则作规定这样一种微妙的场合下是有重要意义的,在此即使最小的误解都会歪曲意向。因为我们将从分析论中看出,如果我们在道德律之前把任何一个客体以某种善的名义假定为意志的规定根据,然后又从它引出至上的实践原则,那么这种原则任何时候都会带来他律并排斥道德原则。
>
> 但不言而喻的是,如果道德律作为至上条件也已经被包括在至善概念中了,那么就不仅仅至善是客体,而且就连它的概念及它的通过我们的实践理性而可能的实存的表象,也同时会是纯粹意志的规定根据了;因为这样一来,事实上是在这个概念中已经包含着并同时被想到的道德律,而不是别的对象,在按照自律的原则规定着意志。有关意志规定的诸概念的这种秩序应该受到密切的注意,否则我们就会对自己产生误解,以为自己在自相矛盾,其实一切都处于最完满的相互和谐之中。
>
> 资料来源:康德.实践理性批判[M].邓晓芒,译.北京:人民出版社,2003.

3. 现代"道德"概念的学理争鸣

20 世纪末以来,中国伦理学界开始改变在"道"与"德"的传统结合方式上界定道德内涵,而看到道德的内在规定性。把"道德"看作行为规范,源于国内最早的一本由罗国杰主编的《马克思主义伦理学》,其中将"道德"定义为,"道德就是调整人们相互关系的行为原则和规范的总和……从这个意义上可以说,道德就是人类生活中所特有的,由经济关系决定的,依靠人们的内心信念和特殊社会手段维系的,并以善恶进行评价的原则规范、心理意识和行为活动的总和。"② 之后修订的《伦理学》教材对"道德"的概念界定进行了一定的修改,"一般说来,道德是调整人和人之间关系的行为规范的总和……道德作为一种社会范畴,属于社会上层建筑和意识形态,它又必然成为一种特定的社会现象"③,但可以看出还是延续了"规范论"的定义。可以说,在国内伦理学界,把"道德"看作是行为原则和规范的定义影响最为深远与广泛。但有学者指出,"规范论"的定义忽视了人在道德活动中的主体地位,"人的主体性是一切道德活动的原动力;道德是人的健康的生命活动的表现形式"④。而到 2004 年李萍出版《伦理学基础》,将道德定义为"社会人伦秩序与个体品德修养二者的统一……更加宽泛的道德概念指行为规范

---

① 麦金太尔.德性之后[M].龚群,戴扬毅,等译.北京:中国社会科学出版社,1995.
② 罗国杰.马克思主义伦理学[M].北京:人民出版社,1982.
③ 罗国杰.伦理学[M].北京:人民出版社,1989.
④ 肖雪慧."道德本质在于约束性"驳论——答夏伟东同志[J].哲学研究,1987(3):68-73.

体系、个人美德、文化精神、社会价值观念以及人类生活理想等"①，开始强调"道德"内涵的综合化。最具代表性的综合性定义就是"马克思主义理论研究和建设工程教材"的《伦理学》，把"道德"看作"原则规范、观念品质和行为活动"三个内容的综合。②

在对"道德"概念进行历史考察与现代梳理后，我们能够发现，国内外学界对"道德"概念及道德基本理论的研究不断深化，与此同时，对道德定义的把握也愈发全面、准确。

（三）道德的类型

关于道德，根据不同的标准可以划分为不同类型，当前学界对此尚无定论。2019年中共中央国务院发布《新时代公民道德建设实施纲要》，将公民道德划分为社会公德、职业道德、家庭美德和个人品德，提出把"四德"建设作为着力点，培养和造就担当民族复兴大任的时代新人。③ 其中，家庭美德、个人品德属于私德，故下面将道德分为公德、私德和职业道德三种类型。

1. 公德

公德是全体公民在社会交往和公共生活中应该遵循的行为准则，涵盖了人与人、人与社会、人与自然之间的关系。公德是对个体在公共生活中行为处事提出的道德要求，是道德准则的外化，是当个体以社会成员身份处理各种事务和关系时能够不妨碍他人利益，为他人、社会、团体之善的德性，也可称为利他的德性。梁启超曾在《论公德》一文中说："人人相善其群者谓之公德。"④公德关系到社会公共秩序的正常运行，是公民在公共生活中必须具备的德性，主要体现在个体与他人交往互动中所表现出来的品质或情操。

2. 私德

私德与公德相对应，"私"即个体与自己、家人、朋友等具有私密性的交往范围。私德即是在私人生活中需要遵守的道德规范，是个体在私人领域行为处事、与他人交往互动所展现出来的德性，是道德准则的内化，也可称为利己的德性，目的是服务于自己或直接相关者的利益。学界有一种说法，将私德看作是个人品德，认为私德即在一定社会生活中起一定社会作用的个人，为自我实现、自我完善而具备的、并适应一定社会利益关系客观要求的道德素质和指导自身行为选择的内心道德准则的总和，具有私人性、自律性和自决性的特点。⑤《新时代公民道德建设实施纲要》中指出私德包括家庭美德与个人品德两部分，具体要求为：家庭美德即尊老爱幼、男女平等、夫妻和睦、勤俭持家、邻里互助，鼓励人们在家庭里做一个好成员；个人品德即爱国奉献、明礼遵规、勤劳善良、宽厚正直、自强自律，鼓励人们在日常生活中养成好品行。

总之，公德与私德的区分只是相对的，二者具有紧密的内在联系，可以相互转化。个体将公德内化即转为私德，将私德推向社会即转为公德。因此，公德和私德都是道德建设的重要内容，不可忽视任何一个，实现公德建设和私德建设的良性互动是新时代公民道德建设的必要途径。⑥

---

① 李萍.伦理学基础[M].北京：首都经济贸易大学出版社，2004.
② 《伦理学》编写组.伦理学[M].北京：高等教育出版社，人民出版社，2012.
③ 中共中央国务院.新时代公民道德建设实施纲要[EB/OL].（2019-10-27）[2023-10-16].https://www.gov.cn/zhengce/2019/10/27/content_5445556.htm.
④ 梁启超.饮冰室合集[M].北京：中华书局，1936.
⑤ 马奇柯.社会公德、职业道德、家庭美德、个人品德关系论析[J].学术交流，2008(2)：47-50.
⑥ 张建英.公德与私德关系的历史演进与当代建构[D].中国矿业大学，2015.

3. 职业道德

职业道德是所有从业人员在职业活动中应该遵循的行为准则,涵盖了从业人员与服务对象、职业与职工、职业与职业之间的关系。职业道德体现一定职业特征,从业人员在职业活动中需要遵守的行为准则,包括从业人员与服务对象、职员之间、职员与职业、职业与职业之间的关系。职业道德并不是一开始就存在的,而是源于人类生产力发展和变革而导致的社会大分工,并在人们的日常生活、工作、交往中逐渐演变而来的。不同的职业有不同的职业道德,都是社会道德规范体系的重要组成部分。例如,2008 年修订的《中小学教师职业道德规范》中规定,教师需遵守爱国守法、爱岗敬业、关爱学生、教书育人、为人师表、终身学习等职业道德。

资料夹 7-2

《中小学教师职业道德规范(2008 年修订)》

一、爱国守法。热爱祖国,热爱人民,拥护中国共产党领导,拥护社会主义。全面贯彻国家教育方针,自觉遵守教育法律法规,依法履行教师职责权利。不得有违背党和国家方针政策的言行。

二、爱岗敬业。忠诚于人民教育事业,志存高远,勤恳敬业,甘为人梯,乐于奉献。对工作高度负责,认真备课上课,认真批改作业,认真辅导学生。不得敷衍塞责。

三、关爱学生。关心爱护全体学生,尊重学生人格,平等公正对待学生。对学生严慈相济,做学生良师益友。保护学生安全,关心学生健康,维护学生权益。不讽刺、挖苦、歧视学生,不体罚或变相体罚学生。

四、教书育人。遵循教育规律,实施素质教育。循循善诱,诲人不倦,因材施教。培养学生良好品行,激发学生创新精神,促进学生全面发展。不以分数作为评价学生的唯一标准。

五、为人师表。坚守高尚情操,知荣明耻,严于律己,以身作则。衣着得体,语言规范,举止文明。关心集体,团结协作,尊重同事,尊重家长。作风正派,廉洁奉公。自觉抵制有偿家教,不利用职务之便谋取私利。

六、终身学习。崇尚科学精神,树立终身学习理念,拓宽知识视野,更新知识结构。潜心钻研业务,勇于探索创新,不断提高专业素养和教育教学水平。

资料来源:中华人民共和国教育部.《中小学教师职业道德规范》[EB/OL].(2008-09-04)[2023-10-16]. http://www.moe.gov.cn/jyb_xwfb/moe_2082/moe_183/tnull_38633.html.

二、品德

品德即道德品质,也称德性或品性,是一定社会或一定阶级道德原则和规范在个人思想和行动中表现出的较稳定的特征和倾向。品德具有社会关系的制约性、道德意识与道德行为的统一性、自主性、稳定性等特点。[①] 品德的心理结构一般包括:道德认识(知)、道德情感(情)、道德意志(意)、道德行为(行)四个要素。这四个要素既相互联系、相互影响,又相互独立,从而构成一个完整的品德结构。

(一)道德认识

道德认识也称道德观念,是对于道德规范和道德范畴及其意义的认识,包括对道德概念、

---

① 顾明远.教育大辞典[M].上海:上海教育出版社,1998.

道德观念、道德信念、道德评价等方面的了解,在面对矛盾冲突的情境能自觉地意识到是非善恶,进而能就行动作出缜密的抉择。道德认识是个体品德中的核心部分,是学生品德形成的基础。成熟的道德判断是成熟的道德行为的一个必要条件,而非充分条件,因此个人的道德认识也就只是品德的必要条件而非充分条件。只有道德认识与道德情感、道德意志相结合,才能够形成坚定的道德信念,从而激发人产生道德需要、形成道德动机,最终发生道德行为。

练习

【7-1】 孙琳认为自己应该爱护集体、团结同学、帮助同学、尊师爱幼。这在品德结构中属于( )。

A. 道德认识　　　B. 道德情感　　　C. 道德意志　　　D. 道德行为

(二) 道德情感

道德情感,是伴随着道德认识而出现的一种内心体验。道德情感是人类的高级情感,是产生道德行为的巨大动力,它渗透在人的道德认识和道德行为中,起着中介作用。所以,达尔文一再说:"在人不同于低等动物所有差别之中,最重要的就是道德感或良心。"[1]道德情感包括直觉道德情感、想象道德情感、伦理道德情感三种不同形式。直觉的道德情感是由对某种情境的感知而引起的,由于其产生非常迅速,个体往往不能明显意识到这一过程。想象的道德情感是通过对某种道德形象的想象而发生的情感体验。因为它是以社会道德标准的化身而存在的,具有非常鲜明和生动的特点,因此能使个体更好理解道德规范的要求及其社会意义。伦理的道德情感是在进行道德理论思维时产生的情感体验,它由道德认识所支配,集道德感性经验和理性思维于一体,因此具有较大的概括性和较强的理论性,对道德行为能够产生持久稳定的动力作用。如果以道德情感的社会内容为指标,那么道德情感可以表现在不同的方面,例如爱国主义情感、集体荣誉感、义务感、正义感、责任心等。道德情感影响着道德认识的形成及其倾向性,是道德认识上升为道德信念的重要心理因素。同时,道德情感会对道德行为的强度产生影响,与道德意志共同作用,成为推动道德行为的动力。

练习

【7-2】 辨析题:品德形成受情感的影响。

(三) 道德意志

道德意志是一个人自觉地调节行为,克服困难,以实现一定道德目的的心理过程,通常表现为实现道德目标时的信心、决心和恒心。道德意志在品德形成发展中起调控作用,调节和控制着一个人的道德行为。具体表现在:①使道德动机战胜不道德动机、利他动机战胜利己动机;②抵御现实中的各种诱惑,不以外界环境各类干扰因素为转移,克服困难、坚持到底。

有学者将个人道德意志的形成概括为两个阶段:第一阶段是道德行为动机的确定阶段,可以称之为"采取道德决定"阶段;第二阶段是道德行为动机的执行阶段,可以称为"执行道德决定"阶段。"一个人的道德意志便表现在对动机冲突的解决:如果善的、道德的动机克服恶的、不道德的动机,我们便说他有道德意志,或者说他的道德意志强;如果恶的、不道德的动机

---

[1] Charles Darwin. Descent of Man and Selection in Relation to Sex[J]. London,UK:John Murray,1922.

克服了善的、道德的动机,我们便说他没有道德意志,或者说他的道德意志弱。"① 唯有如此,人们才能在确定道德目的和自主决断后,在执行决定阶段能以充沛的精力和坚韧的毅力投入道德实践中,最终完成道德行为。

(四) 道德行为

道德行为,是人在一定的道德意识支配下所采取的有道德评价意义的行为,是道德认识、道德情感、道德意志共同作用后的外部表现,也是衡量道德品质的重要标志。道德行为有两种表现,一种是不稳定的、有条件性的、不经常的道德行动;另一种是无条件的、自动的、带情绪色彩的道德习惯。道德习惯是一种自动化道德行动的过程,它是一个人由不经常的道德行动转化为品德的突破点,是品德发展的质变的指标。良好道德习惯的形成,是品德培养的最重要的目的。

一般来说,道德认识是品德结构的思想基础,是道德情感产生的依据。道德情感是伴随道德认识而产生的内心体验,是调节道德行为的动力。道德意志是通过一系列具体的道德行为得以体现的,是调节道德行为的内部力量。道德行为是道德认识、道德情感、道德意志的具体表现和外部标志,是知、情、意的归宿,更是衡量品德的根本标志。但品德不是孤立的道德认识、道德情感、道德意志和道德行为的堆积,一种要素的变化并不必然导致另一要素的变化。因此,在形成优秀品德的过程中,应同时加深和提高道德认识、强化道德情感、磨炼道德意志、践履道德行为。只有保证这四要素的协调与平衡发展,才能使德育真正行之有效。

练习

【7-3】 兵兵很想改掉上课爱说闲话的毛病,但上课时只要老师一不注意,他又忍不住说起闲话来。针对兵兵的情况,对他的教育应着重培养(　　)。

A. 道德认识　　　　B. 道德情感　　　　C. 道德意志　　　　D. 道德行为

【7-4】 简答题:简述品德的心理结构。

三、德育

德育,顾名思义即道德教育。然而,关于德育概念的厘定是学界和实践领域长期以来存在争论的问题,不同的德育概念的存在必然影响德育学科的建设和德育活动的实践。因此,有必要对德育这一概念进行考察。

(一) "德育"的由来

我国古籍中无使用"德育"一词的记载,"德""育"一般是分开使用的。《说文解字》中释"德"为"外得于人,内得于己也",即既要正直地处理与他人的关系,也需端正心性、反省自我、加强内心修养。"育"字同"道德教育",即熏陶涵育子弟使其为善②。《易传》上说:"君子以果行育德。"③"育德"即涵养熏陶品德或培养品德。

"德育"概念的出现乃是近代以来的事,一般认为"德育(道德教育)"一词是在18世纪七八十年代形成的。直至英国学者斯宾塞在《教育论》一书中,明确把教育划分为"智育"(intellectual education)、"德育"(moral education)、"体育"(physical education),"德育"才逐渐成为教育领

---

① 王海明.新伦理学[M].北京:商务印书馆,2002.
② 沈善洪,王凤贤.中国伦理学说史[M].杭州:浙江人民出版社,1985.
③ 《易传·相传上·蒙》.

域的一个基本概念和名称。此后,许多教育家如卢梭、赫尔巴特、杜威等先后提出他们的德育思想,形成了各种不同的德育流派。但不论是卢梭的"自然教育论"、赫尔巴特的"主智说",还是杜威的"主行说",都是在狭义上阐述了德育概念所包含的内容。

"德育"一词在20世纪初传入我国。1902年《钦定京师大学堂章程》最早使用"德育"这一专门术语作为道德教育的简称:"外国学堂于知(智)育体育之外,尤其德育。"[1]1912年,中国国民政府颁布教育宗旨"注重道德教育,以实利主义教育、国民教育辅之,更以美感教育完成其道德",这一宗旨的颁布与实施标志着"德育"一词已成为我国教育界通用的名称。可见,近代我国"德育"术语建立之初与西方的"德育"概念相一致,德育仅有道德教育的意思。但是,中华人民共和国成立以来,受到我国本土社会"道德和政治不分家"这一意识的影响,德育的内涵与外延不断嬗变,人们把社会上的各种意识都归纳到"道德"中的同时,更是赋予了德育明显的政治使命。由此,德育开始不能再简单地被认为是道德教育的简称。

(二)德育概念的演化

我国学者黄向阳在其著作《德育原理》中对我国过去半个世纪德育概念外延的演变进行了研究,认为主要存在如下三个阶段的变化:第一个阶段是从"德育即政治教育"发展到"德育即思想政治教育",如1981年教育部把小学政治课改为思想品德课,德育从单纯的"政治教育"转变成"政治教育与思想教育并列"的教育;第二个阶段是从"德育即思想品德和政治教育"发展到"德育即思想、政治和品德教育",如1993年《中国教育改革和发展纲要》强调"德育即思想政治和品德教育",品德教育逐渐从思想教育中分离出来,成为德育中相对独立的一个组成部分;第三个阶段是从"德育即社会意识教育"发展到"德育即社会意识与个性心理教育",如1995年《中学德育大纲》和1998年《中小学德育工作规程》都规定了"德育即对学生进行思想、政治、道德和心理品质教育",把个性心理品质教育正式纳入德育的范畴。[2] 显而易见,这种在德育实践中不断形成的"大德育"观,得到了政府相关规范性文件的认可。无论是在理论、制度或是实践层面,德育概念逐渐从政治、思想和道德教育三大版块而扩展至个体实现社会化的方方面面的教育,广义的德育已成为主流取向。

从目前的著述来看,关于"德育"概念的定位主要存在两种流派:一种是主张正本清源,把德育仍看作道德教育的同义词,指培养学生品德的教育,而以"社会教育""社会性教育""社会意识教育"等概念取代德育的广义概念;另一种主张是"大德育"的概念,主张"德育"应是包含思想教育、政治教育、道德教育,甚至法制教育、心理健康教育、爱国主义教育等在内的大范畴。但关于"大德育"应包括的内容,学界又有不同的见解,比较有代表性的有"三要素"说,即德育包括政治教育、思想教育、道德教育三方面内容[3];"四要素"说,即把德育看成思想教育、政治教育、法制教育、道德教育的总称[4];"五要素"说,即德育包括政治教育、思想教育、道德教育、法纪教育、心理教育[5]。客观而言,以上两种主张都有其合理性与不足。一方面,前者有利于解决德育概念的泛化问题,但由于《中小学德育大纲》《高校德育大纲》等政府文件都已经明确扩大了德育概念的外延,广义的德育概念已深入人心,用一个新的词汇去代替德育在教育实践

---

[1] 舒新城.中国近代教育史资料[M].北京:人民教育出版社,1961.
[2] 黄向阳.德育原理[M].上海:华东师范大学出版社,2000.
[3] 胡守棻.德育原理[M].北京:北京师范大学出版社,1989.
[4] 鲁洁,王逢贤.德育新论[M].南京:江苏教育出版社,2002.
[5] 全国十二所重点师范大学联合编写.教育学基础[M].北京:教育科学出版社,2003.

中可行性较低;另一方面,在具体的教育实践中,道德教育、政治教育和思想教育等是密不可分的,因此,德育概念的泛化便于德育实践工作的展开,但过于泛化的德育概念使得道德问题和思想、政治、法制或心理问题相互混淆,使德育成为一个囊括除智育、体育以外的所有教育活动的统称,导致德育概念"名不副实"。

德育概念演化的过程中,对德育范畴的不同理解也引出了学者们对德育概念的不同的界定。第一种德育是"教育者按一定的社会要求,有目的、有计划地对受教育者在心理上施加影响,以培养教育者所期望的思想品德。"①第二种德育是"教育者按照一定社会或阶级的要求,有目的、有计划、有组织地对受教育者施加系统的影响,把一定的社会思想和道德转化为个体的思想意识和道德品质的教育。"②第三种德育是"教育者根据一定社会和受教育者的需要,遵循品德形成的规律,采用言教、身教等有效手段,在受教育者的自觉积极参与的互动中,通过内化和外化,发展受教育者的思想、政治、法制和道德几方面素质的系统活动过程。"③第四种德育是"教育工作者组织适合德育对象品德成长的价值环境,促进他们在道德价值的理解和道德实践能力等方面不断建构和提升的教育活动,是促进个体道德自主建构的价值引导活动。"④前两种定义有如下共性:一是德育主体,包括社会、统治阶级、教育者、受教育者都部分或整体地体现在其中;二是德育内容,思想品德、道德、政治态度处于核心的地位;三是方式,体现由外到内的影响与转化。但忽视了受教育者的主体性。而后两者定义则是强调了德育对象的自主建构,适应当下教育观念,却又弱化了德育的目的性与社会性。

综合上述四种有代表性的定义,我们把德育的概念概括为:德育是教育者根据一定社会或阶级的要求和受教育者品德形成发展的规律,有目的、有计划地对受教育者施加道德、思想和政治等方面的影响,并通过受教育者的内化与外化,形成他们的品德和自我修养能力的教育活动。

第二节 德育目标与内容

为谁培养人,培养什么样的人,这是每一位教育工作者,必须首先明确的问题。从德育维度而言,为谁培养人,培养什么样的人,实质上是德育目标的问题。为了实现德育目标,就必须选择相应的内容,可以说德育内容是德育目标的具体化。

一、德育目标

德育目标是各级各类学校对受教育者品德发展的具体要求,不仅决定学校德育的内容、形式和方法,而且统摄德育工作的全过程。关于小学德育目标,我国在教育部2017年8月17日发布的《中小学德育工作指南》和2022年3月25日颁布的《义务教育道德与法治课程标准(2022年版)》中作了明确的规定。

(一)《中小学德育工作指南》

《中小学德育工作指南》规定了小学德育的总目标,又规定了各学段具体的目标,既层次分

---

① 南京师范大学教育系.教育学[M].北京:人民教育出版社,1984.
② 顾明远.教育大辞典[M].上海:上海教育出版社,1998.
③ 鲁洁,王逢贤.德育新论[M].南京:江苏教育出版社,2002.
④ 檀传宝.德育原理[M].北京:北京师范大学出版社,2007.

明又一以贯之,形成了学校德育多层次、多方位的目标系统。

1. **总体目标**

小学德育总体目标如下:培养学生爱党爱国爱人民,增强国家意识和社会责任意识,教育学生理解、认同和拥护国家政治制度,了解中华优秀传统文化和革命文化、社会主义先进文化,增强中国特色社会主义道路自信、理论自信、制度自信、文化自信,引导学生准确理解和把握社会主义核心价值观的深刻内涵和实践要求,养成良好政治素质、道德品质、法治意识和行为习惯,形成积极健康的人格和良好心理品质,促进学生核心素养提升和全面发展,为学生的一生成长奠定坚实的思想基础。

2. **小学低年级目标**

教育和引导学生热爱中国共产党、热爱祖国、热爱人民,爱亲敬长、爱集体、爱家乡,初步了解生活中的自然、社会常识和有关祖国的知识,保护环境,爱惜资源,养成基本的文明行为习惯,形成自信向上、诚实勇敢、有责任心等良好品质。

3. **小学中高年级目标**

教育和引导学生热爱中国共产党、热爱祖国、热爱人民,了解家乡发展变化和国家历史常识,了解中华优秀传统文化和党的光荣革命传统,理解日常生活的道德规范和文明礼貌,初步形成规则意识和民主法治观念,养成良好生活和行为习惯,具备保护生态环境的意识,形成诚实守信、友爱宽容、自尊自律、乐观向上等良好品质。

(二)《义务教育道德与法治课程标准(2022年版)》

《义务教育道德与法治课程标准(2022年版)》从政治认同、道德修养、法治观念、健全人格、责任意识五个维度制定了小学德育目标。政治认同是社会主义建设者和接班人必须具备的思想前提,道德修养是立身成人之本,法治观念是行为的指引,健全人格是身心健康的体现,责任意识是担当民族复兴大任时代新人的内在要求。

1. **总目标**

(1)学生能够初步了解中国的基本国情、中华优秀传统文化的主要代表性成果,了解中国共产党的历史和革命传统、改革开放和中国特色社会主义的伟大成就,汲取党史、新中国史、改革开放史、社会主义发展史所蕴含的精神力量,热爱伟大祖国、中华民族、中华文化、中国共产党和中国特色社会主义,为自己是中国人而自豪;具有维护民族团结的意识,能够把个人发展和国家命运联系起来,维护国家利益和安全;能够理解社会主义核心价值观的内涵及其重要意义,并在社会生活中自觉践行;能够以实现中华民族伟大复兴为己任,增强做中国人的志气、骨气、底气,不负时代,不负韶华,不负党和人民的殷切期望;关心时事,热爱和平,初步具有国际视野和人类命运共同体意识。

(2)学生能够了解个人生活和公共生活中基本的道德要求和行为规范,能够在日常生活中践行诚实守信、团结友爱、尊老爱幼等基本的道德要求;形成初步的道德认知和判断,能够明辨是非善恶;通过体验、认知和践行,养成良好的道德品质。

(3)学生能够具有基本的规则意识和安全意识,理解宪法的意义,知道与学生生活密切相关的法律,能够初步认识到法律对个人生活、社会秩序和国家发展的规范和保障作用;形成宪法法律至上、法律面前人人平等观念和权利义务相统一观念;遵守规则和法律规范,提高自我防范意识,掌握基本的自我保护方法,预防意外伤害,养成自觉守法、遇事找法、解决问题靠法的思维习惯和行为方式,初步具备依法参与社会生活的能力。

(4)学生能够正确认识生命的意义和价值,珍爱生命,热爱生活;初步具有自尊自强、坚韧乐观的心理素质和道德品质;具有理性平和的心态,能够建立良好的同伴关系、师生关系和家庭关系,树立正确的合作与竞争观念,具有团队意识和互助精神;具备积极向上、锐意进取的人生态度,能够适应变化,不怕挫折。

(5) 学生能够关心集体、社会和国家,具有主人翁意识、责任感和集体主义精神,主动承担对自己、家庭、学校和社会的责任,自觉维护祖国统一和国家安全;能够主动参与志愿者活动、社区服务活动,具有为人民服务的奉献精神,勇于担当;能够遵守社会规则和社会公德,依法依规有序参与公共事务,具有公共意识和公共精神;敬畏自然,保护环境,形成人与自然生命共同体的意识。

2. 学段目标

(1) 1~2年级目标

① 政治认同:认识国旗、国徽,知道自己是中国人。了解老一辈无产阶级革命家和英雄模范人物,对他们有崇敬之情。感知中华优秀传统文化的主要文化符号,对中华优秀传统文化具有亲切感。认识党旗,热爱中国共产党,积极加入中国少年先锋队。知道中国是社会主义国家。知道社会主义核心价值观。

② 道德修养:知道健康生活、卫生习惯的基本常识和要求。懂礼貌,讲诚信,守约定,不撒谎,与同伴友好相处。感知父母的辛劳,孝敬父母,尊重师长。爱护家庭、学校和公共环境卫生,爱护公物,遵守公共秩序。爱劳动,知道财富是由劳动创造的。

③ 法制观念:遵守学校纪律,维护课堂秩序。了解生活中的规则,知道在生活中人人都应遵守规则,具有初步的规则意识。了解生活中基本的安全常识,掌握常用的求助信息。

④ 健全人格:热爱生命,懂得自我保护,远离伤害。体会成长的快乐,能够看到自己的进步和不足,欣赏他人的优点和长处。能够感知自己的消极情绪,知道可以向老师和家人寻求帮助。乐于学习,逐渐培养专注力。能够表达自己的感受,学习倾听他人的意见。感知并学习适应环境的变化。

⑤ 责任意识:学会自己的事情自己做,减轻父母的负担。热爱学校和班集体,积极参与学校和班级活动,有集体荣誉感,能够关心和帮助他人。知道中华民族是一个统一的大家庭。亲近自然,爱护动植物。

(2) 3~4年级目标

① 政治认同:初步感知基本国情,为自己是中国人感到自豪。初步了解中华优秀传统文化的主要代表性成果,感受中华优秀传统文化的魅力。结合革命故事,知道没有共产党就没有新中国,热爱中国共产党,积极参加中国少年先锋队的活动。感知中国特色社会主义的伟大成就。初步理解社会主义核心价值观的要求,并在日常生活和集体活动中加以践行。

② 道德修养:初步养成健康的生活、卫生习惯,关心公共卫生。掌握基本的交往礼仪,懂得个人成长离不开社会和他人的支持与帮助,诚实守信。孝敬父母,尊重师长,体会父母的养育之恩和师长的辛劳。体验公共设施给自己生活带来的便利,爱护公共设施,遵守公共秩序。树立劳动意识,积极参加劳动实践,懂得劳动光荣、劳动不分贵贱。

③ 法制观念:具有规则意识并学会遵守规则。了解社会交往的基本规则,树立平等意识,互相尊重。知道法律能够保护自己的生活。

④ 健全人格:初步认识和体验人的生命是可贵的,珍惜生命。学会认识自己,理解他人,对他人有同情心。能够识别消极情绪,学习调节情绪的方法。做事有耐心,在克服困难中增强自信心。能够表达自己的感受和见解,倾听他人的意见,体会他人的心情和需要。学会适应环

境的变化。

⑤ 责任意识：主动参与力所能及的家务，学会承担家庭责任。热爱集体，积极参与集体活动和民主管理，有互助意识。初步了解维护国家统一和民族团结的重要性。热爱自然，了解自然是我们生活的共同家园，懂得保护环境、爱护动物、节约资源。

(3) 5~6年级目标

① 政治认同：初步了解国情，具有维护国家利益和祖国尊严的意识与行动，形成中国人的身份认同感；初步认识重要历史事实，了解我国发展的历史方位和中国共产党的光辉历程。了解中华优秀传统文化的主要代表性成果及其意义，为中华民族创造的文明成就感到自豪。简要了解中国共产党的历史和革命传统，了解中国共产党带领人民彻底摆脱了被欺负、被压迫、被奴役的命运，成为国家、社会和自己命运的主人；热爱中国共产党。初步了解中国特色社会主义制度的优越性。理解社会主义核心价值观的内涵，在日常生活和社会活动中积极践行。

② 道德修养：养成健康的生活、卫生习惯，自觉维护公共卫生。懂得自律，诚实守信，能够得体地与人交往，团结互助，能够平等友好地与他人相处，学会合作。孝敬父母，尊重师长，懂得感恩，养成孝敬父母、尊敬师长的良好品质。认识到公共设施给人们生活带来的便利，自觉爱护公共设施，自觉遵守公共秩序。感受劳动创造的意义，热爱劳动，主动承担力所能及的劳动，尊重各行各业的劳动者。

③ 法制观念：知道宪法，感受宪法对社会和生活的重要性，形成初步的法治意识。了解公民的基本权利和义务，树立权利和义务相统一的观念。知道民法典，了解未成年人的权利，树立用法律保护个人生命财产安全的意识。知道违法要承担责任，形成守法意识。了解每个人都有维护国家利益和安全的责任。

④ 健全人格：树立生命至上的观念，敬畏生命，掌握基本的应对灾害和保护生命安全的技能。正确认识自己，自信乐观，与他人平等地交流与合作，建立良好的同伴关系。学习调控情绪，掌握自我调控情绪的方法。不怕困难，具有一定的抗挫折能力。能够清楚表达自己的感受和见解，乐于倾听他人的意见，体会他人的心情和需要。认识个人与社会、国家和世界的关系，能够适应社会环境的变化。初步了解自己的身心成长特征。

⑤ 责任意识：学习参与家庭决策，为父母分忧。关心公益事业，学习民主管理的规则和程序，参加力所能及的社会公益和志愿者活动，有团队意识，能够与他人合作互助。树立维护国家统一和民族团结的责任意识。热爱并尊重自然，自觉保护环境、爱护动物，初步了解可持续发展理念。

二、德育内容

德育内容是德育目标的展开和具体化，具体规定学生发展的政治方向，还规定学生应掌握的思想观点与社会规范，明确学生应当有的品德。德育内容是进行思想品德教育的依据，也是完成德育任务、实现德育目标的重要保证。

(一)《中小学德育工作指南》

《中小学德育工作指南》规定，目前我国小学德育包括下列五项内容。

1. 理想信念教育

开展马列主义、毛泽东思想学习教育，加强中国特色社会主义理论体系学习教育，引导学生深入学习习近平总书记系列重要讲话精神，领会党中央治国理政新理念新思想新战略。加强中国历史特别是近现代史教育、革命文化教育、中国特色社会主义宣传教育、中国梦主题宣传教育、时事政策教育,引导学生深入了解中国革命史、中国共产党史、改革开放史和社会主义发展史,继承革命传统,传承红色基因,深刻领会实现中华民族伟大复兴是中华民族近代以来最伟大的梦想,培养学生对党的政治认同、情感认同、价值认同,不断树立为共产主义远大理想和中国特色社会主义共同理想而奋斗的信念和信心。

2. 社会主义核心价值观教育

把社会主义核心价值观融入国民教育全过程,落实到中小学教育教学和管理服务各环节,深入开展爱国主义教育、国情教育、国家安全教育、民族团结教育、法治教育、诚信教育、文明礼仪教育等,引导学生牢牢把握富强、民主、文明、和谐作为国家层面的价值目标,深刻理解自由、平等、公正、法治作为社会层面的价值取向,自觉将爱国、敬业、诚信、友善作为公民层面的价值准则,将社会主义核心价值观内化于心、外化于行。

3. 中华优秀传统文化教育

开展家国情怀教育、社会关爱教育和人格修养教育,传承发展中华优秀传统文化,大力弘扬核心思想理念、中华传统美德、中华人文精神,引导学生了解中华优秀传统文化的历史渊源、发展脉络、精神内涵,增强文化自觉和文化自信。

4. 生态文明教育

加强节约教育和环境保护教育,开展大气、土地、水、粮食等资源的基本国情教育,帮助学生了解祖国的大好河山和地理地貌,开展节粮节水节电教育活动,推动实行垃圾分类,倡导绿色消费,引导学生树立尊重自然、顺应自然、保护自然的发展理念,养成勤俭节约、低碳环保、自觉劳动的生活习惯,形成健康文明的生活方式。

5. 心理健康教育

开展认识自我、尊重生命、学会学习、人际交往、情绪调适、升学择业、人生规划以及适应社会生活等方面的教育,引导学生增强调控心理、自主自助、应对挫折、适应环境的能力,培养学生健全的人格、积极的心态和良好的个性心理品质。

德育的五项内容既有对以往德育内容的高度概括和继承,又有面向中国特色社会主义新时代的内容创新。

(二)《义务教育道德与法治课程标准(2022年版)》

中华人民共和国教育部公布的《义务教育道德与法治课程标准(2022年版)》对小学德育的内容作了如下规定。

1. 第一学段(1~2年级)

本学段设置入学教育、道德教育、生命安全与健康教育、法治教育、中华优秀传统文化与革命传统教育五个主题,旨在以正确的价值观、道德和法律规范对学生进行道德和法治启蒙。入学教育主要是针对一年级第一学期开展的适应性教育。

通过本学段的学习,学生能够形成规则意识,言行举止符合基本的道德准则和规则;初步了解国情,热爱集体,热爱家乡,热爱社会主义祖国,热爱中国共产党;养成自己的事情自己做的好习惯,能够控制消极情绪,形成做事认真、明辨是非、知错就改的品质;懂得感恩,乐于帮助他人,懂得欣赏别人的优点和长处;养成良好的卫生和生活习惯,掌握基本的安全保健常识;能够保护自然环境,爱护公共卫生;能够向英雄模范人物学习优秀品质和高尚的道德情操。

2. 第二学段(3~4年级)

本学段设置道德教育、生命安全与健康教育、法治教育、中华优秀传统文化与革命传统教育、国情教育五个主题,旨在引导学生养成健康的生活习惯、良好的道德品质和健全人格,形成集体荣誉感和责任意识。

通过本学段的学习,学生能够遵守与日常生活密切相关的基本道德规范和法律,掌握有关生命安全与健康的基本常识和技能,初步学会调控情绪和与人沟通的方法,积极参加劳动和集体活动,尊重普通劳动者,平等待人;能够了解家乡发展和国家建设取得的重大成就,感受革命故事所体现的革命传统的意义,为中华优秀传统文化感到自豪;能够积极弘扬传统美德,践行社会主义核心价值观,对伟大祖国、中华民族、中华文化、中国共产党、中国特色社会主义有强烈认同感。

3. 第三学段(5~6年级)

本学段设置道德教育、生命安全与健康教育、法治教育、中华优秀传统文化与革命传统教育、国情教育五个主题,旨在培养学生的道德情感、责任意识,引导学生遵守公共规则,形成深厚的爱国情感。

通过本学段的学习,学生能够初步了解我国社会主义革命和建设的历程及所形成的革命精神,知道只有中国共产党才能救中国、只有中国特色社会主义才能发展中国的道理,明确中国特色社会主义进入新时代,初步了解习近平新时代中国特色社会主义思想精髓;了解宪法规定的公民基本权利与义务,掌握社会生活的道德规范和必备的法律常识;珍爱生命,具有安全意识,具备维护社会安全的基本技能,具有一定的法治意识和社会责任感;懂得劳动最光荣的道理,崇尚劳动,热爱劳动;能够运用所学知识,分析和明辨日常生活中的是非善恶,平等待人,乐于合作,相互帮助,具有合作意识和集体主义精神,做到遵守公共秩序,遵纪守法,担当责任,养成亲社会的行为和品格,提升道德和人格修养;能够增强对伟大祖国、中华民族、中华文化、中国共产党、中国特色社会主义的认同,关心国家大事,为实现中华民族伟大复兴而努力学习。

第三节 德育规律与原则

在明确了德育的目标与内容之后,接下来的问题是如何进行德育工作,亦或说是德育工作有哪些规律可循,又应该遵守哪些基本原则?

一、德育规律

德育规律是指德育过程中诸要素之间的本质联系和发展的必然趋势,它具有客观性和稳定性,是制定德育基本原则的基本依据。目前已经揭示的小学德育规律有下列四条。

(一)德育过程是促进学生知、情、意、行整体和谐发展的过程

1. 学生的思想品德是知、情、意、行的统一体

学生的品德是由道德认识、道德情感、道德意志、道德行为四个基本因素构成的,简称知、情、意、行。品德结构的这四个要素各有自己的特点和作用,相互联系、相互促进。"知"是前提和基础;"情""意"是在知的基础上形成的动力和精神力量,对人的品德发展起着调节和催化作用;行是在一定的道德认识、情感、意志的支配和调节下,人的思想品德的外部表现。任何一种思想品德,只有当知、情、意、行都得到相应发展时,这种思想品德才算形成。培养学生品

德的德育过程,就是培养思想品德的四个基本要素并使之协调发展的过程。

2. 学生知、情、意、行的发展具有统一性和多开端性

一般来说,培养品德的过程或顺序,是沿着知、情、意、行的内在顺序,即按照提高道德认识、陶冶道德情感、锻炼道德意志和培养道德行为习惯的顺序进行。然而,由于社会生活的复杂性、德育影响的多样性和学生身心发展的不平衡性,每个学生知、情、意、行的发展经常会处于不平衡、不一致的状态,这时就需要根据学生品德的发展的实际情况确定不同的开端。如一些学生已懂得一定道理却缺乏相应的道德情感,此时教师应从"动之以情"开始;一些学生具备相应情感体验,但意志薄弱不肯行动,此时教师要从锻炼其品德意志开始,通过让其完成一定的道德活动提高学生的自我控制能力。但无论从哪个要素开始,都要注意同其他因素配合,做到多要素的统一,最终达到使学生的品德在知、情、意、行几方面的和谐发展。

练习

【7-5】 辨析题:德育过程具有多开端性。

【7-6】 "动之以情,晓之以理,导之以行,持之以恒"的做法主要反映了(　　)规律。

A. 德育过程是具有多种开端的对学生知、情、意、行的培养提高过程

B. 德育过程是促进学生思想内部矛盾斗争的过程

C. 德育过程是组织学生活动与交往,统一多方面教育影响的过程

D. 德育过程是长期的、反复的、逐步提高的过程

【7-7】 德育的起点是提高道德认识。

【7-8】 德育过程是对学生知、情、意、行的培养提高过程,应以知为开端,知、情、意、行依次进行。

(二) 活动和交往是学生品德形成的基础

"人的思想品德不是与生俱来的,也不是后天自发产生的,而是在一定的社会关系中形成的。"①社会实践活动和社会交往是学生思想品德形成的基础。学生需要通过实践来完成对客观世界的认识与把握,其思想品德也是在积极主动的社会实践活动和社会交往过程中逐步形成、发展起来的,具有广泛的社会性和实践性。因此,教师要重视组织学生社会实践和交往活动,如参加班级集体活动、学校组织的各种团体活动、体育比赛等,使学生感知外界德育影响,认同并接受这一影响,并再次通过活动和交往呈现出来。

德育过程中的活动和交往与一般的活动和交往不同,是教师有目的、有计划地按照学生思想品德形成和发展的规律来组织和指导的,具有明显的教育性特征。德育过程中学生的活动与交往具有如下特点。

(1) 德育过程的主导者是教育者,德育过程的活动与交往需要在教育者的指导下开展,具有引导性、计划性、目的性和组织性。

(2) 德育过程中,受教育者具有明显的主观能动性,学生这一学习主体的主要活动与交往对象是教师和同学,组织任何活动与交往,都必须通过其活动与交往对象激发学生的主观能动性。

(3) 德育过程具有科学性和有效性特点。德育过程中的活动和交往是按照学生思想品德形成的规律和教育学、心理学原理组织的,因而能更有效地影响学生思想品德的形成。

---

① 杨兆山.教育学:培养人的科学与艺术[M].长春:东北师范大学出版社,2006.

（三）学生品德内部矛盾是学生品德发展的动力

德育过程既是社会道德内化为个体的思想品德的过程,又是个体品德外显为社会道德行为的过程。无论是"内化"还是"外化",都伴随着一系列的思想矛盾和斗争。外部的思想品德要求与个体已有的思想品德发展水平之间的矛盾是个体思想品德发展的动力。这种矛盾关系多种多样:个人倾向(动机、兴趣、意向)与教育要求的矛盾,认识上的知与不知、全面与片面的矛盾,思想意识上的正确与错误、先进与落后的矛盾,知、情、意、行各心理因素发展的平衡与不平衡的矛盾,内部动机与外显行为的矛盾。

教育者的任务就在于调节学生品德发展的外部环境、了解受教育者的心理矛盾,促使学生完成思想内部矛盾斗争,使其向着德育要求的方向发展。教育者在德育过程中,一方面要组织好学生的各种外显的实践活动,以启迪、激发和引导他们积极开展内部的心理活动;另一方面德育过程是教育和自我教育相统一的过程,学生作为一个活动的主体,在积极参与德育过程中表现出极大的主观能动性。他们会自己对自己提出要求,自觉实现思想转化和行为控制,具有极大的自我教育的潜力。

（四）德育过程是长期的、反复的、逐步提高的过程

良好品德的形成和不良品德的克服,都要经历一个反复的培养教育或矫正训练的过程。受教育者思想品德的形成,并非一朝一夕就可以取得长远的功效,而是需要进行长期的塑造和影响,需要通过长期的训练、积累才能实现。德育过程是在一定环境影响下不断积累经验、产生心理内部矛盾,再通过多样活动与交往,产生新的心理内部矛盾的螺旋式上升的过程,具有长期的、反复的、逐步提高的特征。

德育过程的长期性、反复性和渐进性的特点,要求教育者正确认识和对待学生思想行为的反复性,以深入的思想教育为主,调动和发挥学生自我教育的作用,使学生的思想品德逐步形成、提高,引导学生在反复中逐步向社会需要的方向发展。

提示：德育四大规律的记忆密码为：知情意行活交往,内部矛盾反复长。其中"知情行"指德育过程是促进学生知、情、意、行整体和谐发展的过程;"活交往"是指活动和交往是学生品德形成的基础;"内部矛盾"是指学生品德内部矛盾是学生品德发展的动力;"反复长"是指德育过程是长期的、反复的、逐步提高的过程。

二、德育原则

德育原则是教师对学生进行德育必须遵循的基本要求,它是根据教育目的、德育目标和学生思想品德形成和发展的客观规律提出的,是德育规律在德育工作过程中的反映,有正确的方向性、明确的目的性、科学的理论性和可行的实践性。《中小学德育工作指南》中明确指出小学德育工作必须做到四个坚持：一是坚持正确方向。加强党对中小学生的领导,全面贯彻党的教育方针,坚持社会主义办学方向,牢牢把握中小学思想政治和德育工作的主导权。二是坚持遵循规律。要符合中小学生年龄特点、认知规律和教育规律,注重学段衔接和知行统一,强化道德实践、情感培育和行为习惯的养成,努力增强德育工作的吸引力、感染力和针对性、实效性。三是坚持协同配合。发挥学校主导作用,引导家庭、社会增强育人责任意识,提高对学生道德发展、成长成人的重视程度和参与度,形成学校、家庭、社会协调一致的育人合力。四是坚持常态开展。推进德育工作制度化常态化,创新途径和载体,将中小学德育工作要求贯穿融入学校各项日常工作当中,努力形成一以贯之、久久为功的德育工作长效机制。我们德育工作绝

对不能仅仅限于德育课程,要发挥德育课程的主阵地作用,同时要形成全员育人、全方位育人,将德育融入学校教育教学的各方面工作当中去,落在细微之处。

从实践角度而言,我国小学普遍运用的德育原则有以下九条。

(一) 知行统一原则

知行统一原则,是指在对学生进行思想品德教育时,要把理论教育和组织实践活动结合起来,把提高学生的思想认识和培养学生的道德行为结合起来,使他们成为言行一致、表里如一的人。知与行是构成个体思想品德的两个重要方面,个体思想品德是在活动和交往中形成的,提高道德认识的目的在于指导道德行为。贯彻这一原则的基本要求如下。

1. 理论学习要结合实际

德育源于学生生活。学校应该对学生进行比较系统的马克思主义基本理论和社会主义道德规范教育,并学会运用它分析、评价、解决社会现实生活中的道德问题,从根本上提高他们的社会主义觉悟。学习马克思主义理论必须紧密结合社会主义现代化建设的实际,现实生活实际,学生的学习、生活和品德实际。

2. 组织学生参加多种实践活动

苏联教育家苏霍姆林斯基重视通过实际活动来培养受教育者的行为习惯,"由道德概念通向道德信念的通道是以行为和习惯为起点的,而这些行为和习惯是充满深切情感并含有孩子对待他所做的事和他周围发生的事情的个人态度"。① 教师可以通过各种社会实践活动丰富学生的情感,磨炼学生的意志,训练和培养学生的道德行为,把认识转化为信念并贯彻到行动中去,做到言行一致、知行统一。例如,为养成学生的集体主义精神,教师可以组织学生参加学校举行的文艺表演、运动会,或者班里举行的拔河比赛、大扫除等活动,使学生在有组织、有纪律的集体活动中得到锻炼。

(二) 正面教育与纪律约束相结合原则

正面教育与纪律约束相结合原则,是指对学生进行思想品德教育时要坚持说理启迪、疏通引导、启发自觉,调动学生接受教育的内在积极性,同时辅之以必要的纪律约束,以达到规范行为、促进成长的目的。贯彻这一原则的基本要求如下。

1. 坚持正面说服教育,积极疏导

正面说服教育是指通过摆事实、讲道理,使学生明辨是非善恶、提高认识。《左传》有云:"爱子,教之以义方,弗纳于邪",就是强调正面教育的重要性,用高尚的道德去教育孩子说话做事遵守规矩法度,不让他们走上邪路。面对学生的缺点与错误,教师首先不应仅考虑到批评和惩罚,应该从正面入手摆事实、讲道理,使学生,尤其是思想尚未发育完全的小学生,不仅能够口服,还能够从心底认可,从而真正解决品德培养和矫正上的问题。

2. 以正面的榜样和事例教育学生

儿童天生就具有极强的模仿能力,榜样在儿童性格形成中具有无穷的力量。为了引导学生走上更利于自身成长的"模仿"之路,教师要坚持给学生以正面的榜样和事例,让正面的能量包裹住他们,既能更好地达到德育的目的、保证德育不会出现偏差,又能培养学生积极、阳光的心态。

3. 建立合理的规章制度

规章制度是思想道德规范的具体化,它不仅带有正面引导的性质,而且具有一定的强制

---

① 苏霍姆林斯基.帕夫雷什中学[M].赵玮,等译.北京:教育科学出版社,1983.

性,能够促进道德意志的强化和道德行为的完成。正面说理疏导与用规章制度约束学生是相辅相成的,制度和纪律的约束必须伴之以说服教育,坚持表扬为主、批评为辅。

(三) 疏导原则

疏导原则也叫循循善诱原则,是指进行德育时要循循善诱、以理服人,从提高学生的认识入手,调动学生的积极性和主动性,使他们自觉养成良好品德。贯彻这一原则的基本要求如下。

1. 讲明道理,疏导思想

基于小学生阶段的身心发展规律,对小学生进行道德教育时,要注重摆事实、讲道理,做深入细致的思想工作,启发他们自觉认识问题,自觉履行道德规范,这样才有助于其道德水平的提高和品德的形成。

2. 因势利导,循循善诱

德育要善于把学生的积极性和志趣引导到正确的方向上来,通过道理的澄清,学生会发生思想的变化,而教师就要抓住这个思想转变的关键时刻,循循善诱而非采取权威、强硬的灌输式教育方法。

3. 以表扬激励为主,坚持正面教育

对学生所表现出的积极性和微小进步,教师都要及时给予肯定,这样才能更好地增强学生的自信心、调动学生的积极性,从而使学生乐于接受道德教育并修正自己的部分错误道德行为,最终有助于培养他们的优良品质。一味地批评与惩罚不但不会使学生认识到错误,而且会导致学生产生逆反心理,抵触德育内容,故意表现出错误的道德行为。

(四) 导向性原则

导向性原则,是指进行德育时要有一定的理想性和方向性,以指导学生向正确的方向发展。这一原则是依据社会主义教育的性质和目的提出来的,是我党长期以来思想政治工作经验的总结,是社会主义学校德育的根本标志。贯彻这一原则的基本要求如下。

1. 坚持正确的政治方向

学校德育必须目的明确,坚持以马克思列宁主义、毛泽东思想、邓小平理论、"三个代表"重要思想、科学发展观和习近平新时代中国特色社会主义思想为指导,以科学的政治思想体系武装学生,坚持正确的、坚定的政治方向,坚持四项基本原则,对学生开展爱党爱国的教育。

2. 德育目标必须符合新时期的方针政策

为了适应改革开放和发展社会主义市场经济建设,我国的德育要培养有理想、有道德、有文化、有纪律的新人,培养学生的新思想、新观念,逐步增强学生辨别是非和判断善恶的能力。

3. 要把德育的理想性和现实性结合起来

在德育过程中,要把坚持社会主义的方向性与学生日常实际生活结合起来,引导学生把社会主义方向性渗透到日常学习、生活、劳动和自我教育中,既胸怀大志,又脚踏实地,努力做到言行一致,从我做起,从现在做起,从点滴做起。

(五) 发挥积极因素与克服消极因素相结合的原则

《学记》指出:"教也者,长善而救其失者也。"意为教育者要发扬学生的长处,使优秀的方面更优秀;补救学生的短处,使学生能够全面发展,而没有致命的短板。这是今天发挥积极因素与克服消极因素相结合的原则的来源。这一原则是指进行德育要调动学生自我教育的积极性,依靠和发扬他们自身的积极因素去克服品德上的消极因素,并化消极因素为积极因素,促

进他们的道德成长。该原则又称长善救失原则,贯彻这一原则的基本要求如下。

1. 一分为二地看待学生

全面了解、客观评价学生是教育的前提。教师必须要认识到,任何一名学生都有其优点同时也存在或多或少的缺点,特别是后进生,他们的优点可能暂时被缺点、弱点所掩盖。教师要注意消除对学生的刻板印象,客观公正地评价学生,善于寻找他们品德中的"闪光点",并加以扶植,使其不断发扬光大,进而用它去克服缺点。

2. 发扬积极因素,克服消极因素

在"一分为二"地看待学生优点和缺点的基础之上,教师要引导学生自觉地巩固发扬自身优点,以表扬、鼓励的方式来促进其正确道德行为的强化。同时,学生品德中的优点和缺点往往是矛盾地交错在一起的,并在一定条件下可以相互转化。因此教师要仔细地分析学生品德中的弱点和短处,并发现其中某些可以转化为优点的积极因素,耐心引导其向积极的方面发展,最终取得思想品德的进步。

3. 引导学生自觉评价自己,勇于自我教育

正处于生长发育关键时期的学生,往往难以对自己的品德水平有一个全面正确的认识,从而导致评价过高而骄傲自满,或评价过低而产生自卑心理。教师要引导学生正确认识自己,促使他们自觉开展思想品德矛盾斗争,主动发扬优点、克服缺点,实现品德的形成与不断进步。

(六)因材施教原则

因材施教原则是指进行德育要从学生的思想认识和品德发展的实际出发,根据他们的年龄特征和个性差异,有针对性地采取不同的教育方法、提出不同的教育要求,使每个学生的品德都能得到更好的发展。教师要转变思想观念,在掌握学生共性特点、整体思想发展状况的同时,坚持因材施教,抓住学生思想品德发展水平的差异和个性特点,给予学生更多的鼓励和指导。贯彻这一原则的基本要求如下。

1. 深入了解学生的个性特点和内心世界

了解学生的基本特征是教师因材施教的前提。教师首先要了解学生的家庭背景、社会关系状况、气质类型等方面的特征,从而使德育要求、内容具有针对性。教师还应以发展的眼光,客观认识和评价当代青少年学生的思想特点,充分尊重学生的个性特点,深入了解每个学生的思想状况。

2. 针对学生的个性特点进行教育

教师根据学生的身心特点,选择不同的内容和方法,有的放矢地进行教育。同一年龄阶段的学生,由于个人的遗传、环境和教育条件的不同,也由于个人经历的不同,思想品德发展状况也各具特色。因而同一德育要求和方法运用在不同学生身上,效果就会不同,甚至相反。教师要注意学生的个别差异,因势利导,努力做到"一把钥匙开一把锁"。

3. 根据学生的年龄特征进行教育

不同年级、不同年龄阶段的学生由于身心发展水平的差异,思想品德发展状况也有所不同,教育者要研究这些特点,从而使德育要求、内容具有针对性。比如小学生思想道德发展在人生全过程中处于萌芽状态,道德认识具有明显的表面性和具体性。教师要利用儿童思想的可塑性强这一特点,采用故事、儿歌等生动的教学形式,从而使学生在兴趣盎然中不知不觉地接受思想品德教育。

练习

【7-9】"一把钥匙开一把锁"所反映的是（　　）。

A. 尊重与严格要求相结合原则　　B. 教育影响一致性原则

C. 正面教育原则　　D. 因材施教原则

（七）尊重学生与严格要求相结合的原则

尊重学生与严格要求相结合的原则是指在进行德育时,既要对学生尊重、信任,又要对他们的思想和行为严格要求,使德育要求易于被学生接受并转化为他们的思想品德。正如苏联教育家马卡连柯所说,"要尽量多地要求一个人,也要尽可能地尊重一个人"①。在德育过程中,尊重信任与严格要求是辩证统一的,二者并不矛盾。尊重信任是严格要求的前提,严格要求也体现了教师对学生的力量和可能性的尊重。贯彻这一原则的基本要求如下。

1. 爱护、尊重和信赖学生

2016年修订的《中小学教师职业道德规范》规定教师要"关心爱护全体学生,尊重学生人格,平等公正对待学生。对学生严慈相济,做学生良师益友。"这说明,爱护、尊重和信赖学生不仅是教育过程中教师尊重学生人格及其尊严和价值的具体要求,也是一个教师的基本品德。教育者要关心爱护学生,尊重学生的自尊心和独立人格,学生才能信任教师,并努力达到教师的要求。

2. 严格要求学生

"严格"指的是对学生的要求一旦提出,就要不折不扣、持之以恒地引导与督促学生做到。教师应根据教育目的和德育目标,对学生提出合理且明确的要求并坚持不懈地贯彻到底,以增强学生的道德意志、强化其道德行为。所提出的要求必须符合学生的年龄特征和品德发展状况,合理、明确、适度、有序且有恒。对学生的要求要切合学生的年龄特征和品德发展状况,难度要适宜,学生通过努力能够达到。

（八）集体教育与个别教育相结合的原则

集体教育与个别教育相结合原则是由苏联教育家马卡连柯提出的。集体教育与个别教育相结合原则是指在德育工作中要注意组织和培养好学生集体,同时又要注意个别教育,把集体教育和个别教育结合起来,提高德育工作的质量和效率。通过组织健全、合理的教育集体来教育学生,是培养社会主义新人的主要方法。正如马卡连柯所说:"每当我们给个人一种影响的时候,这影响必定同时应当是给集体的一种影响。相反地,每当我们涉及集体的时候,同时也应当成为对于组成集体的每一个个人的教育。"②学生集体不仅是教育的对象,也是教育的主体,良好的学生集体具有巨大的教育力量。贯彻这一原则的要求如下。

1. 培养和建立良好的班集体

集体教育是指,进行德育时要依靠学生集体、通过集体、在集体中、面向集体。教师要努力培养和形成良好的班集体,充分发挥班集体在教育中的巨大作用。只有建立了良好的班集体,才能有正确的班风、班规,才能充分发挥良好班集体的作用,带动每一个学生个体进步,这是集体教育实现的基本前提。

---

① 马卡连柯. 马卡连柯教育文集：下卷[M]. 吴式颖,等编. 北京：人民教育出版社,2005.
② 马卡连柯. 马卡连柯教育文集：上卷[M]. 吴式颖,等编. 北京：人民教育出版社,2005.

2. 充分发挥集体的教育作用

建立了良好的班集体后,就需要发挥好集体的教育作用,使集体的奋斗目标成为鼓舞其成员前进的力量。发挥学生集体的教育作用,最重要的是指导和支持学生干部做好工作,发挥他们的积极性和组织才能,并通过班干部把教师的教育意图变成学生集体的要求。教师要帮助学生在集体活动中确立正确的人际交往态度,还要组织和开展集体活动,通过活动教育学生,使之形成良好的品德。

3. 处理好学生集体和个人的关系

班集体中的每个人,由于其自身家庭、社会等各方面因素的影响,都有着各自的特点。教师要重视每一个个体,引导每一个个体为良好集体的形成付出自己的努力、贡献自己的力量,这就是集体教育的过程。因此,必须处理好集体与个体的关系,以个体的努力促进班集体朝气蓬勃、充满活力,以良好班集体的存在来带动个体品德的形成与发展,二者相辅相成、缺一不可。

(九) 教育影响的一致性与连贯性原则

教育影响的一致性与连贯性原则是指进行德育应当有目的、有计划地把来自学校、家庭、社会各方面对学生的教育影响加以组织、调节,使其相互配合、协调一致、前后连贯地进行。学生思想品德的成长,是学校、家庭和社会多方面影响的结果,因此学校要统一学校内部的教育力量以及学校、社会、家庭的教育影响,以便形成强大的教育合力、确保受教育者的思想品德按照社会的要求健康成长。贯彻这一原则的基本要求如下。

1. 实现校内各方面教育影响的一致性

充分发挥教师集体的作用,统一学校内部各方面的教育力量,使之成为一个分工合作的优化群体。学校应加强对德育工作的统一领导,使全体教职工、各级组织和部门,按照一致的培养目标和方向,统一教育的计划和步骤,发挥各自的优势,共同对学生进行教育。特别是班主任要积极主动地联系科任教师,争取各科教师的配合以做好品德教育工作。

2. 发挥学校德育的主导作用,构建家校社德育协同育人机制

学校应积极争取家长和社会的配合,主动协调好与家庭教育、社会教育的关系,发挥各自的育人优势,充分释放出教育的最大合力。学校要发挥专门教育机构的职能,与家庭和社会的有关机构建立并保持联系,包括同学生家庭进行多种联系、对家庭德育进行指导、联系校外教育机关指导学生的校外活动等,逐步形成以学校为中心的、三位一体的德育网络,从而控制各类环境对学生的不良影响。

3. 有计划、有系统地进行德育

德育是长期、反复、不断前进的过程,这意味着各种德育活动的开展都要有计划、有步骤、有系统地进行。学校要保持德育工作的经常性和制度化,处理好学段与学段之间、学期与学期之间的衔接,对受教育者提出由易到难、由简到繁的教育内容和要求,使德育工作有内在逻辑联系和连贯性,得以循序渐进地持续发展。

练习

【7-10】 材料分析题

(1) 班小玉同学新买的《新华字典》丢了,她曾在这本字典的背面写了一个"玉"字,班主任沈老师让小玉先不要声张,到教室对同学们说:"前两天老师请每位同学买了一本字典,现在请大家把自己的字典拿出来让老师看一下。"沈老师在检查时发现小叶满脸通红,她的字典背面有个"璧"字,像是在"玉"字上面改的。沈老师迟疑了一下,继续检查其他学生的字典。事后,沈老师了解到小叶家生活非常困难,母亲卧病在床,对她来说,购买一本字典是个不小的负担,沈老师就自己买了一本字典,并在背面精心地描摹了一个"玉"字。当着全班同学的面把字典交给了小玉,然后对她说:"你的字典找到了,是其他班的同学捡到的。"小叶听到后,红着脸低下了头……

问题:结合材料,从德育的角度评析老师的行为。

提示:德育九大原则的记忆密码为:"陶行知正面疏导一连的学生:积极守纪律,集体才有尊严"。其中,①"陶行知"即知行统一原则;②"正面"和"守纪律"即正面教育与纪律约束相结合的原则;③"疏"即疏导原则;④"导"即导向性原则;⑤"一连"即教育影响的一致性与连贯性原则;⑥"积极"即发挥积极因素与克服消极因素相结合的原则;⑦"集体"即集体教育与个别教育相结合的原则;⑧"才"即因材施教原则;⑨"学生"和"尊严"即尊重学生与严格要求学生相结合的原则。

第四节 德育途径与方法

德育工作的有效开展,不仅要目标明确,内容正确,遵循特定的规律和原则,而且要有恰当的途径和方法。为有效地完成德育任务,小学教师有必要了解德育的主要途径和方法,这样才能促进学生良好品德的形成与发展。

一、德育途径

德育途径,是学校实施道德教育的渠道或形式,由德育的目的、任务、内容和原则决定。小学德育最基本的途径是课堂教学,包括思想品德课与其他学科的教学,此外还有课外活动、校外活动、劳动、共青团活动、班主任工作等途径。《中小学德育工作指南》提出实施德育的六大途径:课程育人,文化育人,活动育人,实践育人,管理育人,协同育人。

(一)课程育人

从严格落实德育课程、发挥其他课程德育功能、用好地方和学校课程等方面,强调发挥课堂教学在育人中的主渠道作用。

1. **严格落实德育课程**

按照义务教育课程方案和标准上好道德与法治、思想政治课,落实课时,不得减少课时或挪作他用。德育课程要围绕课程目标联系学生生活实际,挖掘课程思想内涵,充分利用时政媒体资源,精心设计教学内容,优化教学方法,发展学生道德认知,注重学生的情感体验和道德实践。

2. **发挥其他课程德育功能**

要根据不同年级和不同课程特点,充分挖掘各门课程蕴含的德育资源,将德育内容有机融入各门课程教学中。

(1)语文、历史、地理等课要利用课程中语言文字、传统文化、历史地理常识等丰富的思想道德教育因素,潜移默化地对学生进行世界观、人生观和价值观的引导。

(2)数学、科学、物理、化学、生物等课要加强对学生科学精神、科学方法、科学态度、科学探究能力和逻辑思维能力的培养,促进学生树立勇于创新、求真求实的思想品质。

(3) 音乐、体育、美术、艺术等课要加强对学生审美情趣、健康体魄、意志品质、人文素养和生活方式的培养。

(4) 外语课要加强对学生国际视野、国际理解和综合人文素养的培养。

(5) 综合实践活动课要加强对学生生活技能、劳动习惯、动手实践和合作交流能力的培养。

3. 用好地方和学校课程

(1) 地方和学校课程要结合地方自然地理特点、民族特色、传统文化以及重大历史事件、历史名人等,因地制宜开发地方和学校德育课程,引导学生了解家乡的历史文化、自然环境、人口状况和发展成就,培养学生爱家乡、爱祖国的感情,树立维护祖国统一、加强民族团结的意识。

(2) 学校要统筹安排地方和学校课程,开展法治教育、廉洁教育、反邪教教育、文明礼仪教育、环境教育、心理健康教育、劳动教育、毒品预防教育、影视教育等专题教育。

(二) 文化育人

文化育人主要是从优化校园环境、营造文化氛围、建设网络文化等方面加强校园文化建设,让校园处处成为育人的场所,发挥校园文化育人的作用。

1. 优化校园环境

(1) 学校校园建筑、设施、布置、景色要安全健康、温馨舒适,使校园一草一木、一砖一石都体现教育的引导和熏陶。

(2) 充分利用板报、橱窗、走廊、墙壁、地面等进行文化建设,可悬挂革命领袖、领导家、英雄模范等杰出人物的画像和格言,展示学生自己创作的作品或进行主题创作。

2. 营造文化氛围

校园文化是一所学校办学精神与环境氛围的集中体现,文化氛围的营造方式主要有以下几种。

(1) 文字表达,学校要凝练学校办学理念,设计符合教育规律、体现学校特点和办学理念的校徽、校训、校规、校歌、校旗等,并鼓励学生自主设计班名、班训、班歌、班徽、班级口号等,建设班级文化。

(2) 形象标识,包括设计体现学校文化特色的校徽、校服、校歌等。

(3) 实物载体,如创建校报、校刊、学校社团等以进行宣传教育。

此外,学校要积极推进书香班级、书香校园建设,向学生推荐阅读书目,调动学生阅读积极性。提倡小学生每天课外阅读至少半小时、中学生每天课外阅读至少1小时。

3. 建设网络文化

积极建设校园绿色网络,开发网络德育资源,搭建校园网站、论坛、信箱、博客、微信群、QQ群等网上宣传交流平台,通过网络开展主题班(队)会、冬(夏)令营、家校互动等活动,引导学生合理使用网络,避免沉溺网络游戏,远离有害信息,防止网络沉迷和伤害,提升网络素养,打造清朗的校园网络文化。

(三) 活动育人

活动育人主要是通过开展节庆纪念日、仪式教育活动、校园节(会)、团队活动等形式多样、主题鲜明的教育活动,以鲜明正确的价值导向引导学生,促进学生形成良好的思想品德和行为习惯。

1. 开展节日纪念日活动

(1) 利用春节、元宵、清明、端午、中秋、重阳等中华传统节日以及二十四节气,开展介绍节日历史渊源、精神内涵、文化习俗等校园文化活动,增强传统节日的体验感和文化感。

(2) 利用植树节、劳动节、青年节、儿童节、教师节、国庆节等重大节庆日集中开展爱党爱国、民族团结、热爱劳动、尊师重教、爱护环境等主题教育活动。

2. 开展仪式教育活动

仪式教育活动包括升旗仪式,入团、入队仪式,以及入学仪式、毕业仪式、成人仪式等有特殊意义的仪式活动。教育活动要体现庄严神圣,发挥思想政治引领和道德价值引领作用,创新方式方法,与学校特色和学生个性展示相结合。

3. 开展校园节(会)活动

结合学校办学特色和学生实际,自主举办科技节、艺术节、运动会、读书会等丰富多彩、寓教于乐的校园节(会)活动,做好活动方案和应急预案。

4. 开展团、队活动

(1) 加强学校团委对学生会组织、学生社团的指导管理。确保少先队活动时间,小学1年级至初中2年级每周安排1课时。

(2) 建立体育、艺术、科普、环保、志愿服务等各类学生社团,充分利用课后时间组织学生开展丰富多彩的科技、文娱、体育等社团活动,创新学生课后服务途径。

(四) 实践育人

实践育人主要是通过开展各类主题实践、劳动实践、研学旅行、志愿服务等,增强学生的社会责任感、创新精神和实践能力。

1. 开展各类主题实践

利用爱国主义教育基地、公益性文化设施、公共机构、企事业单位、各类校外活动场所、专题教育社会实践基地等资源,开展不同主题的实践活动。

2. 加强劳动实践

在学校日常运行中渗透劳动教育,积极组织学生参与校园卫生保洁、绿化美化、普及校园种植。此外还要将校外劳动纳入学校的教育教学计划,安排一定时间的生产劳动、服务劳动和家庭劳动。

3. 组织研学旅行

把研学旅行纳入学校教育教学计划,促进研学旅行与学校课程、德育体验、实践锻炼有机融合,利用好研学实践基地,有针对性地开展自然类、历史类、地理类、科技类、人文类、体验类等多种类型的研学旅行活动。研学旅行的开展要考虑小学不同学段学生的身心发展特点和能力,并要规范研学旅行组织管理,做到"活动有方案,行前有备案,应急有预案"。

4. 开展学雷锋志愿服务

发挥学校团组织、少先队组织的作用,广泛开展与学生年龄、智力相适应的志愿服务活动。做好学生志愿服务认定记录,建立学生志愿服务记录档案,加强学生志愿服务先进典型宣传。

(五) 管理育人

管理育人主要是积极推进学校治理现代化,从完善管理制度、明确岗位责任、加强师德师风建设、细化学生行为规范、关爱特殊群体等方面将中小学德育工作贯穿落实到学校管理的细节之中。

1. 完善管理制度

（1）制定校规校纪，健全学校管理制度，规范学校治理行为，形成全体师生广泛认同和自觉遵守的制度规范。

（2）制定班级民主管理制度，形成学生自我教育、民主管理的班级管理模式。

（3）制定防治学生欺凌和暴力工作制度，健全应急处置预案，建立早期预警、事中处理、事后干预等机制。

（4）会同相关部门建立学校周边综合治理机制，对社会上损害学生身心健康的不法行为依法严肃惩处。

2. 明确岗位责任

（1）建立实现全员育人的具体制度，明确学校各个岗位教职员工的育人责任，规范教职工言行，提高全员育人的自觉性。

（2）班主任要全面了解学生，加强班集体管理，强化集体教育，建设良好班风，通过多种形式加强与学生家长的沟通联系。各学科教师要主动配合班主任，共同做好班级德育工作。

3. 加强师德师风建设

（1）培育、宣传师德标兵、教学骨干和优秀班主任、德育工作者等先进典型，引导教师争做"四有"好教师。

（2）实行师德"一票否决制"，把师德表现作为教师资格注册、年度考核、职务（职称）评审、岗位聘用、评优奖励的首要标准。

4. 细化学生行为规范

落实《中小学生守则（2015年修订）》，鼓励结合实际制定小学日常行为规范、中学生日常行为规范，教育引导学生熟知学习生活中的基本行为规范，或每一项要求。

5. 关爱特殊群体

加强对经济困难家庭子女、单亲家庭子女、学习困难学生、进城务工人员随迁子女、农村留守儿童等群体的教育关爱，完善学校关爱机制，及时关注这些群体的心理健康状况，积极开展心理辅导，提供情感关怀，引导学生心理、人格积极健康发展。

（六）协同育人

协同育人主要是积极争取家庭、社会共同参与和支持学校德育工作，引导家长注重家庭、注重家教、注重家风，营造积极向上的良好社会氛围。

1. 加强家庭教育指导

建立健全家庭教育工作机制，统筹家长委员会、家长学校、家长会、家访、家长开放日、家长接待日等各种家校沟通渠道，丰富学校指导服务内容，及时了解、沟通和反馈学生思想状况和行为表现，认真听取家长对学校的意见和建议，促进家长了解学校办学理念、教育教学改进措施，帮助家长提高家教水平。

2. 构建社会共育机制

要主动联系本地宣传、综治、公安、司法、民政、文化、共青团、妇联、关工委、卫计委等部门、组织，注重发挥党政机关和企事业单位领导干部、专家学者以及老干部、老战士、老专家、老教师、老模范的作用，建立多方联动机制，搭建社会育人平台，实现社会资源共享共建，净化学生成长环境，助力广大中小学生健康成长。

提示：德育六大途径的记忆密码为："课文通关实践活动。""课"=课程育人，"文"=文化育人，"通"=协同育人，"关"=管理育人，"实践"=实践育人，"活动"=活动育人。每种育人途径包含的小点都可联系学校的实际情况进行记忆，如背诵实践育人时可联想学校日常组织的实践活动，包括基地参观、劳动实践活动、研学旅行、志愿服务活动。

二、德育方法

德育方法即德育"怎么教"和"怎么学"的问题，它包括教育者的施教传道方式和受教育者的受教育方式。在长期教育实践中，我国学校形成了许多行之有效的德育方法，下面我们分别介绍：说服教育法、榜样示范、情感陶冶、实践锻炼、自我教育和品德评价法。

（一）说服教育法

说服教育法又叫说理教育法，是借助语言摆事实、讲道理，从而对受教育者的思想意识产生影响，使学生能够明辨是非的方法。孟子曾说："以力服人者，非心服也，力不赡也。以德服人者，中心悦诚服也。"[①]这说明了教育中以理服人的重要性。说服教育法是学校德育方法中使用最广泛的方法，也是运用其他德育方法时需要搭配使用的基本方法。说服教育法的运用有两种主要方式：一是运用语言文字进行说服，如讲解、报告、谈话、讨论、辩论、读书指导等形式，提高受教育者的道德思想水平和思想觉悟；二是运用事实进行说理，如通过参观、访问、调查等形式，让生动的事实说话，增强德育的可信任性。运用说服教育法，要注意以下几点要求。

1. 明确的目的性和针对性

任何形式的说服教育都是为了解决一定的问题，因此教师采用说服教育时既要澄清教育的根本目的，又要从学生实际和个性特点出发，针对要解决的问题有的放矢，有理有据地启发和触动他们的心灵，切忌空洞说教。

2. 富有知识性、趣味性，内容真实、可信

说服教育不是空洞说教，教师不仅要让学生理解正确的观点和价值观，还要让他们愿意接受并付诸实践。因此，说服教育所选的内容、表述的方式要力求生动有趣、贴近学生的日常生活，并充分运用语言艺术，把理论生动形象、趣味化地呈现给学生。

3. 注意时机

说服的成效与所用的时间并不必然成正比，往往取决于是否善于捕捉教育时机，拨动学生心弦，引起他们的情感共鸣。

4. 以诚待人

以诚待人意味着教师的态度要诚恳、热情，不应该把自己的观点和信仰强加给学生，而是基于事实和逻辑来论证自己的观点。同时，教师也应该尊重学生的观点和信仰，并鼓励他们提出自己的看法。只有这样，才能创造一个开放、包容和理性的教育环境。

（二）榜样示范法

榜样示范法是以他人的高尚思想、模范行为和卓越成就来影响学生思想、情感和行为的一种德育方法。榜样对学生具有很强的教育作用，榜样示范历来作为一种重要方法贯穿于学生思想道德教育过程的始末，其特点是通过展示道德榜样的言行和思想活动及其成长的过程，把道德规范具体化、人格化，使教育有很强的吸引力、说服力和感染力。用来示范的榜样既可以

[①] 《孟子·公孙丑上》.

是历史伟人、民族英雄,也可以是家长、教师、同学。榜样示范法的具体运用要注意以下几点要求。

1. **帮助学生选好榜样**

选好榜样是引导青少年学习榜样的前提,教师应根据时代需要和学生实际情况选好学习榜样,并指导学生进行模仿和学习,使他们获得明确的前进方向与巨大动力。在给学生呈现榜样时,应考虑到榜样的年龄、性别、兴趣爱好、社会背景等特点,这样才能让学生感到自己是能够学习的,推动他们把榜样的言行当作自己言行的准则。榜样应具有先进性、时代性、典型性,但教师选择的榜样不一定都是先进典型和英雄模范,普通劳动者、身边的同学都可以是学生学习的榜样。

2. **激起学生对榜样的敬慕之情**

只有在学生了解榜样之后,榜样才能对学生产生激励力量。因此,要向学生介绍榜样的先进事迹,特别是那些感人至深、令人敬仰之处,引发他们心灵深处对榜样的惊叹、爱慕、敬佩之情。此外,教师应抓住时机帮助学生深入理解榜样的精神实质,不仅在外显的层面向榜样学习,更要在精神层面完成品德的提升。

3. **更新榜样教育的理念和方式方法**

传统的榜样教育往往过分注重教育,忽视了学生的感受和兴趣。为提高德育效果,教师要更新榜样教育的理念,贴近学生的实际与兴趣,将教育性寓于趣味性之中,使榜样教育活起来。在对学生进行榜样教育时,也要注重生活化,增加青少年在生活中模仿和践行的机会,增强榜样教育的效果。

4. **注重教师自身的示范作用**

孔子曰:"其身正,不令而行;其身不正,虽令不从。"①如果教师思想进步、品德高尚,那么他的学生往往会在耳濡目染的熏陶中,由对教师品格的认同进而促成自己道德的同化。这种潜移默化的影响作用,具有很强的内化力和长效性,甚至可以影响人的一生。因此教师不仅要注重引导学生进行榜样学习,还要充分加强自身的形象建设,发挥自身的示范作用。

练习

【7-11】 "其身正,不令而行,其身不正,虽令不从"体现的德育方法是( )。

A. 实际锻炼法　　B. 个人修养法　　C. 榜样示范法　　D. 品德评价法

【7-12】 郑老师通过让全班同学观看某中学生为了减轻妈妈的辛劳,时常为加班晚归的妈妈做好饭的视频,让学生学会孝敬长辈,这种品德修养方法属于( )。

A. 树立榜样　　B. 有效说服　　C. 群体约定　　D. 价值辨析

【7-13】 王建上课玩手机,老师没有对王建直接进行批评,而是表扬了正在认真听课的冯军,王建看了看冯军,也认真听课了,老师采用了哪种德育方法?( )

A. 说服教育法　　B. 陶冶情操法　　C. 榜样示范法　　D. 实际锻炼法

【7-14】 简答题:简述实施榜样教育的基本要求。

(三) 实际锻炼法

实际锻炼法是教育者有目的地组织学生参与各种实际活动,在活动中培养他们的思想品德和行为习惯的方法。马克思主义认识论和实践观认为,社会实践是人的正确思想形成发展

---

① 《论语·子路》.

的源泉,也是检验人的思想观念是否正确的唯一标准。实践锻炼能帮助学生的思想品德实现由知到行的转化,使优良的思想品德转化为道德行为习惯,并日益巩固起来。实际锻炼的方式包括执行制度、委托任务、组织活动等。运用实际锻炼法的要求如下。

1. **坚持严格的要求和适当的指导**

古人云:"无规不成方圆",有效的锻炼有赖于严格要求。小学生突出的特点之一就是接受能力强但自主能力较差。因此教师要从严抓起,在锻炼过程中不可因任何个人原因降低要求,鼓励学生经受困难考验。学生没有按要求完成任务,或者在实践活动中出现纪律问题,教师也要第一时间对其进行纠正和帮扶指导。

2. **调动学生的主观能动性**

实践活动中,教师要强调以学生为中心,让学生自我体验、自主学习、自由创造。只有激发了学生的积极性、主动性,让他们发自内心感到锻炼是必要的、有益的,他们才能自觉地严格要求自己,获得最大的锻炼效果,达到预期的教学目标。

3. **注意检查和持之以恒**

持之以恒,就是在长期、反复的行为实践中培养学生的道德意志。教师要有耐心、有恒心,长期地抓好学生的实践活动,并且不放松对他们的督促、检查,以保证实践锻炼循序渐进、扎实稳定且富有成效。

练习

【7-15】 孟子说:"天将降大任于斯人也,必先苦其心志,劳其筋骨,饿其体肤,空乏其身,行拂乱其所为。所以动心忍性,增益其所不能。"这段话体现的德育方法是( )。

A. 实际锻炼法　　　B. 品德评价法　　　C. 情感陶冶法　　　D. 榜样示范法

(四) 情感陶冶法

情感陶冶法是教育者通过创设、利用良好的情境,让学生的道德情感与思想情操自然而然地受到感染和熏陶的方法。这种方法的特点是利用了情境的暗示和感染作用,通过预设的情境将理与情、情与境融为一体,使受教育者产生情感的共鸣,并且在不知不觉中受到潜移默化的影响。具体方式有人格感化、环境陶冶、艺术熏陶等。运用情感陶冶法要注意以下几点要求。

1. **创设良好的情境**

情感陶冶法看似是"自发的""无意识的",然而它却是教师精心设计组织的,教师的最主要功能体现在教育情境的设计上。良好的教育情境是陶冶的前提条件,包括美观、朴实、整洁的学习与生活环境,团结、紧张、严肃、活泼、尊师爱生、民主而有纪律的班风与校风。

2. **与启发说服等方法相结合**

教师通过创设情境来陶冶学生,使学生感到自己仿佛置身其中,此时教师还需配合启发、说服等教育方法,调动学生的主动性、积极性和创造性,使他们切实意识到情境的作用。

3. **引导学生参与情境的创设**

良好的情境不是固有的、自然存在的,需要人为地创设。但这绝不能只靠教师去做,而应当更多地发挥学生的主观能动性。学生积极创设良好的学习和生活环境的过程,本身就是他们的品德受陶冶而提高的过程。

资料夹 7-3
情感性道德教育范式

情感性道德教育范式在实践操作上一般应有三个最为敏感的指标：教育者有无情感——人格资质与技能；是否形成情感交往关系或"情感场"；受教育者是否有情感经验的积累和改组。

道德教育是道德之知的教育，它与科学知识不同，学生向教师学习的不是客体化的知识体系，是充满主观内在性的、主体选择性的观念体系。它们附着于情感化的人格身上，吸引学生自觉自愿地趋近和认同。显然，教育者的资格与教育成效决不在其关于道德的知识有多少，而在于支撑其道德观念的挚爱真情。道德之知总是出现在人的具体实践中，即人只有在道德交往的具体实践中才可能真正领悟和运用。因而，必须将个体的社会微观环境看得十分重要，承认每个个体及其道德觉悟都有其形成的历史文化土壤，有其道德交往的情感"烙印"，它们是由周围人的肯定情绪、共同行动、善良、相互理解和协调的体验的"强化"所致，是大大小小社会共同体中道德氛围的力量使然。情感性道德教育不仅依赖健全的规范、制度、楷模，更依赖人的日常真实生活情境（在教育活动中有时也需要模拟、创设道德情境）的改善和优化。当我们还不能取得整个社会大环境的完全改善时，必须提倡人们着意去建设道德系统的微观环境。受教育者所有的道德反应、敏感和觉知，将会以一种情绪化的记忆方式、理解方式融入自己已有的道德生活经验，并不断地改造、重组道德经验的结构和取向。这一经验积累与结构过程不同于认识积累与结构化的心理过程，它是特定的"情感场"中的"情节"给人留下的"道德情绪"。

资料来源：朱小蔓.情感德育论[M].北京：人民教育出版社，2005.

练习

【7-16】 在学习文化建设中，让学校里的每一面墙壁都开口说话。这体现的德育方法是（ ）。

A. 说服教育法　　　B. 实际锻炼法　　　C. 情感陶冶法　　　D. 自我修养法

【7-17】 简答题：简述学校德育陶冶法及其要求。

（五）品德评价法

品德评价法，是指教育者根据一定的要求和标准，对学生的思想和行为进行肯定或否定的评价，以引导他们不断上进，促进其品德积极发展，预防和克服不良品德滋长的方法。品德评价的主要方式有表扬奖励、批评惩罚、评比和操行评定等。运用品德评价法要注意以下三点要求。

1. 明确目的，客观公正

作为一种德育方法，品德评价的根本目的在于帮助学生扬长避短、进步向上。德育实践证明，只有客观公正、恰如其分地评价，才能取得良好的德育效果。因此，教师要公正合理、实事求是、坚持标准，无论肯定评价还是否定评价，都要慎重从事、以理服人。品德评价有时会因为个体自身主观因素的影响而与个体外在表现出来的行为有一定的差距，因此需要对表现出来的行为进行理性的分析，除此之外，还要扩大范围和深度进行进一步考察。

2. 发扬民主，获得集体舆论的支持

在对学生进行品德评价时，为确保其公正合理，教师要充分发扬民主，广泛征求各方面的意

见，让学生积极参与到评价活动之中，争取集体舆论的赞同和支持，这样才可收到较好的效果。

3. 适时进行，注重宣传

品德评价要适时进行，只有当学生产生了自我评价的愿望，才会产生好的评价效果，否则"时过境迁"，学生对评价结果失去兴趣，就难以达到预期的效果。任何一种品德评价都是为了促进全体学生的品德发展，而非单单为了被奖惩者个体，所以要有一定形式与声势，在一定范围内宣布，并通过墙报、广播、橱窗等方式加以宣传，以便获得更好的教育效果。

练习

【7-18】 小学教师经常采用贴小红花、贴小红旗等方式鼓励学生为班级做好事。这种教育方法是(　　)。

A. 奖惩评价　　　B. 榜样示范　　　C. 情感陶冶　　　D. 实际锻炼

【7-19】 三(1)班现在"每月一星"评比活动中，将本月乐于助人的同学的照片张贴在光荣栏上。这种德育方法属于(　　)。

A. 说服教育法　　B. 实践指导法　　C. 陶冶教育法　　D. 品德评价法

【7-20】 简答题：简述德育中的奖惩要求。

(六) 自我教育法

自我教育法，也称个人修养法，是指在教师的引导和启发下，学生经过自觉学习、自我反思和自我改进，在自我意识基础上产生积极进取心，进行自觉的思想转化和行为控制的方法。自我教育能力的高低是衡量受教育者道德发展水平的重要标志，主要由自我评价能力、自我激励能力和自我调控能力组成。自我教育的具体方法有立志、学习、反思、箴言、慎独等。运用自我教育法要注意以下几点要求。

1. 启发学生自我教育的自觉性

强烈的自我教育动机不会自发产生，而是启发引导的结果。学生自我教育的自觉性是逐步培养起来的，既表现为学生把自我教育看成是强烈的自觉需要，又表现为自我教育中的主动性。教师要善用鼓励语言、树立榜样、自身示范等方式激起学生自我教育的愿望。

2. 引导学生掌握自我教育的标准，并自觉进行正确的自我评价

学生只有懂得以什么作为自我修养的标准，才能自觉地进行自我认识和自我批评。教师应引导学生将社会主义道德规范作为自我修养的标准，提高学生明辨是非的能力，并指导学生坚持以正确标准进行经常性的自我评价。

3. 指导学生积极参加社会实践

脱离社会、闭门思过很难培养学生明辨是非的能力，教师要指导学生自我教育，就必须引导学生在各种实践活动中提高自身认知，并在社会实践活动中反复锻炼并培养品德。

练习

【7-21】 班主任张老师鼓励小刚通过立志、学习、反思和慎独等方式不断提高自身品质，这种德育方式是(　　)。

A. 说服教育法　　B. 榜样示范法　　C. 个人修养法　　D. 情感陶冶法

提示：德育六大方法的记忆密码为"说实情，品柿子。"其中，"说"——说服教育法；"实"——实际锻炼法；"情"——情感陶冶法；"品"——品德评价法；"柿"(示)——榜样示范法；"子"——自我教育法。

第五节 当代德育模式

"模式"大抵是抽象的、简约的,但又不等同于具体的事实经验,它是一般原理与具体条件的结合,即原理的共性与具体的个性相结合而形成的活动结构与活动形式。"德育模式是一种考虑教育机构中关心、判断和行动过程的方式。它包括关于人们如何发展道德的理论观点以及促进道德发展的一些原则和方法。"[①]古今中外的学者们,对学校德育模式有过深入的探讨,建构了诸多德育模式。下面侧重介绍认知发展模式、体谅模式、价值澄清模式、社会学习模式和集体教育模式。

一、认知发展模式

认知发展模式由皮亚杰和科尔伯格等人创建。皮亚杰的贡献主要体现在理论建设上,科尔伯格的贡献体现在从实践方面提出了一种可以操作的德育模式。柯尔伯格根据皮亚杰提出的关于儿童道德判断发展的基本轮廓,对儿童的道德判断进行了全面的实验研究,并开始深耕儿童道德认知发展理论。正如科尔伯格自己所说:"我的道德研究工作是从皮亚杰的阶段概念以及他认为儿童是一个哲学家的看法出发的",并"受皮亚杰把结构的方法运用于道德发展研究的先驱性探索的激励"[②]。他们提出的认知发展模式,对全世界道德教育的发展产生了极其重要的影响。

(一) 道德认知发展阶段论

道德认知发展阶段论是认知发展模式中最核心的部分。皮亚杰通过观察儿童在玩弹子游戏中对规则的遵守,发现儿童的道德判断的发展与其智慧的发展具有相互平行的现象。用认知发展的观点解释了道德发展,为儿童道德发展研究提供了理论框架与研究方法。皮亚杰认为,儿童的道德发展是一个从他律到自律的发展过程,归纳出儿童道德的发展经历了四个阶段:前道德阶段(0~2岁)、他律道德阶段(2~8岁)、自律道德阶段(8~12岁)和公正阶段(12岁以后)。

在皮亚杰的道德阶段理论的基础上,柯尔伯格通过对许多国家和地区大量的儿童进行长达20年的研究,发现儿童的道德发展普遍经历了三个水平六个阶段,因此提出著名的"三水平六阶段"道德发展阶段论。即前习俗水平(第1、2阶段)、习俗水平(第3、4阶段)以及后习俗水平(第5、6阶段),每种水平包括两个阶段。

科尔伯格根据实证研究结果,将道德判断分为两个方面即形式和内容。所谓道德判断内容就是对道德问题所做的"该"或"不该"、"对"或"错"的回答,是个体的一些真实想法;所谓道德判断形式指的是判断的理由以及说明理由过程中所包含的推理方式。譬如,对于"海因兹与治癌药"中的两难问题(见表7-1),从小学生到大学生都只有3种可能的回答——要么说"不该偷",要么犹豫不决。显然,根据"该偷"或"不该偷"的回答,并不能把学生的道德判断水平区分开来。所以,想要判断个体道德发展的阶段,我们要通过其道德判断的形式而不是道德判断的内容来界定,这正是科尔伯格的道德三水平六阶段理论的核心。

---

① 理查德·哈什.道德教育模式[M].傅维利,等译.北京:学术期刊出版社,1989.
② 科尔伯格.道德教育的哲学[M].魏贤超,柯森,译.杭州:浙江教育出版社,2000.

表 7-1　以"海因兹两难"为例对不同道德发展阶段的人的推理方式的总结[①]

水　平	阶段	道德推理的特点	关于"海因兹两难"的推理	
			不该偷的理由	该偷的理由
前习俗水平	1	以惩罚与服从为定向	偷东西会被警察抓起来,受到惩罚	他事先请求过,又不是偷大东西,他不会受重罚
	2	以个人的工具主义目的为定向(相对功利取向)	如果他不喜欢妻子的话,没必要冒险偷药,自寻烦恼	如果他爱妻子,她死了,他就再也得不到她了
习俗水平	3	以社会期望的"好人"为定向(寻求认可取向)	偷东西是小偷的行径,那会令自己及家人、朋友蒙羞	救妻子是一名好丈夫应该做的,不管他是否爱她
	4	以法律和秩序为定向(遵守法规取向)	法律禁止偷窃,尽管他有义务救他的妻子	偷东西是违法的,但丈夫有责任设法救妻子的性命
后习俗水平	5	以法定的社会契约为定向	尽管他应该尽力救妻子,但他没有偷药去救命的义务,这不是夫妻关系契约的组成部分	法律禁止偷窃,但人命重于药商的财产权;如有什么不对,需要改的是现行的法律
	6	以普通的伦理原则为定向(普遍伦理取向)	他竭力救妻子无可厚非,但他不能以侵犯他人的权利为代价,别人可能也急需这种药	性命重于一切,其价值是唯一可能的无条件的道德义务的源泉,为救人偷药是正义之举

提示：科尔伯格的"三水平六阶段论"可用"福利可发七个梨"口诀帮助记忆。其中"福"=惩罚与服从定向,"利"=相对功利取向,"可"=寻求认可取向,"发"=遵守法规取向,"七"=社会契约取向,"梨"=普遍伦理取向。

（二）认知发展模式在学校中的实践

1．道德教育旨在促进道德判断的发展及其与行为的一致性[②]

认知性道德发展模式强调道德教育的目的首先在于促进学生的道德判断不断向更高水平和阶段发展,其次在于促进学生道德判断与行为的一致性。在科尔伯格看来,道德判断是道德行为的必要条件而非充分条件,所以开展道德教育的目的并不是给儿童灌输某种道德规范,而是通过设置道德冲突来引发道德问题,培养儿童面对各种问题时的道德判断能力,此外还要促使儿童把自己的道德判断力见之于行动。因此,我们可以在中小学德育中,大胆应用道德认知发展理论,通过生活中的实际问题来构建道德两难问题,并引导学生进行讨论,从而促进学生道德判断能力的培养,提高学生明辨是非的能力。

2．学校德育方法

根据认知性道德发展模式的目标,科尔伯格提出一系列学校德育的方法,其中主要有"道德讨论法"与"公正团体法"。道德讨论法是指教师通过出示使学生产生道德两难的问题或场景,引导对故事中的道德问题进行讨论并回答围绕该故事提出的相关问题,以此诱发认知冲突并促进其道德判断进一步发展的方法。公正团体法以一个集体为教育单位,利用公正的机制在创设公正团体中培养学生的公正观,达到更高的道德发展水平,这种方法注重集体的道德氛围和民主管理。

---

① 檀传宝,王啸.中外德育思想流派[M].北京：人民教育出版社,2015.

② L. kohlberg. High School Democracy and Education for A Just Society[M]. R. T. Mosher(ED.). Moral Education. New York,1980.

（三）认知发展模式评价

科尔伯格提出的道德认知发展理论在世界各国都产生了强烈的反响。他在皮亚杰的基础上建构起来的认知发展模式是20世纪50年代以来西方最有影响的一个道德教育理论派别，对于我国学校德育的改革、发展也产生了重要影响。认知发展模式是通过自身道德认知的发展来揭示一个人的道德发展阶段从他律到自律的发展过程，在道德认知的发展阶段中，科尔伯格不仅强调道德发展的教育性、依序向前性、不可逾越性，还强调了尊重学生在道德教育中的主体性及参与性，为学生营造良好的道德氛围、注重培养学生的道德思维能力等，为我国中小学德育提供一定的启发。

但任何一种理论都不能做到臻善臻美，随着时间的推移，认知发展模式也不断受到批评：一是存在重知轻行的弊端，过于强调认知力的作用，忽视了对道德行动的研究；二是过于注重人的理性因素而忽视了人的情感等其他因素；三是实践要求条件过高，缺乏相应训练的教师滥用道德认知发展阶段，反而会给学生造成伤害。因此，我们要辩证地全面认识这一理论，做到用其所长，避其所短。

练习

【7-22】 依据柯尔伯格的理论，以"好孩子"为取向的儿童道德发展处于（　　）。

A. 惩罚服从取向阶段　　　　　　　B. 相对功利取向阶段

C. 寻求认可取向阶段　　　　　　　D. 遵守法规取向阶段

【7-23】 辨析题：根据科尔伯格的观点，道德发展的阶段性是固定的，相同年龄阶段的人都能达到同样的发展水平。

二、体谅模式

与认知性道德发展模式强调道德认知发展不同，体谅模式强调道德教育中的情感作用，把道德情感的培养置于中心地位。20世纪70年代初，英国学校德育家彼得·麦克菲尔和他的同事们创立了体谅模式，后风靡于英国和北美，颇受学者们和各大学校的推崇。麦克菲尔等人对英国中学生进行了广泛的调查研究，在此基础上建立起体谅关心的理论基点，并根据《英国学校道德教育课程的方案》，经过若干年研究后编写了德育课程《生命线》系列教科书，以及该丛书的教师指南书《学会关心》，从而使体谅模式在课堂上得以运用。

（一）体谅模式的主要观点

1967—1971年间，麦克菲尔受命领导其中一个德育课程研究组，以问卷、访谈等方式对英国中学13～18岁的男女学生进行过3次大规模的调查，让学生用口头或书面形式各举一个成人对待他们的好或坏的情况实例。通过对这些"好事"和"坏事"的分析，他们得出了关于学校德育的一些基本假设。

1. 教育的首要职责是满足学生与人友好相处的需要

麦克菲尔在调查中发现，青少年一致认为成人"好"的教育行为就是能体谅、宽容，"坏"的教育行为就是压制、支配的行为。因此，他明确指出"人类的基本需要是与其他人友好相处、爱和被爱，帮助人们去满足这种需要是组织教育的首要职责"①。为此，麦克菲尔主张当代学校应当面对这个实际改革德育，在道德教育中对学生多关心、少评价，教会学生学会体谅

---

① 理查德·哈什. 道德教育模式[M]. 傅维利，等译. 北京：学术期刊出版社，1989.

与关心。

2. 道德教育重在引导学生学会关心

关心人和体谅人的品性是道德的基础和核心。麦克菲尔提出,体谅模式之所以能够促进学生道德发展,关键是它凝聚着全部的道德知识力量。"品德是感染来的而非直接教来的,在引导学生关心人、体谅人的人际意识中,重要的是营造相互关心、相互体谅的课堂气氛,以及教师在关心人、体谅人上起道德表率作用。"① 总之,道德教育不仅要传授道德规则,更要引导学生学会关心,学会体谅,并在关心人、体谅人中获得快乐。

3. 鼓励处于社会试验期的青少年试验各种不同的角色和身份

尽管青少年需要成年人和同伴的体谅和关心,也有体谅人和关心人的需要,但他们在面对实际的人际和社会问题时,所作出的反应依然不够成熟。麦克菲尔把青少年时期称作"社会试验期",强调在这时期应当鼓励学生自由地试验各种不同角色和身份。这一时期的道德教育尤其要重视促进学生成熟的人际意识和社会行为的发展。

(二)体谅模式在学校中的实践

体谅模式主要通过《生命线》这部教材来实施对学生的道德教育,它由3部分组成:第一部分为《设身处地》,其目的在于发展个体体谅他人的动机,含《敏感性》《后果》《观点》3个单元,其中的所有情境都是围绕人们在家庭、学校或邻里中经历的各种共同的人际问题设计的。第二部分为《证明规则》,含《规则与个体》《你期望什么?》《你认为我是谁?》《为了谁的利益?》《我为什么该?》五个单元,情境涉及的都是比较复杂的群体利益冲突及权威问题。第三部分为《你会怎么办?》,含《生日》《禁闭》《逮捕!》《街景》《悲剧》《盖尔住院》6本小册子,呈现的是以历史事实或现实为基础的道德困境,其宗旨在于回答这样一个问题:如果是你,会怎样做?

《生命线》中详细列举了体谅模式的一系列操作程序,包括由教师向学生提供道德情景、再以学生为主展开角色扮演、共同讨论和案例分析等步骤,这些给学生以强烈的情感冲动和深刻反思的机会,并指导他们如何将这种美好的道德情感传递下去。以单元《敏感性》的教学为例,此单元有46种个人对个人的情境,如情境:你的一个熟人在你与别人说话时常常插嘴甚至试图改变话题,你怎么办?每一种情境都以一幅生动的彩色画面加以描绘,展现在"敏感性卡片"上。麦克菲尔对于使用敏感性卡片的教学程序提出如下建议:①宣读或板书一种体谅情境;②请学生将"怎么办"的答案写或画出来;③寻求建议性的行动方针或者收集答卷,并选择一种行动方针作为开始;④邀请一组作出类似反应的学生,分角色扮演该情境、该反应以及他们想到的随即发生的事情;⑤请班上其他同学对该角色表演评论,启发其他方面的角色扮演;⑥如果学生还有兴致,可继续扮演和讨论学生提出的进一步反应;⑦先由学生,后教师进行总结,注意讨论不同答案正反两方面,最后由学生作判断。

体谅模式是一种从情感入手的德育模式,它从学生的需要出发,以情感教育为指导思想,重新确立了学校德育的基础和原则。其模式的另一特点是为学校德育课程教学提供了一套别具一格、深受欢迎的教科书,使道德教育贴近生活又具有很强的课堂操作性。体谅模式在实践上有创新和突破,但是其中也存在许多问题和不足,主要是:第一,过度倾向实证数据而缺少强有力的理论基础,使教师在实际工作中往往难于得到要领;第二,麦克菲尔在理论上主张人本主义,在实践上推崇行为主义,使体谅模式自身存在内在的矛盾;第三,麦克菲尔的调查只

---

① 黄向阳.德育原理[M].上海:华东师范大学出版社,2000.

是针对12岁到18岁的中学生,而缺乏对12岁之前学生的调查,因此其关于青少年期是人生"社会试验期"的理论假设不完全可靠。尽管存在各种问题,但仍不能否认体谅模式对当代西方学校德育做出的杰出贡献,尤其是提供了一整套提高学生人际意识和社会意识的开放性情境教材,对我国德育具有一定借鉴意义。

三、价值澄清模式

价值澄清模式是指使受教育者通过价值评价和选择的学习,获得最合适、最清晰的个人价值观的一种道德教育模式。该模式最早是作为一种教学方法出现于20世纪20年代,为进步主义教育采用,在20世纪60年代时逐渐形成一个德育学派。代表人物主要是路易斯·拉斯、梅里尔·哈明、悉米·西蒙等,他们合著的《价值与教学》是该学派的奠基性文献。

(一)价值澄清模式的主要观点

1. 理论假设

价值澄清是以两个最基本的理论假设为前提的:①当代儿童处于充满互相冲突的价值观的社会中,这些价值观深深地影响着他们的身心发展;②在当代社会中,根本就没有一套公认的道德原则或价值观。从这两个假设出发,价值澄清论者坚持价值的经验特性,反对灌输,认为价值澄清的主要目的是帮助儿童澄清他们的价值陈述和行为,以适应不断变化的社会。正如拉思斯认为的,教师不能教给儿童一套绝对的价值,却能教给他们用来获得自己的价值的方法。价值澄清鼓励学生在通过自我经验形成现有价值观的基础上进一步思考,通过学习评价分析和批评性思考等方法,提高他们进行价值判断与价值选择的能力。因此,教师只能通过学习、分析、讨论、评价等方式来帮助学生形成适合本人的价值观体系。

2. 价值澄清的四大要素

(1) 关注生活。要求学生注意到那些自认有价值的生活中的事物,如情感、态度、目的等,并注意到价值是如何被反映出来的。

(2) 接受现实。强调价值澄清要原原本本地接受学生的一切,包括观点、兴趣、情感等价值观,帮助学生作为个人来接受自己以及坦诚地表达自己,但并不等于赞成。

(3) 深入思考。价值澄清不仅要接受学生的价值观,更应在接受的同时,鼓励学生进一步综合反省各种问题,以便学生能作多种选择、更好地意识到个人珍视的东西、更好地选择和珍惜日常的行为。

(4) 提高个人潜能。通过价值澄清,可以使学生正视思考个人的价值问题,能更好地整合他们的选择、珍视和行动,有助于澄清技能的发展和自我指导能力的提高。

(二)价值澄清模式在学校中的实践

1. 价值澄清的完整过程

价值澄清理论认为,价值澄清是利用各种问题和活动教授评价过程并帮助人们熟练地应用这一评价过程,而这一评价过程可以分为诸多步骤。拉斯等人提出了价值澄清过程的三个阶段七个步骤,任何信念、态度等价值要变成某人的价值,必须符合这一过程的七个步骤,否则将不可能成为他的价值观,①如表7-2所示。

---

① 拉思斯.价值与教学[M].谭松贤,译.杭州:浙江教育出版社,2003.

表 7-2　价值澄清过程三阶段七步骤

阶　段	步　骤	解　释
第一阶段：选择	(1) 自由地选择	只有在自由的选择中，才能根据自己的价值观行事，被迫的选择是无法使这种价值整合到他的价值体系中的。
	(2) 从多种可能选择中进行选择	提供多种可能让学生选择，有利于学生对选择的分析思考。
	(3) 对每一种可能选择的后果进行深深思考后作出选择	对各种选择都作出理性的因果分析，反复衡量利弊后的选择，在此过程中，个人在意志、情感以及社会责任等方面都受到考验。
第二阶段：珍视	(4) 珍爱，对选择感到满意	珍惜自己的选择，并为自己能有这种理性的选择而自豪，将其看作自己内在能力的表现和自己生活的一部分。
	(5) 愿意向别人确认自己的选择	以充分的理由再次肯定这种选择，并乐意公开与别人分享而不会因这种选择而感到羞愧。
第三阶段：行动	(6) 依据选择行动	鼓励学生把信奉的价值观付诸行动，指导行动，使行动反映出所选择的价值取向。
	(7) 以某种生活方式不断重复	鼓励学生反复坚定地把价值观付诸行动，使之成为某种生活方式或行为模式。

2．几种重要的价值澄清法

拉斯在《价值与教学》一书中列举了"对话策略""书写策略""讨论策略""提高对结果意识的策略"以及其他 19 种价值澄清在学校德育中的实践策略。其中学校德育实践中最常用的策略和方法，可以概括为以下几种。

(1) 价值澄清反应法，"它是教师针对学生所说的话或所做的事而做出的反应，旨在鼓励学生进行特别的思考。教师有时在与某个学生进行非正式的对话时，或全班课堂讨论中间做出口头上的澄清反应。"[①]它是价值澄清中最基本、最灵活的方法。师生的对话应是"软性的"、随意的或激励性的，学生自愿参加，教师尊重个人的隐私权。

(2) 价值表填写法，是指教师事先拟订一系列学生关心的价值问题，学生根据自己的看法，按价值澄清的七个过程或步骤来填写教师发出的价值表。一般来说，这种方法要求个人独立思考或小组讨论，其作用是通过学生独立思考，在不受外部因素的干扰和影响的情况下，作出合适的评价，从而帮助学生形成合理的价值观。在独立完成价值表后，教师要鼓励学生公开自己的答案，注意面向全体学生，让每个人都有表决自己的价值观的机会。

(3) 价值延续体讨论法，是指任何问题都可以扩展其可供选择的范围，而不仅仅局限于两个极端的看法。该方法通过团体讨论帮助学生更加明确自己的价值观，并努力理解他人的价值观。前两种方法主要是针对个体进行的，而价值延续体讨论法可以在大组或全班讨论中运用，通常由"挑选讨论话题、让学生充分思考、充分展开讨论、讨论而得到的体会"四个步骤组成。

相对于传统的德育模式而言，价值澄清模式以其现实性、实用性、可操作性和有效性给道德教育注入了新鲜的血液。价值澄清法强调的尊重主体内在因素特别是思维、情感以及个人内部的选择、评价过程在价值形成中的作用，反对生硬灌输等思想，反映了社会进步和人们追求个性自由的要求。但是，价值澄清模式提倡的价值相对主义过分强调价值的并存与冲突，容易导致学生的利己主义和以个人为中心的价值观的产生。此外，该模式偏重形式而忽视教育内容，过分强调个人的主观因素而完全否定外部因素在学生价值观确立中的作用，完全忽视传

---

① 拉思斯.价值与教学[M].谭松贤,译.杭州：浙江教育出版社,2003.

授间接知识的必要,这显然也是该理论的不足之处。

四、社会学习模式

社会学习理论的创始人是美国心理学家阿尔伯特·班杜拉。他通过一系列的实验,研究了儿童社会学习问题,提出了观察学习、交互决定论、自我调节、自我效能等,并由此形成了颇具影响的社会学习模式。社会学习模式的思想主要体现在1963年班杜拉和沃尔特斯合著的《社会学习和人格发展》以及班杜拉的《社会学习理论》等著作中。

(一)关于社会学习(观察学习)

社会学习是个体为满足社会需要而掌握社会知识、经验和行为规范以及技能的过程。班杜拉将社会学习分为直接学习和观察学习两种形式。直接学习是个体对刺激做出反应并受到强化而完成的学习过程,离开学习者本身对刺激的反应及其所受到的强化,学习就不能产生;社会观察学习亦称观察学习,就是通过观察他人(或榜样)的行为(这种行为对于观察学习者来说是新的行为),获得示范行为的象征性表象,并引导学习者做出与之相对应的行为的过程。班杜拉对观察学习进行了比较系统的研究,积累了较丰富的实证资料,他的社会学习模式是以观察学习为核心而建立的。他认为,人的多数行为是通过观察别人的行为和行为的结果而学得的。依靠观察学习可以迅速掌握大量的行为模式,所以建立在替代基础上的观察学习是人类学习的重要形式,是品德教育的主要渠道。

观察学习不同于模仿,是一种较为复杂的学习过程,是从他人的行为及其后果中获得信息,其中可能包含模仿,也可能不包含模仿。观察学习对个人道德行为的重要作用主要有:①可以立即学到新的行为;②可以抑制和消除内隐的行为倾向出现;③可以刺激内隐的行为倾向变为外显的实际行为;④可以改变、消除或强化原有的行为模式。

班杜拉认为观察学习是由四个相互联系的子过程组成的,即注意过程、保持过程、运动复现过程和动机过程。①

(1)注意过程要求将学生置身于大量的示范事件下,使之注意榜样行为的重要特征,并决定从正在进行的示范事件中抽取哪些信息。

(2)保持过程是把榜样的示范行为象征化,以映象或言语符号的形式保存在记忆中,当把示范行为转换成表象和容易利用的言语符号后,这些记忆编码就可以用来指导人的行为表现。

(3)运动再现过程是把象征性表象转化为行为的过程,再现出来的行为并非是准确无误的,还需要给予调整和纠正。

(4)动机作用过程是通过强化激发和维持行为,增强行为的动机。强化分为外部强化、替代强化和自我强化三种。外部强化是通过外界因素对学习者的行为直接进行干预,替代强化是一种榜样替代的强化,自我强化是"达到自己设定的标准时,以自己能支配的报酬来增强、维持自己的行为的过程"。

(二)关于榜样示范

班杜拉等人非常重视榜样示范对儿童品德形成的作用,认为儿童的发展不仅是一个内部成长过程,而且是通过社会榜样的呈现和社会实践、训练来实现的。人的行为可以通过观察学习过程获得,但是获得什么样的行为以及行为的表现如何,则有赖于榜样的作用。同时,榜样

---

① 班杜拉.社会学习心理学[M].郭占基,译.长春:吉林教育出版社,1988.

的影响是多向的,一些示范可以及时表现出来,而另一些示范则可能在以后某种条件作用下才出现,一些示范还可能产生相反的作用。榜样是否具有魅力、是否拥有奖赏、榜样行为的复杂程度、榜样行为的结果和榜样与观察者的人际关系都将影响观察者的行为表现。

(三) 关于自我效能

自我效能是人们对自身能否利用所拥有的技能去完成某项工作行为的自信程度。在德育实践中,自我效能属于潜在自我因素,但自我效能在个体道德行为表现中起到了关键作用。班杜拉指出,"效能预期不只影响活动和场合的选择,也对努力程度产生影响。被知觉到的效能预期是人们遇到应激情况时选择什么活动、花费多大力气、支持多长时间的努力的主要决定者。"①个体是否愿意参与、在多大程度上愿意参与或者是在参与过程中表现出来的持久力,主要是由自我效能来决定的。在德育教育过程中,教师应该关注个体在学习、生活上所取得的进步,为学生提供获得成功的机会,增强其自信心,并通过榜样以及言语说服培养个体好的自我效能,激发个体的道德动机水平与其在道德活动过程中的努力程度,自觉投入道德实践中。

资料夹 7-4

有关道德行为形成的实验研究

(1) 攻击性行为学习实验

这一研究是班杜拉与其他人合作于20世纪60年代初期进行的。实验选择3~5岁的儿童共72名,男女儿童各占一半。首先把72名儿童分为三大组。第一组为攻击型榜样组,男女儿童各12名;第二组为温和型榜样组,男女儿童也各12名;第三组为不提供任何榜样的正常情境组,男女儿童各6名。分完组后便开始实验。实验室内的墙壁布置着一些鲜花和动物的图画。室内一个角落放着一个充气娃娃和一些修理玩具用的木植等工具。

儿童被实验者逐一带进实验室。第一组儿童被带进实验室时做示范的成人榜样在整理工具,然后走到充气娃娃旁边,用工具对娃娃敲打、辱骂。在"打它脑袋""打它鼻子""把它扔出去"等骂声的伴随下击打,甚至还摔打和脚踢,表现出明显的攻击行为。第二组儿童被带进实验室后做示范的成人榜样在整齐地摆放工具,对充气娃娃没做任何理睬。第三组儿童则根本没有被带入实验室,照常在一般情境中游戏。

实验者在间隔约20分钟之后把儿童带到另外一间带有玩具娃娃和工具的房间,让儿童随意游戏。实验者透过单向玻璃观察到,第一组儿童由于看到示范榜样攻击布娃娃的行为,所以表现出了比第二组和第三组更多的攻击性行为。

攻击性行为的研究除了让儿童身临其境外,班杜拉他们还利用电影、戏剧等形式让儿童观看有关的攻击性行为。不同的实验形式都取得了类似的结果。基于这类实验研究他们确信儿童在观察了榜样的示范行为后很容易模仿其行为。虽然观察时儿童没有"反应→强化"这一程序,但儿童也能学会一定行为。

(2) 抗诱惑实验

这项研究是社会学习理论的另一位主要代表人物沃尔特斯与其他人合作进行的。实验选择的被试者都是5岁的出身于低收入家庭的儿童。实验时将儿童分成三组分别观看不同的影片。

---

① 高春申.人性辉煌之路——班杜拉的社会学习理论[M].武汉:湖北教育出版社,1999.

第一组称为榜样奖励组。儿童可以看到影片中一个男孩在房间玩一些被告知不许玩的玩具。可是,他妈妈进入房间后亲热地夸奖了这个男孩并且和这孩子一起玩这些玩具。

第二组称为榜样指责组。儿童看到的影片和第一组儿童看的影片场面背景一样。不同之处在于当男孩的妈妈进入房间看到这个男孩违反禁令玩那些玩具时就严厉地训斥他。这个男孩听到妈妈的训斥立即放下玩具,跳到沙发上用毯子遮住脸,害怕得哆嗦起来。

第三组称为控制组。不看任何影片。

看完影片后便对所有儿童进行测验。实验者布置一个实验室,室内有许多诱人的、有趣的玩具。同时室内还有一些大字典和百科知识工具书。分组实验前已告诉儿童不许玩这些玩具,但可以翻看书籍。当把儿童逐一带进这个实验室后,允许每个儿童在室内呆15分钟。实验者通过单向玻璃记录儿童的表现。他们发现第一组儿童很快屈从于诱惑,无视禁令去玩那些玩具,克制行为的潜伏时间平均为80秒。第二组儿童平均过了7分钟才去动那些玩具,有的儿童15分钟内始终没有去碰一下玩具。第三组儿童平均潜伏了5分钟左右开始玩那些玩具。

这一实验说明:榜样具有替代的作用,儿童通过观看影片中受到奖励和指责的不同榜样示范而学习了不同的抗诱惑行为。可见榜样的力量是很大的。

资料来源:袁桂林.当代西方道德教育理论[M].福州:福建教育出版社,2005.

班杜拉的社会学习模式是在前人研究的基础上,把行为主义、认知心理学和人本主义加以融合,对人的道德行为做出更合理的阐释,对德育工作有很大意义,能够改善学生在道德教育中存在的一系列问题。但其在理论上也有一些缺陷,如理论的各个部分较分散,忽视人的内在动机、内心冲突、建构方式等因素,一些试验的信度也存在疑问等。

五、集体教育模式

安东·谢苗诺维奇·马卡连柯是苏联著名的教育革新家、教育理论家、教育实践家和作家,也是集体教育思想的代表人物。集体主义教育思想是马卡连柯教育理论体系的核心,他提出"在集体中,通过集体和为了集体"这一集体教育的基本观念。他反复强调,"个人对个人的影响是一种狭隘的、有限的因素,只有通过统一的和有影响的集体,才能在儿童意识中唤起强大的舆论力量,形成调节和约束学生行为的因素,充分发挥他们的聪明才智,逐步形成集体主义的思想、信念和行为习惯。"①他的教育理论著作《教育诗篇》《塔上旗》《父母必读》等是他集体教育思想的概括和升华,反映了他为之付出毕生精力的教育实践活动和教育理论探索。

(一)集体教育的前提

马卡连柯在教育工作中十分尊重学生的主体性人格,有人曾问马卡连柯他的教育经验的本质是什么,马卡连柯回答说,"我的基本原则永远是尽量多地要求一个人,同时也要尽可能地尊重他"②。在他看来,尊重与信任人是教育的前提;也只有从尊重与信任人出发,才能产生合理的教育措施,取得良好的教育效果。"我们向每个人提出严格的、切实的和一般的要求……我们对个人也表现出极大的、有原则的尊重。这就是把对个人的要求和对个人的尊重结合起来"③。马卡连柯在波尔塔瓦创办并主持儿童犯劳动教养院时,本着尊重与要求相结合的原

---

① 吴式颖,李明德.外国教育史教程[M].3版.北京:人民教育出版社,2015.
②③ 马卡连柯.马卡连柯教育文集:下卷[M].吴式颖,等编.北京:人民教育出版社,2005.

则,给予学生足够的尊重与信任,并在此基础之上发掘他们身上的积极因素,将几百个在生活中受了残酷践踏的孩子培养成为将军、医生、教师等社会有用之才,成为教育学者学习的典范。

(二) 集体教育的原则

在充分尊重与信任儿童的基础上,马卡连柯通过分析儿童集体形成的阶段,提出了前景教育原则和平行教育影响原则。

1. 前景教育原则

"人的生活的真正刺激就是明天的欢乐,在教育技术中,这种明天的快乐就是最重要的工作对象之一。"①马卡连柯认为,集体的生命活力在于不停滞地前进。在改造过程中,教师不断地向集体提出新的奋斗目标来刺激集体的活力。这种新的目标就是前景,是人们对美好前途的希望。前景教育原则就是以任务驱动实现目标,即给学生提供一个或几个需要经过一定努力才能完成的新任务,吸引集体中的每个成员为完成新的任务、实现新的前景,由近及远、由易到难地开展活动。他强调指出,"培养人,就是培养他前途的希望。这个工作方法就是建立新的前途,运用已有的前途,逐渐代之以更有价值的前途。"②前景教育可以分为3个步骤,即近景、中景和远景。近景主要是针对还没有能力安排自己未来长远的意向和兴趣的儿童,随着儿童年龄的增长,近景将逐渐让位给中景和远景。

2. 平行教育影响原则

马卡连柯的平行教育影响原则以集体为教育对象,通过集体而教育个人,目的在于让学生真正成为教育的主体。他说:"每当我们给个人一种影响的时候,这影响必定同时应当是给集体的一种影响。相反地,每当我们涉及集体的时候,同时也应当成为对于组成集体的每一个个人的教育。"③集体教育与个人教育是同时进行的,学生既可以从教师那里接受教育,同时也会从集体中获得教育;教师在教育单独的个人时也应想到对整个集体的教育,通过对个人的教育影响集体。

(三) 集体教育的方法

马卡连柯非常重视劳动教育,认为在社会主义国家里,劳动是非常光荣的事。劳动教育即培养人的劳动品质的教育,其最大的益处在于"道德和精神上的发展",即培养学生良好的道德品质。马卡连柯认为在集体中能够形成一种相互依存的关系,通过开展集体劳动实践活动,学生之间形成相互依存的关系能够促进学生人际交往的能力。纪律教育是与集体教育、劳动教育密切联系的。在对学生进行纪律教育时,要合理使用惩罚和奖励,反对滥用惩罚,坚决反对体罚。

马卡连柯一生从事教育事业,他的集体教育模式总结了苏联多年的教育实践,对我国当前教育方法和原则也具有很强的指导与实践意义。集体主义教育理论和方法也反映了客观的教育规律,对教育工作有普遍的指导意义。不过,集体主义教育思想也是在一定的历史条件下个人教育经验的总结,带有一定的局限性。因此,在借鉴马卡连柯的集体主义理论培养和建立优秀的学生集体的同时,一定要树立科学的发展观,在集体教育中关注学生的个性差异,使学生的个性获得充分自主的发展。

练习

【7-24】 马卡连柯总结了集体教育、劳动教育和纪律教育的实践经验,提出了( )。

A. 知行统一原则   B. 因材施教原则
C. 平行影响原则   D. 教育一致性原则

---

①②③ 马卡连柯. 马卡连柯教育文集:上卷[M]. 吴式颖,等编. 北京:人民教育出版社,1985.

【7-25】只有建立了统一的学校集体,才能在儿童的意识中唤起舆论的强大力量,这种舆论的力量,是支配儿童行为并使它纪律化的一种教育因素。提出这一集体教育主张的教育家是( )。

A. 加里宁　　　　B. 马卡连柯　　　　C. 凯洛夫　　　　D. 苏霍姆林斯基

提示:记忆德育模式和对应的代表人物可用"认知皮科,澄清拉哈,体谅麦克,模仿杜拉,集体连柯"口诀,囊括皮亚杰和科尔伯格的认知模式、拉斯和哈明的价值澄清模式、彼得·麦克的体谅模式、班杜拉的社会学习模式和马卡连柯的集体主义教育模式。

本章小结

哲学家康德曾说:"有两种伟大的事物,我们越是经常、越是执着地思考它们,我们心中就越是充满永远新鲜、有增无减的赞叹与敬畏——我们头上的星空,我们心中的道德法则!"学校德育作为德育的一种重要形式,对实现社会主义现代化建设、青少年的健康成长和实现我国的教育目的具有重要的意义。德育所研究的德育现象和德育问题,随着社会政治、经济、科技、文化的发展而处于不断更新和变化之中,因此,对学校德育工作进行经常性反思,就成为今天教育工作者义不容辞的责任。

知识结构

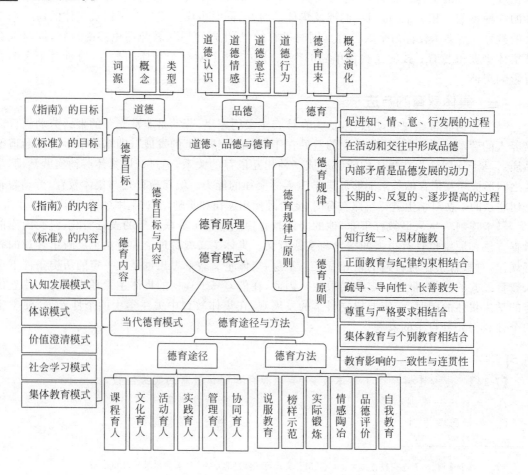

第 8 章
教师·学生

学习目标

◎ 了解教师职业的产生与演变；
◎ 了解教师的角色定位，熟记教师的劳动特点；
◎ 识记教师的职业素养以及教师的资格、权利与义务；
◎ 理解并熟记教师专业发展的相关理论；
◎ 熟悉学生的特点及学生群体的作用，了解学生的权利与义务；
◎ 理解师生关系的特点和类型，熟悉良好师生关系的标准与建立。

学习重点

本章学习重点是教师的劳动特点，教师的职业素养要求和专业发展理论以及学生的特点与权利。同时，应对良好师生关系的特点、类型、标准以及构建有所了解，并能结合实践加以应用。

学习导引

本章内容按"教师—学生—师生关系"这一主线展开，所以，学习本章内容时可以按这一主线进行。首先，在教师这一章节，可以按"职业产生—职业特点—素养要求—权利义务—专业发展"这个思路去梳理相关知识点；其次，在理解学生本质属性的基础上，形成正确的学生观，牢记学生的基本权利；最后，熟悉师生关系的特点与类型，并能结合实践明白如何构建良好的师生关系。

引子

我的第一身份是教师

从长白山脚下的小山村走来，窦桂梅 15 岁时以优异成绩考入吉林师范学校;大学毕业后,她从行政文书、教务处代课老师做起,30岁成为吉林省最年轻的特级教师;2010年年底,接棒清华附小第16任校长。

从一线课堂走来的窦桂梅,即便现在担任校长职务,仍然没有走下讲台,还敢于上几千人的公开课。窦桂梅说:我的第一身份是教师。在窦桂梅的课堂上她从来没有把自己当成是教材的传声筒。她会在原来经典文章的基础上,用自己的思想和想象反复打磨一堂课。窦桂梅把每一节课都当作研究课,永远站在讲台上,一站就是34年。

讲台有什么"魔力"让她如此"痴迷"?窦桂梅说:"我的人生有近30年的时光都是和语文教学联系在一起的。只要一站在讲台上,我会变成另外一个窦桂梅,这不是我的职业,这已经成为我生命的惯性。教育工作者不能关起办公室的门搞教育,必须亲自走到教室里发现问题,了解老师们的困惑,了解学生们现在在想什么,把脉诊断,有的放矢。"

回首自己的教育生涯,窦桂梅说:"教师是我的第一身份,也是我的第一使命。时代选择了我们,我们唯有以舍我其谁的勇气冲锋,做人民需要的四有好老师,和全国所有的教师一道做好学生的四个引路人,方能不辜负这伟大的时代。"①

作为清华大学附属小学校长的窦桂梅,坚称"教师是我的第一身份,也是我的第一使命"。为什么对讲台如此"痴迷"?在窦桂梅眼中,只有通过"讲台"才能"发现问题,了解老师们的困惑,了解学生们现在在想什么,把脉诊断,有的放矢",才能"做好学生的四个引路人"。那么,被窦桂梅称作"第一身份"的教师,到底是一个怎样的职业,这个职业有哪些特点,从事这个职业又需要哪些素养,怎样才能获得这些素养?教师和学生应该是怎样的关系,如何建立良好的师生关系?本章将对这些问题进行探讨。

第一节 教 师

《师说》曰:"师者,所以传道授业解惑也。"陶行知先生说教师"千教万教,教人求真。"习近平总书记强调广大教师应做"有理想信念、有道德情操、有扎实学识、有仁爱之心"的"四有"好老师。那么,教师到底是一个怎样的职业?

一、教师职业的产生与演变

就一种职业而言,"教师职业是跟学校共始终的一种职业"②,但教师职业并非与教育同生共长,而是经历了萌芽阶段—独立职能阶段—专门职业阶段的一个漫长过程。近代以后,教师的培养走向专业化。

(一)萌芽阶段

在原始社会时期,要维持部落的生存和繁衍,就必须将相关的生产经验与生活经验传授给下一代。自然地,部落中富有生活经验的年长者与其他富有生产经验的能人,承担起教师的职责,负责把生产知识、制造使用劳动工具的方法与技能,以及生活经验、风俗习惯及行为准则等通过口耳相传的方法传授给其他部落成员。我国史书记载:"(有巢氏)构木为巢,以避群害③;

---

① 央视网.清华附小校长窦桂梅:"我的第一身份是教师"[EB/OL].(2020-09-14)[2023-09-20]. https://news.cctv.com/2020/09/11/ARTIO3kKDwUlxcgWNeVQj3EF200911.shtml. 引用时有改动.

② 许椿生.简谈历史上教师的作用与地位[C]//瞿葆奎.教育学文集·教师.北京:人民教育出版社,1991.

③ 《韩非子·五蠹篇》.

(燧人氏)钻燧取火,教民熟食"①;(伏羲氏)做结绳而为网罟,以佃以渔;②神农因天之时,分地之利,制耒耜,教民农作③等都反映了氏族公社的长者、能者以其劳动经验来教导群众,承担着一种类似教师的职责。诚如韩愈所解释的:"古之时,人之害多矣。有圣人者立,然后教之以相生之道。为之君,为之师。"④其意思大致是:古时候,百姓的灾害很多,有圣人站出来,教其他人如何战胜自然灾害,生存下去,这些人便成为众人的领袖,同时也成为众人的老师。母系社会中的年长妇女,父系社会中的父兄,部落中的能人在某种程度上都承担着向下一代传递生产和生活知识的职能。概言之,此时以长者为师、能者为师,在生产劳动和生活场所开展这种知识经验的传递活动,还没有专门的教育机构与独立职业的教师。

练习

【8-1】 在我国古代,教育与生活、生产活动融为一体,担任教师职责的一般是(　　)。

A. 长(能)者　　　B. 巫师　　　C. 妇女　　　D. 氏族首领

到原始社会后期,随着生产力水平提高,劳动产品逐渐有了剩余,这就使一些人独立出来专门从事知识经验的传递成为可能,脑力劳动与体力劳动开始分离,慢慢地专门的教育机构——学校开始萌芽。如古书中有记载:"五帝名大学曰成均""有虞氏养国老上庠,养庶老于下庠"。"成均"是演奏礼乐的地方,同时也是教授礼乐的地方。"庠者,养也"是指仓库,同时也是养老的地方,兼有养育下一代的责任。因而可以认为这些从事非物质生产的人,如巫、史、卜、贞人、乐师等是最早的一批教师。这一时期的"教师"有以下特点:教师是既从事教育活动又从事社会生产和社会生活的能者或长者,教师还没有游离出生产和生活领域;教育主要围绕生产劳动和生存训练,是一种原始性的、自发性的活动,没有固定的教育场所,也没有脱离生产劳动的专职教师和学生。

(二)独立职能阶段

进入奴隶社会,出现了专门的学校。《孟子》中记载"夏曰校,殷曰序,周曰庠,学则三代共之"。由于学校的出现,出现了一些专门从事教育事业的人员。在商代,甲骨文中就出现了"师"的字样,到了周代,有了专职官员称"师氏",并有大师与小师之分。到了奴隶制的鼎盛时期的西周,官学体制建立,教师全由政府官员兼任,表现出"官守学业""官师合一"的特点,即所谓"居官之人,亦即教民之人也"。当时的教师基本上是官吏,哪怕是小到闾里之塾的教师,"亦必七十致仕之大夫"。西周时的"师""保""傅"一定意义上都可称为教师,有文献为证:"召公为太保,周公为太傅,太公为太师。保,保其身体;傅,傅其德义;师,导之教训。"⑤此外,掌管教育的大司乐、大司徒、大胥、州正、党正、族师等也在自己的行政职权内行使教育之职。这时的"教师"有以下特点:开始从生产劳动中分离出来,成为专门从事脑力劳动的人员;基本任务是传授知识;教师成为独立而泛化的行业,既从事教育活动,又担当其他社会角色;教师从知识分子中分化出来,没有受过专门培训,其教育教学技能主要从实践中获得。这个时期虽然有了独立职能的教师,但还没有成为一种单独的社会职业。

---

①③ 《白虎通(卷一)》.
② 《易经·系辞》.
④ 韩愈.原道[C]//刘勰.文心雕龙(上).上海:上海古籍出版社,2015.
⑤ 《大戴礼记·太傅》.

（三）专门职业阶段

在春秋战国时期，随着学术下移，私学开始兴起，这些拥有一定知识和技能的人士逐渐形成了一个相对独立的"士"阶层。"士"进可以做官食禄，退可以为师办学，成为一种专门的职业。如《韩非子》所言："主卖官爵，臣卖智力"，而教师则"自恃无恃人"。这说明当时的"士"已经可以凭自己的知识技能生存，以教书为谋生之道。这些"士"人是我国第一代职业教师，其中以孔子为最，号称"弟子三千，贤人七十二"①，因此被称为我国教师的祖师爷。私学教师一般又有经师与蒙师之分。经师一般在精舍、书院讲学著述，更多的私学教师是蒙师，即为儿童的"句读之师"。蒙师又称塾师，多为私自招收弟子，或被一些大家族所聘请。在春秋战国时期，教师的称呼除师、保、傅之外，还有先生、夫子等。汉代以后，中央官学中的教师称为"博士"，博士中的首领称为"仆射"，东汉时改名为"祭酒"。地方官学中的教师也有规定，郡国学校中设经师一人，乡里学校设"孝经"师一人。一般而言，汉代的教师要求专长一门经学。到了唐代，官学已经非常完备，教师成为一个不可或缺的专门职业。学校教师的名称有"祭酒""博士""助教""直讲"等。在西方，一般认为"智者派"是西方历史上最早出现的教师。

资料夹 8-1

"经师"与"人师"

"经师"和"人师"表达的是对教师的两种期望。两者第一次以有意义的、相关联的形式出现在同一语句是东晋袁宏所著《后汉纪》所载郭泰与陈国童子魏昭的对话中，《后汉纪·灵帝纪上》记载："童子魏昭求入其房，供给洒扫。泰曰：'年少当精义书，曷为来近我乎？'昭曰：'盖闻经师易遇，人师难遭，故欲以素丝之质，附近朱蓝耳。'泰美其言，听与共止。"自此二者常作为对举概念被延续使用，二者的释义分别如下。

◆ 经师

① 自汉代以后对传授儒家经学者的通称。

② 学官。《汉书·平帝纪》："郡国曰学，县、道、邑、侯国曰校，校置经师。"

③ 与"人师"相对的称谓。

④ 佛教讲经者之称谓。《昆奈耶·杂事》记："我欲亲往奉彼经师，胜鬘夫人便作是念，岂非圣者善和，以美妙音声，讽诵经典。"

⑤ 指专门研究、讲授《古兰经》、圣训和其他伊斯兰教经典的学者。因在经堂内传经授教而得名。多用于明清时期。著名者如胡登洲、伍遵契、常子美等。清初回族学者赵灿所撰《经学系传谱》，对当时经堂教育的经师师承关系和社会活动有较详的记载。

"经师授徒"亦称"经师讲学"。古代教育之重要形式，盛于汉代。经师以儒家经典教授门徒，大多自立精舍或精庐，隐居教授。亦间有居官教授者。弟子有及门弟子和著录弟子之分，自数百数千以至万人之众。求学者常背井离乡，千里负笈寻师。讲学重师法、家法。汉以后，此风相继不绝。

◆ 人师

中国古代品德高尚、才识卓异、堪称表率的人。《荀子·儒效》："四海之内若一家，通达之属，莫不从服，夫是之谓人师。"汉韩婴《韩诗外传》："智如泉源，行可以为表仪者，人师也。"晋袁宏《汉纪·郭泰传》："经师易获，人师难得。"

资料来源：顾明远.教育大辞典(增订合编本)[M].上海：上海教育出版社，1998.

---

① 出自《史记·孔子世家》，原文为"孔子以诗书礼乐教，弟子盖三千焉，身通六艺者七十有二人。"

练习

【8-2】 在我国教育发展史上，专门以教育为谋生之道的第一代职业教师是（　　）。
A．长（能）者　　B．士　　C．智者　　D．孔子

（四）专业化阶段

近代以来，师范教育的诞生与变革，使教师走上专门化的培养道路，也标志着教师职业的专业化。1681年法国的拉萨尔（Lasalle,1651—1719）在兰斯（Rheims）创办了教师训练机构。1695年德国法兰克（A. H. Francke,1663—1727）于哈雷（Halle）开办教员养成所。① 这种教师培养方式很快为西方其他国家效仿。我国大约在19世纪末出现了专门的教师培养机构，如1897年实业家盛宣怀在上海南洋公学中设立"师范苑"，1902年京师大学堂内开办"师范馆"，同年实业家和教育家张謇自筹资金在江苏南通创办"民立通州师范学校"等。这些师范学校的建立在教师职业发展史上揭开了新的一页。

练习

【8-3】 我国最早的专门的教师培训机构是（　　）。
A．上海南洋公学　　B．京师大学堂　　C．通州师范学校　　D．福建船政学堂

1966年，联合国教科文组织与国际劳工组织在《关于教师地位的建议》中提出：应当把教师职业作为专门职业来看待。这是首次提出了教师作为专业人员的声明。20世纪80年代以后，很多国家都加快了教师专业化建设的步伐。1983年，美国"高质量教育委员会"发表《国家在危急中：教育改革势在必行》，霍姆斯小组1986年、1990年、1995年分别发表《明天的教师》《明日之学校》《明日之教育学院》，卡内基工作小组1986年发表《国家为培养21世纪的教师作准备》，复兴小组于1989年发表的《新世界的教师》等一系列报告均对教师素质提出了更高的要求，要求以教师的专业化来实现教学的专业化。日本在20世纪80年代末建立了旨在促进教师专业化的校本培训模式，1988年教育与就业部颁布了新的教师教育专业性认可标准"教师教育课程要求"。1993年《中华人民共和国教师法》颁布，规定"教师是履行教育教学职责的专业人员"，促进了教师的专业化发展。之后又相继颁布了《教师资格条例》《〈教师资格条例〉实施办法》，逐步形成了教师资格制度的法律法规体系。2001年我国全面实施教师资格制度，教师资格制度的全面实施是教师职业走向专业化的重要步骤。2004年教育部公布《中小学教师教育技术能力标准（试行）》，2012年颁布《小学教师专业标准（试行）》明确规定了小学教师的专业标准。2013年发布《中小学教育资格考试暂行办法》和《中小学教师资格定期注册暂行办法》，使教师的专业化走向制度化。

二、教师的角色与劳动特点

每一个人都扮演着特定的角色。所谓角色，是一定社会身份所要求的一般行为方式及其内在的态度和价值观基础。角色包含三种要素：角色是一套社会行为模式；角色是由人的社会地位和身份决定的；角色是符合社会期望（社会规范、责任、义务等）的。② 教师角色，是指由教师的身份和地位决定的、符合社会期望的一套社会行为模式，代表着教师这一职业在社会中的功能。

---

① 蔡克勇.高等教育学引论[M].北京：首都师范大学出版社,1996.
② 乐国安.社会心理学[M].广州：广东高等教育出版社,2006.

（一）教师的角色定位

教师角色是特定历史时期的产物，受社会期待和文化背景等诸多因素的影响，有着鲜明的时代特征，教师角色定位的背后隐藏着"教师是什么"的深刻含义，教师角色定位的更迭也反映出社会的变迁以及教育观念的转变和发展。

1. 传统的教师角色定位

从传统角度分析，教师扮演的角色大致包括蜡烛角色、园丁角色、工程师角色以及教书匠角色。

（1）蜡烛角色

蜡烛作为常见的教师角色定位由来已久，"春蚕到死丝方尽，蜡炬成灰泪始干"（唐·李商隐《无题》），意为教师燃烧自己来照亮和温暖学生，体现了教师无私奉献的精神，是对教师传统社会期待的生动描绘。蜡烛的角色定位体现出了以生为本的教育观念，但其中不妥之处是蜡烛以牺牲自我来成就他人，是一种完全利他的教师观，这就使得教师作为人的自我发展需求往往被忽视，进而影响着教师的身份认同和教育行为。正所谓育人先育己，成人先成己，教师作为完整的人的成长和发展是教育和成就学生的前提和基础。在实际的教育教学实践活动中，教师的成长和发展并不是完成时态，而是进行时态，教师在促进学生发展的同时，也促进着自身的持续发展，在工作与学习中，体会人生的意义与价值。

（2）园丁角色

园丁代表着农业社会的教师角色定位，园丁本意是指从事园艺的工人，因为学生常被称为祖国的花朵，所以担负着培养学生责任的教师就自然而然被称为园丁。学生有其自然的成长周期和规律，教师要做的就是为学生"浇水施肥""修剪枝叶"，学生也在教师的细心爱护和精心耕耘下茁壮健康地生长，体现了教育的农业模式，与杜威的"教育即生长"的自然主义教育思想相似。园丁角色形象生动地凸显了教师在学生成长中发挥的作用，强调教育是一个顺其自然的活动，考虑到了学生的身心发展有其自然的规律和巨大的发展潜能。但该角色定位以"园丁与植物"的关系来类比师生关系，忽视了教师与学生的平等关系。此外，教师对学生的"修剪"是否会打压学生的个性和创造性呢？这也是有待商榷的问题。

（3）工程师角色

"人类灵魂的工程师"也是广为人知的教师角色定位。据考证，"人类灵魂的工程师"的说法始于斯大林和高尔基的一次谈话，而后苏联教育家加里宁在一次大会上引用。加里宁说："很多教师常常忘记他们应当是教育家，而教育家也就是人类灵魂的工程师。"[1]我国关于教师的"灵魂工程师"之说始于1951年《人民日报》刊发的一篇社论，之后此说法便一直被广泛传播。[2] "灵魂"二字是对教师工作的高度评价和赞扬，肯定了教师在精神世界层面的深刻影响，教师不仅是知识的传授者，更是人类精神世界的工程师。此外，将教师定位为人类灵魂的工程师，而不仅仅局限于学生，不仅是对教师职业内涵的进一步阐释，更表达了对教师的殷切期望和对教师之于社会发展功能的高度认同。

（4）教书匠角色

现代汉语词典对"教书匠"的释义为"指教师（含轻蔑意）。"[3]对教师教书匠的角色定位是

---

[1] 加里宁.论共产主义教育[M].陈昌浩,译.北京：中国青年出版社,1979.
[2] 张荣伟.重申"教师是人类灵魂的工程师"[J].新教师,2023(1)：13-16.
[3] 中国社会科学院语言研究所词典编辑室.现代汉语词典[M].7版.北京：商务印书馆,2016.

一种以"书"为本的技术理性至上的教师观念。"教书"忽视了"育人",认为教师只需要将书本上的知识传授给学生即可,而学生的任务也就是学习书本上的知识,忽视了学生作为一个整体的人的身心、价值观的全面发展。一个"匠"字将教师的工作窄化到了技术层面,工匠可以通过经验的积累以及实践的摸索实现技术的熟练,但学生并非一块待雕琢的木头,而是有思想有灵魂的生命,而教育是灵魂碰撞的活动,若教师仅追求技术层面的交流,那么很难培养出真正的人才,正如孟子所说:"梓匠轮舆,能与人规矩,不能使人巧。"①

2. 新时代教师角色的转变

随着时代的发展和新课程改革的推进,新的教育理念对教师素养提出了新要求,也引发了教师角色的转变。2014年9月,习近平总书记视察北京师范大学时指出,做好老师的必不可少的四个特质为:有理想信念、有道德情操、有扎实学识、有仁爱之心。②

（1）学生成长的引路人

2016年9月9日,习近平总书记在北京八一学校考察,强调教育决定着人类的今天,也决定着人类的未来。基础教育在国民教育体系中处于基础性、先导性地位,必须把握好定位,全面贯彻落实党的教育方针,从多方面采取措施,努力把我国基础教育越办越好。广大教师要做学生锤炼品格的引路人,做学生学习知识的引路人,做学生创新思维的引路人,做学生奉献祖国的引路人。③

练习

【8-4】 习近平总书记在2016年教师节讲话中指出教师要做学生发展的引路人,其内容是（　　）。
①做学生锤炼品格的引路人　②做学生学习知识的引路人　③做学生提升能力的引路人
④做学生创新思维的引路人　⑤做学生奉献祖国的引路人
A. ①②③④　　　　　B. ①②③⑤　　　　　C. ①②④⑤　　　　　D. ①③④⑤

（2）学生品格塑造的"大先生"

习近平总书记在全国高校思想政治工作会议中强调教师要做学生为学、为事、为人的示范,成为塑造学生品格、品行、品味的"大先生"。"大先生"的角色定位体现了对教师的敬重之意,"先生"之称一般为尊称,在我国传统文化中有长者、贤者之义。"先生,师也。谓师为先生者,言彼先己而生,其德多厚也。"④"大先生",要求教师以身为范,不断提高自身道德修养,成为道德高尚的楷模和世人效仿的榜样;以立德树人为旨趣,"把教书育人和自我修养结合起来,做到以德立身、以德立学、以德施教"。⑤

（3）学生学习的促进者

"教师是促进者"的思想最早由罗杰斯在人本主义教学理论中提出,他认为构建师生关系的三大要素是"真诚""接受""理解",教师要将学生视为具有情感和独特经验的人,并为学生提供一

---

① 《孟子·尽心下》.
② 习近平:做党和人民满意的好老师——同北京师范大学师生代表座谈时的讲话[EB/OL].(2014-09-10)[2024-09-02]. http://www.gov.cn/xinwen/2014/09/10/content_2747765.htm.
③ 新华社. 习近平在北京市八一学校考察时强调 全面贯彻落实党的教育方针 努力把我国基础教育越办越好 [EB/OL].(2016-09-09)[2023-09-28]. https://www.gov.cn/guowuyuan/2016-09/09/content_5107047.htm.
④ 《礼记正义（卷二）.曲礼上第一》.
⑤ 中华人民共和国教育部. 习近平总书记关于师德师风的重要论述摘编[EB/OL].(2021-05-11)[2024-09-02]. http://www.gov.cn/jyb_xwfb/moe_2082/2021/2021_z137/2021shideshifenglunsu/202105/t20210511_530825.html.

切条件和机会,对学生的学习起推动作用。① 随着课程改革的深入推进,以人为本的教育理念愈发深入人心,教师从传统观念中的知识传授的指导者转变为学生发展的促进者,这一转变将发展的主动权交给学生,以学生的发展为中心,是新时代教师角色转变的核心特征。作为促进者的教师要促而有道,要充分理解学生,为学生创造良好的学习环境,促进学生个性的和谐、健康发展。

（4）教育的研究者

基于培养创新型人才的需要,教师成为研究者已经是当今乃至未来教师基本素养的一部分,已经成为教师新的职业存在的基本表现形态。"研究者"的角色定位强调的是教师主体性的充分发挥,这意味着教师要对自身的教育教学实践进行持续不断的研究与反思,尤其是那些习以为常的教育现象和行为,不断提升教育教学智慧,使研究与反思成为教师基本的生活状态或方式。只有这样教师才能发现许多习以为常的教育现象和做法的不合理之处,才能不断发现问题、解决问题,不断提高教育教学质量,才能在教育实践中始终保持着创造性和自我更新,进而培养出富有创新精神的人才。

（5）课程的建设者

在传统的教学中,教学与课程是彼此分离的。教师被排斥于课程之外,教师的任务只是教学,教师是课程实施中的执行者。新课程倡导民主、开放、科学的课程理念,确立了国家课程、地方课程、校本课程三级课程管理政策,这就要求课程必须与教学相互整合,这就要求教师有强烈的课程意识和参与意识,提高开发本土化、乡土化、校本化的课程的能力,成为课程的建设者和开发者。

（6）开放的"社区型"教师

随着社会的发展,学校越来越广泛地同社区发生各种各样的内在联系。学校教育与社区生活正在走向终身教育要求的"一体化",学校教育社区化,社区生活教育化。新课程特别强调学校与社区的互动,重视挖掘社区的教育资源。在这种情况下,教师的角色也要求变革。教师不仅是学校的一员,还是社区的一员,是整个社区教育、科学、文化事业的共建者。因此,教师角色是开放的,是"社区型"教师。

资料夹 8-2

未来教师角色

读懂学生的分析师——未来教师一定要读懂学生,了解学生的差异,并利用差异开展教学,把"一刀切"的教学变成私人定制的学习支持。

重组课程的设计师——未来教师是重组课程的设计师,要基于教材、超越教材,整合课程资源,为学生的学习和发展提供针对性支持。

塑造品格的工程师——未来教师一定要摆脱灌输知识的角色定位,注重学生的内在价值,用心塑造学生的美好品格。

陶冶情感的咨询师——未来教师要以爱育爱、以情育情,通过积极美好的情感体验,帮助学生实现完整的生命成长。

联结世界的策划师——未来教师要把目光从狭小的教室转向广阔的世界,挖掘外部社会一切有利的教育资源,把最好的教育资源引向学生。

资料来源：曹培杰.未来教师画像——人工智能时代需要什么样的教师[J].中国德育,2020(10)：30-34.

---

① 王晓清.卡尔·罗杰斯：人本主义教育大师[J].教育与职业,2014(25)：106-107.

（二）教师的劳动特点

教师的职业劳动是一种特殊的精神生产活动。教师职业劳动的特点是由教师职业劳动的目的、职业劳动的对象和职业劳动的手段决定的。总体而言，教师的职业劳动具有示范性、复杂性、协作性、创造性、长期性等特点。

1. 示范性

"教者，效也。上为之，下效之。"① 教育本身就是示范性的活动，作为教育活动的实施者，教师的劳动必然带有强烈的示范性。教师劳动与其他劳动的最大区别是教师对学生的影响是全方位的，教师的一言一行、治学态度、价值观念等都会成为学生模仿的对象。教师的示范性贯穿教育活动的全过程：仪表仪态是教师精神面貌的外在体现，是对学生最直接的示范，得体的仪表仪态可以引导学生端正学习态度，保持积极向上的精神风貌；在教学实践中，教师需要先做示范以增强学生学习的直接性和规范性，特别是在课文朗读、例题分析、实验操作以及音、体、美和劳动技术的教学中，教师的示范显得更加重要；榜样示范法是重要的德育方法，教师的师德师风深刻影响着学生的思想和行为。

练习

【8-5】 第斯多惠曾说："教师本人是学校最重要的师表，是最直接的最有教益的模范，是学生最活生生的榜样。"这说明教师劳动具有（　　）。

A. 创造性　　　　B. 示范性　　　　C. 长期性　　　　D. 复杂性

2. 复杂性

从教师职业的性质、劳动对象、劳动内容和劳动过程等角度看，教师的劳动是一种复杂的劳动。首先，从职业性质上来说教师属于脑力劳动者，属于专业行为，是一种高度复杂的心智劳动；其次，教师劳动对象是具有一定自觉意识的、有感情、有理智、有个性的学生，每个学生都有自己的个性特点，且学生个体的身心发展是复杂的；再次，我国的教育目标是培养全面发展的人，因此教师既要教书更要育人，既要培养学生的能力，又要对他们进行生理和心理等方面的训育；最后，教师劳动过程是知识信息的传递和转化的过程，是一种综合使用、消化、传递、发现科学知识、技能的复杂的劳动形式，同时技术的进步也要求教师掌握现代化的教学手段，并将其灵活运用于教学活动中。

3. 协作性

从教育工作的出发点和最终目标来看，学生的全面发展不是某一个教师能够决定的，而是多人参加、多方配合的集体劳动成果，教育是一个分工协作的系统工程，所以教师劳动具有很强的协作性。从横向上看，学生的全面发展不是某一个科任教师能够决定的，而是由承担不同学科的教师，承担不同职能的教师（如思想工作、教学工作、管理工作等）共同努力实现的。从纵向来看，学校教育是分阶段进行的，每一个学生从学前教育到高等教育阶段的成长和发展包含了许许多多教师的辛勤劳动。概而言之，教师协作是实现教育目的的必要条件，各门学科的教师、班主任以至整个教育集体、家长、社会的通力协作可以实现教师之间的优势互补，达到"1+1＞2"的教育效果，以强大的教育合力共同促进学生全面和谐的发展。

4. 创造性

教师劳动的创造性主要由三个方面决定，分别是教育对象的特殊性、教育情境的复杂性以

---

① 《白虎通·三教》.

及教育过程的多样性和不确定性。首先,学生是发展的人,具有独特的个性,这要求教师不停地进行探索,根据教育对象的不同特点因材施教;其次,教师要根据不同的环境和条件,协调各种教育影响因素,发挥更大的灵活性、创造性;教师劳动的创造性集中反映在教师对教育教学原则、内容、方法、手段的选择、运用和处理上,教师必须具有对某种突发性、偶发性教育事件作出及时的、恰当的处置的能力。"教学有法,教无定法"是对教师劳动创造性的最好注脚。

> 练习

【8-6】 "教学有法,但无定法,贵在得法。"这说明教师劳动具有( )。
A. 繁重性　　　　B. 创造性　　　　C. 示范性　　　　D. 长期性

5. 长期性

长期性指人才培养周期性长,教育的影响力具有迟效性;教师的劳动成果是人才,而人才培养的周期比较长,即十年树木,百年树人;学生知识的积累、智力的发展、能力的形成、道德品质的培养都是日积月累的结果,是一个长期的、延续的过程;教师对学生施加的影响,往往需要长时间才能看到结果、得到验证。

> 练习

【8-7】 法国文学家加缪获得诺贝尔文学奖后,第一时间给他的小学老师写了一封信表示感谢。这反映了教师劳动具有( )。
A. 复杂性　　　　B. 延续性　　　　C. 创造性　　　　D. 示范性

【8-8】 优秀运动员的成功,往往要追溯到启蒙教练的培养。这说明教师劳动具有( )。
A. 创造性　　　　B. 长期性　　　　C. 示范性　　　　D. 复杂性

提示:教师的劳动特点是需要重点记忆和理解的内容,记忆密码为:师父创鞋厂。师——示范性;父——复杂性;创——创造性;鞋——协作性;厂——长期性。学习时可以结合实例进行理解。

三、教师的职业素养

教师职业是一种专门职业,教师是教育教学的专业人员,因此教师必须具备特定的职业素养。具体而言,教师的职业素养包括道德素养、知识素养、能力素养等几个方面。

(一) 道德素养

2018年9月10日,全国教育大会在北京召开。中共中央总书记、国家主席、中央军委主席习近平出席会议并发表重要讲话。会议中强调九个坚持:坚持党对教育事业的全面领导,坚持把立德树人作为根本任务,坚持优先发展教育事业,坚持社会主义办学方向,坚持扎根中国大地办教育,坚持以人民为中心发展教育,坚持深化教育改革创新,坚持把服务中华民族伟大复兴作为教育的重要使命,坚持把教师队伍建设作为基础工作。其中把"立德树人"作为教育的根本任务。那么,教师如何做到"立德树人"? 就是说,教师应该具备作为教师的道德素养,关于教师的道德素养,在《中小学教师职业道德规范》和《新时代中小学教师职业行为十项准则》中有明确规定,下面介绍这两个文件的基本精神。

1.《中小学教师职业道德规范》

教师职业道德规范是指在教师职业活动中经常表现的、最重要的、具有一般指导意义的道德规范,它比其他教师职业规范更具有普遍指导意义。我国曾先后四次颁布和修订《中小学教师职业道德规范》,最新一次即 2008 年颁布的中小学教师职业道德规范,共有六条,具体内容如下。

(1) 爱国守法。热爱祖国,热爱人民,拥护中国共产党领导,拥护社会主义。全面贯彻国家教育方针,自觉遵守教育法律法规,依法履行教师职责权利。不得有违背党和国家方针政策的言行。

(2) 爱岗敬业。忠诚于人民教育事业,志存高远,勤恳敬业,甘为人梯,乐于奉献。对工作高度负责,认真备课上课,认真批改作业,认真辅导学生。不得敷衍塞责。

(3) 关爱学生。关心爱护全体学生,尊重学生人格,平等公正对待学生。对学生严慈相济,做学生良师益友。保护学生安全,关心学生健康,维护学生权益。不讽刺、挖苦、歧视学生,不体罚或变相体罚学生。

(4) 教书育人。遵循教育规律,实施素质教育。循循善诱,诲人不倦,因材施教。培养学生良好品行,激发学生创新精神,促进学生全面发展。不以分数作为评价学生的唯一标准。

(5) 为人师表。坚守高尚情操,知荣明耻,严于律己,以身作则。衣着得体,语言规范,举止文明。关心集体,团结协作,尊重同事,尊重家长。作风正派,廉洁奉公。自觉抵制有偿家教,不利用职务之便谋取私利。

(6) 终身学习。崇尚科学精神,树立终身学习理念,拓宽知识视野,更新知识结构。潜心钻研业务,勇于探索创新,不断提高专业素养和教育教学水平。

提示:教师职业道德是需要重点记忆和理解的内容,记忆密码为:三爱两人一终身。三爱指爱国守法、爱岗敬业、关爱学生;两人指教书育人、为人师表;一终身指终身学习。可以结合实例进行理解记忆。

练习

【8-9】 李老师一个学期对父亲是副乡长的小壮家访了 8 次,却从未对需要帮助的留守儿童小龙家访过。李老师的做法(　　)。

A. 符合主动联系家长的要求　　　　B. 有违平等待生的要求
C. 符合因材施教的教育要求　　　　D. 有违严慈相济的要求

【8-10】 马老师在逛商场时偶遇班上一位学生和家长,便一同挑选衣服,付款时,这位家长坚持把马老师的 500 元一起付了,对此马老师的正确做法是(　　)。

A. 数额不大,不必在意,但下不为例　　B. 表示谢意并坚持把钱还给家长
C. 勉强接受并回送价值相当的礼物　　　D. 表示感谢,并注意格外关照她的孩子

【8-11】 唐老师准备参加全市幼儿园教师基本技能大赛,因缺乏参赛经验,就去请教担任各类大赛评委的谢老师,但被谢老师拒绝。谢老师的做法(　　)。

A. 不利于同事间团结协作　　　　B. 促进唐老师自我发展
C. 不注重同事的探索创新　　　　D. 维护比赛公正公平

【8-12】 每年王老师都给自己制订读书计划,并严格执行。这体现了王老师注重(　　)。

A. 团结协作　　B. 教学创新　　C. 终身学习　　D. 循循善诱

【8-13】 材料分析题

刚毕业的邹老师被安排担任我们这个"难管"班级的班主任。我们可高兴了,因为从年龄、性格上看,他是我们这些"顽皮生"不难对付的,我们决定给他来点"下马威",于是我们不断制造各种无聊的"难题"。出乎意料的是,他并不生气,还总是不厌其烦地解决这些"难

题"。他不仅在课堂上对我们难懂的问题一遍又一遍地解释,直到我们弄懂为止,还利用课余时间跟我们聊生活、学习,甚至还带我们到校外参观、郊游。我们平时有什么意见和要求,他总能站在我们的角度去理解,或进行解释,或尽量满足。

我曾悄悄问邹老师:"您为什么不像别的老师那样呢?为什么我们犯了错误,您也不严厉地惩罚我们?"他说:"你觉得是我惩罚你们管用,还是现在这样更好呢?你们犯了错误,我帮你们指出来,你们改正了,我就高兴。老师和学生也是可以成为朋友的吧?"其实我们也不是冷血动物。一段时间过去,邹老师终于把我们都感动了。慢慢地,我们真把他当成了好朋友,不好意思再"为难"他,甚至为了表达对他的"哥们"情谊,在他生日的时候,我们这些"顽皮"学生还凑钱买了一条名牌领带送给他。可是,这回他不乐意了,执意不要,坚持和我们一起到商场把领带退了。

问题:请结合材料,从教师职业道德的角度,评析邹老师的教育行为。

2.《新时代中小学教师职业行为十项准则》

2018年11月8日,教育部印发了《新时代中小学教师职业行为十项准则》,明确新时代教师职业规范,划定基本底线,深化师德师风建设。具体内容如下。

(1) 坚定政治方向。坚持以习近平新时代中国特色社会主义思想为指导,拥护中国共产党的领导,贯彻党的教育方针;不得在教育教学活动中及其他场合有损害党中央权威、违背党的路线方针政策的言行。

(2) 自觉爱国守法。忠于祖国,忠于人民,恪守宪法原则,遵守法律法规,依法履行教师职责;不得损害国家利益、社会公共利益,或违背社会公序良俗。

(3) 传播优秀文化。带头践行社会主义核心价值观,弘扬真善美,传递正能量;不得通过课堂、论坛、讲座、信息网络及其他渠道发表、转发错误观点,或编造散布虚假信息、不良信息。

(4) 潜心教书育人。落实立德树人根本任务,遵循教育规律和学生成长规律,因材施教,教学相长;不得违反教学纪律,敷衍教学,或擅自从事影响教育教学本职工作的兼职兼薪行为。

(5) 关心爱护学生。严慈相济,诲人不倦,真心关爱学生,严格要求学生,做学生良师益友;不得歧视、侮辱学生,严禁虐待、伤害学生。

(6) 加强安全防范。增强安全意识,加强安全教育,保护学生安全,防范事故风险;不得在教育教学活动中遇突发事件、面临危险时,不顾学生安危,擅离职守,自行逃离。

(7) 坚持言行雅正。为人师表,以身作则,举止文明,作风正派,自重自爱;不得与学生发生任何不正当关系,严禁任何形式的猥亵、性骚扰行为。

(8) 秉持公平诚信。坚持原则,处事公道,光明磊落,为人正直;不得在招生、考试、推优、保送及绩效考核、岗位聘用、职称评聘、评优评奖等工作中徇私舞弊、弄虚作假。

(9) 坚守廉洁自律。严于律己,清廉从教;不得索要、收受学生及家长财物或参加由学生及家长付费的宴请、旅游、娱乐休闲等活动,不得向学生推销图书报刊、教辅材料、社会保险或利用家长资源谋取私利。

(10) 规范从教行为。勤勉敬业,乐于奉献,自觉抵制不良风气;不得组织、参与有偿补课,或为校外培训机构和他人介绍生源、提供相关信息。

《新时代中小学教师职业行为十项准则》是结合新时代、新要求、新形势、新问题制定的教师职业行为规范,既有正面倡导、高线追求,也有负面禁止、底线要求,是对教师职业道德规范的继承和发展。该准则规范的不仅是教师职业道德行为,还对教师提高政治素质、传播优秀文化、积极奉献社会等方面提出要求。

练习

【8-14】 捧着一颗心来,不带半根草去。陶行知这句话强调的是教师应具有(　　)。

A. 深厚的教育理论知识　　　　　　B. 高尚的教师职业道德

C. 广博的文化科学知识　　　　　　D. 较强的教育教学能力

(二) 知识素养

教师是知识的化身,是智慧的灵泉,是道德的典范,是人格的楷模,是学生人生可靠的引路人。因此,教师除了道德素养外,还必须具备相应的知识素养。至于教师应该具备哪些知识,说法各不相同。中华人民共和国教育部 2012 年 2 月 10 日颁布的《小学教师专业标准(试行)》,明确列出小学教师应该具备的四类知识。

1. 小学生发展知识

(1) 了解关于小学生生存、发展和保护的有关法律法规及政策规定。

(2) 了解不同年龄及有特殊需要的小学生身心发展特点和规律,掌握保护和促进小学生身心健康发展的策略与方法。

(3) 了解不同年龄小学生学习的特点,掌握小学生良好行为习惯养成的知识。

(4) 了解幼小和小初衔接阶段小学生的心理特点,掌握帮助小学生顺利过渡的方法。

(5) 了解对小学生进行青春期和性健康教育的知识和方法。

(6) 了解小学生安全防护的知识,掌握针对小学生可能出现的各种侵犯与伤害行为的预防与应对方法。

2. 学科知识

(1) 适应小学综合性教学的要求,了解多学科知识。

(2) 掌握所教学科知识体系、基本思想与方法。

(3) 了解所教学科与社会实践、少先队活动的联系,了解与其他学科的联系。

3. 教育教学知识

(1) 掌握小学教育教学基本理论。

(2) 掌握小学生品行养成的特点和规律。

(3) 掌握不同年龄小学生的认知规律和教育心理学的基本原理和方法。

(4) 掌握所教学科的课程标准和教学知识。

4. 通识性知识

(1) 具有相应的自然科学和人文社会科学知识。

(2) 了解中国教育基本情况。

(3) 具有相应的艺术欣赏与表现知识。

(4) 具有适应教育内容、教学手段和方法现代化的信息技术知识。

资料夹 8-3

舒尔曼的"教师知识结构"

◆ **学科内容知识**:所任学科内容的专门知识,比如学科概念、原理、原则,及其他们之间的相互关系。

◆ **一般教学法知识**:超越各具体学科之上的关于课堂管理和组织的一般原理和策略。

◆ **课程知识**:服务于教师教学的"职业工具",比如学科课程规划、教学材料和参考资料等。

- 学科教学法知识：对将所教的学科内容和教育学原理有机融合而成的对具体课题、问题或论点如何组织、表达和调整以适应学习者的不同兴趣和能力以及进行教学的理解。
- 学习者及其特点的知识：学生学习过程中身心状况的各种知识。
- 教育环境的知识：教师对于学习环境的知识。包括从班组或课堂的情况、学区的管理和经费分配，到社区和文化的特征。
- 关于教育的目标、目的和价值以及它们的哲学和历史基础的知识：集合教育哲学、心理学、社会学等学科的知识，此类知识可以指导教师进行教学活动。

资料来源：Shulman, L. S. Knowledge and teaching: Foundations of the new reform[J]. Harvard Educational Review,1987(1): 15-23.

练习

【8-15】《小学教师专业标准(试行)》中"专业知识"维度包括哪些领域？

（三）能力素养

能力素养包括专业能力与职业能力两个维度。中华人民共和国教育部2012年2月10日颁布的《小学教师专业标准(试行)》，2021年4月20日颁布的《小学教育专业师范生教师职业能力标准(试行)》，分别对小学教师的专业能力和职业能力做出了明确的规定。

1. 专业能力

专业能力具体包括以下五项能力。

(1) 教育教学设计

① 合理制订小学生个体与集体的教育教学计划；

② 合理利用教学资源，科学编写教学方案；

③ 合理设计主题鲜明、丰富多彩的班级和少先队活动。

(2) 组织与实施

① 建立良好的师生关系，帮助小学生建立良好的同伴关系；

② 创设适宜的教学情境，根据小学生的反应及时调整教学活动；

③ 调动小学生学习积极性，结合小学生已有的知识和经验激发学习兴趣；

④ 发挥小学生主体性，灵活运用启发式、探究式、讨论式、参与式等教学方式；

⑤ 发挥好少先队组织生活、集体活动、信息传播等教育功能；

⑥ 将现代教育技术手段整合应用到教学中；

⑦ 较好使用口头语言、肢体语言与书面语言，使用普通话教学，规范书写钢笔字、粉笔字、毛笔字；

⑧ 妥善应对突发事件；

⑨ 鉴别小学生行为和思想动向，用科学的方法防止和有效矫正不良行为。

(3) 激励与评价

① 对小学生日常表现进行观察与判断，发现和赏识每一位小学生的点滴进步；

② 灵活使用多元评价方式，给予小学生恰当的评价和指导；

③ 引导小学生进行积极的自我评价；

④ 利用评价结果不断改进教育教学工作。

(4) 沟通与合作

① 使用符合小学生特点的语言进行教育教学工作；

② 善于倾听，和蔼可亲，与小学生进行有效沟通；

③ 与同事合作交流，分享经验和资源，共同发展；

④ 与家长进行有效沟通合作，共同促进小学生发展；

⑤ 协助小学与社区建立合作互助的良好关系。

(5) 反思与发展

① 主动收集分析相关信息，不断进行反思，改进教育教学工作；

② 针对教育教学工作中的现实需要与问题，进行探索和研究；

③ 制定专业发展规划，积极参加专业培训，不断提高自身专业素质。

> **练习**
>
> 【8-16】 作为青年教师，除了自我学习外，还应该通过集体备课，与同事相互交流讨论，分享教学经验，提高教学水平。这突出体现的教师专业能力是(　　)。
>
> A．沟通与合作能力　　　　　　　B．激励与评价能力
>
> C．教育教学设计能力　　　　　　D．组织与实践能力

2．职业能力

职业能力具体包括以下四种能力。

(1) 师德践行能力

① 遵守师德规范。具体包括理想信念、立德树人、师德准则三个方面；

② 涵养教育情怀。具体包括职业认同、关爱学生、用心从教、自身修养四个方面。

(2) 教学实践能力

① 掌握专业知识。具体包括教育基础、学科素养、信息素养、知识整合四个方面；

② 学会教学设计。具体包括熟悉课标、掌握技能、分析学情、设计教案四个方面；

③ 实施课程教学。具体包括情境创设、教学组织、学习指导、教学评价四个方面。

(3) 综合育人能力

① 开展班级指导。具体包括育德意识、班级管理、心理辅导、家校沟通四个方面；

② 实施课程育人。具体包括育人理念、育人实践两个方面；

③ 组织活动育人。具体包括课外活动、主题教育两个方面。

(4) 自主发展能力

① 注重专业成长。具体包括发展规划、反思改进、学会研究三个方面；

② 主动交流合作。具体包括沟通技能、共同学习两个方面。

资料夹 8-4

教学的专门技能

20 世纪 60 年代，艾伦(Allen D)和瑞安(Ryan K)通过在斯坦福大学师范教育微观教学的研究形成了一张包括以下教师教学技能的一览表。

◆ 刺激变式：将有刺激性的材料和变式用于运动、手势、相互作用技术和感知渠道以缓和厌烦和思想不集中。

◆ 事先诱导：使学生对一堂课有思想准备。先要讲明其目的，把它与学生原来学过的知识联系起来，可通过使用类推法、演示法、及提出带刺激性的问题做到这一点。

- 结束课程：通过复习和把材料用于熟悉的和新的实例、事实和情况，帮助学生建立新旧知识之间的联系。
- 沉默和非语言性提示：鼓励教师适当使用停顿、有效地利用面部表情、身势、头部动作和手势，以减少对教师口头讲授的依赖性。
- 提高学生的参与率：利用表扬、认可和非语言性提示，如点头和微笑，鼓励学生回答问题。
- 提问时应流畅自如：消除提问时不必要的犹豫和重复。
- 探索性提问：发问的技能，可以引导学生把所学问题加以发挥或提高他们的问答水平。
- 高层次提问：需由学生运用较高的智力水平来回答而不是仅仅陈述事实或描述一下就行的问题。
- 无固定答案的提问：诱导学生不落俗套而又富于想象力地回答一些不能简单地用正确与错误来判断其答案的问题。

资料来源：胡森，波斯特尔斯威特．国际教育百科全书（第九卷）[M]．贵阳：贵州教育出版社，1990．

资料夹 8-5

教学的专门技能

澳大利亚有一批人著书立说（特尼等人），发展了一种教学技能分类法，把教学技能分为七类，分别如下。

- 促动技能：包括强化学生的行为，变换刺激方式，事前诱导，鼓励学生参与，承认和支持学生的感受，表现出亲切和热情，认可和满足学生的需要。
- 讲述和交流技能：包括解释、生动演示、阅读、利用视听教具、结束课程、利用沉默手段，鼓励学生作出反馈、清晰度、有表情、按部就班和有计划的重复。
- 提问技能：包括重新集中和更改方向、探索性提问、高水平提问、集中和分散提问、刺激学生的积极性。
- 小组教学和个别教学：如组织小组活动、开展独立学习活动、进行商讨、鼓励合作行动和学生之间的相互影响。
- 促使学生思考：如鼓励好问的学习方式，引导发现、发展概念，运用模仿、扮演角色，以及做游戏以刺激思维、发展学生解决问题的技能，鼓励学生进行评价和作出判断，发展批判性思维能力。
- 评估性技能：包括对学生的进步加以确认和评估、找出学习困难的原因、提出补救方法、鼓励自我评价以及主持评估性讨论。
- 课堂管理和纪律：包括识别引人注意和不引人注意的行为、监督班级的小组活动、鼓励适应任务的行为、发出指示以及妥善处理复杂的争论。

资料来源：胡森，波斯特尔斯威特．国际教育百科全书（第九卷）[M]．贵阳：贵州教育出版社，1990．

四、教师的资格、权利和义务

教师是知识的化身，是智慧的灵泉，是道德的典范，是人格的楷模，是学生人生可靠的引路人。那么，从事教师职业需要什么资格，在教育教学中拥有哪些权利，又必须承担哪些义务？

（一）教师资格

教师资格是由国家规定的对教师特定的职业许可制度，是国家对专门从事教育教学工作人员的最基本要求。为了保证教师的质量，提高教师职业的社会地位，我国实行教师资格制度。《教师法》和《教师资格条例》中对教师资格的意义、教师资格分类、教师资格条件、教师资格考试、教师资格认定等作了具体规定。

1．教师资格的意义

（1）建立教师资格制度，规定教师职业的高标准，为教师队伍的规范化、现代化奠定基础。有利于吸引优秀人才从事教师职业，在全社会形成尊师重教的良好风气，提高教师职业的吸引力。

（2）建立教师资格制度有利于形成"公平、平等、竞争、择优"的教师合格人才选拔机制，保证教师队伍的整体质量，从根本上杜绝不适宜教育教学工作的人执教。

（3）建立教师资格制度有助于提高教师职业的社会地位与声望，符合使我国教师资格逐步与国际惯例接轨的改革要求，形成教师队伍素质、教育教学质量和报酬待遇之间的良性循环。

2．教师资格的分类

根据教育阶段，我国的教师资格主要分为下列七种。

（1）幼儿园教师资格；

（2）小学教师资格；

（3）初级中学教师和初级职业学校文化课、专业课教师资格(统称初级中等学校教师资格)；

（4）高级中等学校教师资格；

（5）中等专业学校、技工学校、职业高级中学文化课、专业课教师资格(统称中等职业学校教师资格)；

（6）中等专业学校、技工学校、职业高级中学实习指导教师资格(统称中等职业学校实习指导教师资格)；

（7）高等学校教师资格。

成人教育的教师资格，按照成人教育的层次，依照上款规定确定类别。取得教师资格的公民，可以在本级及其以下等级的各类学校和其他教育机构担任教师；但是，取得中等职业学校实习指导教师资格的公民只能在中等专业学校、技工学校、职业高级中学或者初级职业学校担任实习指导教师。高级中学教师资格与中等职业学校教师资格相互通用。

3．教师资格的认定与撤销

（1）教师资格认定的基本条件

① 必须是中国公民；

② 遵守宪法和法律；

③ 热爱教育事业；

④ 具有良好的思想品德；

⑤ 具有教育教学能力；

⑥ 具备规定的学历（小学教师必须具备中等师范学校毕业及其以上学历）或通过国家教师资格考试。

（2）教师资格丧失

被剥夺政治权利或者故意犯罪受到有期徒刑以上刑事处罚的，不能取得教师资格；已经取得教师资格的,丧失教师资格。

(3) 教师资格撤销

① 违法乱纪,受到有期徒刑以上刑事处罚的;

② 不热爱教育事业,渎职不负责任的;

③ 丧失教育教学能力的。

4. 教师资格考试

不具备《教师法》规定的教师资格学历的公民,申请获得教师资格,必须通过国家举办或认可的教师资格考试。考试科目、标准和考试大纲由国务院教育行政部门审定。

教师资格考试每年进行一次(高等学校除外,高等学校教师资格考试根据需要举行)。考试科目全部及格的,发给教师资格考试合格证明;当年考试不及格的科目,可以在下一年度补考;经补考仍有一门或者一门以上科目不及格的,应当重新参加全部考试科目的考试。

5. 教师资格认定

教师资格认定是获取教师资格的最后一步,具备《中华人民共和国教师法》规定的学历或者经教师资格考试合格的公民,可以由本人提出申请,提交相关证明材料,按规定程序进行教师资格认定。教师资格的认定机构是依据法律规定的行政机构或依法委托的教育机构,其他机构认定的教师资格无效。对取得教师资格者,由教育行政部门颁发国务院教育行政部门统一制作的相应的教师资格证书。教师资格证书终身有效,在全国范围内通用。

(二) 教师权利

教师的权利是指教师在教育教学活动中享有教育法律赋予的权利。依据《教师法》第二章第七条的规定,我国教师具有以下基本权利。

1. 教育教学权

教师有权"进行教育教学活动,开展教育教学改革和实验"。教育教学权是教师最基本的权利,教师有权根据教学大纲和计划有组织、有目的地开展教学活动,有权进行教育教学的改革和实验,与时俱进的推进教育创新发展,任何人不能剥夺教师这一权利。

练习

【8-17】 根据《中华人民共和国教师法》的规定,教师最基本的权利是(   )。

A. 管理学生的权利　　　　　　　B. 教育教学的权力

C. 学术自由权　　　　　　　　　D. 民主管理权

2. 科学研究权

教师有权"从事科学研究、学术交流,参加专业的学术团体,在学术交流中充分发表意见"。研究是教师职业尊严的重要来源,通过参与教育科学研究,教师不仅能开阔视野、推动教育创新发展,更能在研究中提高成就感和职业认同感,从而对抗职业倦怠,推动职业生涯的健康发展。

3. 指导评定权

作为学生成长的引路人,教师有权"指导学生的学习和发展,评定学生的品行和学业成绩",落实立德树人的教育任务。

4. 获取报酬权

教师有权"按时获取工资报酬,享受国家规定的福利待遇以及寒暑假的带薪休假"。这是宪法规定公民享有劳动权、获取劳动报酬权和休息权在教师权利上的具体体现。对教师待遇和权益的保障有利于提高教师的职业幸福感,从而提高教师职业的社会声望,吸引更多优秀的人才进入教师队伍,保证教育事业的持续性发展。

5. 民主管理权

教师有权"对学校教育教学、管理工作和教育行政部门的工作提出意见和建议,通过教职工代表大会或者其他形式,参与学校的民主管理"。这项规定使教师参与学校管理成为学校的主人,成为管理学校的主体,有利于调动教师工作的积极性,同时也有利于学校的健康发展。

练习

【8-18】 李老师就校务公开问题向学校提出建议,李老师的做法是(　　)。

A. 行使教师权利　　　　　　　　B. 履行教师义务

C. 影响学校的秩序　　　　　　　D. 给学校出难题

6. 进修培训权

教师有权"参加进修或者其他方式的培训",这是教师促进自身发展的权利保障,有利于教师不断地学习成长,提高自身素养,也有利于教师队伍质量的长足发展。教师队伍的高质量发展是教育事业高质量发展的基础,任何人不能剥夺教师的这一权利。

提示:教师的权利是需要重点记忆和理解的内容,在教师资格证考试中经常考察。记忆密码为:主修教研报价。主——民主管理权;修——进修培训权;教——教育教学权;研——科学研究权;报——获取报酬权;价——指导评价权。切忌只记忆权利名称,应充分理解每一项权利的内涵,可以结合实例进行理解记忆。

练习

【8-19】 学校派遣张老师参加省里的骨干教师培训,但扣其绩效工资500元。这种做法(　　)。

A. 侵犯了教师进修培训权　　　　B. 加强经费管理

C. 体现了按劳取酬　　　　　　　D. 节约了办学成本

(三)教师义务

教师的义务是指教师依照教育法律、法规的规定,从事教育教学活动必须履行的责任。我国《教师法》第二章第八条规定教师应履行下列义务。

1. 遵纪守法

《教师法》要求教师"遵守宪法、法律和职业道德,为人师表。"教师的言行举止都会对学生乃至社会产生深远的影响,教师应遵纪守法、言行雅正、道德高尚,为学生和整个社会树立榜样。

2. 教育教学

《教师法》要求教师"贯彻国家的教育方针,遵守规章制度,执行学校的教学计划,履行教师聘约,完成教育教学工作任务。"教育教学工作是教师的本职工作,本条款明确规定了教师在教育教学方面的基本义务。

练习

【8-20】 根据《中华人民共和国教师法》的相关规定,教师有下列哪种情形,可以由所在学校予以行政处分或解聘。(　　)

A. 故意不完成教学任务造成损失的　　B. 课余时间无偿为学生补课的

C. 教学过程中延长授课时间的　　　　D. 学生管理中严厉对待学生的

3. 教书育人

《教师法》要求教师"对学生进行宪法所确定的基本原则的教育和爱国主义、民族团结的教育、法制教育,以及思想品德、文化、科学技术教育,组织、带领学生开展有益的社会活动。"教书育人是为师之本,这是对教师从事教育教学工作内容方面的全面规范。

4. 关爱学生

《教师法》要求教师"关心、爱护全体学生,尊重学生人格,促进学生在品德、体力、体质等方面全面发展。"教师应对所有学生都应一视同仁,不能随意讽刺、嘲笑、侮辱、歧视学生,应该创造条件,使学生身心健康发展。

5. 保护学生权益

《教师法》要求教师"制止有害于学生的行为或者其他侵犯学生合法权益的行为,批评和抵制有害于学生健康成长的现象。"保护学生合法权益和身心健康成长,是全社会的共同责任,作为教师自然更负有保护学生合法权益和身心健康成长的义务。

6. 提高业务水平

《教师法》要求教师"不断提高思想政治觉悟和教育教学业务水平。"教师承担着培养时代新人的重要使命,应不断提高自身素养以适应时代发展的需要,努力成为政治素质过硬、业务水平高超的教师,做好学生的引路人。

练习

【8-21】 根据我国《教师法》的规定,下列哪项不是教师应当履行的义务。(   )

A. 关心集体,爱护公物

B. 遵守宪法、法律和职业道德,为人师表

C. 贯彻国家的教育方针,遵守规章制度、执行学校的教学计划,履行教师聘约,完成教育教学工作任务

D. 对学生进行宪法所确定的基本原则的教育和爱国主义、民族团结的教育,法制教育以及思想品德、文化,科学技术教育,组织、带领学生开展有益的社会活动

提示:教师义务记忆口诀如下:两教官(关),具有法务权。两"教"——教育教学、教书育人;官(关)——关爱学生;法——遵纪守法;务——提高业务水平;权——保护学生权益。教师的义务可以结合教师职业道德素养的相关内容联想记忆。

五、教师的专业发展

教师的专业发展是指教师通过主动或被动参与各种有关专业成长的活动,实现专业上不断成熟、完善的过程,不仅包括职前教育过程中教师在专业知识、技能和精神等方面的准备和提升,也包括入职和在职教师培训过程中专业知识、技能和精神等方面的提高和更新。教师专业发展具有三个非常明显的特征:①教师专业发展是一个有意识的过程。真正的专业发展是一个为目的和规划目标的清晰愿景所指引的审慎的过程,是为了带来积极变化和进步的下意识的设计努力。[①] ②教师专业发展是一个持续的过程。教师专业发展是一个融入工作的持续终身的过程。③教师专业发展是一个系统的过程。教师专业发展是一个明确而又系统的过程,既要考虑个体发展,又要顾及组织发展。

---

① 古斯基.教师专业发展评价[M].方乐,张英,等译.北京:中国轻工业出版社,2005.

教师专业发展不是一蹴而就的,而是分阶段的连续变化过程。自20世纪60年代起,在职业生涯理论研究的成果之上,国内外学者对教师专业发展进行了大量研究,由此产生了多种教师发展阶段论,下面介绍伯顿的教师职业生涯阶段论、休伯曼的教师职业生涯发展论、伯林纳的教师专长发展论、富勒和布朗的教师专长发展论四种代表性理论。

(一) 伯顿的教师职业生涯阶段论

1979年,伯顿(Paul R. Burden)、纽曼(Katherine K. Newman)、阿普尔盖特(Jane H. Applegate)分别对有着4～28年教学经验、19～20年教学经验、退休教师进行结构化访谈,并总结了相应阶段教师的职业生涯发展特点。① 伯顿通过对以上研究进行综合分析,将教师职业生涯分为以下三个阶段。②

1. 求生存阶段

教师从事教学的第一年。此阶段的教师所关心的是班级秩序的控制、学科的教学、教学技巧的改进、教具的使用和教学内容的了解等方面。

2. 调整阶段

教师从教后的第2～4年。这一阶段教师对教学有了进一步的了解,他们开始了解学生的复杂性并寻找新的教学技术以满足更广泛的需要。教师与学生的相处变得和谐开放,教师比前一阶段更能满足学生的需求。

3. 成熟阶段

教师从教5年之后,教师们的经验更加丰富,对教学活动驾轻就熟,并且对教学环境已有充分的了解,因此,这一阶段的教师在教学活动中感觉得心应手,能够理解教学环境,能够处理教学中发生的任何事情,不断尝试新的技能,关注学生需要的满足,重视与学生的关系。

(二) 休伯曼的教师职业生涯发展论

休伯曼(Huberman, M.)对教师职业生涯发展模式的研究不再拘泥于前人普遍使用的心理学方法,而是将心理学和社会心理学的方法相结合,采用实证研究的方法,进而形成颇具特色的理论模型。休伯曼将教师职业生涯分为七个阶段。③

1. 入职期

教师入职后的1～3年,这一阶段又称"求生和发现期"。"求生"与"现实的冲击"相联系,课堂环境的复杂性和不稳定性、连续的事物等,使得教师对能否胜任教学感到怀疑;同时,教师由于有了属于自己的班级、学生和教学方案,同时又成为专业协会中的一员,所以又表现出积极、热情的一面。

2. 稳定期

教师入职后的4～6年。这一时期教师决定投身于教学工作;初步掌握了教学法,由关注自己转向关注教学活动,不断改进教学基本技能,形成了自己的教学风格;表现出自信、愉悦和幽默。

3. 实验和歧变期

教师入职后的7～25年。从这一阶段开始,教师的发展路线表现出差异性。随着教育知

---

① Katherine K. Newman, Paul R. Burden & Jane H. Helping teachers examine their long-range development[J]. The Teacher Educator, 1980, 15(4): 7-14.

② 费斯勒,克里斯坦森. 教师职业生涯周期——教师专业发展指导[M]. 董丽敏,高耀明,等译. 北京:中国轻工业出版社,2005.

③ 叶澜. 教师角色与教师发展新探[M]. 北京:教育科学出版社,2001.

识的巩固和积累,教师试图增加对课堂的影响,在教学材料、评价方法等方面开展了不同的个性化的实验;教师改革的愿望强化了对阻碍改革因素的认识,激发了进一步改革的尝试,教师的职业动机强烈,职业志向水平高;对课堂的职责有初步的了解后,教师开始寻找新的思想和挑战。

4. 重新评估期

在许多情况下,教师不经过实验和歧变阶段,而是代之以自我怀疑和重新评估,严重者可表现为职业生涯道路中的一场"危机"。年复一年单调、乏味的课堂生活,或者连续不断的改革后令人失望的结果都会引发危机。

5. 平静和关系疏远期

教师入职后的26～33年。这一阶段在教师职业生涯中表现并不明显,主要是四五十岁教师的一种"心理状态"。许多教师在经历了怀疑和危机之后开始平静下来,能够较为轻松地完成课堂教学,也更有自信心。随着职业预期目标的逐渐实现,志向水平开始下降,对专业投入也减少。该阶段的另一个主题是与学生的关系更加疏远,教师对学生行为和作业更加严格。

6. 保守和抱怨期

进入这一阶段的教师年龄为50～60岁。处于该阶段的教师在经历了平静期后变得较为保守,这可能是第四阶段自我怀疑的进一步发展,也可能是改革失败的结果。多数教师会抱怨学生变得纪律性更差、缺少动机,抱怨公众对教育的消极态度,抱怨年轻教师不够认真、投入。

7. 退休期

教师入职后的34～40年。其他专业人员在这一时期可能会逐渐退缩,为退休做准备,而教师迫于社会压力其专业行为没有太大改变,只是更加关注自己喜欢的班级、做喜欢做的工作。

(三) 伯林纳的教师专长发展论

1988年,美国亚利桑那州立大学的伯林纳(D. C. Berliner)在对教师教学专长发展的研究中,受人工智能研究领域中"专家系统"的启发,提出了教师教学专长发展五阶段论,即新手、高级新手、胜任、熟练和专家五个阶段。[1]

1. 新手阶段

实习教师和刚从学校毕业的新教师属于这个阶段。处于这个阶段的教师存在理论知识与实际应用脱节的现象,所以更加注重教学技能的学习以及对教师角色的适应。新手教师在处理实际问题时缺乏灵活性,面临诸多的挑战和现实的冲击。

2. 高级新手阶段

这个阶段的教师在教学实践中积累了一定的经验,能够把过去所学的理论知识与现实中遇到的实际问题联系起来,使现在的教学超越过去的教学,处理问题具有一定的灵活性。但他们还不能很好地区分教学情境中的重要信息和无关信息,不能有效地处理课堂中的突发情况。

3. 胜任阶段

任教三至五年的教师,逐渐达到胜任阶段。教师能够根据学生的需要和心理发展水平选择合适的教学策略,开始形成自己的教学风格。教学行为有明确的目的性,能够区分出教学情境中的重要信息,有效地完成教育教学任务。同时,对自己的行为结果表现出更强的责任心,对于成功和失败有着强烈的情绪情感反应。但教学行为还未能达到快速、流畅和灵活的程度。

---

[1] 张学民,申继亮.国外教师教学专长及发展理论述评[J].比较教育研究,2001(3):1-5.

4．熟练阶段

任教五年以上,有一定数量的教师进入了这个阶段。这个阶段的教师能够对教育教学情境做出准确的判断和有效的处理。同时更善于发现学生的需求,能够对自己的教学行为进行总结和反思。会主动把握各种机会,积极与同事、同行进行交流,从而不断充实、提升自己,努力成为专家型教师。

5．专家阶段

专家型教师是教师发展的最终目标,进入这个阶段需要足够的时间和经验的积累。进入专家阶段,教师拥有娴熟的教学技能、显著的教学效果,能凭借扎实的理论功底和丰富的实践经验来解决问题,对问题的解决能够做到快速、流畅和灵活。同时,他们能够对教育教学形成独特的简介,在批判反思和探索创新的基础上追求自我实现和超越。

(四) 富勒和布朗的教师专长发展论

20世纪70年代,富勒(Francis F. Fuller)和布朗(Oliver Bown)基于对处在不同发展阶段的教师所关注对象的不同的认识及教师学会教的经验的描述,将教师教学专长的发展过程划分为关注生存、关注情境和关注学生三个阶段。①

1．关注生存阶段

新教师处于这一阶段,他们非常关注自己的自我胜任能力,最担心的问题是:"学生喜欢我吗?""同事们如何看我?""领导是否觉得我干得不错?"等,十分在意他人对自己的评价以及自己是否掌控了课堂,在这种生存忧虑之下,有些新教师可能会把大量的时间都花在如何处理与学生以及同事的关系上。

2．关注情境阶段

当教师感到自己完全能够生存(站稳了脚跟)时,便把关注的焦点投向了提高学生的成绩,即进入了关注情境阶段。在此阶段教师关心的是如何更好地完成教学任务,例如,如何教好每一堂课的内容,备课材料是否充分等与教学情境有关的问题。传统教学评价也集中关注这一阶段。

3．关注学生阶段

当教师顺利地适应了前两个阶段后,开始把学生作为关注的核心。在这一阶段,教师会考虑到学生的个性和需求的差异,关注学生的学习和情感需要,并根据学生的需求选择合适的教学材料、方法与策略。能否自觉关注学生是衡量一个教师是否成长成熟的重要标志之一。

练习

【8-22】 根据富勒等人的教师发展阶段论,衡量教师发展成熟的重要标志是能够自觉关注( )。

A. 生存　　　　　B. 情境　　　　　C. 未来　　　　　D. 学生

【8-23】 在课堂教学中,张老师能考虑学生的不同需要,关注他们的个体差异。按富勒等人所划分的教师成长阶段,张老师的成长处于( )。

A. 关注生存阶段　　B. 关注学生阶段　　C. 关注情境阶段　　D. 关注结果阶段

---

① Francis F. Fuller & Oliver Bown. Becoming a Teacher[M]. K. Ryan(ed.). Teacher Education: The 74th Yearbook of the National Society for the Study of Education. Chicago: University of Chicago Press,1975.

资料夹 8-6

叶澜等人提出的教师专业发展阶段论

叶澜教授、白益民教授等人提出了"自我更新"取向的教师专业发展阶段论,认为教师专业发展分为以下五个阶段。

1."非关注"阶段

"非关注"阶段是指进入正式教师教育之前的阶段,立志从教者在此阶段无意识中以非教师职业定向的形式形成了较稳固的教育信念,具备了一些"直觉式"的"前科学"知识。

2."虚拟关注"阶段

"虚拟关注"阶段反映的是处于师范学习阶段和实习期的师范生的发展状况。处于"虚拟关注"阶段的师范生在虚拟的教学环境中获得某些经验,有了对自我专业发展反思的萌芽。

3."生存关注"阶段

"生存关注"阶段对应新任教师阶段,面临着师范生向正式教师角色的转换,是教师专业发展的一个关键期,这一阶段的突出特点是"骤变与适应"。在"现实的冲击"下,新任教师产生了强烈的自我专业发展的忧患意识,迫使他们特别关注专业活动的"生存"技能。

4."任务关注"阶段

在度过初任期后,决定继续留任的老师步入"任务关注"阶段,随着教学基本"生存"知识、技能的掌握,教师由关注自我的生存转到更多地关注教学,由关注"我能行吗?"转到关注"我怎样才能行?"上来。这是教师专业结构诸方面稳定、持续发展的时期。

5."自我更新关注"阶段

沿着前一阶段积极发展前进,就进入了"自我更新关注"阶段,处于此阶段的教师的专业发展动力转移到了专业发展自身,不再受外部评价或职业升迁的牵制,开始有意识地进行自我规划,以谋求最大程度的自我发展。

资料来源:叶澜.教师角色与教师发展新探[M].北京:教育科学出版社,2001.

第二节 学 生

学生是相对于教师而言的教育活动的另一个主体。《辞海》将学生定义为学校肄业或在其他教育研究机构学习的人。《教育大辞典》则将学生界定为:①在各级各类学校或其他教育机构学习的人;②泛指一切受教育的人。[①] 我们认为,对学生的认识和界定是探讨学生本质特征的逻辑起点,而传统教育理论对学生概念的界定在外延和内涵上都存在一定的缺陷:首先从外延上看,如果将在学校或其他教育机构接受教育的人都看作学生并成为我们的研究对象,这会给理论的构建,以及对问题的深度探究,都带来极大的不便。因为不同年龄阶段和社会经历的人在本质上会有很大的差异性,所以作为"教育原理"理论体系中的"学生"应该是一个特定的群体——在中小学接受基础教育的青少年;其次从内涵上看,这种界定没有揭示出学生的本质。就像把工人界定为在企业或工厂里从事生产的人,把农民界定为在农村里从事劳动的人,并没有揭示出工人、农民的本质一样。[②]

---

① 顾明远.教育大词典[M].上海:上海教育出版社,1998.
② 明庆华,程斯辉.关于学生观的新视野[J].教育理论与实践,2001(2):22.

一、学生与学生群体

（一）小学生及其特点

在我国历史上，"学生"最早被称为"学子"；春秋时，《论语·先进》中用"弟子"代称"学生"；战国时，开始用"学士"来称呼学生；东汉时，"学徒""生徒""诸生"等词，均是"学生"之意；唐代"学生"又称为"生员"；北宋时，又把"学生"称"徒弟"，此时"从学""艺徒""儒生""门徒""书生""门生""晚生""侍生"等，都是学生的别称；明清的科举制度中，把考秀才的学生称为"儒童""文童""童生"。称府、州、县学的生员为"秀才""秀士"；自班级授课制实行以后，开始用"学生"一词来泛指在学校肄业或在其他教育、研究机构学习的人。本书中的小学生，是指在小学里接受基础教育的少年儿童。

1. "学生"的概念

不仅学生的称谓在每个时代各不相同，而且在不同的历史时期有不同的解释，"学生"一词的语义也不断变化。大致包含下列几种语义。

（1）学练养生之道。"学生"一词，最早含有"学练养生之道"之义。如，《庄子·达生》云："田开之见周威公，威公曰：'吾闻祝肾学生，吾子与祝肾游，亦何闻焉？'"

（2）在校学习的人。《后汉书·灵帝纪》曰："（光和元年）始置鸿都门学生。"[①]李贤注释道："鸿都，门名也。於内置学，时其中诸生……至千人焉。"[②]唐朝韩愈的《请复国子监生徒状》中说："国子馆学生三百人。"[③]这里的"学生"意指在某种专门的教育机构（学校）学习的人。

（3）借指向人家学习某种知识或经验、技能等的人。例如，毛泽东在《论人民民主专政》一文中说："帝国主义的侵略打破了中国人学西方的迷梦。很奇怪，为什么先生老是侵略学生呢？"[④]这里的"学生"，显然是一种借代用法，指向他人学习的人。

（4）晚辈。在古时候，学生往往被用作一种谦辞。晚辈常常用"学生"称呼自己，以示对长辈的尊重。如，宋代王辟之《渑水燕谈录·名臣》曰："宰相王溥父祚，少为太原掾属，宿州防御使。既老，溥劝其退居洛阳，居常怏怏，及溥为相，客或候之，溥常朝服侍立，客不安席，求去。祚曰：'学生劳贤者起避耶？'"[⑤]明代田艺蘅《留青日札·学生》曰："陈省华对客，子尧叟等列侍，客不安，省华曰：'学生列侍，常也。'"[⑥]

（5）谦辞。明清读书人或官场中自称时用的一种谦辞。例如，清孔尚任的《桃花扇·媚座》云："个个是学生提拔，如今皆成大僚了。"《说岳全传》第十回："学生祖上，原系世代武职，故遗下此剑，今学生已三代改习文学，此剑并无甚用。"

2. 小学生的特点

小学生生理和心理都处于快速发展的黄金时期，可以说是生命中学习和成长的关键阶段。小学生的身心发展决定了他们在认知、情感、行为、学习等方面都有自己独特的特点。

（1）认知特点。6~12岁的小学生，他们的认知能力正在逐步发展。具体表现为：开始具备一定的抽象思维能力，能够进行简单的逻辑推理和概括；思维方式以感性思维为主，对于具

---

①② 范晔撰，李贤，等注. 后汉书[M]. 北京：中华书局，1965.
③ 韩愈撰. 昌黎先生文集[M]. 上海：上海古籍出版社，2013.
④ 毛泽东. 毛泽东选集. 第4卷[M]. 北京：人民出版社，2009.
⑤ 王辟之. 渑水燕谈录[M]. 北京：中华书局，1981.
⑥ 田艺蘅. 留青日札[M]. 上海：上海古籍出版社，1992.

体的事物更加感兴趣；容易受到外界因素的影响，容易模仿他人的行为；记忆力较强，善于记忆和重复。

(2) 情感特点。小学生天真、纯真、活泼开朗，情感世界丰富多彩，对一切都充满着好奇心和求知欲；小学生的情感容易受到外界的影响，如果自己喜欢某事则会充满热情，如果不喜欢则可能产生抵触情绪；情感表达方式较为直接，容易流露出自己的真实感受；具有一定的自尊心和自信心，希望得到他人的认可和赞扬。

(3) 行为特点。小学生善于模仿他人的行为，容易受到他人的影响；动作协调性逐渐提高，能够进行一些简单的运动和体力活动；有较强的好奇心和探索欲，喜欢探索未知的事物和现象；行为较为冲动，缺乏对后果的预测和评估能力；行为具有自我中心性倾向，往往只关注自己的需求和感受。

(4) 学习特点。小学生对学习充满了好奇心和求知欲，但学习时间和注意力集中的时间都较短，需要有规律的休息和调整；学习方法主要是基于感觉和经验，喜欢通过观察、实践和互动来学习；对于学习目标和结果往往关注程度较低，更注重过程中的乐趣和体验。

(二) 学生群体及其作用

群体是为了实现某个特定的目标的两个或两个以上相互作用、相互依赖的个体的组合。① 群体不是个体意义上的简单叠加，群体的核心特征是成员之间相互依赖，通过各种方式相互影响。因此，学生群体指为了实现某个特定的目标的两个或两个以上相互依赖和作用的学生个体的组合，一般以一定方式的共同活动为基础。学生群体有不同的类型，对学生个体的发展的作用也不同。

1. 学生群体的类型

(1) 正式群体与非正式群体。根据群体构成的原则和方式，可以将群体分为正式群体和非正式群体。

在组织行为学中，正式群体是组织结构确定的、职责明确的群体。② 就学生而言，正式群体是指在学校行政部门、班主任或社会团体的领导下，按一定章程组成的学生群体，有固定的成员编制、明确的职责权限和确定的组织地位的群体。如班级、小组、少先队等都属于正式群体。正式群体的目标与任务明确，成员稳定，有一定的组织纪律和工作计划，这对增强集体凝聚力起到非常重要的作用。

在同伴交往过程中，一些学生自由结合、自发形成的小群体，称为非正式群体，它是学生个体为了满足社会交往的需要而自然形成的，是同伴关系的一种重要形式。非正式群体具有这样一些特点：①学生之间相互满足心理需要；②学生个体之间具有强烈的情感联系和较强的凝聚力，但可能存在排他性；③学生个体之间受共同的行为规范和行动目标的支配，行为上具有一致性；④群体内学生的角色和数量不固定。学生的非正式群体有三种类型：①亲社会型。这种群体的价值目标与班级正式群体的价值目标是一致的，是班级正式群体的补充；②自娱型。同学们由于情绪上的好感和消磨课余闲暇时间的需要而聚集在一起，这些小团体有时格调不高，甚至庸俗，但他们感到满足；③消极型。这种群体会自觉和不自觉地与班主任、班委会发生对立，如破坏纪律、不参加集体活动等。③

---

①② 斯蒂芬·罗宾斯，蒂莫西·贾奇.组织行为学[M].16版.孙间敏，等译.北京：中国人民大学出版社，2016.
③ 全国十二所重点师范大学联合编写.教育学基础[M].北京：教育科学出版社，2002.

(2) 虚假群体和真实群体。根据群体成员相互作用和接触的方式,学生群体可以分为虚假群体和真实群体。

虚假群体是指由一些具有某些典型的心理特点但又没有任何个人之间接触的成员构成的群体,比如"中学生""小学生"等就属于虚假群体。

真实群体是指群体成员之间在不同程度上发生相互作用和接触的群体,比如学校班级就是真实群体。

(3) 其他群体。根据群体发展的水平,可以把群体分为松散群体、联合群体、合作群体、集体、小集团等。

松散群体是最低水平的群体,它几乎没有共同的活动目的。随着共同活动的展开,在松散水平基础上逐渐形成定型的、带有情感色彩的结构,这时的群体已达到联合水平。到合作群体水平时,共同的活动对成员有着越来越重要的意义,并成为群体进一步发展的基础。集体是个人间的关系以有个人意义和社会价值的群体活动内容为中介的群体,它是群体发展的高级形式。小集团是偏离群体正常发展的一种特殊群体,它突出成员间的个人关系及个体意义,可能从事反对或妨碍社会利益的共同活动,典型的如少年犯罪团伙。

2. 学生群体的作用

正式群体对增强集体凝聚力、学生个性的全面发展起到非常重要的作用,对于培养学生的组织协调能力、合作能力与奉献精神具有较大作用。非正式群体具有正式群体不能代替的作用,对学生个体和正式群体既有积极影响,也有消极影响,主要取决于非正式群体的性质以及与正式群体的目标一致的程度。非正式群体的积极作用:①能够满足学生人际交往的多方面需求,比如有共同爱好的学生组成的群体就会给群体中的个体带来认同和归属感;②能够弥补正式群体的不足,丰富学生的生活,促进班级活动的多元化;③非正式群体的价值观若与正式群体一致则会产生较强的凝聚力,可以巩固和发展正式群体。当非正式群体的活动目标、价值观与正式群体组织目标相抵触时,其消极作用突显,表现为过分热衷于小群体活动而不关心班集体,与班主任、班干部对立,形成反班集体的对抗式非正式群体,从而削弱班级凝聚力,影响集体目标的实现,对班级发展产生消极影响。

练习

【8-24】 下列有关学生群体的描述不正确的是( )。
A. 非正式群体是自发形成的,因而是固定不变的
B. 参照群体是学生个人心目中向往和崇尚的群体
C. 有的学生可能同时有两种性质相反的参照群体
D. 正式群体一般都是根据学校和班级的需要或要求成立的

二、学生的权利与义务

学生的权利与义务是指学生作为受教育者在教育教学活动中享有教育法律赋予的权利以及应当履行的义务。学生作为受教育者有下列权利和义务。

(一) 学生的权利

学生的权利主要包括三个方面,即人身权、受教育权和财产权。针对学生身份的特殊性,下面将对人身权和受教育权进行展开说明。

1. 人身权

人身权是公民权利中最基本、最重要、内涵最丰富的一项权利。学生除了享受《中华人民共和国教育法》赋予的权利,还充分享有宪法规定的公民其他权利。与学生密切相关的人身权包括生命健康权、隐私权和人格尊严权。

(1) 生命健康权

生命健康权是公民的生命权和健康权两种权利的统称,是公民享有的最基本的人权。《中华人民共和国民法典》第一千零二条规定:"自然人享有生命权。自然人的生命安全和生命尊严受法律保护。"第一千零四条规定:"自然人享有健康权。自然人的身心健康受法律保护。"任何组织或者个人不得侵害他人的生命权和健康权。学生生命权和健康权是享有其他权利的前提和基础,如果生命健康权都无法得到保障,那么其他权利就很难实现。

(2) 隐私权

隐私权是一种基本人格权利,是指自然人对自己的个人信息以及秘密所享有的不被他人非法侵扰、泄露、公开的一种人格权利。《中华人民共和国民法典》第一千零三十二条规定:"自然人享有隐私权。任何组织或者个人不得以刺探、侵扰、泄露、公开等方式侵害他人的隐私权。"

隐私是自然人的私人生活安宁和不愿为他人知晓的私密空间、私密活动、私密信息。《中华人民共和国未成年人保护法》第三十条规定:"任何组织和个人不得披露未成年人的个人隐私。"学生不愿意告诉别人或不愿意公开的生活秘密,都属于个人隐私,如日记、信件、生理方面的疾病等。学生的隐私权受到法律保护,学校应当在相关校规校纪中明确保护学生隐私权的相关制度,教师和家长也应树立保护学生隐私权的意识。

(3) 人格尊严权

《中华人民共和国未成年人保护法》第四条规定:"尊重未成年人的人格尊严",第十五条规定:"学校、幼儿园的教职员应当尊重未成年人的人格尊严,不得对未成年学生和儿童实施体罚、变相体罚或者其他侮辱人格尊严的行为。"《中华人民共和国义务教育法》第二十九条第二款规定:"教师应当尊重学生的人格,不得歧视学生,不得对学生实施体罚、变相体罚或者其他侮辱人格尊严的行为,不得侵犯学生合法权益。"人格尊严权是学生的合法权利,学校、教师应当尊重学生尊严,不得对学生实施体罚、变相体罚或其他侮辱人格的尊严行为。

2. 受教育权

受教育权是《中华人民共和国教育法》赋予学生最基本的权利,也是学生最主要的权利。

(1) 受教育权和享用教学设施权

受教育权和享用教学设施权是学生作为受教育者最基本的权利。《中华人民共和国教育法》规定学生享有"参加教育教学计划安排的各种活动,使用教育教学设施、设备、图书资料"的权利。除《中华人民共和国教育法》规定外,《中华人民共和国义务教育法》第四条规定:"凡具有中华人民共和国国籍的适龄儿童、少年,不分性别、民族、种族、家庭财产状况、宗教信仰等,依法享有平等接受义务教育的权利,并履行接受义务教育的义务。"《中华人民共和国未成年人保护法》第十四条规定:"学校应当尊重未成年学生的受教育权,不得随意开除未成年学生。"第十六条第二款规定:"任何组织和个人不得扰乱教学秩序,不得侵占、破坏学校的场地、房屋和设备。"

(2) 获得经济资助权

《中华人民共和国教育法》规定学生有权"按照国家有关规定获得奖学金、贷学金、助学金"。奖学金是为奖励品学兼优的学生而设立的经济资助制度,贷学金是指为向家庭经济困难的学生提供帮助而设立的经济资助制度,助学金是指为使学生通过参加劳动获得报酬,资助完成学业的经济资助制度。凡是符合规定的学生都有权获得经济资助,任何组织或者个人不得侵犯学生的合法权益。

(3) 获得学业证书权

《中华人民共和国教育法》规定学生有权"在学业成绩和品行上获得公正评价,完成规定的学业后获得相应的学业证书、学位证书"。在学业成绩和品行上获得公正评价是指学生有权在德、智、体、美、劳等方面获得按照国家统一标准的一视同仁的客观评价。学校和教师应当对学生作出公平合理的评价。完成规定的学业后获得相应的学业证书或学位证书是学生的一项重大权利,学校应依法执行,这对学生的人生发展有着重大意义。

(4) 申诉权

《中华人民共和国教育法》规定学生有权"对学校给予的处分不服,并向有关部门提出申诉,对学校、教师侵犯其人身权、财产权等合法权益的行为,可以提出申诉或者依法提起诉讼"。学生的合法权益包括许多方面,如人身权、受教育权和财产权等,当合法权益受到侵犯时,学生有权提出申诉,有关部门应该积极受理,并按照规定及时处理,保障学生的申诉权。

练习

【8-25】 下列属于侵犯学生受教育权的是(　　)。
A. 人为设置入学条件、门槛　　　　B. 不为残疾学生办理入学手续
C. 小升初考试成绩不合格,禁止入学　D. 对学生实施体罚

【8-26】 课间,小莉正在同学面前大声朗读小娟的日记,被走进教室的小娟发现,小娟找到班主任诉说此事。班主任最恰当的做法是(　　)。
A. 制止小莉这种行为　　　　　　B. 批评小娟总是告状
C. 劝说小莉不要声张　　　　　　D. 劝说小娟宽容小莉

提示:建议下载《中华人民共和国教育法》《中华人民共和国教师法》《中华人民共和国未成年人保护法》及《中华人民共和国民法典》,详细了解有关法律法规,并结合相关案例理解依法从教的重要性。

(二) 学生的义务

在享有权利的同时,学生还应当履行义务,《中华人民共和国教育法》中规定学生应履行下列义务:

(1) 遵守法律、法规;
(2) 遵守学生行为规范,尊敬师长,养成良好的思想品德和行为习惯;
(3) 努力学习,完成规定的学习任务;
(4) 遵守所在学校或者其他教育机构的管理制度。

第三节　师 生 关 系

师生关系是指教师和学生在教育教学过程中结成的相互关系,是教师和学生在教育过程中为完成一定的教育任务,以"教"和"学"为中介而形成的一种特殊的社会关系,是学校中最基本的人际关系。良好的师生关系不仅是顺利完成教学任务的必要手段,也是师生在教育教学

活动中的价值、生命意义的具体体现。尊师重教是中华民族的优良传统,也是重要的价值观念取向,早在西周时期,《太公家教》中亦曾出现了"弟子事师,敬同于父,习其道也,学其言语……一日为师,终生之父"之字句,以及"天地君亲师"之崇奉,皆可以看出古人对师道之尊重。《学记》中说:"凡学之道,严师为难。师严然后道尊,道尊然后民知敬学。"在中华文明几千年的历史长河中,师道尊严甚至关系到一国兴衰的程度,如战国时期荀子在《荀子·大略》中提出:"国将兴,必贵师而重傅;国将衰,必贱师而轻傅。"师生关系,是一种特殊的社会关系和人际关系,是教师和学生为实现教育目标,以各自独特的身份和地位通过教与学的直接交流活动而形成的多性质、多层次的关系体系。

一、师生关系的类型

师生关系一直是教育理论研究领域中常谈常新的问题,教育史上存在着"教师中心说"和"学生中心说"的争论,这也是"传统教育"和"现代教育"的根本分歧之一。"教师中心说"是以德国教育家赫尔巴特为代表的"传统教育派"对师生关系的认识,强调的是教师的权威地位和专制的师生关系。"学生中心说"是以美国教育家杜威为代表的"现代教育学派"对师生关系的认识,强调学生的主体地位。就目前的实际情况而论,"教师中心论"和"学生中心论"都有失偏颇,新课标强调突出学生主体地位,但同样注重教师的主导作用,目前我国主要的师生关系大致可以分为对立型、依赖型、放任型和民主型四大类。

(一)对立型

对立型师生关系的典型特点是教师对学生的态度简单、粗暴,学生对教师的态度是畏惧和服从。这种师生关系会导致学生情绪不愉快,师生之间的感情关系疏远、紧张、对立。在课堂教学过程中,教师不允许学生有不同意见,往往以教师的主张、决定为准,学生主动性、积极性受到压抑,独立思维受阻。对立型师生关系中的师生交往呈明显单向型,师生之间容易发生冲突,教学效果极差。

(二)依赖型

依赖型师生关系的典型特点是教师以领导者自居,学生采取服从态度。师生之间的感情处于平衡状态,没有冲突。在课堂教学过程中,教师包揽一切活动,学生跟着教师设计的路子走,明显缺乏学习的主动性、创造性。依赖型师生关系有一定的教学效果,但学生独立思考、独立解决问题的能力差。

(三)放任型

在放任型师生关系中,教师对学生没有严格要求,放松指导责任,学生对学习采取自由态度,师生之间缺乏感悟,课堂气氛淡漠。在课堂教学过程中,教师让学生自主学习,学生各行其是,教师能够解答学生的问题,但不能给予及时的正确指导,不认真检查学习结果,使得教学效果明显下降。

(四)民主型

民主型的师生关系以开放、平等、互助为主要心态特征,教师对学生严格要求,热情、和蔼、公正,尊重学生,发扬教学民主;学生尊敬教师,接受指导,主动自觉学习,师生之间的气氛热烈、和谐,课堂气氛活跃。在课堂教学过程中,师生之间呈现积极的双向交流,学生积极思考、提出问题、各抒己见,教师认真引导,教学效果良好。

练习

【8-27】 曹老师在学习方面严格要求学生,充分调动学生的学习主动性,引导学生自主学习,在平时的生活中,他也十分关心学生,常常与学生一起开展课外活动。曹老师与学生之间的师生关系最有可能属于(　　)。

A. 对立型师生关系　　　　　　B. 依赖型师生关系
C. 放任型师生关系　　　　　　D. 民主型师生关系

二、 良好师生关系的标准与建立

(一) 良好师生关系的标准

1. 民主平等,尊师爱生

师生之间的社会关系是人与人之间的社会关系在教育中的体现,包括政治关系、道德关系、法律关系等,良好师生关系的标准在社会关系上体现为师生之间的民主平等。另外,人际关系是一种特殊的社会关系,基于民主平等的社会关系,良好的师生关系在人际关系上的体现为尊师爱生。师生之间无论是在政治上还是在人格上,都是平等的,教师要尊重学生的人格,发扬教学民主,这也有助于教师发挥创造性和主导作用。就政治关系而言,师生关系要促进教育的政治功能的实现,比如培养担当民族复兴重任的时代新人,教师也需要心系家国命运。就道德关系而言,教师和学生必须共同遵守社会公德,且教师要遵循教师职业道德,学生也应遵守各自的学生守则。就法律关系而言,教师和学生都拥有法律赋予的权利和义务,彼此都要尊重双方的合法权益,且履行相应的义务。

2. 教学相长,相互促进

教育关系是指教师和学生在教育教学活动中的主体间关系,良好的教育关系的标准是教学相长,指在教育教学过程中教师和学生相互促进、共同提高。教学相长指教师的"教"与学生的"学"互相促进,共同提高。教师的"教"与学生的"学"共同构成了教学过程的双边活动,教师是教学活动的组织者,学生学习的引导者,学生是教学的对象,学习的主体。"教"与"学"都是不断深入发展的同一过程的两个方面,教师"教"的过程也是"学"的过程,而学生在"学"的过程中也有自己的思考与见解,使得教师与学生在平等的对话与交流中相互促进。

3. 心理相容,和谐融洽

心理关系是指教师和学生在教育教学互动中的心理活动,包括情感、态度等,良好的心理关系的标准是师生之间心理相容,即宽容理解、和谐融洽的心理关系。宽容理解,指教师能够对学生的不同特点有充分的认识,能够理解学生之间的差异,宽容对待学生的不足和错误,师生之间彼此愉悦。和谐融洽指教师与学生之间的和睦关系,师生之间有着真挚的情感关系,没有教师倦怠、学生厌学等情感冲突,师生之间相互尊重,彼此都能感受到人格的尊严。师生之间的融洽关系能激发学生的学习热情,有利于教育教学工作的展开。

资料夹 8-7

关于"良好的师生关系"的其他见解

师生关系是教育过程中最基本、最重要的人际关系。现代关于师生关系的理论,有一个从以教师为中心向以学生为中心的转变,从单一主体论向双重主体论转移的过程。袁振国主编的《当代教育学》中对良好的师生关系的描述如下:

◆ 师生在教育内容上是授受关系

在教育活动中，教师处于教育和教学的主导地位，从教育内容的角度说，教师是传授者，学生是接收者。

(1) 在知识上，教师是知之较多者，学生是知之较少者；在智力上，教师是较发达者，学生是较不发达者；在社会生活经验上，教师是较丰富者，学生是欠丰富者。

(2) 学生主体性的形成，既是教育的目的，也是教育成功的条件。

(3) 对学生的指导、引导促进了学生的自主发展。

◆ 师生在人格上是平等关系

教育工作的最大特点在于它的工作对象都是有思想、有感情、有独立人格的活动着的个体，师生关系是教育活动中的基本关系，反映着不同的社会发展水平，也对教育工作者提出了不同的素质要求。

(1) 学生虽然知之较少，尚未成熟，但作为一个独立的社会个体，在人格上与教师是平等的。

(2) 严格要求的民主的师生关系是一种朋友式的友好帮助关系。在这种关系下，不仅师生关系和谐，而且学习效率也高。

◆ 师生在道德上是相互促进关系

教育工作者作为一个人，作为社会中的一个人，对成长中的儿童和青少年有着巨大的、潜移默化的影响。但这种精神上的、道德上的影响并不是靠说教就能产生的。精神需要精神的感染，道德需要道德的濡染。一位教育工作者的真正威信在于他的人格力量，它会对学生产生终身影响。同样，学生不仅对教师的知识水平、教学水平做出反应，对教师的道德水平、精神风貌更会做出反应，还会用各种形式表现他们的评价和态度。

资料来源：袁振国.当代教育学[M].北京：教育科学出版社，2010.

(二) 良好师生关系的建立

师生关系总是建立在一定社会背景之中的，与师生双方密切相关，受多种因素制约。但就教育内部而言，教师在师生关系建立与发展中占有重要地位，起着主导作用。所以，良好师生关系的建立和发展，要求教师做到下列五点。

1. 树立正确的学生观

学生观就是教师对学生的基本看法，它影响教师对学生的认识及其态度与行为，进而影响教师对于教育方式的选择，教师树立正确的学生观是建立良好师生关系的关键。"以人为本"的学生观认为学生具有巨大的发展潜力；学生的不成熟性具有成长价值；学生具有主体性，特别是创造性；学生是责权主体，有正当的权利和利益；学生是一个整体的人，是知、情、意、行的统一体。教师要认识并尊重学生的个性和发展特点，做好学生成长的引路人。

2. 了解和研究学生

了解和研究学生包括学生个人和集体两个方面，指了解和研究学生个体的思想意识、道德品质、兴趣、需要、知识水平、学习态度和方法、个性特点、身体状况和班集体的特点及其形成原因，这是建立良好师生关系的基础。教师只有在充分理解学生的基础上，才能做到换位思考，才能够真正从学生的角度出发来对教育过程进行优化，因材施教，让每一个学生都在自身基础上获得最大的发展，取得良好的教育效果。

3. 热爱尊重学生

爱是教育的灵魂,是教育的原动力,真正心怀教育爱的教师会让学生在灵魂深处生发出高度自觉的内驱力,从而赢得学生的心理认同。爱能在教师与学生之间建立起一种相互依存、相互协调的情感纽带,它使教学由单一的认知方面进入全面的心灵对话,因而教育爱在教学中具有极为重要的意义。热爱学生包括关心爱护学生,经常走到学生之中,不挖苦、讽刺、粗暴对待学生。尊重学生特别要尊重学生的人格,尊重学生的合法权利,处理问题公正无私,使学生心悦诚服。

4. 主动与学生沟通

教师主动与学生沟通是拉近师生关系的重要一步,平易近人的教师会使学生产生亲近感,从而逐渐信赖老师,这是成功地进行教育的重要条件。教师加强同学生的交往,既要有教育教学活动中的正式交往,又要有在此之外的非正式交往,两者结合,互相补充,才能起到深化师生关系的作用。同时,教师也要注意和学生的心理交往,多和学生谈心、讨论问题,这样才能沟通思想,了解真实情况。总之,良好的师生关系是通过教师经常深入学生中间,与学生交往不断深化而得来的。

5. 努力提高自我修养

教师良好的修养是构建理想师生关系的重要因素。广博的文化知识,高尚的道德素养,令人如沐春风的言谈举止是教师赢得学生尊重,树立教师威信的重要前提。为此,教师必须努力提高自身修养,经常进行自我反思,正确评价自己,严格要求自己,树立正确的价值观,保持积极向上的精神面貌,学会自我控制,培养耐心、豁达、宽容等个性品质。

练习

【8-28】 简答题:某小学召开期中学生座谈会,以了解任课教师的教学情况。其中,六(2)班学生对王老师的意见最大,当学校向王老师反馈学生意见后,她非常生气。

第二天一上课,王老师就将学生"痛骂"一顿,责怪学生不知好歹,不理解老师的良苦用心。她说着说着,委屈地掉下了眼泪。这时,学生们都低着头,不知所措。

第三天,王老师批改作业时,看到一张小纸条:"老师,请您别生气了,我们不是说您课上得不好,而是因为您动不动就发脾气,有时就为一点儿小事大发雷霆,说真的,上您的课,我们总是提心吊胆,生怕一不小心就挨骂。老师,真没想到我们的意见会给您造成这么大的伤害,请原谅我们吧!"落款是几位参会学生的署名。王老师看后,对自己之前的做法有些后悔。

问题:结合材料谈谈王老师应如何成为一名学生喜欢的老师?

本章小结

教师和学生是构成教育活动的两个最基本的要素。关于教师职业的性质争论已久,目前大抵确认为是一种专门职业,但除了专门职业的特性之外,仍存在自身的特殊性,所以教师有着独特的素养结构和专业发展阶段。正是这种特殊性决定了教师职业的神圣与伟大。教师不仅需要遵守政治道德和伦理道德,还要遵守教师职业的道德。因此,教师职业道德规范包含一个极为宽泛的内容,教师的专业标准和专业成长都显示出相应的复杂性。作为未来的小学教师必须要全面了解自己的权利和义务,同时要明确并保护小学生的权利,处理好师生关系,能够在教育教学实践中逐步提升自己的教育思维以及分析问题和解决问题的能力。

知识结构

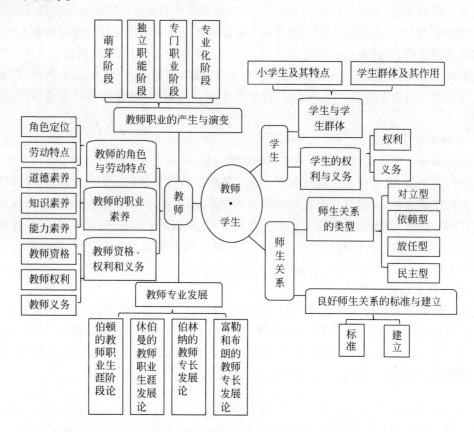

第 9 章
班主任·班级管理

学习目标

◎ 了解班集体的内涵，熟记班集体的特点、功能；
◎ 知道并熟记班集体的形成阶段，班集体的建设内容及良好班集体的建设标准；
◎ 了解班主任的基本职责及素养、掌握班主任工作的方法，能够撰写学生评语；
◎ 了解班级管理的内涵，熟记班级管理的内容，能够区分班级管理的模式与方法；
◎ 了解课堂气氛和课堂纪律的内涵，熟记课堂问题与偶发行为的类型及处理方法。

学习重点

本章的学习重点是班集体的形成与发展阶段，以及班主任的工作方法。同时，学会学生评语的撰写方法，并能够根据掌握的方法自行撰写 200 字左右、语言通顺、内容合理的学生评语。

学习导引

学习本章内容时，要理解班主任与班集体之间的关系，而班级管理是基于班主任的身份展开的。因此，应首先理解班集体的内涵及其形成和发展过程，而后从中发现班主任的身份角色和具体工作是如何从班集体的需求中产生的，由此学习具体的班级和课堂管理内容。在学习班级管理和课堂管理知识时，注意结合第一节的内容，这样更容易记忆与理解。

引子

何谓班主任

"班主任"是从俄罗斯借用的概念。在俄罗斯,班主任作为"教师集体"的组织者,同本班任课教师一道,建构班级"学生集体"。至少以往的情况如此;而在我国,班主任虽"负责联系和组织科任教师",但其他6~7项职责都由班主任个人承担。就连学生的课外科技、文娱活动,也得由班主任"指导"。他甚至还得"教会学习方法";如果认定班级属于学生自治组织,那么"班主任"这个名称便不够妥当。隐在现行班主任制中的价值观念,实际上是把班主任作为班级的主体,学生为班级的客体,本班其他任课教师为本班班务的边缘人物。至多是可借用的力量。

我国自20世纪80年代以来,把班主任列入所谓"德育工作者",并实行班主任工作津贴。且不说这种提法客观上默认(只是默认)了其他任课教师为"非德育工作者",无意中减轻了其他教师的教育责任,即使按照班主任职责规定,班主任的职责也不限于所谓"德育"。班主任应是"教育(狭义)工作者",而现行学校制度中的班主任,实际上是学校行政系统中班级基层组织的负责人,所承担的往往是学校从校外承接的行政事务。在班主任日常工作中,到底有多少"德育"或"教育"含量,也就成为问题。

在其他责任制度中,参与学生行为管理与指导的教师都是教师,也就有教学工作量的明文规定。例如我国在民国时期,依照1935年的规定(1947年修订),初级中学专任教师每周教学时数为18~22节,学校中担任行政事务的主任与训育人员,每周教学时数不得少于专任教师教学时数最低限度的2/3。由于级任教师也属专任教师,其教学工作量与一般专任教师相比有所酌减。级任教师、导师制中的教师实际上是兼职。指导制中的辅导教师因面向全校学生,其辅导工作量也不比专任教师少。我国在1979年的文件中,尚有对班主任教学工作量的规定,现行规章中却无这种规定。尽管我国中小学教师仍承担较多教学工作,但因行政事务过多,也就很难对班主任教学工作量做出明确规定。这倒不是工作量多少的问题,而是"教师"观念问题。[①]

班主任在我国实质上已经形成了一种独有的教师种类,在陈桂生教授看来,我国班主任的职能及其担负的班级与课堂管理职责多有不明之处,在你细细读过陈教授的三个观点后,你是否对于"班主任"这个熟悉的陌生人有了更多的思考?就现在而言,关于班主任的理论得到了长足的发展,关于班主任与班级管理的知识更为清晰和确切。在本章中,我们将从班主任及其存在基础——班集体的关系开始,探讨班集体的形成发展、班主任的要求和具体工作,进而介绍班级管理以及具体的课堂管理的内涵及其运作机理和具体的方法。

第一节 班集体与班主任

班主任是学校中对一个班级学生的思想、学习、健康以及生活等各个方面都全面负责的教师,在一个班集体的建设和管理过程中起核心引导作用。而建立一个良好的班集体并将其管理好,是班主任的中心工作。因此,做好一名班主任的起点就是要对班集体有一个准确的理解。

---

① 陈桂生.班主任制[J].上海教育科研,2007(11):4-6.

一、班集体

班级是学校行政体系中最基层的正式组织,是开展教学活动的基本单位,是学生在校学习和生活的主要场所。班集体是在班级基础上发展而成的更高级的形式,是按集体主义原则组建起来的学生群体,以完成学校教育任务为共同目标,是有一定组织机构、规章制度的学生共同体。

(一)班集体的特点与功能

与班级相比较,班集体有着自身的特点与功能。

1. 班集体的特点

班集体作为班级的高级形式,具有班级所具有的一般特点,同时还拥有其独有的一些特点。班集体一般拥有以下特点。

(1)班集体是一个以学生亚文化为特征的社会群体。它传导和积淀着班级制度的社会文化基因,如教育目标、规范和组织模式等。班集体的组织有一定的强制性,学生只能服从学校的安排,适应与班集体的隶属关系。

(2)班集体是一个以教学为中介的共同活动体系。它以课堂教学为中介,整合学校、社会、家庭的教育影响,社会化的共同学习活动是班集体形成和发展的主要整合因素。

(3)班集体是一个以直接交往为特征的人际关系系统。交往和人际关系动态地反映了集体与个体、个体与个体、集体与环境的相互作用,标志着集体形成的过程。在这个系统中,教师处于权威地位并有极大的影响力,因为国家赋予了教师管理班集体和教育学生的权力。

(4)班集体是一个以集体主义价值为导向的社会心理共同体。集体心理的统一性和社会成熟度综合反映了集体主体性的水平。同时,班集体是整个教育系统中的一环,受该系统各层次和各方面的影响。

2. 班集体的功能

从小学生发展角度,班集体具有下列基本功能。

(1)导向功能

班集体是根据特定的教育目标和社会规范组织而成的一个社会组织,有共同的发展目标,而这种目标必须根据社会需求与学校教育哲学制定。此外,班集体可以通过舆论、活动等对来自社会的各种影响,如大众传播、家庭、友伴等,从中进行筛选,选取其有利于班集体发展的因素,抵制不良影响。这样可以引导小学生朝着正确的方向发展。

(2)整合功能

小学生的成长受到家庭、社会、同伴多种教育力量的影响,优良的班集体可以将各种教育力量进行有机整合,形成合力,使对小学生的教育达到最优化状态。

(3)社会化功能

班集体类似于一个小型的模拟社会,小学生在班集体内的交往活动中能够逐渐认识到待人接物应有的态度,明白在社会交往中应当遵守的一些准则,班集体在促进涉世未深的小学生的社会化进程方面起着重要作用。因此,在恪守一定的班级道德行为规范和准则的同时,应当尽可能地鼓励小学生们在互相尊重和包容的基础上进行更多的人际交往活动以发展其社会化。

(4)调节功能

小学生具有与他人友好相处,进行亲密交往,从而获得肯定和尊重,以及有集体归属感等情感需求,而班集体正是满足这些需要的重要场所。在这种相处与交往过程中,小学生通过与他人的比较,更好地认识自我,进而主动积极地进行自我调节,使自己的能力与人格得到充分发展。

(二) 班集体的形成与发展

一个班的学生的简单组合并不能被直接称为班集体,由班级成员组织起来的简单学生群体逐渐发展为班集体是一个逐渐提高的过程,集体是群体发展的高级阶段。[①] 一个良好的班集体的形成,大致可分为以下四个阶段。

1. 组建阶段

这个阶段的班集体刚刚组建,各个同学之间都相互还不是很熟悉,班级处于一个松散的群体状态。所以,班主任自然是班级集体活动的召集人和组织者,同学们在班主任的引领下作为一个群体开展活动,逐步形成一个稳定有序的班级组织,保证班级的教育教学和集体活动的开展和顺利进行。此阶段的基本任务是让学生们相互了解,提高班级的组织度,同时普及学校以及班集体的基本规范和要求,形成共识,组建行之有效的班级管理体系,指导班干部逐渐作为班集体的次级核心开展各项工作,等等。

2. 形核阶段

在这一阶段,师生之间、生生之间已经较为熟悉,建立起了一定的信任关系,这个阶段的主要任务就是健全班委和队委的班干部建设,使得这些积极分子成为班级的核心力量和凝聚点,逐渐成为班主任的得力助手,协助班主任在班集体中发挥活动核心、组织核心、管理核心的作用。班主任由"直接领导者"逐渐过渡为"幕后指挥者"和"关键调节者",为班干部提供建议,帮助其开展班级工作、组织班级活动。班主任应注意对于班干部的培养、管理以及运用,让学生群体形成稳定有效的结构,明确每一位学生的权责和义务。

练习

【9-1】 老师与学生、学生与学生之间有一定的了解和信任,班级的组织比较健全。此时,班集体发展处于( )。

A. 成熟阶段   B. 组建阶段
C. 核心形成阶段   D. 自主活动阶段

3. 发展阶段

这一阶段是形核阶段的进一步发展,在建设班委与队委的基础上,制定明确的规章制度,逐渐形成良好的班级舆论,创建优良班风。让良好的舆论和班风成为小学生行动的导向标,引导、制约、矫正小学生行为和思想。健全的制度作为一种外在的约束,为解决班风建设中可能出现的问题提供了制度保障。当这种制度结合班风最终内化为每一位同学能够自觉遵守的内在习惯后,班集体的强大凝聚力便逐渐形成了。

练习

【9-2】 小学班集体形成的主要标志是( )。

A. 成立班委会   B. 形成正确舆论
C. 确定班级工作计划   D. 开展班级工作

---

① 王道俊,郭文安.教育学[M].6版.北京:人民教育出版社,2009.

4．成熟阶段

这一阶段的主要标志就是人际关系的和谐，也就是师生融洽，同学和谐，上一阶段因为内化不足与违反规章而出现的不和谐因素逐渐减少乃至消失，班集体内的成员能够为了一个共同的目标一起努力，自觉维护班集体荣誉。到了这个阶段，一个班集体已经基本成熟，学生们能够根据学校、班主任以及实际教育情况提出的要求，自觉引导和规范班集体成员的行为，自主展开集体活动，自主维护班集体和谐稳定。

练习

【9-3】 简答题：简述班集体的发展阶段。

（三）班集体建设的内容

培养和建设良好的班集体是班主任的核心工作之一。一般而言，班集体建设主要包括以下几个方面。

1．制定发展目标

班集体的发展目标是班集体发展的方向和动力。在具体操作时，要制定近期、中期、远期三个层次的目标，目标的表述要由近到远，由易到难，逐步提高，保证目标具有可行性、延续性和可操作性。同时，班主任要充分调动全班学生的积极性，将实现目标的过程成为教育与自我教育的过程。只有确立好班集体的发展目标，有了明确的努力方向，才能够促进班集体更好、更快速的发展。

2．选择和培养班干部

制定了发展目标之后，就需要选择和培养班干部，这样才有可能让目标得以实现。选择班干部，有临时指定、同学推荐或让有当班干部经历的学生继续担任等几种方式，具体操作时可以遵循"广收之，慎用之"的原则，即发现合适人选时，先让他充当一段时间的临时班干部，经过仔细观察发现他的个性与才能够胜任时再正式任命。选好班干部之后，就是培养与使用的问题。基本准则是"让合适的人，做合适的事"，即根据性格、能力等分配岗位，各司其职。同时，班主任要随时点拨，从旁指导，让班干部的管理能力不断提高。

3．建设良好班风

班风是由班级成员共同营造的一种集体氛围，反映了班级成员的整体精神风貌与个性特点，体现出班级的内在品格与外部形象，引导着班级未来发展的方向，对于班级建设具有重要的导向作用，所以，班风是班集体建设的重要内容之一。班风建设中，班风标准和具体行为规范是目标，活动是骨架，舆论是灵魂，骨干是核心，训练是动脉。班主任应该从这五个方面入手，着力建设催人奋进的班风。

4．培养集体荣誉感

培养学生的集体荣誉感，就是要培养学生对集体的责任心和为集体尽义务的自觉性。班主任应该为学生创造各种条件，引导和鼓励学生自觉维护集体的团结和利益，自觉抵制影响集体的言论和行动。

5．制定规章制度

要使班级成为协调的、团结一致的、行为有规范的集体，就必须使班级中的每个学生共同遵守办事和行动的准则，必须有各种明确的约束规定。因此，制定规章制度就成为班集体建设的一个主要方面。有了制度才能保证学生行动一致，不会偏离或各行其是，集体活动才能井然有序，班主任管理才有依据。

(四) 良好班集体的标准

班集体的建设关乎每一位班级成员的成长与学习,怎样的班集体才是一个优良的班集体呢?一个良好的班集体大致要达到以下五个标准。

1. 目标明确

一个共同而明确的奋斗目标会给一个班集体提供发展的方向与动力,这是一个班集体形成的基础条件。当一个班级的成员共有一个目标定向时,他们在实现这一目标的活动过程中便会保持认识和行动的一致。一个良好的班集体必须具有明确的奋斗目标以及依据这一目标而产生的共同行动。班级成员都需要对共同的班级目标有认同感,对于班级的组织活动有参与的需求,不同的成员之间要感到公平与公正,同时能够互相帮助、互相关心、互相督促。

2. 组织健全

一个班级的班级组织包括班委、队委,以及各类小组长和各科课代表等。优良的班集体必然拥有健全的组织架构、威信较高的学生领导核心和足够数量的活动积极分子,并且各部分之间呈现出和谐有序的关系。一支团结有力的班干部队伍是一个班级组织和实施活动的重要保障力量。

3. 制度完善

对于一个优良的班集体来说,完善的规章制度必不可少,例如班规、岗位职责、学习管理等制度都是优良班集体的重要组成部分。严格而完善的规章制度能够使班集体中的成员行为更加有序化和规范化,有助于形成良好的行为习惯。如果全班同学都能认可并严格执行这些制度,那么班集体目标的实现就更为容易和快速。

4. 舆论健康、班风良好

集体舆论是指集体中形成的为大多数成员所赞同的意见以及思维取向。健康的舆论是影响学生发展的一种巨大精神力量,对学生有很强的潜移默化的影响作用。通过感染和熏陶等间接的方式可以使学生更能明辨是非美丑与善恶,也能更好地约束集体成员。班风则是班级中大多数成员共同表现出的思想与行为倾向,包含了情绪状态、言行习惯以及道德面貌等方面,是经过集体成员长时间的相互影响与共同活动而逐渐形成的,是班集体形成的重要标志。

5. 关系和谐

师生关系融洽、同学相互理解、相互体谅、相互帮助,班集体内的各个个体之间都形成良好的人际关系,这样的环境才更能保证班集体的和谐与稳定,最大限度地促进学生的个性发展。

> **练习**
>
> 【9-4】 简答题:简述良好班集体的标准。
>
> **提示**:班集体建设的内容和标准可以对应背诵。如"制定发展目标"和"目标明确""选择培养班干部"和"组织健全""建设良好班风"和"舆论健康、班风良好",可以在每一组内选取关键字进行记忆,如"目标""班干部""班风"等。

二、班主任

班级是学校教育工作的基层组织,学校开展教育教学工作都是以"班"为单位来进行的。班级的活动除了日常的上课之外,还有许多课堂之外的活动,如兴趣活动、班队活动、课余活动等,诸如此类的正式与非正式活动都需要安排一位除学生外的专人进行全面负责与管理,担任这一角色的就是班主任。

（一）小学班主任的基本职责

班主任是在学校中对于一个班级学生的思想、学习生活等工作全面负责的教师，是班级及其各种各类活动的组织者、领导者与教育者，是学校整体办学思想在班级层面的贯彻者，是联系沟通班级各个任课教师与学生及其团队组织的纽带，更是沟通学校、家庭与社会的桥梁。根据中华人民共和国教育部颁布的《中小学班主任工作规定》，小学班主任有五个方面的职责。

（1）全面了解班级内每一个学生，深入分析学生思想、心理、学习、生活状况。关心爱护全体学生，平等对待每一个学生，尊重学生人格。采取多种方式与学生沟通，有针对性地进行思想道德教育，促进学生德、智、体、美、劳全面发展。

（2）认真做好班级的日常管理工作，维护班级良好秩序，培养学生的规则意识、责任意识和集体荣誉感，营造民主和谐、团结互助、健康向上的集体氛围。指导班委会和团队工作。

（3）组织、指导开展班会、团队会（日）、文体娱乐、社会实践、春（秋）游等形式多样的班级活动，注重调动学生的积极性和主动性，并做好安全防护工作。

（4）组织做好学生的综合素质评价工作，指导学生认真记载成长记录，实事求是地评定学生操行，向学校提出奖惩建议。

（5）经常与任课教师和其他教职员工沟通，主动与学生家长、学生所在社区联系，努力形成教育合力。

练习

【9-5】 班级工作的组织者、领导者和教育者是（　　）。
A. 校长　　　　B. 教导主任　　　　C. 班主任　　　　D. 科任教师

资料夹 9-1

班主任的来源

1948年，苏联教育家凯洛夫在《教育学》中这样描述班主任：在年级所有教师中任课最多和经验最为丰富的一个教师，学校常常委托这些教师很多附加任务，如负责安排本级学生的生活、指导学生参加各项活动、安排和调整本级所有教师的教育教学工作、规定学校与学生家长的联系等工作。

而在我国，1904年的癸卯学制中，有级任教师一说，负责统管一个学级的全部学科，民国时期，1938年将之发展为导师制，负责一个班的组织教育工作，在其教育部《中等学校导师实施办法》中规定，"各校应于每班设导师一人，由校长聘请专任教员充任之""各级导师对于学生之思想行为学力及身心，均应体察个性，依据训育标准之规定及各校教导计划，施以严密之训导，使得正常发展，以养成健全人格。""训导方式除个别训导外，导师应充分利用课余时间，集合本级学生举行谈话会、讨论会、远足会、交谊会及其他有关团体生活之训导。"

资料来源：凯洛夫. 教育学（全一册）[M]. 北京：人民教育出版社，1950.

（二）小学班主任的基本素养

小学班主任的基本职业素养包括思想道德素养、业务素养、心理素养、人际关系素养和形象素养五个方面。

1. 思想道德素养

班主任的思想道德素养主要包括以下内容。

（1）坚定的理想和信念，正确的政治方向，较高的理论修养和高尚的道德品质。作为国家教育事业的工作者，班主任教师要具有科学正确的世界观、人生观和价值观，只有这样，学生才有可能获得正确的指导。

（2）热爱教育事业，热爱学生。爱教育、爱学生应该作为班主任的天职。因为只有热爱学生的班主任，才能对他们抱有较高的期望，才能爱护和鼓励学生，使学生也能以一种积极的态度回报教师，从而获得教育中的成功。

（3）以身作则，为人师表。班主任教师的表率作用对学生的成长有着特殊的影响。由于所面对的是处于成长过程中的学生，班主任教师往往被其视为模仿的对象，因此，班主任必须处处以身作则，严于律己，发挥自己以身立教的示范作用。

2．业务素养

班主任的业务素养主要指两方面，一是知识，二是能力。

（1）知识素养。首先是指掌握系统、全面、扎实的专业知识；其次，应当广泛涉猎心理学、管理学、社会学、美学、创新学等相关学科知识。做到横看中外竖看古今，要能文能武，多才多艺，既能引吭高歌又能驰骋球场，既有审美的雅趣又有浪漫的情怀。

（2）能力素养。班主任的能力具体指教育能力、研究能力和管理能力。所谓教育能力是指有效地传授知识、技能，发展学生智力的能力。研究能力是指发现问题、分析问题和解决问题的能力。管理能力包括组织实施能力、计划和设计能力、常规管理能力、思想工作能力等。

3．心理素养

现代教育对班主任的心理素质要求越来越高，班主任应该具有以下品格。

（1）稳定的情绪。一般来说，具有乐观而稳定的情绪的人更善于避免各种消极因素的影响，善于摆脱情感的困境。而如果不善于控制自己的情绪，缺乏情绪反应能力，则难以成为一名优秀班主任。

（2）良好的性格。性格良好的教师，最大的特点在于自我控制力强，经过理智的抑制与过滤，使个人的行为、需求、情感获得既恰当又适度的表达，避免不加节制的冲动。

（3）坚强的意志。坚强的意志就是在困难与挫折面前自觉地调节、支配自己的行动以战胜困难的自制力。作为一名班主任需要有坚强的职业意志。

4．人际关系素养

作为班主任要处理好师生关系、同事关系、与领导的关系、与家长的关系。

（1）与学生的关系。师生关系是班主任工作的主要人际关系。一般来说，师生关系有以下几个类型：民主型、慈爱型、管理型、专制型、放任型。毋庸置疑，民主型的师生关系是最和谐、最能有效实现教育目标的关系。

（2）与同事的关系。处理好教师之间的关系，不仅有助于合作学习，分享经验，同时也有助于加强教师的职业情感和专业意识。尤其是班主任，要使班级健康发展，处理和协调好与课任教师的关系相当重要。处理好与其他教师的关系，要遵循互尊、互补、互助、互动的原则。

（3）与领导的关系。班主任与领导的关系，是干群关系，也是上下级关系，正确处理好这一关系，不仅有利于上下沟通、工作协调、提高教学质量，而且对班主任的自身发展也有很大的影响。班主任与领导的关系大致有以下几个类型：尊重型、协调型、服从型、参谋型、冲突型。尊重型领导关系是最有效和谐的领导关系，表现为尊重、信服、拥戴等特征。

（4）与家长的关系。家长是学生的第一任老师，对于学生的品德和学习的进步具有很大的影响。因此，做好教育工作，班主任就必须取得家长的配合，形成教育合力，共同承担培养下一代的责任。与家长交往要做到主动、尊重与及时的原则。

5．形象素养

班主任作为学校的公众人物，其外在形象素养是其内在良好修养的体现，对学生有着极大的示范性，将影响班主任威信的形成和巩固。因此，班主任要重视自己的外在风貌，以良好的形象展现给学生。

（1）身体素养。良好的身体素质是班主任的必备素质。对班主任身体素养的要求有：一是体质健康；二是精力充沛；三是反应敏锐。

（2）仪表素养。首先，要注意衣着打扮，既要大方得体，又要避免呆板和死气沉沉，既要朴素端庄，又要富有变化。其次，要讲究个人卫生，不仅要整体整洁干净，还要在细节上下功夫，如不留指甲，保持牙齿洁白、无口臭，女教师不喷过浓的香水，男教师不留长发和胡子等。再次，要形成适合自己的装扮风格，服饰不仅要适合自己的体形、年龄，还要适合自己的性格，甚至要适合自己的教育对象。最后，要注意举止风度，做到举止庄重大方、谈吐文雅、富有表情、神态自然、待人亲切和蔼。

（3）谈吐素养。语言是班主任用以教育学生不可缺少的工具，而如何使用这个工具，直接关系到教育的效果。文雅而风趣的谈吐，不仅能取得学生的信任与尊重，增强班主任的教育影响力，而且有利于净化学生的心灵。

（4）教态素养。班主任的教态包括班主任在学生面前的体态、姿势、表情、手势等表现形式，班主任不仅要灵活运用口头语言，也要得当使用身体语言，不仅能增强语言的表达效果，还能真实地反映教师的气质和人格。

（三）班主任工作的内容与方法

小学班主任的工作内容多且杂，主要包括以下八个方面：了解和研究学生、培养班集体、建立学生档案、开展班会活动、协调各方教育资源、学生操行评定、工作计划与工作总结，除此之外班主任还要针对实际班级管理过程中出现的特殊情况对不同学生个体或学生集群进行个别教育。

1．了解和研究学生

了解和研究学生是班主任做好班级工作的前提和基础，它决定班主任工作的成效。因此，班主任的工作必然从了解和研究学生开始。

（1）了解和研究学生的内容

了解学生包括对学生个体的了解和对学生群体的了解两部分。

对学生个体了解的主要内容包括思想品德发展状况、学习状况、身体状况、心理状况、家庭情况以及学习和生活的社会环境等。

对学生群体的了解包括班集体的近期及远期的发展目标、班集体的思想状况、班集体的舆论以及兴趣爱好等。学生群体有正式群体和非正式群体之分。正式群体是指为了达到与组织任务有明确关系的特定目标以及执行组织特定工作而产生的正式的组织结构。非正式群体是非正式规定的，是自然形成的一种无形组织。非正式群体活动是正式群体活动的一个有益而必要的补充，对每个学生的身心发展有着很大的影响。对于非正式群体的管理要做到态度公正，管理及时，讲究方法。

（2）了解和研究学生的方法

了解和研究学生的主要方法有以下几种。

① 翻阅书面材料。如学生的相关档案、试卷、奖惩记录等。

② 观察。通过日常观察与课堂观察了解学生。

③ 个别访谈。这是深入了解学生的基本做法。
④ 调查。日常的闲聊、座谈、正式的书面问卷调查。
⑤ 组织活动。在各种活动中了解学生。
⑥ 书面沟通。周记、家校联系本、微信等。

练习

【9-6】 班主任有效工作的前提是(　　)。
　　A. 选好班级干部　　　　　　　　B. 组建培育班集体
　　C. 了解研究学生　　　　　　　　D. 做好思想品德教育

【9-7】 小学班级管理中,既是做好班主任工作的基础条件,又是决定班主任工作成效的主要因素是(　　)。
　　A. 班主任工作职责　　　　　　　B. 班主任自身素质
　　C. 班级学生的质量　　　　　　　D. 对班级学生的了解

【9-8】 简答题:简述班主任了解研究学生的主要内容与方法。

2. 培养班集体

培养班集体是班主任工作的中心环节,具体内容包括:确立班集体的发展目标;选拔和培养班干部队伍;制定规章制度;培养正确的舆论和良好的班风;组织形式多样的教育活动等。

(1) 确定班集体发展目标(详见下文"班级目标管理"部分)

大海航行靠舵手,一个班集体想要向好的方向发展,切实可行且正确的发展目标是一切班集体活动的前提和指导,一般来说班主任在制定班集体的发展目标时都应至少考虑以下三个方面:这一目标是否切实可行?实现目标的时间是否合理?目标的制定过程是否科学?

(2) 选拔和培养班干部队伍

选拔班干部的具体方式有民主选举、学生组阁、竞争上岗和学生自荐四种。培养和使用时要注意:明确责任,分工到人;加强管理,量化考核;放权放手,适度指导;注意新生力量的培养。

(3) 制定各种规章制度

完善的规章制度是班主任开展工作的重要保障。一般包括下列制度:考勤制度、教室管理制度、卫生管理制度、课堂制度、学习制度、奖惩制度、班规等。具体制定方法有教师制定学生执行、学生参与教师决定、师生一起制定三种。

(4) 舆论和班风建设

具体措施包括:①发挥班主任的表率作用。正确的舆论环境来自班主任平时对学生的教育引导。②发挥身边榜样的作用。在班内选择良好的榜样。③充分发挥班级舆论阵地的宣传作用。利用黑板报、墙报、专栏、班级日志宣传正确的价值观。④发挥任课教师和家长的作用。通过各科教学和家庭教育渗透正确的思想观念是正确舆论形成的重要助力。⑤开展各种活动。如通过主题班会、争章活动(学习章、纪律章、文明章、博学章等)等制造正向的舆论,营造良好的心理环境。

练习

【9-9】 简答题:简述形成良好班风的基本措施。

(5) 组织多种形式的活动

班集体的活动大致可以分为主题教育活动、文艺体育活动、社会公益活动等,班主任可以根据教育内容与目的组织合适的活动。组织班级活动时要注意：①要有明确的目标和要求；②精心设计活动的内容；③注意形式的适龄化。指导班级活动时应遵守下列原则：主体性原则、兴趣性原则、集体性原则、创造性原则。

练习

【9-10】 材料分析题

小辉个子矮小，家境又不好，常常受到同学们的歧视。班主任王老师多次对同学们进行教育，但收效甚微。无奈之下，王老师只好另辟蹊径。

小辉生日的早晨，同学们走进教室，惊讶地发现小辉的课桌上有一个漂亮的盒子，上面写着"天使的礼物"。小辉小心翼翼地打开盒子，惊喜地看到一个生日蛋糕。在同学们"生日快乐"的歌声中，他愉快地和同学们一起分享蛋糕。同学们边吃蛋糕边猜测这位送礼物的"天使"是谁。望着孩子们那一双双充满期待的眼睛，王老师说道："天使代表着圣洁，善良，专门为人们传播真善美。她是不愿意披露自己姓名的，但她确实生活在我们中间，小辉是咱班第一个收到天使礼物的人。我相信天使不但会把爱带给小辉，也会带给别的同学，而我们每一个同学也可以成为别人的天使，用自己的爱心去关心需要温暖的人。"

从那以后，班里"天使的礼物"经常出现，同学间都能够相互关心，平等相处。

问题：

(1) 请对王老师设计的这一活动进行评析。

(2) 作为班主任，如何引导学生形成良好的班级氛围？

3. 建立学生档案

建立学生档案一般分四个环节：收集—整理—鉴定—保管。

学生档案有两种：集体档案和个体档案。集体档案是指班主任将全班学生在各个时期各方面的表现记录下来作为今后教育集体的依据或参照的档案。个体档案是指将学生德、智、体、美、劳各方面的表现和发展收集起来作为个体教育依据的档案。学生档案中最常见的是学生个体档案（即俗称的"个人档案"）。学生档案的内容最常见的形式有文字表述式和表格调查式两种。

资料夹 9-2

档案袋评价

"档案袋"是指系统地收集能够表征儿童在学习过程中的能力与努力而作为成长证据的记录。具体地说，包括儿童学习成果与学习过程的记录、自我评价的记录、教师的指导与评价的记录。通过档案的建立，促进儿童学习的自我评价，同时教师也评价儿童的学习活动与自己的教育活动。它不同于脱离日常实际的课题来考查儿童的能力的纸笔测验，它是在学习的自然流程中来考查所评价的对象——儿童的能力——的状态的。"档案袋评价"的意义在于以下四个方面。其一，把握儿童学习的实态，也有助于教师更好地从儿童学习状态的角度来设计教学。其二，采用档案袋评价对于儿童自身而言，可以获得自控学习实态的机会，这是培育儿童自主学习能力的第一步。其三，在档案袋评价中探讨会是不可或缺的，这是师生协同评价的机会。教师的评价标准与儿童的评价标准终究是有差别的，通过协同评价，教师可以指导儿童借助适当的步骤进行自我评价，这是儿童形成学力所不可或缺的。其四，档案袋有助于学校和教师承担说明责任。

资料来源：钟启泉. 发挥"档案袋评价"的价值与能量[J]. 中国教育学刊，2021(8)：67-71.

4. 开展班会活动

班会活动主要包括班级例会和主题班会两大类。班级例会是班级定期举行的对学生进行常规教育的班会形式,班级例会有晨会、周会、民主生活会和班务会四种基本形式。班级例会主要是解决班级生活中出现的各种问题。主题班会是在班主任指导下,围绕一个主题对学生进行教育的班会活动形式。

主题班会需要考虑学生各方面需求状态,考虑教育目标,需要班主任倾注许多心力。一个好的主题班会要求做到:①精心设计主题,主题必须服从于教育方针和班级目标,既有利于促进学生的全面发展,也有利于班集体的健全和完善;②有针对性,能切实解决问题;③开拓创新,具有鲜明的时代性;④生动活泼,具有趣味性;⑤面向全体学生,充分调动和发挥每个学生的积极主动性。

> 练习

【9-11】 材料分析题

下面是某小学一个班的主题班会设计。

又到了3月5日学雷锋的时间了,学校要求我们每个班为周围的社区做一件好事。可我认为学雷锋不能图表现,只用一天的行动来表示一下,而应该制度化,经常化,把爱心献给那些真正需要帮助的人。我决定先在班上召开一个"我们应该怎样学雷锋"的主题班会,形成我们全班共同的意见,找到一致的办法。主题班会设计步骤如下。

第一步:全体同学收集雷锋的动人事迹。

第二步:请学生代表宣讲雷锋助人为乐的故事。

第三步:分小组讨论目前存在的学雷锋种种现象。

第四步:我们该怎么办?(各小组表达自己今后学雷锋的设想与办法)

第五步:全班讨论,形成学习雷锋的统一意见和行动方案。

问题:

(1)运用班主任工作的理论与方法,对这一设计进行评价。

(2)阐述组织好主题班会的要求。

5. 协调各方教育资源

班主任是学校、家庭和社会沟通的桥梁,负责协调配班教师的关系和学校与家长之间的联系,同时还要协调学校与社会的关系。其中,特别要做好家校之间的沟通与合作。一般而言,班主任与家长的沟通方式主要有:家长会、家长委员会、家长沙龙、家访(要求有备而访、不要以告状形式家访,尽可能就事论事)、家长园地、家长开放日、网站与电话、短信与微信、家校联系卡、面对面交流等。

提示:家校联系的方式,可以从个人维度与集体维度两个维度去记忆。个人维度包括家访、家校联系卡、面对面交流、电话、短信与微信等;集体维度包括班级家长会、家长开放日、网站、家长沙龙等。答题时尽量多写一些,至少要写出五种以上。

> 练习

【9-12】 简答题:简述家校联系的基本方式。

6. 学生操行评定

评定学生操行是以教育目的为指导思想,以《学生守则》为基本依据,对学生一个学期内在学习、劳动、生活、品行等方面的表现进行的小结与评价。操行评定主要由班主任负责,在低年级时,一般由班主任来做;至高年级,可以先由学生小组进行评议,然后由班主任写出评语。操行评定及时给予学生信息反馈,相对客观准确,以正面鼓励为主,能够肯定学生的优点,并且帮助学生认识自己的不足,并加以改正。

7. 工作计划与工作总结

班主任工作计划一般分为学期计划、月计划、周计划以及具体的活动计划等形式。学期计划内容相对比较完整,一般包括三个部分:①班级基本情况介绍。如对班级基本情况的分析和评估,对学生个体情况的介绍等。②班级工作内容。介绍班级工作主要有哪些内容。③班级工作安排。即介绍班级工作如何实施,包括如何落实和何时落实。

班主任工作总结是对整个班主任工作过程、状况和结局做出全面的、恰如其分的评估。班主任工作总结一般分为全面总结和专题总结两类。班主任工作总结注重客观准确,需要班主任平时注意积累资料,并及时做好日常工作的分析总结。

8. 个别教育工作

在实际教育工作中,不同学生的发展状况各有区别,这就要求班主任老师要了解学生,有的放矢地进行教育。

(1)"先进生"的教育工作

先进生是指在一个班级中思想、学习、纪律、劳动、身体等方面发展状况处于相对前列的学生。从心理特点上看,这些学生一般自尊好强,充满自信,有强烈的荣誉感、较强的超群愿望和竞争意识。对先进生的教育应严格要求,防止自满;不断激励先进生进步;培养先进生的抗挫折能力;鼓励公平竞争,克服嫉妒心理;提倡互帮互助、共同进步。

(2)"中等生"的教育工作

中等生也称为"中间生",是指班级中各方面表现平平的学生。中等生大多信心不足,竞争欲望不强。成绩既上不去也不至于落在最后。有的是因为能力一般而学习成绩居中流,有的则是因为不努力而导致成绩一般,也有的是在学习很努力的情况下,成绩依旧上不去。中等生是一个有自身特点的群体,且是班级中人数占多数的群体。因此,中等生的教育也应当受到重视。班主任要为中等生提供展示自己才能的机会,善于发现他们的强项和优点,增强其自信心,激发其上进心,使他们能在原有的基础上向前发展。

(3)"后进生"的教育工作

后进生应该被称为进步相对慢的学生,通常指那些学习积极性不高,学习成绩暂时落后、不太遵守纪律的学生。后进是一个相对的概念,后进可以在一定条件下发展为先进。后进生往往具有不适度的自尊心,既难以接受被当众批评,也不愿接受对弱者的庇护,有时会为了突出自己而采用不适当的方式,比如恶作剧。他们大多学习动机不强、意志力薄弱,有的甚至是非观念模糊。因此,在教导后进生时应注意关心爱护他们,尊重学生人格;激发和培养学习动机;提供范例,增强是非观念;因材施教,挖掘和培养"闪光点"。

练习

【9-13】 简答题:简述班主任工作的主要内容。

(四)学生评语的撰写

学生评语是班主任对于某位学生学习生活的总结,是对其一段时间或一个学习过程中的各种表现的综合性评价,其目的在于帮助学生保持优点、改正不足,以促进学生的不断进步。

具体撰写学生评语时要注意以下列几点。

1. 学生评语写作的原则

（1）激励性原则

撰写评语时要善于发现学生的优点、闪光点、特长以及潜能，给予学生充分的肯定与认可，让学生看到自己在学习生活中的各种进步，从而增长学生的自信心，使其不断进取，以取得更大的进步。

（2）尊重性原则

撰写评语要充分尊重学生的人格，达到师生间的理解尊重、情感融合、不挫伤学生的自尊。

（3）教育性原则

小学班主任面对的学生年龄较小，心理不成熟，可塑性大，面对日益多元化的社会价值取向以及网络中各种各样信息的影响，往往无所适从。因此教师要抓住机会，适时给予学生正确的引导，有利于学生在早期就建立起正确上进的价值观和信念。

（4）期望性原则

期望性的评价对于学生好学上进的心理和自信心的培养都起着重要的作用，体现了教师对于学生的理解和信任以及支持，学生更容易因此产生自信心，从而拥有更远大的理想。

（5）全面性原则

根据多元评价理论，对学生的评语应当全面、公正，对学生的各个方面都有涉及，而不能片面、狭隘。这样才能让学生扬长避短，更好找到自己的优势，补齐自己的短板，同时也能让学生感受到教师对自己的了解与关怀。这一原则在长期评价如期末评价时应当特别坚持。

（6）个性原则

现代社会的发展越来越需求人才的多元化与多样化，在评价学生时一定要着重评价学生的爱好、特长，并对其予以肯定和正面引导，引导学生成长为有特色的人才。

2. 学生评语的语言运用

给学生的评语用词需要浅显易懂，小学生的评语一定要易于小学生阅读，可以适当加入班级学生或者学生本人的话语和修辞，使评价更有活力，更为学生喜爱。在遣词造句时要避免训话式的语气，要多鼓励学生，即使提到缺点，也应当较为委婉地表达，避免直接地点出，挫伤学生的学习积极性。语言能精炼地表达出一个人的心理，年纪小的学生心灵十分敏感，教师用心撰写评语，学生阅读后自然能感受到教师的诚恳与关切。

具体来讲，教师在书写具体内容时，特别是夸奖学生时一定要具体，避免通篇使用"好学生""好孩子"等较为宽泛的用词，要具体到个别优点，例如学习好、乐于助人、团结友爱、尊敬师长、孝敬父母等，更为精确的"好"更能让学生接受，让学生更能感到教师对其的关切与真心。

3. 学生评语范例

（1）引导学生振作精神的评语

在昔日的时光中，你有成功，也有失败；有丰硕的果实，也有苦涩的泪水……但不管怎样，坚强的你总是昂首面对。你认真、刻苦、虚心、诚实，因此赢得了老师和同学们的一致好评。但有时，你还缺少些恒心，急于求成。"千里之行，始于足下"，希望你能凭着自己的顽强意志，迈好人生的每一步，从不放弃，永不言败。

（2）鼓励学生不断努力的评语

胜利的果实，永远挂在树梢上，你可要努力往上跳，才能摘到啊！不要等待明天向我们走来，让我们走向明天！只有当我们将"等待"改为"开创"时，才能拥有一个真正属于自己的、美好的明天！

（3）为学生解除心理压力的评语

你那原本美丽慧黠的双眸为什么被忧愁遮掩,开朗大方犹如银铃般的笑声什么时候销声匿迹了?你是班级的"种子选手",为什么轻易地把它让给了别人?记得你曾偷偷地塞给我一个纸条,说你愿意成为我的骄傲。可是现在怎么了?能告诉我吗?老师愿意成为你的知音,你的朋友,老师愿意为你保密。希望你会成为我永远的骄傲。

（4）劝诫学生克服缺点、弱点的评语

看你作业完成得认真,字写得漂亮,的确是一种享受,说明你有着认真的态度。老师一直认为上课偷偷讲话的同学一定不会是你,但为什么又偏偏是你?如果你的课堂表现也能像你的字一样漂亮,那么老师和所有的同学一定会对你另眼相看,那时的你一定是很优秀的,我期待着你以后有更好的表现。

（5）为学习上的"差生"鼓劲儿的评语

在老师的眼里,你是一个热情奔放、热爱集体的好学生,愿意主动与老师亲近、接触。但每当想起你及格线以下的学习成绩,我的心里总是酸酸的、涩涩的。在新的学期里,你愿意挥动勤奋的双桨,为老师掠去心头的这片阴影吗?"有志者,事竟成",老师相信你一定会成功的!

（6）引导学生注意把握学习方法的评语

你是一个友好和善、遵规守纪的学生。尊敬老师,同学关系融洽,热爱班集体。无论在教室,在寝室,你都不是一个捣蛋的学生,可奇怪的是我常常看到你乱忙,作业完成得也不是很好。缺乏计划性,没有学习规律,任务落实不好,这是不是你成绩提高不大的原因?如果是,赶快改正,相信你会有进步的!

资料夹 9-3

班主任的待遇与权力

第十三条　学校在教育管理工作中应充分发挥班主任的骨干作用,注重听取班主任意见。

第十四条　班主任工作量按当地教师标准课时工作量的一半计入教师基本工作量。各地要合理安排班主任的课时工作量,确保班主任做好班级管理工作。

第十五条　班主任津贴纳入绩效工资管理。在绩效工资分配中要向班主任倾斜。对于班主任承担超课时工作量的,以超课时补贴发放班主任津贴。

第十六条　班主任在日常教育教学管理中,有采取适当方式对学生进行批评教育的权利。

资料来源:教育部关于印发《中小学班主任工作规定》的通知[EB/OL].(2009-08-12)[2024-09-01]. http://www.moe.gov.cn/srcsite/A06/s3325/200908/t20090812_81878.html.

提示:学生评语写作是班主任的常规工作之一。学习时不能仅记住一些基本要求,更重要的是能够根据这些要求撰写学生评语。学习时可以选择不同类型的学生进行实践演练,注意字数在 200 字左右,内容要涵盖德、智、体等各方面,语言运用要得当,并且有一定的个性。

练习

【9-14】简答题:简述小学教师撰写操行评语的注意事项。

第二节　班级管理

"班级"这一词汇最早得到使用可以追溯到文艺复兴时期的著名教育家埃拉斯莫斯。随后夸美纽斯在《大教学论》中对"班级"进行了论证,阐述了班级制管理的优势,自此奠定了班级组织与管理的相关理论基础。

一、班级与班级管理

（一）班级及其特点

班级是指学校为实现一定的教育目的，将年龄和知识程度相近的学生编班分级而形成的有固定人数的基本教育单位。班级通常由教师、一群学生及环境组成，是一个复杂的小社会体系。班级是学校行政体系中最基层的正式组织，是开展教学活动的基本单位。班级具有以下基本特点。

1．易变性和可塑性

班级区别于其他社会组织的一个重要之处在于：它由未成年人组成。作为班级组织主体的小学生处于身心发展的过程之中，价值观尚未定型，容易受到外界的诱惑和影响。班主任、任课教师、同伴的观念与想法、言语与行为，甚至着装打扮等都会对小学班级文化产生不同程度的影响，因而班级文化具有易变性和很强的可塑性。

2．内隐性和长久性

班级文化通过价值观念的形式出现，潜藏在班级成员的思想观念、行为习惯中。小学生在班级文化中受到感染和同化，不知不觉、无意识地受到影响。这种影响一旦产生，效果是显著的、久远的，有的甚至影响小学生一生。

3．学习性和教育性

班级中学生的首要属性是"学习者"，其在班级中的基本任务是学习各种知识和发展各种能力，为将来进入社会生活做准备。学习的内容既有安排好的显性课程，也有如班级中的各种规范、角色、人际关系等要素衍生出的隐性课程。

班级的教育性表现在对小学生社会化和个性化方面的促进上。社会化不是以牺牲自我发展为代价的。强调班级能够促进学生的个性化，就是要使人们充分认识到学校培养的不是工作机器，而是全面发展的、具有个性的"充分、自由、和谐发展"的人，这才是教育的根本目标。

4．组织性和社会性

每个班级都有健全的组织机构，包括班委会、队委会、小组长和各学科代表和其他班级团队组织等。班委会在班级活动中起到协调和指导作用，各学科代表负责学科的学习，班级团队组织负责活动的策划与组织。这些特点使得班级具有了明确的目标和方向，并且能够充分发挥领导者的带领作用，确保活动的顺利进行。

班级是个小型的社会，在班级的活动中，学生要和教师、同学这些群体中的成员打交道，这就构成了学生们的社会关系。学生们通过班集体中规范化的组织机构，扮演组织机构中的角色，学习和内化社会规范，积累社会生活经验，学习关于人际交往的知识并锻炼其技巧，为未来的社会生活奠定基础。

（二）班级管理及其功能

班级管理是指班级管理者依据班级管理的规律，为了更好实现教育目标和班级工作目标而进行的一系列活动。班级管理不是狭义的班级活动的管理，并不是只有在班级的集体活动中才有班级管理，而是在班级作为一种组织形式和载体下，关于学生的全面管理。不管是在班级中还是在自发形成的小组或组织中，班主任、任课教师和学生都可能成为管理的主体。班级管理具有下列主要功能。

1. 提高学习效率，实现教学目标

班级作为学校中的基本教育单位，教育功能是其基本功能及中心功能所在，在管理主体进行班级管理的过程中最先要考虑的就是如何提高班级的学习效率，通过师生间、老师间的交流与配合，调整课业负担、教学方法等手段来实现教育目标。值得注意的是，基于教育教学功能的基础性，在实现其他班级管理功能的过程中必须充分注意其对教育教学功能的影响，避免产生过大的不良影响从而撼动整个班级管理的根基。

2. 维持班级秩序，形成良好班风

秩序管理也是班级管理的重要功能。普遍来说，除部分小微学校及小班化的小学外，大多数小学班级的学生群体至少由数十名小学生组成，小学生较为活泼好动的特性和众多的人数都对班级秩序的建立和维持提出了挑战，想要维持日常活动及教学活动的正常开展，就必须维持班级秩序。在班级管理的过程中，管理者以设立班规以及学生群体内部的自我约束等管理方式潜移默化地影响学生群体，维持班级秩序。并在此基础上最终形成良好的班风，从而更加自然和有效地维护班级秩序，这是这一班级管理功能的进一步体现。

3. 锻炼学生能力，提高自治水平

学生的自主性和自主能力的培养是培养创造性人才所必需的，这是人才规格对于班级管理提出的要求，同时如前文所说，班级管理并非完全由班主任一人进行，学生及学生自治组织也是班级管理的重要管理主体，因此无论是从宏观的人才培养来看还是从班级管理的实际出发，学生及学生组织都应当参与到班级管理中。在学生参与班级管理后，首先学生的自主能力和管理能力就会得到直接的锻炼，学会从管理者的角度看待问题，这对于学生的未来发展是大有裨益的。同时也能让学生充分参与到班级管理中来，实现民主化的班级管理，提高学生对于班级管理的参与感和认同感，提高班级的自治程度。

二、班级管理目标、内容与资源

（一）班级管理目标

管理目标是指"管理系统在一定时期内预期达到的目的和取得的成果"[①]。班级管理目标就是班级管理主体（班主任与学生），也就是班级的管理系统从本班的实际出发，通过管理活动，在一定时期内使班集体预期达到的目标和取得的成果。从时间维度划分，可分为短期目标、中期目标和长期目标；从内容上划分，可分为学生个体目标和班级集体目标。班级管理目标一般具有指向性、层次性和主体性等几个特点。具体制定时，需要注意以下三个方面。

1. 确定目标要切合实际

"切合实际"是指班级管理目标不能定得大而空，不着边际，需要在主客观条件下具有实现的可能性；也不能定得过于容易达到，唾手可得，否则对于班级管理和学生发展的推动作用极其有限。最终确定的目标对于每一个学生以及班级来说，都应是通过艰苦努力可以达到的。只有明确而切合实际、并且具有一定难度的目标，才能激发学生的挑战性，发挥其主观能动性，调动起学生参与班级管理的自觉性和积极性。

2. 规定完成目标的时间要合理

控制整个操作过程中各个目标以及总目标实现的时间分配，是完成目标的关键环节之一。时间分配必须要与完成目标任务的难易程度相适应，要根据本班情况合理设置各个分目标以

---

① 顾明远.教育大辞典[M].上海：上海教育出版社，1998.

及总目标的达成时间,保证学生与班级整体的紧张感,同时也不能太过紧迫。失去时间控制任其发展,工作效率必然很低,再好的目标任务也不能如期完成,更不能激发起学生的进取意识。

3. 评价完成目标的标准要科学

关于评价标准,首先,要树立正确的目标观,克服唯成绩论的观念;其次,要以多元化的视角来看待一个班级的变化与进步;最后,给学生的具体评价要得当,要全面衡量、综合评价,使其能够认识到自身的发展,对于班级管理目标有更多的认同。总的来说,只要对班级目标管理工作做出了科学的评价和准确的判断,学生就会对未来更加充满信心,就能保证班级管理更加健康有序地向更高层次发展。

(二)班级管理内容

班级管理的具体内容大致包括班级目标管理、班级常规管理、班级活动管理、班级德育管理、班级学习管理、班级环境管理、班级心理管理七个方面。

1. 班级目标管理

班集目标管理是指班主任根据班级工作目标进行管理。它要求在一切班级活动开始前先确定目标,班级一切活动的进行要以目标为导向,其目的是通过目标的激励来调动学生的积极性。

2. 班级常规管理

班级常规管理是通过制定和执行规章制度去管理班级的日常性工作。班级常规管理主要包括班级规章制度的制定与学校集体生活的管理两大部分。班级规章制度包括:学生在校学习、生活常规制度,课堂纪律评比制度,清洁卫生制度,体育锻炼制度,奖惩制度等。学校集体生活的管理主要包括校风校纪、环境保护、财务管理、宿舍和食堂管理等。

3. 班级活动管理

班级活动管理的内容主要包括政治性活动、文体类活动、公益性活动、军事性活动、勤工俭学活动、科技性活动等几个方面。

4. 班级德育管理

班级德育管理指管理主体为实现学校德育目标而对班级进行的调控活动。其基本内容如下:班级德育目标管理、班级德育活动管理、班级德育过程管理、班级德育评价管理。

5. 班级学习管理

班级学习管理主要是对班级中学生的学习方面进行一定的管理。主要内容如下:创设良好的学习氛围、帮助学生掌握扎实的科学文化知识、促进学生全面能力的形成。

6. 班级环境管理

班级环境管理的对象大致可划分为两大部分,即班级内环境管理与班级外环境管理。班级内环境是与班级关系最密切,也是最重要的一部分,内环境管理的好坏直接影响到班级整体效能的发挥。外环境是班级生存、发展的重要条件,主要包括其他班级、学校管理部门、教育行政机关、家庭、社区等。

7. 班级心理管理

班级心理管理是班主任对学生的心理行为问题进行的有效的管理。实施心理管理应做好把握学生心理、建立心理档案、提高自身的心理素质等几方面工作。

(三)班级管理资源

班级管理资源是指班级管理中可以利用的一切资源,其范围非常广泛,包括人力资源、物理资源、制度资源、心理资源等。

1. 人力资源

班级管理中的人力资源包括班主任、任课教师、学生、学生家长与其他相关人士。班主任是按照学校教育目标的要求,带领班级全体成员,完成班级管理的任务,实现班级目标的管理者、组织者、协调者。任课教师不仅是上课的老师,也是培养人的教育者,是生活的导师和道德教师。因此,任课教师不仅是授课老师,也是班级管理的重要参与者。学生群体自身是重要的教育资源,同样也是班级管理的资源。学生家长是班级管理的重要人力资源,学生家长与班主任的沟通以及对班级管理的重视是建设优秀班级的必不可少的条件。在班级管理中,还应该适当开发社会人力资源。社会教育机构如青少年宫、文化馆、科学馆、群艺馆、业余体校等都与学校有着某种程度的关联,其中的相关人员在某种程度上为学校班级管理提供了丰富的人力、信息、物质条件,使学生的多种需求和兴趣得到满足,也为学生体验生活、实践生活提供更多机会。

2. 物理资源

物理资源主要包括教室环境、座位安排。教室作为孩子学习的主要场所,优美的教室环境有助于培养学生正确的审美观念,陶冶学生的情操,能给学生增添生活与学习的乐趣,消除学习后的疲劳,增强班级的向心力、凝聚力。课堂座位安排合理,能够使学生们产生凝聚感和合作感。

练习

【9-15】 班级管理资源众多,下列各项属于物理资源的是(　　)。
A. 后勤人员　　　B. 座位安排　　　C. 班规　　　D. 班级舆论

3. 制度资源

制度资源包括班规、日常行为规范、作息制度、学生课堂常规、课间操与眼保健操制度、班级环境管理制度、班级公务管理制度、优秀班集体评选条件、学生评优评先条件等。科学地利用制度资源是班级管理有效运行的基础。

4. 心理资源

心理资源包括班级氛围、师生关系、班级舆论等。

提示:可以运用下列口诀记忆班级管理的内容:"制定常规(常规管理)目标(目标管理),在活动(活动管理)环境(环境管理)中学习(学习管理)德育(德育管理)心理(心理管理)。"另外,应特别注意四大资源的记忆与理解,并能根据材料判断某种资源属于哪类资源。

三、班级管理的模式与方法

尽管班级管理并没有公认的固定模式,也没有较为固定的方法,但是基于学生、班级、班主任的固有属性,仍有一定的规律可以探寻和运用。基于经验和相关研究,下列模式与方法在小学的班级管理中使用得较为普遍。

(一)班级管理模式

从目前的小学班级管理实践出发,班级管理大致可分为常规管理模式、平行管理模式、民主管理模式和目标管理模式等。

1. 常规管理模式

常规管理也称制度化管理,是指班级管理者通过制定和执行一定的班级规章制度来管理班级的经常性活动。班级常规管理模式是较为简单快捷地建立良好班集体的一种模式,具有操作简单、起效快的特点,缺点是对于学生的自主发展助益较小,同时管理弹性也较弱,通常需要与其他模式配合使用。

2．平行管理模式

平行管理是指班主任通过对集体的直接管理去间接影响个人，又通过对个人的直接管理去间接影响集体，从而把对集体和个人的管理双向结合起来的管理方式。平行管理的提出者为马卡连柯。他认为教师要想影响个别学生，首先要影响学生所在的这个班级，然后通过学生集体来间接影响集体内的每个学生。

3．民主管理模式

民主管理是指班级成员在服从班集体的正确决定和承担应有的班级责任的前提下，民主参与班级管理的一种管理方法。班级民主管理的实质是在班级管理的过程中，调动学生管理与自我管理的潜能，使每一名学生感受到自主、民主的感觉，能够积极主动地参与班级事务。

4．目标管理模式

目标管理是指班主任与学生共同确定一个班级总体目标，然后再设立各个阶段目标、小组目标和个人目标，使其与班级总体目标共同形成目标体系，以此推动班级管理活动围绕各个目标展开的管理方法。

练习

【9-16】 张同学上课比较散漫，经常未经老师允许就张口说话，干扰正常教学。王老师与他约定，如果他一节课能做到未经允许不说话，奖励1颗"文明星"，能够在一天内做到未经允许不说话，奖励10颗星。慢慢地，张同学改掉了上课散漫的习惯。王老师的这种班级管理模式属于（　　）。

A．常规管理模式　　B．平行管理模式　　C．民主管理模式　　D．目标管理模式

（二）班级管理方法

每个班主任都有属于自己的班级管理方法，但是经过大量小学班主任及相关研究者的探索与总结得出下列方法是在小学班级管理中较为通用和行之有效的。

1．调查研究法

调查研究法是指班级教育管理者通过了解班级学生和班级整体情况，来掌握班级情况，并据此解决班级教育管理问题的方法。调查研究的内容主要包括了解学生个体和班级整体的基本情况两种。学生的个体情况主要包括学生的思想品德、学习兴趣、学习成绩、学习方法、兴趣爱好、个人性格、人际关系、家庭情况等方面。而班级的整体情况包括班级的舆论、班风、班级中存在的学生群体及其核心人物、班干部情况等。调查研究法一般可以通过单独访谈、开座谈会、问卷调查和观察研究等具体方式进行。

2．目标管理法

目标管理法是指班级教育管理者和班级学生根据社会要求、学校任务、学生情况和班级情况来共同规划班级及个体在一定时间内所需要达到的目标，并将目标分解成各级分目标，对分目标逐级落实，最终使总目标得以实现的一种管理方法。

实行目标管理的关键点在于必须尽可能对班级总目标进行合理地分解，形成班级目标体系并落实到各个小组、学生个人身上，使每个小组、每个学生明确在各个时期各自的努力目标，从而提高班级教育管理的效率。

3．情境感染法

情境感染法是班级教育管理者创设并利用各种教育情境，以境育情，使学生在情感上受到

感染的方法。

班级教育管理者要从班级的教育现状出发,把教育情境设置和教育目标结合起来,形成良好的教育契机,将学生置身于目的明确、感染力强的情境之中,以学生的亲身感受来激起学生丰富真切的情感体验,从而让学生互相感染,使全班学生能够形成情感上的共鸣,从而达到学生情感体验与外部教育情境的和谐一致。

4. 规范制约法

规范制约法是用规范和制度等规则手段来约束学生行为,使学生在规则下逐步形成良好的行为习惯的方法。班级规范的内容一般包括两个方面:一是学生在学习、生活中应该遵守的准则;二是遵守或违反规范后的奖惩措施。

在运用规范制约法时,要注意:第一,引导学生参与到班规制定的过程中,从而使学生对班规有更高的认同感;第二,注意加强指导和监督,防止规范滥用或不用的现象;第三,适当运用奖惩手段,优化规范的运用效果,将规则的教育作用充分发挥;第四,教师要起榜样作用,为学生带一个好头。

练习

【9-17】 为了培养学生的自觉性和自主性。黄老师经常与他的学生签订各种"契约",有集体契约,也有个人契约;有学习契约,也有生活契约;有口头的约定,也有书面的协议……同学们慢慢地养成遵守契约的习惯。黄老师采用的班级管理方法是(　　)。

A. 目标管理法　　　B. 舆论影响法　　　C. 行为训练法　　　D. 规范制约法

5. 舆论影响法

舆论影响法是指班级教育管理者通过集体舆论建设,在班级内形成积极向上的学习、生活的舆论环境,从而对身处其中的每个学生产生潜移默化的影响的方法。

班级教育管理者在学生日常的教学和生活中,要善于根据教育要求和班级规范来引导学生,对学生好的言谈举止给予表扬奖励以鼓励其发展,对不良的言谈举止给予批评谴责来抑制其出现,从而在班级中形成一种好的舆论氛围。

6. 心理疏导法

心理疏导法是班级教育管理者运用心理学知识及方法,对可能出现心理问题以及心理上负担较重的学生给予辅导、疏导及沟通,来解开学生心理症结,使学生保持心理健康,并促进其心理发展的方法。心理疏导法的常用方法有心理换位法、宣泄疏导法和认知疏导法三种。

心理换位法就是引导他人互换位置角色,即站在对方的角度思考、分析问题,以此来体会理解对方的情绪和思想,进而化解与对方的矛盾。宣泄疏导法就是将学生遭受挫折后所产生的和积累的过多的消极情绪通过倾诉或其他方法宣泄出去,避免学生抑郁成疾,维持其生理、心理的平衡,让学生能更积极地适应和应对挫折的方法。认知疏导法则是通过引导使学生改变错误的认知和信念,树立正确的心理认知,以避免学生钻牛角尖或是执着于错误行为的方法。

7. 行为训练法

行为训练法则是指在学生的日常学习、生活、劳动等实践活动中,运用心理学的行为改变技术对学生的错误行为进行矫正,使其形成良好的行为习惯的方法。

提示: 关于班级管理模式和管理方法的记忆可以用下面的口诀:我是个平(平行管理)常(常规管理)的牧(目标管理)民(民主管理),却总想调查(调查研究法)舆论(舆论影响法)情境

(情境感染法)、规范(规范制约法)别人的心理(心理疏导法)行为(行为训练法)目标(目标管理法)。学习时,注意根据相关材料判断属于哪一种资源或方法。

练习

【9-18】 简答题:简述小学班级管理的基本方法。

四、班级管理原则

班级管理原则是指班级的管理者在组织全班学生参与各种各类班级活动时,为了有效实现班级管理目标而遵循的指导思想和行为准则,是具有普遍性的对于班主任及任课教师在组织班级活动和处理班级事务时应当遵守的原则。

(一) 方向性原则

方向性原则是指在班级管理工作中必须坚持正确的方向,要用正确的思想来引导学生。这是对班级工作受社会政治经济发展情况制约的客观规律的反映,对于我国来说,班级工作就是由我国社会主义教育的性质、目的、任务及其特点所决定的。

具体来说,贯彻方向性原则时要注意:①要以正确的方向引导学生,遵循社会主义教育规律,彰显社会主义教育特色;②在班级工作中要坚持思想领先的原则,管理者只有不断提高自身教育工作和对社会主义的觉悟与境界,才能更好地引导学生。

(二) 全面管理原则

学生管理与一般管理活动相比有其独特性,管理者在管理过程中要努力实现全体学生德、智、体、美的全面发展。因此,学生管理必须面向全体学生,从整体着眼来看待学生管理问题。

具体来说,贯彻全面管理原则时要注意:①宏观上,面向整个班级的管理工作要面向班级内的全体学生;②微观上,在对某一个学生进行管理时,要用全面的、整体的眼光看待学生,实现学生的全面发展。

(三) 自主参与原则

自主参与原则是指在管理过程中引导班级成员参与管理,发挥其主体作用。学生的自主意识较强,他们既是班级的被管理者,也是管理者,如果能够引导学生真正参与管理,那么他们对于班级管理的积极性和认同感都将得到提升,班级管理效率将成倍提高,班级的发展将获得强大的内生动力。

具体来说,贯彻自主参与原则时要注意:①增强管理者的民主意识,在管理过程中要切实保障学生主人翁的地位和权利;②教师必须及时采纳学生的正确意见,接受学生的监督,不搞一言堂,切忌家长作风,让学生充分感受到被尊重和管理的参与感;③发展和完善学生的各种组织,逐步扩大班委会等组织的权限,让学生参与管理更加正式、更有组织;④努力营造班级中的民主气氛,为学生行使民主权利提供机会,创造条件。

(四) 教管结合原则

教管结合原则是指把班级的教育工作和对班级的管理工作辩证统一地看待。也就是班级管理者既要对学生坚持引导,耐心教育,又要以必要的规章制度要求学生,约束其行为,实行严格的教育管理,将二者有机结合起来以实现学生的健康发展。

贯彻教管结合原则时要注意:①管理者在运用教育手段时,要注意使用科学的道理和正面的事例,对学生进行启发诱导,调动其内部动力,使他们在思想、品德、学业、生活等方面沿着正确的方向发展；②管理者在运用规章制度等管理手段时,要引导学生参与制定必要的规章制度,并认真执行,经常检查,及时总结,保证管理工作的有效性。

(五) 全员激励原则

全员激励原则,是指在管理过程中要激励全班每个学生,以充分发挥他们的智力、体力等各方面的潜能,从而实现个体目标和班级总目标。

具体来说,贯彻全员激励原则要注意：①要公正无私,一视同仁,用公正的情感和尺度来对待每个学生,防止学生感觉到不公正从而反感和抗拒班级管理；②要善于分析班级和学生的现实情况,用适当的班级目标激励所有成员,保证激励更为有效；③要经常运用各种激励的教育方法,防止学生对于同一种激励手段习以为常以致失去效果,甚至产生抗拒心理。

(六) 平行管理原则

所谓平行管理原则,是指根据马卡连柯的理论,管理者既通过对集体的管理去间接影响个人,又通过对个人的教育管理来影响集体,从而把对集体和个人的管理结合起来,以取得更好的管理效果。

具体来说,贯彻平行管理原则要注意：①组织、建立良好的班集体,为平行管理建立良好的基础；②善于发挥班集体的教育作用,利用对于班集体的影响来影响个人；③要加强个别教育,通过对个体的良好教育影响来塑造更好的班级。

提示：班级管理的原则必须牢记在心,而且要理解其含义,并能用于教育现实问题的解释。记忆时,可以参照下列口诀：我是个天才,主(自主参与)管(教管结合)方方(方向性)面面(全面管理)全(全员激励)行(平行管理)。

练习

【9-19】 材料分析题

为了让班会开得更成功,我选了一篇课文改写了剧本。第二天,我把计划和大家说了说,全班同学都很高兴,这时我听到了一段小声议论："老师怎么选这篇课文,又长又不好演。""你管呢,让你演什么你就演什么呗。""我可不想演。"听到这儿,我的心一沉,原来是小雯。下课,我把她叫到办公室请她谈自己对演课本剧的想法。她说："老师,我觉得您选的课文不好,而且您每次都是写好了剧本让我们演,您应该让我们自己来试一试。"她的话让我突然意识到他们并不希望老师什么都"包办代替",他们长大了。于是,我把导演的任务交给了小雯同学,她高兴地接受了任务,开始和同学商量改写剧本,找我当参谋,帮我做道具。课本剧表演得非常成功,我和孩子们一同品尝到了成功的喜悦。

问题：

(1) 谈谈本案例在班级管理方面给你的启示。

(2) 作为班主任,应树立怎样的学生观?

第三节 课 堂 管 理

课堂管理是指教师为了有效利用课堂时间、创设适合学习的良好环境、减少学生的不良违规行为而采取的各种手段、活动与措施,一般来说,包括课堂人际关系管理、课堂环境管理和课堂纪律管理等方面。

一、课堂管理的类型与功能

（一）课堂管理的类型

根据教师的不同管理方式,课堂管理的类型大致可以被分为放任型、独断型、民主型、情感型和理智型这五大种类,下面将具体介绍这五种管理类型的特征及优缺点。

1. 放任型

放任型管理的课堂多来自管理意识淡薄、工作责任心差的教师,这种管理类型只追求在课堂上完成既定的教学方案,讲完该讲的内容便大功告成,并不在意授课的效果与学生的状态,对于学生放任自由,只要不影响授课以至于无法完成任务便不加管理。学生在这种管理下看似快乐自由,然而其求知的需要并未得到满足,在课堂上难以学会知识,同时感受不到教师的关心与尊重,自然对于教师也就缺乏尊重。总的来说,放任型管理的课堂基本没有优点,对于学生的学习动机和学习效果都有极其恶劣的影响,教学效果很差。

2. 独断型

独断型管理的课堂中,教师对于学生十分严厉,且缺乏客观依据,全凭教师心情和主观好恶对于学生横加干涉、粗暴对待,不考虑学生的实际情况和教学目标的具体要求。在独断型管理的课堂上,学生的意见得不到发表,学生的人格得不到尊重,教师的权威建立在压迫上,并不发自学生真心。总的来说,独断型课堂给学生带来了极强的压迫感和紧张感,学生容易表面服从,内心抗拒,导致教师的管理和授课都浮于表面,难以为学生接受,从而导致形式主义,实际教学效果差。

3. 民主型

民主型管理的课堂,教师积极、认真、管理上宽严并行、恩威并施,善于综合运用启发、指导、管理、惩罚等多重手段管理课堂,保障课堂管理的有效进行,在课堂管理中采取各种手段时,民主型的教师会充分考虑班级和学生的具体情况,同时在时间与情况允许时同学生进行民主商议讨论,这样的老师一般能够得到班级学生的敬爱,学生对老师又亲又敬。在民主管理的课堂上,学生学得较为主动愉快。总的来说,民主型的课堂管理能够充分调动学生的积极性,让学生感受到参与感,课堂教学的效率较高,师生关系也更良好。

4. 情感型

情感型管理的课堂中,教师对于学生更加关爱,在教学和管理的过程中与学生的关系更为亲密,语言温柔,表情和蔼,善于发现学生在课堂中表现出来的优点和进步,并给予衷心的赞扬。学生在这样的管理下与教师关系好,这样的良好关系不仅有利于课堂管理,使学生发自内心的愿意听从教师的管理,更能激发学生的学习积极性,能够有效推动教育教学工作的开展。总的来说,情感型的课堂管理对于教师的要求较高,但如果能够实行这样的管理,非常有利于课堂管理和教学工作的展开,课堂教学效率高,同时还有利于德育工作的开展与推进。

5. 理智型

理智型管理的课堂中,教师对于教学目标有着非常具体和明确的理解与阐述,对于课堂中的各个教学环节都安排得科学、合理、严谨、有条不紊,并且能科学地采取合宜的教学方法,环环相扣。同时教师善于根据学生在课堂中的各种身体表现与展现出的成果来把握学生的学习状况以及目前内容对于学生的适应度,并因此调整教学活动,将学生的学习活动完全把握住。学生在这样的课堂中会感受到学习过程十分舒适,能够紧跟教师的思路与进度,对于教师也会产生敬佩之情。总的来说,虽然这种类型的课堂氛围也较为庄重、严肃,但是学生基于科学合理的教学安排和舒适合宜的教学进度,对于教师的态度更为尊重和敬佩,同时教学效率也十分的高。

(二)课堂管理的功能

1. 维持功能

维持功能,是指教师通过一定的管理手段,在课堂教学中持久地维持良好的内部环境,保证教学活动的顺利进行。良好的课堂管理会使学生的心理活动始终保持在课业上,以保证教学任务的顺利完成。例如,教师通过建立积极、有效的课堂纪律,再加上合理地组织课堂教学,可以维持学生的注意力和学习兴趣。

2. 促进功能

促进功能,是指教师在课堂里创设对教学起促进作用的组织良好的学习环境,满足课堂内个人和集体的合理需要,激励学生潜能的释放以促进学生的学习。例如,教师创设良好的课堂气氛,学生在轻松愉快而有秩序的课堂气氛中往往注意力集中、精力充沛、思维活跃、思路开阔、情绪稳定,有利于提高学生的学习效率。

3. 发展功能

发展功能,是指课堂本身能教给学生一些基本的行为规则与规范,促进学生从他律走向自律,帮助学生获得自我管理能力,使学生走向成熟。

课堂管理功能的发挥受诸多因素的影响,诸如班级规模、课堂环境、学生期望、教师心态、师生关系、管理方式和家长等。

练习

【9-20】 华老师认为课堂管理是教学的一部分,课堂管理本身可以教给学生一些行为准则,使学生从他律走向自律,并逐步走向成熟。这主要说明课堂管理具有( )。

A. 维持功能　　　　B. 导向功能　　　　C. 发展功能　　　　D. 调节功能

二、课堂气氛与课堂纪律

课堂气氛与课堂纪律是保障课堂管理工作顺利开展的两大重要内容,良好的课堂气氛是课堂效率提高的助推器,良好的课堂纪律则是防止课堂教学混乱的安全带。

(一)课堂气氛

1. 课堂气氛的类型

课堂气氛大致可以分为积极型、消极型、对抗型和一般型四种类型。

(1)积极型。积极型的基本表现为课堂中学生的注意力稳定并能集中到学习内容中,全神贯注;学生在情感上积极愉快,情绪饱满,师生感情融洽;学生面对较为困难的教学内容能够坚持学习,努力克服困难;学生对于教师教学的内容高度集中,快速吸收;智力活跃,开动脑筋,从而迸发出创造性;教师的语言生动、有趣、逻辑性强,学生理解和解答问题迅速准确。

(2)消极型。消极型的基本表现为学生呆若木鸡,打瞌睡,分心,做小动作;课堂气氛是压抑的、不愉快的,无精打采,学生对于教师的提问和教学无动于衷;面对教学过程中的难点表现得害怕困难,叫苦连天,设法逃避;对教师讲的东西持怀疑态度,甚至漠不关心;思维出现惰性,反应迟钝。

(3) 对抗型。对抗型基本表现为学生在课堂上的注意力指向与课程内容无关的对象,而且常常是故意的;教师为了维持课堂纪律而被迫中断教学过程;学生有意捣乱,敌视教师,讨厌上课;教师不耐烦,甚至发脾气;学生冲动,不信任教师。

(4) 一般型。一般型的基本表现为介于积极与消极之间;学生的注意力相对集中,有时会分心;情感比较愉快,师生感情一般;面对困难能做则做,不能做则放弃;基本能够专注于教学内容,有时开小差;思维比较活跃,能够回答教师的大多数问题。

练习

【9-21】 "过于安静,学生紧张拘谨,由于惧怕教师而反应迟钝、呆板,被动回答问题;课堂纪律较松散,学生心不在焉。"具有上述特点的课堂气氛属于(　　)。

A. 积极型　　　　B. 对抗型　　　　C. 消极型　　　　D. 一般型

2. 影响课堂气氛的因素

课堂气氛较为难以琢磨,其影响条件则更为复杂难解,因此大致可将其分为教师方面、学生方面以及课堂环境三个方面。

(1) 教师方面。教师作为课堂管理者,自然是影响课堂气氛的主要因素。教师的个性、情绪、对学生的态度、期望、管理方式,甚至是教师身体素质等都会对课堂气氛产生不同程度、不同方向的影响。

(2) 学生方面。学生是课堂的主人,学生的学习态度、学习方法、身体状态、心理状况、自我期望、知识储备、与教师的关系等都对课堂气氛产生某种影响。

(3) 课堂环境。课堂环境的布置、座位的安排、教材的选择等硬性条件,以及教师采用的教学方法和手段、校风与班风、班级舆论、管理制度等软性条件都是影响课堂气氛的因素。

3. 良好课堂气氛的创设

良好课堂气氛的创设是教师在课堂管理中的重要责任,一般来说在教师创设课堂气氛时需要考虑以下因素。

(1) 教师的人格魅力、业务水平、教学风格。在创设良好的课堂气氛前,教师应当评估自己的各项能力,并努力发展。教师的人格魅力是第一教育力量。俄国教育家乌申斯基说过:"在教育工作中,一切都应以教师的人格为依据,因为,教育力量只能从人格的活的源泉中产生出来,任何规章制度,任何人为的机关,无论想得如何巧妙,都不能代替教育事业中教师人格的作用。"[①]因此,教师要不断提升自身的人格魅力,同时建立合理而丰富的知识结构,提高教学业务能力,树立自身的正面形象,这样才能使学生自觉自愿地亲其师、信其道、承其志。

(2) 良好的师生关系。课堂中的师生关系直接制约和影响着课堂气氛,因此,建立和谐的师生关系是创设良好课堂气氛的重要一步。建立和谐的师生关系首先要求教师加强师生关系的研究,树立正确的师生观,尊重学生;其次努力提高教师的综合素质,特别是业务能力,扩大"非权力"性影响,让学生自发尊重教师;第三要了解当代小学生的生理、心理和思想特点,从这些特点出发,事半功倍地培养与学生的关系;第四要淡化教师作为教育者的角色痕迹,让学

---

① 乌申斯基. 乌申斯基教育文选[M]. 郑文越,译. 北京:人民教育出版社,2007.

生感受到民主与尊重；最后要重视师生间的非正式交往和非语言交流等，一定程度上与学生"交朋友"。

（3）课堂教学的组织。在整个教学过程中，包括导课、中间、收尾等过程都需要经过教师的精心设计，力求在上课时的不同阶段达到三个境界：在开头，要引人入胜；在中间，要波澜起伏；在收尾，要余音不绝。只要能达到这样的课堂教学组织水平，必然能够形成严肃而活泼、愉悦而紧张的课堂气氛。

（4）教师的控制。没有控制就没有教学艺术，良好的教学气氛的创设，也需要教师进行多方面的控制。教师是创设良好课堂气氛的关键人物。因此，当教师一踏入教室，就要进行自我控制，控制自己的情感、语言、教态和行为，利用自身的各种能力来创造生动活泼的课堂气氛。一方面，教师要智慧地控制和利用偶发事件应对学生对于学习的焦虑，来使课堂紧张而热烈；另一方面，教师要保持冷静的头脑，对课堂气氛进行及时调整与控制，使课堂气氛张弛有度。

（二）课堂纪律

课堂纪律是指为了保障和促进学生在课堂中学习而设置的各种行为标准及施加的相应控制。良好的课堂教学纪律具有约束性、标准性和自律性三个特性。要保证课堂教学顺利进行，良好的课堂纪律是其重要保障条件，既有助于维持课堂秩序，减少对于学生学习的干扰，也有助于学生在课堂中获得情绪上的安全感。

1．课堂纪律分类

课堂纪律根据其形成途径一般可分为以下四类。

（1）教师促成的纪律

教师促成的纪律即在教师的指导帮助下形成的班级行为规范。刚入学的儿童缺乏自我管理的意愿和能力，往往需要教师较多的监督和指导，在这个阶段，课堂纪律主要是由教师制定的。随着年龄的增长和自我意识的增强，学生开始反对教师的过多限制，对教师促成的纪律的需求一定程度上降低，但其始终是课堂纪律的一种重要类型，是教师权威的一种象征，是课堂纪律中不可替代的部分。

（2）集体促成的纪律

集体促成的纪律即在集体舆论和集体压力的作用下形成的群体行为规范。从儿童入学开始，同辈人的集体就逐渐形成，这样的集体在促进儿童社会化方面开始发挥重要的作用。随着年龄的增长，学生受同伴群体的影响会越来越大，在这个过程中开始逐渐以同辈群体的集体要求和价值判断作为自己的行为准则，以"别人也都这么干"为理由而做某件事情，这就是集体促成的纪律，但是这样的行为准则不一定正确，需要教师的监督和帮助。

（3）自我促成的纪律

自我促成的纪律就是自律，即在个体自觉努力下由外部纪律内化而成的个体内部约束力。在每位学生身上都形成自我促成的纪律是课堂纪律管理的最终目标，代表教师和这一班集体在课堂纪律方面的最终成功。

（4）任务促成的纪律

任务促成的纪律即来自以某一具体任务为出发点对学生行为提出的具体要求。在日常学习过程中，每项学习任务都有它特定的要求，或者说特定的纪律，例如课堂讨论、野外观察、制作标本等,不同的学习任务都会带来不同的特殊要求,需要学生分别学习和遵守。

练习

【9-22】 学生兴趣小组的纪律主要属于( )。
A. 教师促成的纪律　　　　　　　B. 群体促成的纪律
C. 任务促成的纪律　　　　　　　D. 自我促成的纪律

【9-23】 张老师课前宣布:"今天讲的课非常重要,讲完后当堂进行测验。"随后学生们精神抖擞,全神贯注地投入听课,课堂秩序井然。这种情况下形成的纪律属于( )。
A. 自我促成的纪律　　　　　　　B. 任务促成的纪律
C. 规则促成的纪律　　　　　　　D. 集体促成的纪律

【9-24】 小学生晓华和几个同学为了参加全省航模大赛,组成了航模小组。他们为了在大赛中表现出色,达成了共识:牺牲各自的一些课余休息时间,放弃各自的一些爱好,以规范自己的参赛行为。这种情况,小组成员遵循的纪律属于( )。
A. 教师促成的纪律　　　　　　　B. 群体促成的纪律
C. 任务促成的纪律　　　　　　　D. 自我促成的纪律

2. 课堂纪律的形成阶段

课堂纪律的形成往往经历一个发展的过程。国外学者 B. Churchward 参照科尔伯格的道德发展阶段理论把不同年龄儿童的纪律发展水平划分为反抗行为阶段、自我服务行为阶段、人际纪律阶段、自我约束阶段四个阶段。

(1) 反抗行为阶段

4~5岁前的儿童大多属于这个阶段。这一阶段儿童的行为中经常表现出对抗性,拒绝遵循指示与要求:他们很少有自己的规则,但畏惧斥责,可能迎合别人的要求。在学校教育阶段,也有一些学生处于这个阶段,表现为教师盯牢他们时,表现得中规中矩,但教师稍微不注意他们就会失去控制。当教师或父母向儿童展示强力的控制时,儿童的不良行为可以得到有效的约束;反之,就可能不断地表现出不良行为。

(2) 自我服务行为阶段

5~7岁的儿童属于这个阶段。处于这个阶段的学生一般都以自我为中心,关心的是行为后果"对我意味着什么",是奖励还是惩罚。这个阶段的儿童很少有自我纪律感,而且表现得很不稳定,因而需要教师对他们进行不断的监督,以避免出现纪律问题。

(3) 人际纪律阶段

大多数中学生处于这个阶段。处于人际纪律阶段的学生以建立融洽的同学关系为行为取向,他们做出的行为往往与"我怎样才能取悦你"联系在一起,他们这样做是因为你要求他这样做。他们关心自己在别人心目中的形象,希望别人喜欢自己,如果你要求他们安静下来,他们就会安静下来。处于人际纪律阶段的儿童基本上不需要强力的纪律来约束自己,但需要轻微提示。

(4) 自我约束阶段

处于这个阶段的儿童能够明辨是非,理解遵守纪律的意义,并能自觉地约束自己。尽管许多中学生能达到这个水平,但只有一部分能稳定地保持在这一水平。

提示: 科尔伯格的道德发展三水平六阶段中的"惩罚与服从定向阶段""工具性的相对主

义的定向阶段""'好孩子'的定向阶段"以及"法律与秩序的权威阶段",也就是前四个阶段,即前习俗和习俗水平大致对应以上四个阶段,可以结合记忆。

练习

【9-25】 某班学生以建立融洽的同学关系为行为取向,以"如何才能让同学喜欢或接纳"为行为准则。该班处于课堂纪律发展的(　　)。

A. 自我服务行为阶段　　　　B. 人际纪律阶段
C. 自我约束阶段　　　　　　D. 反抗行为阶段

【9-26】 六(2)班学生在课堂上非常注意自己在老师心目中的形象,希望老师喜欢他们。该班学生的课堂纪律发展处于(　　)。

A. 人际纪律阶段　　　　　　B. 自我服务阶段
C. 自我约束阶段　　　　　　D. 相互协调阶段

3. 维持课堂纪律的策略

(1) 建立有效的课堂规则

课堂规则是课堂成员应当遵守的在课堂中的基本行为规范。一个积极、有效的课堂规则是维持课堂纪律的重要基础,其基本具有民主、精简、正面等特点。

(2) 合理组织课堂教学

教师应当增加学生自主参与课堂教学的机会;保持紧凑的教学节奏和合理的学业任务;处理好教学活动间的过度与休息。

(3) 做好课堂监控

教师应当能及时预防或发现课堂教学中出现的纪律问题,以言语提示、目光接触等间接的、不影响课堂教学的方式来处理,将可能影响课堂纪律的问题消弭于无形之中。

(4) 培养学生的自律品质

促进学生形成和发展自律的品质,是课堂管理的最终目标,也是维持课堂纪律的最佳选择。教师在进行课堂管理和学生培养时都应当提出明确的要求以有目的性的教育措施引导学生对学习纪律产生积极正确的态度,进行自我监控,引导其自律品质的形成和发展。

三、 课堂问题行为与偶发事件处理

教师的劳动对象:学生,是有情感有思想的人。每个小学生都有自己的思维系统及行为方式,因而在课堂中时常会出现各种各样出乎教师预料的事件。如何应对这些事件,是小学教师成熟与专业成长的重要标志。

(一) 课堂问题行为的处理

1. 课堂问题行为及其类型

课堂问题行为,是指发生在课堂上的,与课堂行为规范和教学要求不一致的,并且影响到了正常的课堂秩序及教学效率的课堂行为。根据问题行为的性质,一般可以分为外向性和内向性两大类。

外向性问题行为主要包括相互争吵、挑衅推搡等攻击性行为,交头接耳、高声喧哗等扰乱秩序的行为,做滑稽表演、口出怪调等故意惹人注意的行为,以及故意顶撞班干部或教师、破坏课堂规则的盲目反抗权威的行为等。

内向性问题行为主要表现为在课堂上心不在焉、胡思乱想、做白日梦、发呆等注意力涣散的行为,害怕提问、抑郁孤僻、不与同学交往等退缩行为,胡涂乱写、抄袭作业等不负责任的行为,迟到早退、逃学等抗拒行为。

> **资料夹 9-4**
>
> **课堂管理中的手机使用问题**
>
> 随着手机、网络的日益普及,学生使用手机对学校、课堂管理及学生自身发展有诸多不利影响。因此,国家有关部门出台了相关政策来应对这一问题,具体规定如下。
>
> 一、有限带入校园。学校应当告知学生和家长,原则上不得将个人手机带入校园。学生确有将手机带入校园需求的,须经学生家长同意、书面提出申请,进校后应将手机交由学校统一保管,禁止带入课堂。
>
> 二、细化管理措施。学校应将手机管理纳入学校日常管理,制定具体办法,明确统一保管的场所、方式、责任人,提供必要保管装置。应通过设立校内公共电话、建立班主任沟通热线、探索使用具备通话功能的电子学生证或提供其他家长便捷联系学生的途径等措施,解决学生与家长的通话需求。加强课堂教学和作业管理,不得用手机布置作业或要求学生利用手机完成作业。
>
> 资料来源:教育部办公厅关于加强中小学生手机管理工作的通知[EB/OL].(2021-01-18)[2023-10-21].http://www.moe.gov.cn/srcsite/A06/s7053/202101/t20210126_511120.html.

2. 课堂问题行为产生的原因

课堂问题行为的产生原因多种多样,学生、教师、环境等不同方面的影响都有可能导致学生出现问题行为,对于其具体原因主要总结如下。

(1)学生方面的因素

许多课堂问题行为是由于学生自身的因素导致的。这些因素主要包括有受到挫折、寻求注意、性别特征、人格因素以及生理因素等。

(2)教师方面的因素

课堂问题的产生有一些是教师的原因造成的。例如,教师的教育失策,包括指导思想错误(如过度追求分数)、管理失范(如对学生的行为反应过激、自己行为不规范、滥用惩罚)、教学偏差(如内容不当、方法不宜、要求过多)、丧失威信(水平低、不认真、要求前后矛盾、不公平、言而无信、强词夺理)等。

(3)环境方面的因素

课堂问题行为的产生,除了取决于教师和学生方面的因素外,还与环境影响有关。它主要包括家庭(单亲家庭、家庭不和、家长教养方式)、大众媒体(一些负向的信息,如暴力)、课堂内部环境(如课堂内的温度、色彩、课堂座位)等方面。

3. 课堂问题行为的预防与处理

课堂问题行为是普遍、常见、正常的教育性问题,在预防与处理这些问题时有以下这些较为常用的措施。

(1)建立课堂常规

为保证课堂教学的有效开展,需要对学生提出一系列基本要求,并经过反复的实践将这些基本要求固定下来成为课堂常规,这能有效避免大部分问题行为的出现,并为处理问题行为提供依据。

（2）全面监控

教师仔细认真地观察课堂活动，讲课时应始终密切注意学生的动态，做作业时要经常巡视全班学生。一旦发现问题，及时采取措施进行处理。提前预防问题行为的出现比出现后处理学生更利于教学活动的正常开展和对学生的教育。

（3）适度奖惩

运用奖励手段鼓励正当行为，通过惩罚制止不良行为，这是减少课堂问题行为的必要手段。运用时要注意：一是根据实际情况灵活运用，以奖励为主，充分激发学生的积极性；二是维护课堂规则的权威性，严格按规则实施奖惩，公平公正，不因个人好恶和不同学生而区别对待；三是惩罚手段不能滥用，更不能体罚学生，要坚持小惩大诫的原则，以改正学生行为，使其认识到错误为主。

（4）降低课堂焦虑水平

焦虑是一种情绪状态，是一个人自尊心受到威胁时的情绪反应。保持适度的学习焦虑可以有效激励学生的学习，但焦虑过度则可能影响学生的学习成绩并导致问题行为，所以教师要将课堂焦虑保持在有效的水平，不能过度刺激学生，过度焦虑甚至可能导致心理疾病等严重后果。

（5）随机应变，发挥教育智慧

由于小学生的心理尚处于发展之中，因而小学课堂中总会出现这样那样的问题行为。课堂管理的目的是维持课堂的正常教学秩序，而不是惩罚出现问题行为的学生。所以，当出现某种问题行为时，教师应发挥自己的教育智慧，随机应变将问题行为转化为教育资源，在保证教学的正常运行的同时也要利用这样的行为来对犯错学生及全班学生施加正面、有效的教育影响。

（6）实行行为矫正，开展心理辅导

行为矫正是用条件反射的原理来强化学生良好的行为以取代或消除其不良行为的一种方法。具体步骤如下：觉察—诊断—目标—改正—检评—追踪。心理辅导的主要目标是通过调整学生的自我意识，排除自我潜能发挥的障碍，以及帮助学生正确认识自己和评价自己来改变学生的外部行为。

（7）师生关系和谐，让学生体验成功

良好的师生关系是课堂教学有效运行的条件，也是防止学生问题行为出现和纠正学生问题行为的重要条件。此外，尽可能地为学生创造机会来体验成功的感觉有助于良好行为的产生。

练习

【9-27】 材料分析题

习题课上，徐老师正和同学们讨论怎么写"最喜爱的一种玩具。"丁丁坐在教室最后排，低着头，专心致志地玩着手里的变形金刚。徐老师发现丁丁在开小差，就走到了他座位旁边，把变形金刚拿了过来，微笑着对全班同学说："要写最爱的一种玩具，必须会玩那种玩具，并且把玩的过程说清楚，写清楚，下面请丁丁说一说变形金刚怎么玩。"丁丁立刻认真地跟大家讲了起来。

问题：

（1）试评析徐老师对课堂问题行为的做法。

（2）面对学生的课堂问题行为，老师可以用哪种教学策略？

（二）课堂偶发事件的处理

课堂偶发事件是指在教学过程中由多种多样的复杂因素诱发的、背离课堂教学目标、令教师始料不及的、可能导致学生注意力分散以至于影响教学活动正常开展，甚至导致师生冲突酿成责任事故的事件。教师在处理偶发事件上有着较大的自由度，根据"热加工""冷处理"以及具体处理方式的不同，可能会导致各种各样有好有坏的结果。

所谓"热加工"就是当偶发事件发生时教师趁热打铁，利用当前事件的处理来取得计划之外的教育效果；"冷处理"则是教师对于偶发事件实行冻结的处理，在完成当课的教学任务后或者课后再来对这一事件进行处理。

总的来说，偶发事件的处理复杂多样，以下将择要进行介绍。

1. 偶发事件的处理原则

（1）教育性原则

教师在处理突发事件时要时刻牢记，事件的处理应以让学生受教育，促进每个学生的成长为目的。班主任要本着教育从严、处理从宽、化解矛盾、教育全班的精神，实事求是地分析问题，找出事件的成因，并进行全面的分析和判断，尽量做到公正、公平，这样才能既使学生真正受到教育，同时又照顾了涉事学生的心理健康。

（2）客观性原则

教师在处理问题时，要避免"定势思维"的影响，不能想当然，要经过充分调查、了解事实的真相，公平公正地分析和处理问题，客观地对待每一个学生，避免因为自己的主观随意和想当然导致问题处理不公，不能对学生抱有成见，不能在事情未调查清楚的情况下以势压人，那样只会降低班主任在学生心中的威信，从而影响到学生的成长和发展。

（3）有效性原则

教师在处理突发事件时要讲究效果。班主任处理突发事件一定要考虑自己的方法和措施的效果如何，要用"育人"的态度去看事件，用发展的眼光去看学生，无论什么事都应将其利用起来，改正学生在事件中体现出来的不足与问题，并利用这一事件进行行之有效的教育。

（4）可接受原则

教师对突发事件的处理要能使当事双方对处理意见或结果心悦诚服，不能强加于人，不能流于形式。要让学生从内心深处接受，认识到自己的错误，进而积极改正。

（5）冷处理原则

教师在处理突发事件时，应保持冷静、公平、宽容的心态。对于一些突发事件，教师不应急于表态，急于下结论，而应冷静地观察，待把问题的来龙去脉弄清楚再去处理。但是"冷处理"不是不处理，也不是拖，而是先保证班级正常教学活动的进行，等活动结束后再处理。

2. 偶发事件的处理方法

（1）沉着冷静面对

沉着冷静面对是处理突发事件的心理基础。沉着冷静面对事实，尤其在发生师生冲突时，教师要有很高的教育修养和心理调控能力，豁达大度，勇于承认错误，对于学生的正确意见和陈述要敢于认可，善于表扬。

（2）机智果断应对

要尽可能地平息事端，使当事人冷静，为思考进一步解决问题的办法而争取时间。还可采取"转移话题，暂避锋芒""冷处理"等方法，避免事件升级，产生严重后果。

（3）公平民主处理

处理学生与学生之间的矛盾冲突时，教师应以事实为依据，依法秉公办事，不偏袒班干部和优生，不能因个人成见和好恶贬低"差生"。

（4）善于总结引导

把处理一桩突发事件看成一次了解班级情况、教育引导学生的机会，要允许有"突发事件"的存在，不要把突发事件看作自己班级工作的不光彩的一笔，避而不谈，甚至惧怕。要善于从不良事件中找出学生的闪光点，帮助学生分析问题，寻找解决问题的办法，维护学生自尊心，从而对学生起到良好的教育作用。

（5）保证教学进度

在处理课堂突发事件过程中，要注意不能牵扯太多时间、精力和学生，优先保证正常教学工作的展开。

提示：课堂问题行为与偶发事件的处理是最具智慧的活动，也是一个教师是否成熟的标志之一。学习这部分内容时应重点关注处理的要求与具体的策略。偶发事件的处理原则可以概括为"有（有效性）客（客观性）人在，教育（教育性）可（可接受）以接受冷处理（冷处理）"。

特别注意：能够运用相关知识解释相应的教育事件。

练习

【9-28】 材料分析题

沈老师走进教室，发现黑板上有一幅嘲弄他的漫画，同学们嬉笑不已，沈老师看后笑着说："头像画的很逼真，这位画画的同学很有天赋，我为班上有这样的人而感到高兴，建议他多向美术老师请教，充分发挥特长，说不定将来会成为美术家呢。"沈老师停顿一下，接着说："可是这节课不是美术课，而是作文讲评课，现在我把它擦掉好吗？"沈老师正要去擦，只见一位同学疾步走上讲台，向沈老师深深鞠了一个躬，然后抢过黑板擦，擦掉了他的"得意之作"。

多年以后，一幅赞美老师，反映自己思想转变的美术作品《悟》被选为全国美术展的参展作品，作者就是当年在黑板上画漫画的学生。

问题：

(1) 评析沈老师对"漫画事件"的处理。

(2) 谈谈教师在课堂上处理突发事件的注意事项。

本章小结

班级管理是每个班主任和教师必须面临的现实问题，而班级又是一个瞬息万变的小世界，常常会有难以预料的事件发生，但班级管理并不是无章可寻，只要了解班级的发展规律和班级管理的内容，熟悉班级管理的方法与技巧，提高教师自身的素质，那么一个优秀的班级也就诞生了。课堂管理有着多种类型，每种类型都有其存在的合理性，教师要做的是依据自己的独特个性，根据学生的需求与特点，选择适合自己的管理类型，这样才能够熟练地掌控课堂，展现自己的教育智慧，使课堂教学效果最大化。

知识结构

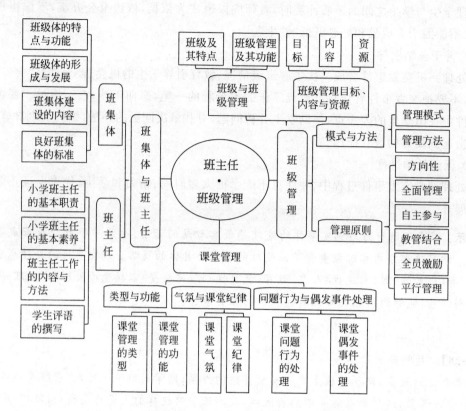

参考文献

著作

[1] 爱莉诺·达克沃斯.精彩观念的诞生——达克沃斯教学论文集[M].张华,等译.北京:高等教育出版社,2005.
[2] 安东尼·奥罗姆.政治社会学[M].张华青,孙嘉明,等译.上海:上海人民出版社,1989.
[3] 巴格莱.教育与新人[M].袁桂林,译.北京:人民教育出版社,1996.
[4] 柏拉图.柏拉图论教育[M].郑晓沧,译.北京:人民教育出版社,1958.
[5] 班杜拉.社会学习心理学[M].郭占基,译.长春:吉林教育出版社,1988.
[6] 保罗·弗莱雷.被压迫者教育学[M].顾建新,等译.上海:华东师范大学出版社,2001.
[7] 布鲁纳.布鲁纳教育论著选[M].邵瑞珍,张渭城,等译.北京:人民教育出版社,1989.
[8] 布鲁纳.教学论[M].姚梅林,郭安,译.北京:中国轻工业出版社,2008.
[9] 布鲁纳.教育过程[M].邵瑞珍,译.北京:文化教育出版社,1982.
[10] 蔡克勇.高等教育学引论[M].北京:首都师范大学出版社,1996.
[11] 陈桂生."教育学视界"辨析[M].上海:华东师范大学出版社,1997.
[12] 陈澔.礼记集说[M].南京:凤凰出版社,2010.
[13] 陈戍国.孟子·尽心上[M].长沙:岳麓书社,2002.
[14] 陈友松.当代西方教育哲学[M].北京:教育科学出版社,1982.
[15] 程颢,程颐.二程集[M].北京:中华书局,1981.
[16] 戴本博.外国教育史(下)[M].北京:人民教育出版社,1990.
[17] 邓金.培格曼最新国际教师百科全书[M].教育与科普研究所,编译.北京:学苑出版社,1989.
[18] 杜威.杜威教育论著选[M].赵祥麟,王承绪,译.上海:华东师范大学出版社,1981.
[19] 杜威.民主主义与教育[M].王承绪,译.北京:人民教育出版社,2001.
[20] 多尔.后现代课程观[M].王红宇,译.北京:教育科学出版社,2000.
[21] 范国睿.多元与融合:多维视野中的学校发展[M].北京:教育科学出版社,2002.
[22] 范晔撰.后汉书[M].李贤,等注.北京:中华书局,1965.
[23] 范仲淹.范文正集:卷八·上张右丞书[M]//景印文渊阁四库全书:第1089卷.台北:台湾商务印书馆,1978.
[24] 方展画.高等教育学[M].杭州:浙江大学出版社,2000.
[25] 费斯勒,克里斯坦森.教师职业生涯周期——教师专业发展指导[M].董丽敏,高耀明,等译.北京:中国轻工业出版社,2005.
[26] 高春申.人性辉煌之路——班杜拉的社会学习理论[M].武汉:湖北教育出版社,1999.
[27] 高平叔.蔡元培全集(第2卷)[M].北京:中华书局,1984.
[28] 高时良.学记研究[M].北京:人民教育出版社,2006.
[29] 古斯基.教师专业发展评价[M].方乐,张英,等译.北京:中国轻工出版社,2005.
[30] 顾明远.教育大辞典[M].上海:上海教育出版社,1998.
[31] 韩愈.昌黎先生文集[M].上海:上海古籍出版社,2013.
[32] 韩愈.原道[C]//刘勰.文心雕龙(上).上海:上海古籍出版社,2015.
[33] 赫尔巴特.普通教育学[M].李其龙,译.北京:人民教育出版社,2015.

[34] 赫尔巴特.普通教育学·教育学讲授纲要[M].李其龙,译.杭州:浙江教育出版社,2002.
[35] 胡守棻.德育原理[M].北京:北京师范大学出版社,1989.
[36] 华东师范大学教育系,杭州大学教育系.现代西方资产阶级教育思想流派论著选[M].北京:人民教育出版社,1980.
[37] 怀特海.教育的目的[M].徐汝舟,译.北京:生活·读书·新知三联书店,2002.
[38] 黄向阳.德育原理[M].上海:华东师范大学出版社,2000.
[39] 加德纳.遗传学原理[M].杨纪珂,汪安琦,译.北京:科学出版社,1987.
[40] 加里宁.论共产主义教育[M].陈昌浩,译.北京:中国青年出版社,1979.
[41] 靳玉乐.后现代主义课程理论[M].北京:人民教育出版社,2005.
[42] 靳玉乐.课程论[M].北京:人民教育出版社,2012.
[43] 瞿葆奎.教育与教育学[M].北京:人民教育出版社,1993.
[44] 瞿葆奎.教育与人的发展[M].北京:人民教育出版社,1989.
[45] 康德.康德教育论[M].瞿菊农,译.上海:商务印书馆,1926.
[46] 科尔伯格.道德教育的哲学[M].魏贤超,柯森,译.杭州:浙江教育出版社,2000.
[47] 夸美纽斯.大教学论[M].傅任敢,译.北京:教育科学出版社,2004.
[48] 《伦理学》编写组.伦理学[M].北京:高等教育出版社,人民出版社,2012.
[49] 拉思斯.价值与教学[M].谭松贤,译.杭州:浙江教育出版社,2003.
[50] 拉伊.实验教育学[M].上海:商务印书馆,1935.
[51] 兰德曼.哲学人类学[M].阎嘉,译.贵阳:贵州人民出版社,2006.
[52] 乐国安.社会心理学[M].广州:广东高等教育出版社,2006.
[53] 李秉德.教学论[M].北京:人民教育出版社,1991.
[54] 李超杰.理解生命——狄尔泰哲学引论[M].北京:中央编译出版社,1994.
[55] 李萍.伦理学基础[M].北京:首都经济贸易大学出版社,2004.
[56] 理查德·哈什.道德教育模式[M].傅维利,等译.北京:学术期刊出版社,1989.
[57] 联合国教科文组织国际教育发展委员会.学会生存:教育世界的今天和明天[M].华东师范大学比较教育研究所,译.北京:教育科学出版社,1996.
[58] 梁启超.饮冰室合集[M].北京:中华书局,1936.
[59] 列宁.列宁全集(第2卷)[M].北京:人民出版社,1959.
[60] 柳斌.柳斌谈素质教育[M].北京:北京师范大学出版社,1999.
[61] 卢梭.爱弥儿[M].彭正梅,译.上海:上海人民出版社,2010.
[62] 卢元稹.体育社会学[M].3版.北京:高等教育出版社,2010.
[63] 鲁洁,王逢贤.德育新论[M].南京:江苏教育出版社,2002.
[64] 罗国杰.伦理学[M].北京:人民出版社,1989.
[65] 罗国杰.马克思主义伦理学[M].北京:人民出版社,1982.
[66] 洛克.教育漫话[M].傅任敢,译.北京:教育科学出版社,1999.
[67] 马卡连柯.马卡连柯教育文集:上卷[M].吴式颖,等编.北京:人民教育出版社,1985.
[68] 马卡连柯.马卡连柯教育文集:下卷[M].吴式颖,等编.北京:人民教育出版社,2005.
[69] 马克思,恩格斯.马克思恩格斯全集(第1卷)[M].中共中央马克思恩格斯列宁斯大林著作编译局,译.北京:人民出版社,1995.
[70] 马克思,恩格斯.马克思恩格斯全集(第2卷上)[M].中共中央马克思恩格斯列宁斯大林著作编译局,译.北京:人民出版社,1957.
[71] 马克思,恩格斯.马克思恩格斯全集(第3卷上)[M].中共中央马克思恩格斯列宁斯大林著作编译局,译.北京:人民出版社,1956.
[72] 马克思,恩格斯.马克思恩格斯全集(第42卷上)[M].中共中央马克思恩格斯列宁斯大林著作编译局,译.北京:人民出版社,1979.
[73] 马克思,恩格斯.马克思恩格斯全集(第46卷)[M].中共中央马克思恩格斯列宁斯大林著作编译局,译.北京:人民出版社,1974.

[74] 马克思.资本论[M].中共中央马克思恩格斯列宁斯大林著作编译局,译.北京:人民出版社,1972.
[75] 麦金太尔.德性之后[M].龚群,戴扬数,等译.北京:中国社会科学出版社,1995.
[76] 毛礼锐.我国学校是怎样产生的[M]//瞿葆奎.教育学文集·教育与教育学.北京:人民教育出版社,1993.
[77] 毛泽东.毛泽东选集.第4卷[M].北京:人民出版社,2009.
[78] 南京师范大学教育系编.教育学[M].北京:人民教育出版社,1984.
[79] 潘懋元.高等教育学讲座[M].北京:人民教育出版社,1983.
[80] 沛西·能.教育原理·译者前言[M].王承绪,译.北京:人民教育出版社,1992.
[81] 普莱西,斯金纳.程序教学和教学机器[M].刘范、曹传咏,等译.北京:人民教育出版社,1964.
[82] 全国十二所重点师范大学.教育学基础[M].北京:教育科学出版社,2002.
[83] 任钟印.西方近代教育论著选[M].北京:人民教育出版社,2001.
[84] 阮元.十三经注疏[M].北京:中华书局,1980.
[85] S.E.弗罗斯特.西方教育的历史和哲学基础[M].吴元训,等译.北京:华夏出版社,1987.
[86] 沙巴也娃.论教育起源和学校产生的问题[M]//瞿葆奎.教育学文集·教育与教育学.北京:人民教育出版社,1993.
[87] 沈善洪,王凤贤.中国伦理学说史[M].杭州:浙江人民出版社,1985.
[88] 盛群力.教学设计[M].北京:高等教育出版社,2005.
[89] 舒尔茨.报酬递增的源泉[M].姚志勇,刘群艺,译.北京:北京大学出版社,2001.
[90] 舒新城.中国近代教育史资料[M].北京:人民教育出版社,1961.
[91] 斯宾塞.斯宾塞教育论著选[M].胡毅,王承绪,译.北京:人民教育出版社,2007.
[92] 斯蒂芬·罗宾斯,蒂莫西·贾奇.组织行为学[M].16版.孙间敏,等译.中国人民大学出版社,2016.
[93] 苏崇德.比较思想政治教育学[M].北京:高等教育出版社,1995.
[94] 苏霍姆林斯基.给教师的建议[M].杜殿坤,编译.北京:教育科学出版社,1984.
[95] 苏霍姆林斯基.帕夫雷什中学[M].赵玮,等译.北京:教育科学出版社,1983.
[96] 孙培青.中国教育史[M].上海:华东师范大学出版社,2009.
[97] 檀传宝,王啸.中外德育思想流派[M].北京:人民教育出版社,2015.
[98] 檀传宝.德育原理[M].北京:北京师范大学出版社,2007.
[99] 滕大春.外国教育通史:第五卷[M].济南:山东教育出版社,1993.
[100] 体育概论编写组.体育概论[M].北京:北京体育大学出版社,2013.
[101] 田艺蘅.留青日札[M].上海:上海古籍出版社,1992.
[102] 托斯顿·胡森.教育的目前趋势[C]//中央教育科学研究所.世界教育展望(1).北京:教育科学出版社,1983.
[103] 王北生.当代教育基本理论论纲[M].北京:人民教育出版社,2012.
[104] 王辟之.渑水燕谈录[M].北京:中华书局,1981.
[105] 王承绪.西方现代教育论著选[M].北京:人民教育出版社,2001.
[106] 王道俊,郭文安.教育学[M].7版.北京:人民教育出版社,2016.
[107] 王夫之.四书训义:卷五[M]//王炳照.中国教育思想通史.长沙:湖南教育出版社,1994.
[108] 王海明.新伦理学[M].北京:商务印书馆,2002.
[109] 乌申斯基.乌申斯基教育文选[M].郑文越,译.北京:人民教育出版社,2007.
[110] 吴俊升.教育哲学大纲[M].北京:商务印书馆,1943.
[111] 吴式颖,李明德.外国教育史教程[M].3版.北京:人民教育出版社,2015.
[112] 吴式颖.外国教育史教程[M].北京:人民教育出版社,1999.
[113] 吴式颖.外国教育思想通史(第九卷)[M].长沙:湖南教育出版社,2002.
[114] 休谟.道德原则研究[M].曾小平,译.北京:商务印书馆,2001.
[115] 许椿生.简谈历史上教师的作用与地位[C]//瞿葆奎.教育学文集·教师.北京:人民教育出版社,1991.
[116] 许慎.说文解字[M].杭州:浙江古籍出版社,2016.
[117] 雅斯贝尔斯.什么是教育[M].邹进,译.生活·读书·新知三联书店,1991.
[118] 亚里士多德.尼各马科伦理学[M].苗力田,译.北京:中国社会科学出版社,1999.

[119] 燕国材.素质教育概论[M].广州:广东教育出版社,2002.
[120] 杨天平.中国教育方针论稿[M].北京:中国社会科学出版社,2020.
[121] 杨兆山.教育学:培养人的科学与艺术[M].长春:东北师范大学出版社,2006.
[122] 叶澜.教师角色与教师发展新探[M].北京:教育科学出版社,2001.
[123] 叶澜.教育概论[M].北京:人民教育出版社,1999.
[124] 张华.经验课程论[M].上海:上海教育出版社,2000.
[125] 张华.课程流派研究[M].济南:山东教育出版社,2000.
[126] 张焕庭.西方资产阶级教育论著选[M].北京:人民教育出版社,1987.
[127] 赵祥麟,王承绪.杜威教育论著选[M].上海:华东师范大学出版社,1981.
[128] 钟启泉.课程论[M].北京:教育科学出版社,2007.
[129] 钟启泉.现代课程论(新版)[M].上海:上海教育出版社,2015.
[130] 钟启泉等.课程与教学论[M].上海:华东师范大学出版社,2008.
[131] 钟启泉.课程论[M].北京:教育科学出版社,2007.
[132] 钟启泉.现代课程论(新版)[M].上海:上海教育出版社,2015.
[133] 钟启泉等.课程与教学论[M].上海:华东师范大学出版社,2008.
[134] 胡森.国际教育百科全书[M].贵阳:贵州教育出版社,1990.
[135] 中国社会科学院语言研究所词典编辑室.现代汉语词典[M].7版.北京:商务印书馆,2016.
[136] 中国大百科全书出版社编辑部.中国大百科全书·教育[M].北京:中国大百科全书出版社,1985.

论文

[1] 布拉米尔得,导之.文化与哲学——对奈勒教授的答复[J].现代外国哲学社会科学文摘,1959(5):9-11.
[2] 陈桂生.班主任制[J].上海教育科研,2007(11):4-6.
[3] 崔相录.素质、素质教育的概念[J].湖南教育,1998(3):10-11.
[4] 顾明远,张民生.推进素质教育[J].教育研究,2010(7):9-14,38.
[5] 侯怀银.新中国成立以来教育学学科体系建设的回顾与展望[J].西北师大学报(社会科学版),2022,59(4):30-38.
[6] 扈中平.教育目的应定位于培养"人"[J].北京大学教育评论,2004(3):24
[7] 姜国钧."课程"与"教学"词源小考——兼与章小谦先生讨论[J].华东师范大学学报(教育科学版),2006(4):68-71.
[8] 瞿振元.素质教育:当代中国教育改革发展的战略主题[J].中国高教研究,2015(5):1-6.
[9] 刘燕楠,涂艳国.中国教育学学科的历史演进与价值选择[J].教育理论与实践,2016,36(7):3-7.
[10] 马奇柯.社会公德、职业道德、家庭美德、个人品德关系论析[J].学术交流,2008(2):47-50.
[11] 毛礼锐.虞夏商周学校传说初释[J].北京师范大学学报,1961(4):71-85.
[12] 明庆华,程斯辉:关于学生观的新视野,教育理论与实践,2001(2):22.
[13] 邱芳婷.新中国小学阶段培养目标的历史变迁及其启示[J].教育探索,2016(12):22-26.
[14] "素质教育的概念、内涵及相关理论"课题组.素质教育的概念、内涵及相关理论[J].教育研究,2006(2):3-10.
[15] 申屠炉明.夏商学制的几个问题考辨[J].江海学刊,2001(5):117-123.
[16] 陶天麟.独龙族的原始教育与学校的产生.云南民族学院学报[J],1997(3):27-29.
[17] 王晓清.卡尔·罗杰斯:人本主义教育大师[J].教育与职业,2014(25):106-107.
[18] 肖雪慧."道德本质在于约束性"驳论——答夏伟东同志[J].哲学研究,1987(3):68-73.
[19] 俞允海.中国古代校名考释[J].湖州师范学院学报,2004(10):24-27.
[20] 袁振国.不忘初心 发展素质教育[J].中国教育学刊,2018(1):5.
[21] 张华.美国当代批判课程理论初探(上)[J].外国教育资料,1998(2):18-23.
[22] 张建英.公德与私德关系的历史演进与当代建构[D].中国矿业大学,2015.
[23] 张荣伟.重申"教师是人类灵魂的工程师"[J].新教师,2023(1):13-16.
[24] 张学民,申继亮.国外教师教学专长及发展理论述评[J].比较教育研究,2001(3):1-5.
[25] 赵作斌.素质教育:中国教育的时代标帜[J].中国高教研究,2021(5):33-35.

[26] 周谷平.近代西方教育学在中国的传播及其影响[J].华东师范大学学报(教育科学版),1991(3):77-96.
[27] 周远清.素质教育是体现中国教育方针的教育思想[J].中国高教育研究,2011(1):1-3.

标准

[1] 中华人民共和国教育部.义务教育课程方案(2022年版)[S].北京:北京师范大学出版社,2022.
[2] 中华人民共和国教育部.义务教育体育与健康课程标准(2022年版)[S].北京:北京师范大学出版社,2022.
[3] 中华人民共和国教育部.义务教育艺术课程标准(2022年版)[S].北京:北京师范大学出版社,2022.
[4] 中华人民共和国教育部.义务教育劳动课程标准(2022年版)[S].北京:北京师范大学出版社,2022.
[5] 中华人民共和国教育部.义务教育道德与法治课程标准(2022年版)[S].北京:北京师范大学出版社,2022.

报纸与网络资源

[1] 冯艳丹.广州开放大学 让城市居民"享受"终身教育[N].南方日报,2022-10-09(T14).
[2] 康丽.农村教育为了谁[N].中国教师报,2018-11-14(015).
[3] 穆罕默德·尤努斯.教育是改变人生,改变世界[EB/OL].(2021-11-27)[2023-07-07].https://mp.weixin.qq.com/s/8CKv8290y7LRhygywi4Rha.
[4] 倪秀.从书本中来,到生活中去[N].中国教育报,2022-09-23(10).
[5] 申琳.究竟什么是好的课堂[N].人民日报,2015-02-05(017).
[6] 习近平.高举中国特色社会主义伟大旗帜 为全面建设社会主义现代化国家而团结奋斗[N].人民日报,2022-10-26(01).
[7] 习近平.坚持中国特色社会主义教育发展道路 培养德智体美劳全面发展的社会主义建设者和接班人[N].人民日报,2018-09-11(01).
[8] 习近平.全面贯彻落实党的教育方针,努力把基础教育越办越好[N].人民日报,2016-09-10(1).
[9] 习近平.同北京师范大学师生代表座谈时的讲话[N].人民日报,2014-09-10(01).
[10] 习近平:做党和人民满意的好老师——同北京师范大学师生代表座谈时的讲话[EB/OL].(2014-09-10)[2023-09-28].https://www.gov.cn/xinwen/2014-09/10/content_2747765.htm?from=androidqq.
[11] 新华社.习近平在北京市八一学校考察时强调 全面贯彻落实党的教育方针 努力把我国基础教育越办越好[EB/OL].(2016-09-09)[2023-09-28].https://www.gov.cn/guowuyuan/2016-09/09/content_5107047.htm.
[12] 许沁.有了爱和责任,我眼中没有"问题学生"[N].解放日报,2021-09-10(06).
[13] 央视网.清华附小校长窦桂梅:"我的第一身份是教师"[EB/OL].(2020-09-14)[2023-09-20].https://news.cctv.com/2020/09/11/ARTIO3kKDwUlxcgWNeVQj3EF200911.shtml.
[14] 中共中央国务院.新时代公民道德建设实施纲要[EB/OL].(2019-10-27)[2023-10-16].https://www.gov.cn/zhengce/2019-10/27/content_5445556.htm.
[15] 中国教育新闻网."家门口的夏令营"让学生用双手创造价值[EB/OL].(2023-07-10)[2023-07-16].http://www.jyb.cn/rmtzcg/xwy/wzxw/202307/t20230710_2111067462.html.
[16] 中华人民共和国教育部.教育部关于印发《中小学德育工作指南》的通知[EB/OL].(2017-09-05)[2023-08-12].http://www.moe.gov.cn/srcsite/A06/s3325/201709/20170904_313128.html.
[17] 中华人民共和国教育部.习近平总书记关于师德师风的重要论述摘编[EB/OL].(2021-05-11)[2023-09-28].http://www.moe.gov.cn/jyb_xwfb/moe_2082/2021/2021_zl37/2021shideshifenglunsu/202105/t20210511_530825.html.

典籍

[1]《白虎通(卷一)》
[2]《白虎通·三教》
[3]《大戴礼记·太傅》
[4]《道德经·第三十八章》
[5]《道德经·第四十二章》

[6]《韩非子·二柄》
[7]《韩非子·解老》
[8]《韩非子·五蠹篇》
[9]《汉书·平帝纪》
[10]《礼记·曲礼》
[11]《礼记正义》
[12]《论语·宪问》
[13]《论语·学而》
[14]《论语·子路》
[15]《孟子·公孙丑上》
[16]《孟子·尽心下》
[17]《曲礼上第一》
[18]《尚书·周书·洪范》
[19]《诗经·小雅·大东》
[20]《说卦传·第一章》
[21]《唐会要》
[22]《易传·象传上·蒙》
[23]《易经·复卦》
[24]《易经·系辞》
[25]《易经·小畜·初九》
[26]《庄子·齐物论》
[27]《左传庄公·庄公四年》

外文文献

[1] Apple M W. Making Curriculum Problematic[J]. The Review of Education,1976(1):63-71.

[2] Charles Darwin. Descent of Man and Selection In Relation to Sex. London,UK:John Murray,1922.

[3] Elliott J. A Curriculum for the Study of Human Affairs:the Contribution of Lawrence Stenhouse[J]. Journal of Curriculum Studies,1983(2):110-115.

[4] Francis F. Fuller & Oliver Bown. Becoming a Teacher[M]//K. Ryan(ed.). Teacher Education:The 74th Yearbook of the National Society for the Study of Education. Chicago:University of Chicago Press,1975.

[5] Katherine K. Newman,Paul R. Burden & Jane H. Helping teachers examine their long-range development[J]. The Teacher Educator,1980,15(4):7-14.

[6] Kohlberg L. High School Democracy and Education for A Just Society[M]//R. T. Mosher(ED.). Moral Education. New York,1980.

[7] Monnoe P. A Textbook in the History of Education[M]. London:Macmillan and Co,1905.

[8] Saylor J G,Alexander W M,& Lewis A J. Curriculum planning for better teaching and learning(4th ed.)[M]. New York:Holt,Rinehart and Winston,1981.

[9] Smith B O. Teaching:Definitions[M]//Husen,T. et al(Eds). The International encyclopedia of education:research and studies. New York:Pergamon Press,1985.

[10] Snelbecker G E. Learning Theory,Instructional Theory and Psycho-Educational Design[M]. New York:McGraw Hill,1974.

[11] Tyler R. Basic principles of curriculum and instruction[M]. Chicago:University of Chicago Press,1949.